AF539124

आदमी की निगाह में औरत

[स्त्री-विमर्श और स्त्री-लेखन]

आदमी की निगाह में औरत

[स्त्री-विमर्श और स्त्री-लेखन]

राजेन्द्र यादव

राजकमल प्रकाशन

ISBN : 978-81-267-0159-9

मूल्य : ₹ 795

पहला संस्करण : 2001
आठवाँ संस्करण : 2024

प्रकाशक : राजकमल प्रकाशन प्रा.लि.
1-बी, नेताजी सुभाष मार्ग, दरियागंज
नई दिल्ली-110 002

शाखाएँ : अशोक राजपथ, साइंस कॉलेज के सामने, पटना-800 006
पहली मंजिल, दरबारी बिल्डिंग, महात्मा गांधी मार्ग, प्रयागराज-211 001
1, अनमोल सोराबजी संतुक लेन, धोबी तलाव, मरीन लाइंस, मुम्बई-400 002

वेबसाइट : www.rajkamalprakashan.com
ई-मेल : info@rajkamalprakashan.com

मुद्रक : बी.के. ऑफसेट
नवीन शाहदरा, दिल्ली-110 032

AADMI KI NIGAH MEIN AURAT
Essays by Rajendra Yadav

मेधा पाटकर, फूलनदेवी और भँवरीबाई को जो शब्द को कर्म तक ले जाने की चुनौती बनती हैं और इसे स्वीकार करती हैं; महाश्वेता देवी, तसलीमा नसरीन, अरुन्धती राय और...

भूमिका

ये लेख विभिन्न समयों पर लिखे गए हैं, सन् 1960 से लेकर 2000 तक के चालीसेक सालों में फैले। इसलिए हो सकता है बहुत सूत्रबद्धता और एक-स्तरीयता न हो। अपने ही सामने कुछ मुद्दे भी साफ़ होते गए हैं और कुछ ज्यादा उलझ गए हैं। केन्द्र में कहीं कोई कृति है तो कहीं कोई कृतिकार। नवीनतम लेख 'दुर्ग-द्वार पर दस्तकें' नवम्बर 2000 में लिखा गया है।

स्त्री हमारा अंश और विस्तार है। वह हमारी ऐसी जन्मभूमि है जिसे हमने अपना उपनिवेश बना लिया है। हमारी सोच और संस्कृति के सारे सामन्ती और साम्राज्यवादी मूल्य उपनिवेशों के आधिपत्य और शोषण को जायज़ ठहराने की मानसिकता से पैदा होते हैं। बीसवीं शताब्दी के उत्तरार्ध में दुनिया-भर में जो उपनिवेश भौतिक और मानसिक रूप से स्वतंत्र हुए उनमें 'स्त्री' नाम का उपनिवेश भी है। दलित हमारे घरों और बस्तियों से बाहर होता है। स्त्री हमारे भीतर है, इसलिए उसका संघर्ष ज्यादा जटिल है।

उनकी मुक्ति स्वयं हमारी मुक्ति है। यानी गुलाम बनाए रखनेवाली मानसिक गुलामी से मुक्ति है। मेरे लिए ये लेख दोनों प्रकार की गुलामियों को समझने की प्रक्रिया रहे हैं। जाहिर है, न सारी बातें मेरी अपनी हैं, न उन्हें मैं पहली बार कह रहा हूँ। विचारों की दुनिया में नितान्त मौलिक कुछ नहीं होता। जाने-अनजाने विचारों का समाहार होता है जिसे हम अपनी तरतीब दे देते हैं।

भाषा को सिर्फ अभिधा तक ही समझनेवाले मित्रों से अनुरोध है कि दूसरों की कुछ अस्वीकार्य भावनाओं को जब हम अपनी तरह उद्धृत करते हैं तो वहाँ व्यंग्य और व्यंजना ही मुख्य होते हैं। शायद अन्त के एक लेख 'खूबसूरत दुश्मन' को लेकर यह कष्ट हो।

नई शताब्दी का प्रारंभ हर पुराने पर पुनर्विचार से हो—यह सही भी है और ज़रूरी भी।

21.11.2000 **—राजेन्द्र यादव**

पुनश्च : नए संस्करण में 'अपनी नियति पहचानो, मैत्रेयी...' और 'बेजुबानी जुबान हो जाए...' भी शामिल कर दिए गए हैं। ये भी स्त्री-विमर्श का ही विस्तार हैं।

20.7.2007 **—राजेन्द्र यादव**

क्रम

विमर्श

आदमी की निगाह में औरत

जगत-घट को विष से कर पूर्ण
किया जिन हाथों ने तैयार
लगाया उसके मुख पर नारि
तुम्हारे अधरों का मधु-सार
नहीं तो कब का देता फोड़
पुरुष विष-घट यह ठोकर मार
उसी मधु का लेने को स्वाद
हलाहल पी जाता संसार

—बच्चन

एक बार जरथुस्त्र एक बुढ़िया से पूछता है, "बताओ, स्त्री के बारे में सच्चाई क्या है ?" वह कहती है, "बहुत-सी सच्चाइयाँ ऐसी हैं जिनके बारे में चुप रहना ही बेहतर है। हाँ, अगर तुम औरत के पास जा रहे हो तो अपना कोड़ा साथ ले जाना मत भूलना।"

नीत्शे : 'जरथुस्त्र उवाच' से

It is only a man whose intellect is clouded by his sexual impulse that could give the name of the 'fair sex' to that undersized, narrow shouldered, broad hipped and short legged race, for the whole beauty of the sex is bound up with this impulse. Instead of calling them beautiful there would be a more warrant for describing woman as the unaesthetic sex...The most distinguished intellect among the whole sex, have never managed to produce a single achievement in the fine arts that is really genuine and original or give to the world any work of permanant value in any sphere.

—शापेनहॉवर

Essay on woman

यह है हजारों सालों से चले आते पुरुष-संस्कार का सार। शब्द चाहे जो भी हों, पुरुष नारी को जो कुछ समझता है, वह इन पंक्तियों से स्पष्ट है। सच तो यह है कि हमारे सारे परम्परागत सोच में नारी को दो हिस्सों में बाँट दिया गया है। कमर से ऊपर की नारी और कमर से नीचे की औरत। हम पुरुष को उसकी सम्पूर्णता में देखते हैं, उसकी कमियों और कमजोरियों के साथ उसका मूल्यांकन करते हैं। नारी को हम सम्पूर्णता में नहीं देख पाते। कमर से ऊपर की नारी महिमामयी है, करुणा-भरी है, सुन्दरता और शील की देवी है, वह कविता है, संगीत है, अध्यात्म है और अमूर्त है। कमर से नीचे वह काम-कन्दरा है, कुत्सित और अश्लील है, ध्वंसकारिणी है, राक्षसी है और सब मिलाकर नरक है। इसी बँटे और दुहरे रवैए से हम उसके शरीर की ऊपर से नीचे और नीचे से ऊपर की यात्राएँ करते हैं, उसके मातृत्व की शारीरिकता को नहीं, वात्सल्य की भावना को गरिमा देते हैं। नारी से अधिक नारी का आइडिया हमें हमेशा सम्मोहित करता रहा है और हमारे द्वारा निर्मित सारी संस्कृति इस 'आदर्श नारी' के साँचे में ही उसे ढालने का प्रयास कर रही है। हमने इस 'आइडिया' या मिथ को ही उसका संस्कार और संसार बना दिया है। बंगला का लगभग सारा कथा-साहित्य नारी के उस ऊर्ध्वांग का ही अभिनन्दन या उसके मातृ-रूप में संस्थित होने का अर्चन है—विक्टोरियन अवधारणाओं के शब्दवेधी वाणों से कटी हुई नारी का...

वस्तुतः नारी के प्रति हमारी सारी धारणा दो मूलभूत तत्त्वों से बनी है : भय और घृणा (fear and contempt)। उसके साथ रहे बिना कोई चारा नहीं है, लेकिन वह एक ऐसा भयानक जानवर है जो कभी भी खूँखार हो सकता है। हम उसकी क्षमता और शक्ति के प्रति इतने अधिक 'कन्विन्स्ड' हैं कि जानते हैं : खूँखार होने पर वह हमें खा जाएगा और पालतू होने पर हमें बाँध लेगा। वह अपनी आक्रामकता और समर्पण दोनों में हमारे व्यक्तित्व को समाप्त करता है। नारी प्रकृति है, जीवन को निरन्तरता देने का माध्यम है, माँ है, इसलिए वह अपने सौन्दर्य और यौवन से हमें मोहकर प्रजनन और संरक्षण—दोनों में हमारा उपयोग करती है। हमें इस्तेमाल करती है। वह अमरबेल की तरह हमारे ऊपर छा जाती है। हमारा सारा सत्व और रस चूसकर हमें व्यर्थ कर देती है। निर्भर और कमजोर होने का भ्रम देकर वह हमें बाँधती है। हमारे बीच और हमारे साथ ही वह ऐसा खूबसूरत दुश्मन है जिसके मकड़जाल में बँधकर हम समाप्त होते हैं। 'प्यार में भी पराक्रम होना चाहिए, जो आपके भीतर खौफ जगाता है उसे ऐसे प्यार से ही आप जीत पाएँगे'—कहा था नीत्शे ने। (भय बिनु होइ न प्रीत ?)

जब आप नारी के साथ होते हैं तो उसे केन्द्र में रखकर कविताएँ रचते हैं, गीत बनाते हैं, कलाओं की सृष्टि होती है और जब उससे बचकर भागते हैं तो दर्शनशास्त्र और धर्म का निर्माण करते हैं और वहाँ उससे बचते हैं। भय खुशामदी प्रशस्तियों और स्तुतियों में व्यक्त होता है, घृणा दार्शनिक और धार्मिक पलायनों में। नारी-निन्दा के स्त्रोतों में उसका शारीरिक सौन्दर्य हमें मुग्ध, चमत्कृत और स्तब्ध कर देता है, लेकिन भीतरी—(शारीरिक और मानसिक) बनावट हमें अपने से इतनी अलग और जटिल लगती

है कि उलझन में डालती है, वह हमें रहस्य, पहेली और जंजाल लगती है। यही वह जगह है जहाँ हम उससे भयभीत भी हैं और विरक्त भी। भय और जुगुप्सा का यह मिला-जुला भाव हमारे भीतर अजीब मिस्टिफिकेशन और मिस्ट्रिफिकेशन पैदा करता है। कभी वह सरस्वती बनकर हमारे सामने आती है तो कभी दुर्गा। वह जगज्जननी और संहारिणी एक साथ है। वही भैरवी है और वही पराशक्ति भी—दुर्गा सप्तशती पराजित और भयाक्रान्त मानसिकता के उद्‌गार हैं तो शृंगार-शतक और वैराग्य-शतक, मुग्ध और जुगुप्स मन के उच्छ्‌वास—वह हमारे लिए दुर्जेय और रहस्यमयी एक साथ है—बल्कि रहस्य है इसीलिए दुर्जेय है।

वस्तुतः इस सारे साहित्यिक और सांस्कृतिक गरिमामय शब्दजाल से आदमी ने औरत की जिस एक चीज को मारा, कुचला या पालतू बनाया है, वह है उसकी स्वतन्त्रता। आदमी हमेशा से नारी की स्वतन्त्र सत्ता से डरता रहा है; और उसे ही उसने बाकायदा अपने आक्रमण का केन्द्र बनाया है। अपनी अखंडता और सम्पूर्णता में नारी दुर्जेय और अजेय है। वहाँ वह ऐसी शक्ति है जो स्वतन्त्र और स्वच्छन्द है, बनैली और स्वैरिणी—इसीलिए आदमी ने उसे ही तोड़ा है। तोड़कर ही किसी को कमजोर और पालतू बनाया जा सकता है। आदमी ने लगातार और हर तरह कोशिश की है कि उसे परतन्त्र और निष्क्रिय बनाया जा सके—तभी बोउवा कहती है कि 'औरत पैदा नहीं होती, बनाई जाती है।'

आदमी ने यह मान लिया है कि औरत शरीर है, सेक्स है, वहीं से उसकी स्वतन्त्रता की चेतना और स्वच्छन्द व्यवहार पैदा होते हैं। इसलिए वह हर तरह से उसके सेक्स को नियन्त्रित करना चाहता है। सामाजिक आचार-संहिताओं, यानी मनु और याज्ञवल्क्य स्मृतियों से लेकर व्यक्तिगत कामसूत्र तक औरत को बाँधने और जीतने की कलाएँ हैं। क्या यह आकस्मिक ही है कि औरत को जीतने या उसे अपना गुलाम बनाने के लिए अनगिनत वशीकरण, साधनाएँ, सिद्धियाँ, औषधि, आसन हैं, पौरुष और काम-संवर्धन के लिए दुनिया-भर के कुश्ते और दवाइयाँ हैं। एक भी नुस्खा औरत की कामशक्ति बढ़ाने के लिए नहीं है, न उसके लिए कोई कामसूत्र है। बल्कि यहाँ ऐसी गोपनीयता और निजता बरती गई है कि ये सारे गुर या मन्त्र सिर्फ पुरुषों के लिए हैं, औरत को इनका पता भी नहीं लगना चाहिए—शायद यह मानकर चला गया है कि स्त्री में तो स्वाभाविक रूप से ही कामशक्ति पुरुषों से आठगुनी अधिक है। वह स्वयं काम है, उसे ही जीतना, नियन्त्रित करना है, या फिर कुचलना है। पुरुष ने स्त्री के खून में यह भावना, संस्कार की तरह कूट-कूटकर भर दी है कि वह सिर्फ और सिर्फ शरीर है। वह शरीर के सिवा उसकी किसी और पहचान से इनकार करता है। औरत उसके लिए सुमुखी, पयोधरा, क्षीण-कटि, बिल्वस्तनी, सुभगा, भगवती है। पुरुष भी वृशभस्कन्ध, बाहुबली, वज्रवक्ष, और वीर्यवान है। मगर, वह सिर्फ उतना ही नहीं है, वह मन, मस्तिष्क और मेधा भी है—बल्कि अधिकांश में वही है। हैनरी मिलर औरत को सिर्फ 'कण्ट' सम्बोधित करता है। पन्त कहते हैं—'योनि मात्र रह गई मानवी।'

देह, स्त्री की एकमात्र पहचान के रूप में उसका गुण भी है और गाली भी। जब तक वह पुरुष की इच्छा और वासना के नियन्त्रण में है, वह सौन्दर्य है, उद्दीपन है और ऐसा अवयव-समूह है जो वांछनीय है, अगर उससे निरपेक्ष और उसके नियन्त्रण से बाहर है तो भर्त्सनीय और दंडनीय है। हमारी भाषा की सारी अश्लील गालियाँ या तो पुरुष की असमर्थता, अक्षमता की घोषणाएँ हैं या फिर काम-दीवानी स्त्री के द्वारा अपने शरीर के 'दुरुपयोग' की सामाजिक भर्त्सनाएँ या वासना के आवेश में नैतिक मर्यादाओं के उल्लंघनों पर लांछन—बाप, भाई या बेटों के साथ सम्भोग सबसे बड़ी गाली है या फिर अपने पति से ही सन्तुष्ट न रहकर अनेक पुरुषों से वासनातुष्टि—अजीब विरोधाभास है : पुरुष औरत को सिर्फ शरीर या उसके कुछ अंगों को ही उसकी सम्पूर्ण पहचान के रूप में देखने की जिद में रहना चाहता है, लेकिन जब औरत स्वयं अपने को इस रूप में देखने या मानने लगती है तो बौखला उठता है—स्त्री शरीर रहे, लेकिन अपने आपको सिर्फ उतना ही शरीर माने जितने की मुझे जरूरत है। उससे अधिक मानना उसकी 'उच्छृंखलता' और 'अमर्यादा' है। 'कंकाल' उपन्यास में प्रसाद ने स्वीकार किया है, "पुरुष नारी को उतनी ही शिक्षा देता है, जितनी उसके स्वार्थ में बाधक न हो।"

साहित्य और समाज की सबसे बदनाम, बहिष्कृत और गुमराह औरतें वे हैं जो अपने शरीर और मन को अपने पतियों, स्वामियों या अभिभावकों तक ही सीमित नहीं रख पाईं। यानी शरीर की माँग ने जिनके भीतर एक स्वतन्त्र इच्छाशक्ति जगा दी। वे पुंश्चली, कुलटा, छिनाल, रंडी, पतिता इत्यादि के नाम से सजा की अधिकारिणी हुईं। इस 'स्वतन्त्रता' की सजा मौत ही थी। उन्हें गुपचुप या सार्वजनिक रूप से 'सजा' देने को हर समाज ने जायज ही माना। जहाँ वे अपने स्वामियों या अभिभावकों की इस सजा से किसी भी कारण बच निकलीं, वहाँ वे भयानक ऐयार, तेज षड्यन्त्रकारिणी मानी गईं। पुराने राजघरानों की सारी जालसाज हलचलों में कोई-न-कोई कुटनी, वेश्या या ऐसी ही औरत मौजूद है। अनजानी प्रतिहिंसा से परिचालित वे 'घरों' और गृहस्थों का नाश करती हैं। हमारी सारी लोककथाएँ और पुरानी कहानियाँ इन्हीं कुटनियों, छिनालों, नायिकाओं और वेश्याओं से गति और रंगीनी पाती हैं, वर्ना रानियाँ और राजकुमारियाँ तो सब एक सिरे से लाचार, नाकारा या लद्धड़ हैं। उनके किए कुछ भी नहीं होता। खुद उनमें जो थोड़ी-बहुत स्वतन्त्र चेतना पैदा होती है, वह इन्हीं गतिशील नारियों के सम्पर्क से। ये पुरुषों की अक्ल और सूझ-बूझ को चुनौती देती हुईं अपने मोर्चे बनाती हैं, उन्हें इस्तेमाल करती हैं और हमेशा मौत से ही खेलती हैं। ये स्वतन्त्र निर्णय ले सकती हैं। खतरों से खेलने का दबाव इन्हें शरीर की मदद से ही शरीर से ऊपर आने की मजबूरी और कौशल देता है, यानी वे सोच सकती हैं। यह दूसरी बात है कि सामाजिक अंकुशों से अलग या हटकर जीने और 'सोच सकने' वाली औरत की विद्रोह-अवधि बहुत छोटी होती है, प्रायः तभी तक जब तक शरीर, यानी यौवन उसके साथ है। तभी मैंने कहा कि वह शरीर के माध्यम से ही शरीर से ऊपर उठती है। उसका सारा सरोकार यही होता है

कि यौवन के बाद उसके जीवन का क्या होगा ? सुरक्षा की यह चिन्ता उसे चालाक, कुटिल और जटिल बनाती है, अपने सारे सम्पर्कों को इस्तेमाल करने की अन्तर्दृष्टि देती है। वह जानती है कि समाज ऐसी स्वतन्त्रता को माफ नहीं करता, सिर्फ प्रतीक्षा करता है। जैसे ही शरीर, सौन्दर्य और यौवन उसके हथियार बनने लायक नहीं रहे, वह निहत्थी और लाचार हो जाएगी। यही वह क्षण है कि समाज उसे दबोच लेगा। वह अकेली और असहाय एक ओर फेंक दी जाएगी—सिर्फ मरने के लिए। इस नियति से बचना है तो जरूरी है कि वह इसी बीच दूसरी सुरक्षा-पंक्ति, समानान्तर रूप से तैयार कर ले। यहाँ सम्पत्ति और धर्म दो ही रास्ते उसे दिखाई देते हैं, क्योंकि पुरुष-समाज की यही दो शक्तियाँ हैं जो उसे सुरक्षा या क्षमा देंगी। लेकिन यहाँ भी उसे गतिशील और सक्रिय होना होगा—निष्क्रिय रहेगी तो लोग उसे कुचल देंगे। सामन्ती समाज में अक्सर ही सम्पत्तिशाली और समृद्ध वेश्याएँ सामाजिक, सांस्कृतिक और राजनैतिक हलचलों की केन्द्र होती हैं या धर्म में अनेक रहस्यमय दैवी शक्तियों की स्रोत। जीवित रहने के लिए उन्हें पुरुष समाज में प्रभाव और रोब चाहिए ताकि शक्ति में हिस्सेदारी बनाए रख सकें।

सही है कि बूढ़ा आदमी दयनीय, निरीह और लाचार होता है जबकि कभी 'स्वतन्त्र' रह चुकी बुढ़िया हमेशा भयोत्पादक होती है। न जाने कितने काले जादू, आध्यात्मिक शक्तियों और प्रेतात्माओं से जोड़कर ही उसे देखा जाता है। उसके परिवारहीन होने को उसकी प्रतिहिंसात्मक कुंठाओं के सन्दर्भ में ही जाना जाता है।

तेजस्वी, विदुषी वेश्या हो या तेज-तर्रार कुटनी, जादूगरनी बुढ़िया हो या बच्चों के कलेजे खानेवाली राक्षसी—ये स्वतन्त्र नारियाँ तुलसीदास जैसे मर्यादावादियों से हमेशा प्रताड़ित हुई हैं। 'जिमि स्वतन्त्र होइ बिगरहिं नारी' का डंडा उन्हें सही रास्ते पर लाता रहा है। लेकिन यह भी सही है कि इस गतिशील स्वतन्त्र-चेता नारी ने हर समय के कथाकार को प्रायः अपनी ओर आकर्षित किया है। लोककथाओं में इन्हें खलनायिकाओं की तरह लिया गया है; धर्म ने इन्हें मारा और जलाया है, तो उपन्यासकारों ने इन्हें मानवीय करुणा और सहानुभूति से देखा है। अंबपाली, चित्रलेखा से लेकर एमिल जोला, कुप्रिन और ह्यूगो ने इन्हें अपनी रचनाओं में अमर कर दिया है। तोल्सतोय, दोस्तोयेव्स्की, शरत और मोपांसा, सभी तो इसकी ओर खिंचे हैं। भारत में उन्नीसवीं शताब्दी के उत्तरार्ध तक इन्हें प्रायः विघटनकारी या नेगेटिव चरित्रों के रूप में देखा गया है। बौद्धयुग में चूँकि 'सर्वजन हिताय सर्वजन सुखाय' का नारा था, इसलिए दलितों के साथ-साथ इस नारी की ओर ध्यान दिया गया है। वेश्या वहाँ सम्मानित और प्रतिष्ठित है और साधारण रानी-राजकुमारियों से अधिक विदुषी और मेधावी है। उस साहित्य में भी वे केन्द्रीय चरित्र के रूप में उभरती हैं। सिर्फ 'मृच्छकटिक' में इस औरत को बाकायदा 'अपराध-जगत' का हिस्सा बनाया गया है। यह ध्यान दिए जाने लायक तथ्य है कि 'सामाजिक नैतिक मर्यादाओं' के चंगुल से छूटी हुई ये औरतें और न्याय-कानून के घेरों से बचकर बाहर रहनेवाली 'अपराधी' हर कहीं एक-दूसरे में अपनी सुरक्षा तलाश करते हैं। पाप और अपराध का यह संयोग व्यवस्थित समाज के लिए हमेशा 'खतरा' रहा है।

ह्यूगो, तोल्सतोय, दोस्तोयेव्स्की जैसे मानवतावादियों ने जब यह नारा लगाया कि 'पाप से घृणा करो, पापी से नहीं' तो इन्हें 'पापी और अपराधी' बनानेवाली सामाजिक स्थितियों की तरफ इनका ध्यान गया। इनके भीतर निश्चल 'मानव' के अनुसन्धान की दिशा में प्रयास हुए। इस अनुसन्धान का पहला प्रामाणिक दस्तावेज अपने यहाँ मुझे उमरावजान 'अदा' में दिखाई देता है। मिर्ज़ा हादी 'रुसवा' ने पाप और अपराध जगत के बीच साँस लेनेवाली उमरावजान में पहली बार मानवीय गरिमा, या कम-से-कम 'अपराध-बोध हीन' औरत की झलक दी है, उसकी अन्तरात्मा में झाँका है।

यशपाल की 'दिव्या' का एक प्रसंग इस सन्दर्भ में बहुत महत्त्वपूर्ण लगता है। दिव्या दासी के रूप में 'दारा' बन गई है और उसे 'दास-व्यवसायी' प्रतुल से खरीद लिया है भूधर शर्मा ने। इसने उसे आगे बेचा, पुरोहित चक्रधर को—धाय के रूप में। पुरोहित-पत्नी को दूध नहीं उतरता था और नवजात शिशु को धाय की जरूरत थी। यहाँ शुरू होता है दासी के धर्म और मातृत्व का संघर्ष। पुरोहित-पुत्र को दूध पिलाने पर अपना पुत्र भूखा रहता है, रोता-बिलबिलाता है, और पुत्र को दूध देने पर स्वामी का बालक भूखा रहता है। वह चोरी-बेईमानी करती है और प्रताड़ित होती है। अन्त में पुरोहित-पत्नी को एक ही रास्ता दिखाई देता है—दासी पुत्र को 'ठिकाने' लगा दिया जाए। दिव्या को पता चल जाता है और वह चिलचिलाती गर्मी की भरी दोपहर में पुत्र को लेकर घर से भाग निकलती है। भूखी-प्यासी, लस्त-पस्त वह पहुँचती है नगर से बाहर बौद्ध-विहार में। बड़ी कोशिशों से दरवाजा खुलता है और भिक्षुओं द्वारा काफी पूछताछ के बाद वह स्थविर के सामने पहुँचती और गिड़गिड़ाकर शरण की भीख माँगती है। स्थविर फिर सवाल-जवाब करते हैं। कहते हैं, तुम माँ के रूप में शरण माँग रही हो, मोहमाया से मुक्त नहीं हो, इसलिए शरण नहीं मिलेगी। वह चेरी बन जाने का वचन देती है, तो स्थविर पूछते हैं कि क्या तुम्हारे पति, पिता, या पुत्र की आज्ञा है ? वह बताती है कि पति नहीं है, पिता दिवंगत हैं और पुत्र गोद में है। स्थविर अस्वीकार में उठकर अन्दर जाने लगते हैं, तो वह रिरिया-गिड़गिड़ाकर चरण पकड़ लेती है, प्रार्थना करती है कि तथागत ने तो आम्रपाली को शरण दी थी और मुझे आप यों भूखा-प्यासा, असुरक्षित छोड़ रहे हैं। स्थविर निर्विकार उत्तर देते हैं—'वेश्या स्वतन्त्र नारी है।'

विडम्बना है कि नारी को अगर स्वतन्त्र होना है तो वेश्या बनने के सिवा कोई रास्ता नहीं है, तभी वह जी सकेगी। वर्ना उसकी लगाम पिता, पति, पुत्र के ही हाथ में है। न उसका अपना कोई व्यक्तित्व है, न नाम। आज भी बहुसंख्यक औरतें अपने इन्हीं सम्बन्धों के माध्यम से जानी जाती हैं। इन सम्बन्धों के बीच उसकी आत्म-चेतना का अर्थ है, हत्या या आत्महत्या—हमारे यहाँ आत्महत्या अधिकांश स्त्रियों का ही एकाधिकार है। पता नहीं अपनी किसी 'क्षणिक स्वतन्त्रता' के लिए वे अपने आपको वह सजा देती हैं या इन सम्बन्धों की घुटन से एकमात्र मुक्ति का रास्ता उन्हें यही दिखाई देता है। बहरहाल, जीवन के चुनाव में वे स्वतन्त्र नहीं हैं तो मुक्ति के चुनाव में तो स्वतन्त्र हो ही सकती हैं—शायद यही मानसिकता इन आत्महत्याओं के पीछे है।

लेकिन इस मृत्यु द्वारा 'मुक्ति' के चुनाव में भी पुरुष ने नारी को स्वतन्त्र नहीं रहने दिया है, उसे भी अपनी इच्छानुसार ही इस्तेमाल किया है। यानी बाकायदा हत्या के अलावा उसकी मृत्यु को सती या जौहर के रूप में तय कर दिया है।

सामन्ती समाज ने स्त्री को सिर्फ तीन नाम दिए हैं : पत्नी, रखैल और वेश्या। इसके अलावा वह किसी चौथे सम्बन्ध को स्वीकार ही नहीं करता है। जब औरत को वह संरक्षण यानी रोटी, कपड़ा और मकान देने के साथ अपना नाम देकर सामाजिक स्वीकृति देता है तो कहता है पत्नी, लेकिन जब संरक्षण देकर अपना नाम नहीं देता तो वह 'रखैल' है। जहाँ वह न संरक्षण देता है न सामाजिक स्वीकृति, तो वह 'वेश्या' होती है, क्योंकि संरक्षण के लिए उसे बहुतों पर निर्भर करना पड़ता है, नतीजे में सामाजिक सम्मान का प्रश्न ही नहीं उठता। लोहिया ने कृष्ण और द्रौपदी के बीच के मैत्री-सम्बन्ध को आदर्श, बराबरी का सम्बन्ध बताया जरूर है, लेकिन आगे वह कहीं दिखाई नहीं देता।

मीरा इसलिए विद्रोहिणी हैं कि उन्होंने ईश्वर और भक्ति के माध्यम से अपने को इन सम्बन्धों से मुक्त करने का प्रयास किया था। न वह वेश्या बनीं, न आत्महत्या की। मगर यहाँ भी यह सिर्फ सम्बन्धों से ही मुक्ति नहीं थी, अपने औरत होने या 'शरीर' और सेक्स से भी मुक्ति थी। यह स्थिति अनायास ही कामू के उस कथन की याद दिलाती है जहाँ वह कहता है—'यह ईश्वर-भक्ति, वस्तुतः मैटाफिजिकल स्यूसाइड' है, यानी तत्त्वतः आत्महत्या। ठीक यही विद्रोह हमें आगे जाकर महादेवी में मिलता है। मीरा या ऐसी ही भक्त नारियाँ अपनी भावनाओं और स्वप्नों का केन्द्र, कृष्ण या भगवान के किसी सगुण विग्रह को बनाती हैं, महादेवी साग्रह उसे अमूर्त रखने का प्रयास करती हैं। उसके स्वरूप को वे प्रकृति के सारे बिम्बों मैं फैलाकर निराकार का रहस्यवाद पैदा करती हैं। यह सामाजिकता का अस्वीकार या स्थूल के प्रति सूक्ष्म का विद्रोह है। यानी सामाजिक वर्जनाओं की निराकार अवमानना। इस निराकार को ब्रह्म या भगवान के किसी रूप से जोड़कर एक रहस्यवादी समर्पण की मुद्रा अपनाई जा सकती है। कोई भगवान के प्रति आसक्ति रखे, इसमें न किसी प्रकार का खतरा है न आपत्ति। यहाँ बन्धनों में रहकर भी बँधे होने की चेतना या कचोट से मुक्त हुआ जा सकता है। अवधारणा के अमूर्त धरातल पर यह विद्रोह भी है और आसपास की कुचलती सच्चाइयों से अतिक्रमण भी। रहस्य-पुरुष को आलम्बन बनाकर महादेवी ने स्वयं ही अपने अन्तर्मन को वाणी नहीं दी, बेजबान पशु-पक्षियों और दलितों के साथ तादात्म्य करके उन्हें भी भाषा प्रदान की है।

कोई भी औरत आत्महत्या या अध्यात्म का चुनाव स्वेच्छा से नहीं करती। उसके पीछे हमेशा सामाजिक और आर्थिक मजबूरियों के जाने-अनजाने दबाव होते हैं। बचाव का जब कोई रास्ता नहीं होता तो उसे इन्हीं दोनों विकल्पों में मुक्ति दिखाई देती है। वस्तुतः सामन्ती व्यवस्था ने उसे ऐसे अचूक तरीकों से जकड़ा है कि वहाँ छोटे-से-छोटे और बड़े-से-बड़े घराने की औरत में कोई अन्तर नहीं है। चरित्र या सतीत्व को लेकर

उँगली उठाए जाने पर सीता को भी अग्निपरीक्षा से गुजरना होगा। न जाने कितनी रानी-पटरानियों को पुत्र न देने के अपराध में 'कौवे उड़ानेवाली' बने रहकर शेष जीवन गुजारना होगा। कौन सी स्त्रियाँ होंगी जो ऐसी असम्भव अग्निपरीक्षाओं से बच पाती होंगी, इसमें मुझे शक है। ये दिनदहाड़े 'सजाए-मौत' की सामाजिक स्वीकृतियाँ हैं। लोक कथाओं या किंवदन्तियों में जहाँ वे इन परीक्षाओं से बेदाग बच निकली हैं वहाँ या तो लोकमानस ने उन्हें क्षमा देने की अपनी आकांक्षाओं का प्रत्यारोपण किया है या सचमुच निर्दोष व्यक्ति के प्रति सामन्ती न्याय को मानसिक धरातल पर अस्वीकार कर दिया गया है। मानो ललकारकर कहा है कि तुम चाहे जो सजा दो—वह अपने सत और तेज से बच निकलेगी।

सामन्ती व्यवस्था पिरामिड के आकार में ऊपर-से-नीचे की ओर फैलती है। हर पत्थर और ढोके का कर्त्तव्य है कि वह जहाँ है वहीं स्थिर रहकर 'शीर्ष' को साधे रहे। जो जहाँ है, वही उसकी जगह है और वहीं उसे बने रहना है, वर्ना यह 'शीर्ष' के प्रति विश्वासघात है। छोटी-से-छोटी ईंट को यह विश्वास होना चाहिए कि पिरामिड उसके वहाँ होने पर ही टिका है। यहाँ सारी मूल्य-संहिता और व्यवस्था की बनावट यही है। जो ईंट अपने कर्त्तव्य या 'धर्म' से जरा भी हिलती या ऊपर जाने की कोशिश करती है, वह या तो तोड़ दी जाती है या बेकार करार देकर फेंक दी जाती है, ताकि अपने निरर्थक और अनुपयोगी होने के अपराध-बोध को जीती हुई वह स्वयं ही समाप्त हो जाए। कम-से-कम इस लायक न रहे कि वापस पिरामिड की व्यवस्था पर प्रहार कर सके या दूसरों को भड़का सके। इस व्यवस्था में जुटी हर ईंट उसे 'शत्रु' निगाहों से देखती है ताकि खुद उस पर ऊपर या नीचेवालों को शक न हो, और परिणामतः उसकी सुरक्षा समाप्त कर दी जाए। सारी सामन्ती व्यवस्थाएँ ऊपर की कृपा-दृष्टि और अपनी या अपने से नीचेवालों की वफादारी, कर्त्तव्य, धर्मनिष्ठा, फर्माबरदारी (ओबिडियेंस) इत्यादि पर ही टिकी होती हैं। यहाँ सबसे बड़ा अपराध इस व्यवस्था के विश्वास को तोड़ना है। इसकी कोई माफी नहीं है। सबसे बड़ा पुरस्कार है अपने से ऊँचे या सबसे ऊँचे पदों के प्रति वफादारी, उसके लिए—प्रसन्नतापूर्वक जान दे देने की बलिदान-भावना। त्याग, बलिदान और कर्त्तव्यनिष्ठा की महान कहानियाँ ही इस व्यवस्था की गौरव-गाथाएँ हैं। आन्तरिक विद्रोह या बाहरी हमले इस व्यवस्था को तोड़ते या बदलते नहीं, सिर्फ एक चेहरे की जगह दूसरा चेहरा लगा देते हैं। मूल्य वही रहते हैं। इस व्यवस्था को स्थायी बनाए रखने की खूबसूरती यह है कि जो जिसके ऊपर है वह उतनी ही निरंकुश इच्छा का स्वामी है और अपने से नीचेवाले से यह उसी वफादारी, त्याग और बेशर्त-विश्वास की माँग करता है, जो स्वयं उससे ऊपरवालों द्वारा अपेक्षित है। यह सारा 'कर्त्तव्य-बोध' इस तरह हर इकाई की मानसिकता का अनिवार्य तत्त्व बना दिया गया है कि कहीं भी ऊपर से थोपा हुआ या 'अस्वाभाविक' नहीं लगता। मूल्यों, मालिक और व्यवस्था के प्रति वह वफादारी या निष्ठा हमें अपने भीतर से उठती और उगती हुई लगती है। यहाँ तक कि सर्वोच्च शिखर भी थोपा हुआ नहीं, धर्मसम्मत या ईश्वरीय अनुकम्पा से स्थापित

किया गया बताया जाता है। राजा में ईश्वर का अंश ही नहीं विद्यमान होता, वह स्वयं ईश्वर होता है। उसकी सर्वोच्चता या व्यवस्था के प्रति अविश्वास, स्वयं ईश्वर या धर्म के प्रति विद्रोह है। स्वाभाविक है कि वहाँ व्यक्ति नहीं है, सभी एक-दूसरे के सेवक हैं—कर्त्तव्य और अनुकम्पा से बँधे। इसलिए न किसी की स्वतन्त्र इच्छा है, न व्यक्तित्व। 'विश्वासघात' को कुचलने के लिए यहाँ धर्म और शाही आतंक एक-दूसरे के स्थानापन्न होकर चलते हैं, एक-दूसरे को सुरक्षा और संरक्षण देते हैं। राजा के सारे विशेषण वही हैं जो भगवान के हैं।

हालांकि इस पिरामिड की हर ईंट की प्रवृत्ति अपने से ऊपर के स्थान तक पहुँचने की है, फिर भी इस सामाजिक विकास की एक अवस्था तक इस व्यवस्था को बदला नहीं जा सकता, सिर्फ हथियाया जा सकता है, असफल विद्रोही को या तो पकड़े जाकर मृत्युदंड पाना है, पागल होकर मरना है या फिर डाकू और बागी होकर कुछ समय निकाल देना है। पुनः वफादारी के आश्वासन पर क्षमा भी मिल सकती है। ऐसे में धर्म ही एकमात्र वह शरणस्थल है जहाँ 'व्यवस्था से असहयोग' के बावजूद सजा नहीं, सम्मान मिल सके। "तू शिखर है, ईश्वर का अंश है, मगर मैं भी उसी का भक्त या प्रतिनिधि हूँ। वह राजाओं का राजा है। उसकी निगाह में सब बराबर हैं। इसलिए मैं तेरी नहीं, उसकी व्यवस्था मानता हूँ"—ये घोषणाएँ असहयोग आन्दोलन के प्रारम्भिक बीज हैं। इन्हीं के आधार पर मध्यकालीन सन्तों ने वर्ण और व्यवस्था के चंगुल से अपने को मुक्त करने की कोशिश की थी। और, यह सिर्फ संयोग ही नहीं कि इस सामाजिक मुक्ति में नारियाँ भी शामिल हैं, चूँकि शरीर को नकारकर साधना बहुत सम्भव नहीं थी, इसलिए वाममार्ग के विभिन्न रूपों में यह छटपटाहट शरीर को साथ लेकर भी चली। निश्चय ही इसे न सामाजिक सम्मान मिला, न धार्मिक अनुमति। अपने को प्रभावशाली बनाने के लिए या ऐसे ही सम्प्रदाय निरन्तर, गुह्य, रहस्यमय, अभेद्य और परिणामतः आतंकप्रद बनते चले गए। अपने आप में इन्होंने न केवल अपने आपको नैतिक अंकुशों से ऊपर रखा बल्कि हमारे सामन्ती 'ऐस्थैटिक' सुरुचि-बोध को भी नकार दिया। उस विशेष 'समाज द्वारा' हर निषिद्ध का यहाँ अभिनन्दन हुआ। नारी को यहाँ कैद से बाहर निकाला जरूर गया, लेकिन साधना के उपयोग या व्यक्तिगत उपयोग के लिए। मूलतः यह सारे सामन्ती ऐथिक्स (नीतिशास्त्र) और ऐस्थैटिक्स (सौन्दर्यशास्त्र) का अस्वीकार है !

वस्तुतः सामन्ती व्यवस्था में नारी सिर्फ एक वस्तु है, सम्भोग और सन्तान की इच्छा पूरी करनेवाली मादा। यहाँ सेवा, उपयोग और वफादारी के बदले पुरुष नारी को उसी तरह सजाता, सुरक्षा देता और उसकी जिम्मेदारी लेता है जैसे अपने हाथियों, घोड़ों और बैलों को सजाता, सँवारता और संरक्षण देता है। इस सच्चाई को शायद सबसे निर्भ्रान्त रूप से इब्सन ने अपने नाटक 'डॉल्सहाउस' या 'गुड़ियों का घर' में प्रस्तुत किया है। पशुओं, गुलामों और स्त्रियों की वफादारी, धर्मपरायणता, मालिक के प्रति जान न्योछावर करने की बलिदान-भावना, त्याग की कहानियों से सारा मध्ययुग भरा पड़ा है। यही उनका स्त्रीत्व है और यही शील। इसकी महिमा सबसे अधिक है। हर विजेता ने

शत्रु राज्य की सम्पत्ति के साथ-साथ पशुओं, गुलामों और स्त्रियों को भी 'लूटा' है, क्योंकि मूलतः वह भी सम्पत्ति ही है। ऐसे मौकों पर सच्चे वफादारों ने शत्रु के हाथ पड़ने की बजाय, मर जाना ज्यादा बेहतर माना है। मूलतः इस समाज में स्त्री की न अपनी कोई जाति है, न नाम और न अपनी इच्छा। हर जाति या नस्ल ने एक-दूसरे की स्त्रियों को लूटा, छीना या अपनाया है, वह आजन्म किसी की बेटी, किसी की पत्नी और किसी की माँ के रूप में ही जानी जाती है। उसी से उसका पद और प्रतिष्ठा बनते हैं, यहाँ तक कि पर्दे के नाम पर उसका चेहरा भी उससे छीन लिया गया है। वह सिर्फ एक बेनाम, बेचेहरा और बेपहचान औरत है। इसलिए आसानी से उसे बदला जा सकता है।[1] परिणामतः न उस पर विश्वास किया जा सकता है, न निर्णायक मामलों में उसकी सलाह ली जा सकती है। न सम्भोग में उसकी इच्छा है, न सन्तान में, ये दोनों जरूरतें पूरी करना ही तो उसका धर्म है। नीत्शे कहता है, "औरत की हर चीज एक गुत्थी और पहेली है। औरत के सौ मर्जों का सिर्फ एक ही इलाज है : और वह है उसे गर्भवती कर डालना।"

यहाँ भी पुरुष का मूल रवैया मौजूद है। भय और आशंका से प्रेरित जितना ही वह उसे मानसिक और आध्यात्मिक रूप से कुचलता गया है उतना ही इसके इस रूप से उसकी घृणा बढ़ती गई है। 'ज़र, ज़मीन, ज़न' तीनों ही पुरुष-समाज में झगड़े की जड़ें हैं, क्योंकि मूलतः ये तीनों सम्पत्ति हैं। और चूँकि यह सम्पत्ति है, इसलिए पुरुष के सम्मान का हिस्सा है। मगर दूसरी सम्पत्ति के छिन जाने, और फिर उसके दूसरों द्वारा उपयोग पर वह इतना 'अपमानित' नहीं महसूस करता जितना स्त्री के उपयोग पर करता है। यहाँ अन्तर्विरोध यह है कि मकान, धन-दौलत, पशु-दासों को मैं शत्रु से दुबारा छीनकर विजय के अहंकार से मूँछों पर ताव दूँगा और 'दुश्मन से सब वापस ले लिया' के गर्व से छाती तानकर खड़ा होऊँगा, लेकिन दुबारा जीती हुई औरत मेरे किसी काम की नहीं है, वह भ्रष्ट और 'जूठी' हो चुकी है। अगर वह खुद नहीं मरती तो मैं उसे मार दूँगा। मुझसे छीनी जाकर भी अगर वह शत्रु के यहाँ जीवित, सुखी या सन्तुष्ट है तो उसकी इससे अधिक दगाबाजी और क्या होगी ? लूटे जाने से पहले या कम-से-कम दुश्मन के यहाँ पहुँचकर अगर वह किसी तरह आत्महत्या कर लेती है तो मैं शान से कहता कि उसने मेरे गौरव की रक्षा की है। दुश्मन के चंगुल से किसी तरह छूटकर आनेवाला 'गुलाम' अपनी वफादारी के लिए इनाम का हकदार है, लेकिन इस तरह लौटी हुई 'औरत' किसी भी तरह स्वीकार नहीं की जाएगी। पता नहीं, उसके साथ कहाँ क्या-कुछ हो चुका होगा। अब उसे मेरी अग्निपरीक्षा से गुजरना होगा यानी मेरे

1. 16 अप्रैल, 1988 के 'टाइम्स ऑफ इंडिया' (दिल्ली) में इस्लाम ग्रहण करके छह हफ्ते पाकिस्तान में रहकर लिडा बर्ड फ्रेंके लिखती है, "पर्दा पुरुषों का आविष्कार है। उनका भय हमारी जान का बोझ बन गया है।" वह महसूस करती है कि वह कोई भी निर्णय नहीं ले पाती। हमेशा पुरुषों की ओर देखती है।

हाथों मरना होगा। एक-दूसरे से हमेशा लड़ते रहनेवाले सामन्तों को बार-बार इस तरह के अपमानों का सामना करना पड़ा है, इसलिए 'बड़े घरों' में लड़की का जन्म मातम का दिन होता है, उसे या तो मार दिया जाता है या किसी दयालु धाय द्वारा पानी में बहा दिया जाता है। दुनिया की सारी खूबसूरत बहू-बेटियाँ सिर्फ मेरे लिए हैं, लेकिन मेरी बहू-बेटी पर अगर किसी ने नजर डाली तो उसकी आँखें फोड़ दी जाएँगी—सारा सामन्ती समाज इसी अन्तर्विरोध से भरा है। इस समाज में औरत को हमेशा उन्हीं अपराधों के लिए सजा दी गई है जिनकी जिम्मेदार वह खुद नहीं है : सौन्दर्य, शील-भंग और 'अवैध' गर्भधारण—या जायज गर्भधारण में भी पुत्री की माँ होना।

इस समाज के प्रामाणिक साहित्य में 'औरत' कहीं नहीं है। नौ वर्ष की गोरी से लेकर तीस-पैंतीस वर्ष की प्रौढ़ा उम्र की सिर्फ नायिकाएँ हैं—उनके विभिन्न भेद हैं। हाँ, लोक में प्रचलित प्रेम-कहानियाँ जरूर वर्ण और वर्ग की दीवारों को झुठलाती हुई 'व्यक्तिगत चुनाव' को जन-जन की प्रिय बनाए हुए हैं, राजा-राजकुमारियों के आपसी प्रेम को छोड़कर बाकी प्रायः दुखान्त हैं—क्यों यहाँ वंश और खानदान के नाम पर अक्सर ही प्रेमिका की हत्या कर दी गई है या स्वयं उसने या दोनों ने आत्महत्याएँ कर ली हैं।

कृष्णा सोबती पर लिखते हुए मैंने इसी सूत्र को लिया था कि उनकी सारी कथा-यात्रा, औरत के वस्तु से प्राणी और व्यक्ति बनने की कहानी है। प्रेमचन्द उसे सिर्फ वस्तु से प्राणी तक ही ला पाए थे। उनके यहाँ बड़े घर की बेटी का आदर्श था। उनकी अधिकांश रचनाओं में 'वस्तु के खोल' से निकलकर प्राणी होने और उसे इस रूप में स्वीकार किए जाने का संघर्ष है। उस समय यही बहुत बड़ी बात थी। आखिर वह भी प्राणी है। उसे भी किसी मनुष्य की तरह सुख-दुःख व्यापता है, वह भी घर की एक सदस्य है-का तरस-भरा सरोकार उसे परिवार के एक संवेदनशील सदस्य के रूप में पहचानने की कोशिश करता है। उसकी कल्याण-कामना और चारित्रिक दृढ़ता, पारिवारिक सुरक्षा की आकांक्षा ही धनिया जैसा चरित्र देती है। धनिया को व्यक्तिगत रूप से अपने लिए कुछ नहीं चाहिए। उसकी अपनी व्यक्तिगत न कोई आकांक्षा है, न इच्छा। जो चाहिए वह होरी, गोबर के लिए—सामाजिक सम्मान, पारिवारिक सुख और शरीर—मन का योग-क्षेम। इन्हीं पारिवारिक मूल्यों के प्रति समर्पित वह दबंग और दृढ़ है। वस्तुतः 'गोदान' की ट्रेजिडी ही यही है। होरी और धनिया, परम्परागत निष्ठा और टिपिकल सामन्ती संस्कारों के हिसाब से एक छोटा-सा सुखी परिवार बने रहकर जीना चाहते हैं और वही उन्हें नहीं करने दिया जाता। उनकी छोटी-से-छोटी इच्छा के आगे बाधाएँ हैं—आर्थिक और सांस्कारिक। सपना उनका पुराने मूल्यों से प्रेरित है, जबकि स्थितियाँ बदल गई हैं। अपने श्रम और निष्ठा के सिवा उनके पास कोई पूँजी नहीं है : हर सफलता, असफलता का श्रेय भगवान को है। इन्हीं पुराने मूल्यों के प्रति होरी बेहद ईमानदार है और हारता चला जाता है। भगवान की इच्छा मानकर होरी इस हार को स्वीकार करता जाता है, मगर धनिया अक्सर सवाल करती है—'आखिर ऐसा है क्यों ?' वह इसीलिए तेजस्विनी है कि वह हर स्थिति को जैसे का तैसा स्वीकार नहीं करती।

विश्वास उसके भी वही हैं जो होरी के हैं—नियति भी वही है। मगर जो कुछ होरी को तोड़ता है, वही उसके गुस्से और क्षोभ का स्रोत है। जिस ढाँचे से दोनों चिपके हैं, बदली हुई स्थितियों में उसका होना असम्भव है, मगर इस अनिवार्यता को होरी के मुकाबले धनिया अधिक बलपूर्वक शब्द देती है। वह बदलाव को ज्यादा व्यावहारिक और वास्तविक दृष्टि से देखती है, इसलिए अपेक्षाकृत आसानी से स्वीकार भी करती है।

उधर मध्यवर्गीय समाज में स्थितियों का यह बदलाव लगभग दूसरे महायुद्ध तक केवल इसी समस्या के आस-पास पचास साल निरन्तर मँडराता रहा है कि स्त्री की दुनिया कहाँ है ? घर या बाहर ? हजारों साल वस्तु और मादा बने रहने की मूक यातना और नारी होने की सजा के बाद सामाजिक जागरण का यह पहला मौका है जब औरत की नियति को लेकर शंकाएँ उठाई जाती हैं, परम्परागत मूल्यों की शाश्वतता पर सवाल किए जाते हैं और बदली स्थितियों से पैदा समस्याओं के समाधान तलाश किए जाते हैं। हर सम्मिलित अपराध की सजा औरत ही क्यों भोगती है ? 'पाप' की अवधारणा नारी के ही सन्दर्भ में क्यों है ? क्या प्रेम सचमुच अपराध है ? प्रेम में भगवान हैं तो क्या उसका साक्षात् रूप नारी ही नहीं है ? प्रेम और वासना का कोई आपसी सम्बन्ध है या नहीं ? पाप और पुण्य वस्तुतः कहते किसे हैं ? इस दृष्टि से 'चित्रलेखा' पहला उपन्यास है जो इन आधारभूत सवालों को सीधे, बेबाक और दो टूक सामने रखता है।

घर और बाहर की इस समस्या या विडम्बना को रघुवीर सहाय की यह कविता बेहद सुन्दर ढंग से रखती है :

पढ़िए गीता
बनिए सीता
फिर इन सबमें लगा पलीता
निज घर-बार बसाइए
होंए कटीली
लकड़ी सीली
आँखें गीली
घर की सबसे बड़ी पतीली
भर-भर भात पकाइए।

स्थिति बदली है स्त्री कथाकारों के खुद सामने आने से...

नारी तुम केवल श्रद्धा हो...

दलितों के साथ स्त्रियों की दुर्दशा भी गाँधीजी का बहुत बड़ा सरोकार रही है। वह उनके सामाजिक सर्वोदय का जरूरी हिस्सा था। उनका संघर्ष समग्र था। एक तरफ वे स्वराज की बात करते थे, तो साथ ही सामाजिक बुराइयों, पिछड़ेपन, अन्याय को दूर करने की चेतना पैदा करना चाहते थे, ताकि देश उस 'स्वाधीनता' को सँभालने लायक बन सके। चिन्ता, प्रतिज्ञा और प्रयास तीनों ही उनकी गहरी समझ और दूर-दृष्टि के प्रमाण हैं, मगर जब 'स्वराज' मिला तो उनका चाहा कुछ भी नहीं हुआ। माला हम गाँधी के नाम की कितनी ही जपें और 'हाय अगर यह देश गाँधी की बताई राह पर चला होता तो आज हमें यह दुर्दिन न देखने होते' जैसे मर्सिये पढ़ते हुए गाँधी नाम के ताजिए के सामने कितनी ही छातियाँ कूटें, मगर यह सच है कि इतिहास ने गाँधी को एक 'विराट-फुस्स' की नियति दे दी है। हाँ, हर भक्त के भीतर यह आस्था बनी रहनी चाहिए कि एक दिन फिर कृष्णावतार होगा (तदात्मानं सृजाम्यहम्) फिर क्राईस्ट पुनर्जीवित होंगे, फिर आखिरी पैगम्बर आएँगे और फिर एक दिन सारा देश और समस्त विश्व गाँधी को पहचानेगा, उनके रास्ते पर चलेगा...।

सवाल कभी-कभी सिर उठाता है कि सारी सदाशयता के बावजूद गाँधी दलितों की समस्याओं और यातनाओं के उन आयामों को क्यों आत्मसात नहीं कर पाए जिन्हें ज्योति बा फुले और अम्बेडकर ने भुक्तभोगी होने के नाते वाणी दी। शायद स्त्रियों के बारे में भी उनकी एप्रोच उसी दुविधा (एम्बिवलेन्स) की शिकार रही, जिससे मृदुला गर्ग जैसी तेजस्वी महिला आज तक ग्रस्त और पुरानी महादेवी वर्मा प्रायः मुक्त हैं। इसका कारण यह भी हो सकता है कि दलित और अस्पृश्य एक अलग और दूर का वर्ग था, स्त्रियों की तरह जीवन घर और समाज में गुँथा नहीं था। किसी अर्थ में वह हम स्वयं थे। वीरभारत तलवार ने कांग्रेस (जो तब गाँधीजी के आदर्शों से ही प्रतिबद्ध थी) के इस अन्तर्विरोध को इन शब्दों में रखा है, "स्वराज्य के राष्ट्रीय आन्दोलन के साथ स्त्रियों का सवाल उसी तरह टकरा रहा था जिस तरह किसानों, मजदूरों या अछूतों का सवाल टकरा रहा था। जो जमींदार और उनके वकील राष्ट्रीय आन्दोलन के नेता बनकर अपने लिए अधिकारों की माँग कर रहे थे वे खुद किसानों को किसी तरह के अधिकार देने को तैयार नहीं थे। जो ब्राह्मणवादी नेता अंग्रेजों से स्वाधीनता चाहते थे उन्होंने समाज के करोड़ों लोगों को अछूत कहकर हर तरह से पराधीन बना रखा था। यही अन्तर्विरोध

राष्ट्रीय आन्दोलन के पुरुष नेताओं और स्त्री-समुदाय के बीच मौजूद था। इस पर तीखा व्यंग्य करते हुए उमा नेहरू ने (स्त्री-दर्पण, मई 1918) राष्ट्रवादी पुरुषों से पूछा—"केवल राष्ट्रीय स्वतन्त्रता के खो जाने ने तुम्हें कैसा मलिन, कैसा व्याकुल, कैसा दुखित बना दिया है ? फिर स्वयं सोचो, जिसके शरीर की, जिसकी आत्मा की, जिसके हृदय की सारी स्वतन्त्रता लुट गई हो, उसका हार्दिक भाव कैसा हो सकता है ?" (राष्ट्रीय नवजागरण और साहित्य : 141) स्वयं गाँधीजी स्त्रियों में शिक्षा, सामाजिक चेतना, साहस इत्यादि सभी चाहते थे लेकिन मूलतः इस सवाल पर भी उनका रवैया समझौतावादी ही था, जैसे वे बाल-विवाह के विरोधी थे लेकिन विधवा-विवाह के पक्ष में नहीं थे। स्त्रियाँ घर से बाहर सामाजिक-राजनैतिक आन्दोलन में हिस्सा लें, पिकेटिंग करें यह तो उन्हें पसन्द था लेकिन आर्थिक रूप से स्वनिर्भर हों' यह उनके गले नहीं उतर रहा था। उन्होंने स्त्रियों के अधिकारों का उसी हद तक समर्थन किया, जहाँ तक पुरुष वर्चस्व पर आँच न आए। जाहिर है गाँधीजी की जड़ें जिस बुर्जुवा समाज में थीं, अपनी सारी उदारता और सदाशयता के बावजूद उसकी व्यवस्था को वे बहुत तोड़ नहीं सकते थे। मजदूरों, खेतिहरों, दलितों और स्त्रियों के अधिकारों की बात वे उसी सीमा तक उठा सकते थे जहाँ तक अपने सहयोगी वर्ग को तैयार किया जा सके। यह अन्तर्विरोध उन्नीसवीं सदी के समाजवेत्ताओं में तो और भी अधिक तीव्रता से उजागर है : जो राजाराम मोहनराय सती बाल-विवाह के मसले पर सबसे अधिक मुखर थे। सुनते हैं वे स्वयं ही विधवाओं के प्रश्न पर दयनीय रूप से रूढ़िवादी थे—'अगर हमें चमड़े के जूते पहनने हैं तो गौ-हत्या की तरफ से आँखें मूँद लेनी होंगी, उसी तरह अगर हमें हिन्दू समाज को बिखरने से बचाना है तो विधवाओं के सवाल को न उठाना ही बेहतर है...' इसी आशय का एक पत्र उद्धृत किया है प्रसिद्ध इतिहासविद् डॉ. सुधीर चन्द्र ने, 'पुनर्जागरण युग के तीन उपन्यासकार' नाम के शोध-निबन्ध में...बंकिम तो बाकायदा बहु-विवाह और सती के समर्थक तथा विधवा-विवाह के विरोधी थे।

कभी-कभी मुझे आश्चर्य होता है कि वे क्या मनोवैज्ञानिक या सामाजिक कारण रहे हैं कि पितृसत्ता स्थापित होते ही पुरुष ने सब कहीं स्त्री को कुचला है। दलितों को प्रायः शस्त्र से, स्त्रियों को शास्त्र से...अर्धनारीश्वर की पूजा करनेवाला क्यों स्त्री को हत्या और आत्महत्या के बीच जीने को मजबूर करता गया ? जिसे माँ-बेटी-बहन-प्रिया कहकर गले लगाता है उसे ही तथाकथित शास्त्र-पोषित-सामाजिक मर्यादाओं या विश्वासों के नाम पर नृशंस होकर मार डालता है—कभी उसके पैदा होते ही (आजकल तो भ्रूण रूप में भी), तो कभी वय प्राप्त करने पर...सबसे ज्यादा दिल दहला देनेवाली बात तो यह कि उसने इस स्त्री-वध-अनुष्ठान में खुद स्त्री को अपना सहयोगी बना लिया है। मानसिक अनुकूलन (कंडीशनिंग) की हद तो यहाँ तक कि स्त्री स्वयं, बिना पुरुष की उपस्थिति के, स्वेच्छा से अपनी हत्या के इस अनुष्ठान को सम्पन्न करती है और उसे कोई अपराध-बोध या पाप की अनुभूति नहीं होती। अपनी ही प्रजाति को इस तरह मिटाने में जुटी स्त्री क्या सचमुच कभी नहीं सोचती कि वह ऐसी दक्षता से किसकी

इच्छाओं या कुंठाओं को सरअंजाम दे रही है ? तो क्या अपने अन्तर्तम और अवचेतन में पुरुष स्त्री से भयभीत है ? क्या वह उसे अपने से ज्यादा शक्तिशाली मानता है ? भारतीय दर्शन ने उसे संस्कार दिए हैं कि प्रकृति पुरुष के बिना जड़ है, मगर कहीं वह शायद यह भी मानता है कि स्त्री प्रकृति है—मानव प्रजाति की निरन्तरता बनाए रखने का माध्यम है, तब क्या प्रजनन और संरक्षण में अपना सिर्फ प्राकृतिक उपयोग किए जाने का प्रतिशोध लेता है पुरुष ? स्त्री के मुकाबले अपनी यौन-अक्षमता की कचोट क्या उसे नृशंस या प्रतिहिंस्र बनाती चली जाती है ? 'आदमी की निगाह में औरत' नाम के लेख में मैंने विस्तार से इसी पितृसत्तात्मक सामन्ती सोच को समझने की कोशिश की है।

परिवार नामक संस्था द्वारा पुरुष-निरंकुशता की किलेबन्दी न की गई होती तो शायद पुरुष न बालिका को बर्दाश्त करता, न बुढ़िया को। दोनों ही उसके लिए बोझ हैं। उसका प्राकृतिक जुड़ाव युवती के साथ है—वह भी अपनी एकमात्र मिल्कियत बनाकर। पशु-पक्षियों में भी कुछेक अपवादों को छोड़कर परिवार या शिशु-पोषण मादा की जिम्मेदारी है—नर एक अलग और बाहरी प्राणी है। हाँ, सुरक्षा और संरक्षण उसे झुंडों और कबीलों में बाँधे रखता है। परिवार स्त्री के पक्ष में समाज द्वारा पुरुष की नाकेबन्दी है, उसकी स्वच्छन्दता को रचनात्मक दिशा देने की घेराबन्दी है, संन्यासी और भगोड़ा बनकर ही वह उससे मुक्त हो पाता है। जब तक नहीं भाग पाता, तब तक अपने बँधे होने की सजा औरत को देता रहता है। यहाँ तक कि अपने मरने के बाद भी उसके शारीरिक या आधिभौतिक (मैटाफिजिकल) वध का प्रबन्ध कर जाता है...स्त्री को हजारों सालों से अबला, असहाय, अधूरी और अपने ऊपर निर्भर बनाकर रखना, परिवार के भीतर ही अपनी निरंकुश स्वच्छन्दता को बरकरार रखने की रणनीति है...उसने सारे सामाजिक कानूनों को कुछ इस तरह गढ़ा है कि पुरुष-वर्चस्व को कहीं कोई चुनौती या खतरा नहीं है। पहले स्मृतियाँ और नीतिशास्त्र खुलकर जिस बात को कहते थे, आज कानून उसी यथास्थिति को बारीक और पेचीदा ढंग से कहता है कि स्त्री के पास सिर्फ कच्चे पत्ते हैं, सारे ट्रम्प और तुरुप आज भी पुरुष के कब्जे में हैं। खेल लो, कितनी देर खेलती हो...।

पिछले दो दिनों (6 और 8 जून) से मैं दूरदर्शन पर दो प्रोग्राम देख रहा हूँ : 'फेमिना' पत्रिका द्वारा 'मिस इंडिया' को और जे. के. टायर द्वारा 'मिस यूनिवर्स' का चुनाव। अद्‌भुत ऐन्द्रजालिक दृश्य, भव्य चकाचौंधवाले सेट्स, रोशनियाँ, जादुई स्टेज-सेटिंग और थोक में सुन्दरियों के झुंड, हँसती खिलखिलाती जवानियाँ—फिर एक-एक-सुन्दरी का आकर अपने आपको प्रदर्शित करना, घूम-घूमकर अपना आगा-पीछा दिखाना, निर्णायकों द्वारा नम्बर दिए जाना—पहले छह, फिर तीन और अन्त में एक सर्वश्रेष्ठ का चुनाव—यानी कूल्हे, कमर, छातियों, टाँगों और चेहरों के इंचीटेप से नाप-जोख, चलने, खड़े होने और दीखने में उनका आनुपातिक उपयोग...कम्बख्त कौन ठूँठ होगा जो इस दृश्य से अपनी आँखों को सार्थक न करे...सुन्दरी तो तस्वीर में भी शोला होती है, फिर

ये तो जीती-जागती देवियाँ थीं—हाँ, जो सचमुच वहाँ बैठे तालियाँ बजा रहे थे। उनकी किस्मत का तो कहना ही क्या ? हरामजादे अकेले ही सारे मजे लूटे ले रहे थे। भाड़ में गई कालाहांडी और चूल्हे में गया पलामू...इस समय मेधा पाटकर, सूजी थारू, मधु किश्वर और नलिनी सिंह जैसियों के नाम लेकर गुड़-गोबर करने की जरूरत नहीं है। वह सब है, मगर आखिर सौन्दर्य-चेतना भी तो कोई चीज है, यह सौन्दर्य न हो तो आदमी सिर्फ गलाजत, संघर्ष, भुखमरी के बीच कैसे जिएगा ? फिर यह कोई नई चीज है ? न जाने कब से हमारे यहाँ नगर-सुन्दरियाँ चुनी जाती रही हैं। आज भी हर कॉलेज या महिला संस्था का सबसे रोमांचक प्रोग्राम 'मिस मिरांडा', 'मिस मसूरी' ही तो होते हैं...ईश्वर ने सौन्दर्य दिया है, तो उसे प्रदर्शित करने या तुलनात्मक श्रेष्ठता तय करने में कौन से पहाड़ टूटे पड़ रहे हैं ? हमारे इस सामाजिक अहसान को आप क्यों नजरअन्दाज करते हैं कि पहले राजा, नवाब, जमींदार अपने हरमों से सुन्दरियाँ बुलवाकर (या उठवाकर) सर्वश्रेष्ठ का 'चुनाव' करते थे—मीना-बाजार और इन्दर-सभाएँ लगाते थे। हमने अन्य संगीत और कलाओं की तरह सौन्दर्य को भी सामन्ती चंगुलों से निकालकर जन-जन के लिए सुलभ कर दिया है...? अगर शरीर है तो उसे सुन्दरतम रूप में प्रस्तुत करने में न शर्म की जरूरत है, न अपराध-बोध की...जो काम सारी संस्कृति, कलाएँ करती आ रही हैं, वही तो हम भी कर रहे हैं—सामाजिक सौन्दर्य-बोध का संस्कार...सौन्दर्य का सामाजीकरण। अब यह पंगा लेने की जरूरत नहीं है कि इन सुन्दरियों के कोमल कर-कमलों से हम टायर बेच रहे हैं या स्कूटर...यह सब तो प्रसंगान्तर बातें हैं। यही क्या कम है कि स्कूटर, शैम्पू-टायर खरीदनेवाले को यह सुन्दरी मुफ्त...आज तस्वीर में, कल साक्षात—निर्भर करेगा कि बिजनेस कितना और कैसा देते हैं आप...?

स्त्री अपनी बौद्धिक या अन्य उपलब्धियों के लिए चाहे जितनी हायतौबा मचाती रहे, पुरुष की जिद है कि साम, दंड, दाम, भेद से वह उसे कमर, कूल्हे, नितम्ब, छातियों से ऊपर नहीं उठने देगा। देह को वह इस धमाके, ग्लैमर और चकाचौंध के साथ पेश करेगा कि हर औरत देह बने रहने को ही अपने होने की एकमात्र सार्थकता मानने को मजबूर हो जाए...उसके दिमाग में मज्जा तक खुद जाना चाहिए कि जब तक उसके पास लुभावनी देह है तभी तक उसकी विश्वव्यापी प्रतिष्ठा है, वह हिमालय के शीर्ष पर है...अब (उनके शब्दों में) हीन-देहवाली कुंठित महिलाएँ या स्वामी अग्निवेश जैसे सिरफिरे लाख शोर मचाएँ कि वे हमारी माताएँ और बहनें हैं। उन्हें 'डॉग-शो' और 'हॉर्स-शो' के धरातल पर मत उतारो, मगर इस नक्कारखाने में सुनवाई किसकी है। कितना दयनीय है कि कुत्तों और घोड़ों में जिस इंटेलिजेंस या कौशल को पुरस्कृत किया जाता है, इन नितम्बिनियों या पयोधराओं से वह उम्मीद भी नहीं है। आई क्यू (सामान्य ज्ञान) के लिए 'आप अगर विश्वसुन्दरी चुन ली गईं तो क्या करेंगी ?' जैसे प्राइमरी स्कूल के स्तर के सवाल ही उनसे पूछना काफी समझा जाता है और वह भी अपनी भोली अदा से आँखें मटकाकर कहती हैं कि 'मानव कल्याण के लिए मैं अपना सर्वस्व लगा

दूँगी...।' जो उसे सचमुच करना है वह कभी नहीं कहेगी कि इस तमाशे से निकलते ही मुझे मॉडल, एयर-होस्टेस, रिसेप्सनिस्ट, एक्ट्रैस बनना है, स्मगलरों और राजनेताओं या माफिया सरदारों के लिए 'पैडलिंग' करनी है, उनके बिस्तर और शरीर गर्म करने हैं...बाजारू और घटिया सवाल ही पूछने हैं तो क्यों नहीं कोई इस विश्वसुन्दरी से पूछता कि मैडोना, पॉमेला बोर्डेस या क्रिस्टीन कीलर के बारे में उसकी क्या धारणा है या 'सूटेबुल बॉय' में क्या बात पसन्द या नापसन्द है, खुशवन्त के 'देहली' में दिल्ली कहाँ तक है ? मगर नहीं, उनसे ऐसा कोई सवाल नहीं पूछा जाएगा जिसमें बुद्धि, ज्ञान या विवेक का दखल हो, वह सब तो पुरुषों की बपौती है। मुझे सचमुच ताज्जुब होता है, इन सुन्दरियों में कभी भी कोई पलटकर क्यों नहीं पूछती कि देह हमारी अपनी उपलब्धि नहीं है, उसे हमने सजाया, सँवारा और तराशा जरूर है मगर दी हुई वह हमारे माँ-बाप और प्रकृति की है, संयोग ही है कि वह आपके हिसाब से सुन्दर भी है। इसे प्रदर्शित करना, प्रतियोगिता में रखना, या पुरस्कृत करना हमें कुत्तों और घोड़ों के धरातल पर उतारना है। प्रदर्शन, प्रतियोगिता और पुरस्कार उन क्षमताओं का होना चाहिए जो हमने स्वयं अपने प्रयत्नों से अर्जित की हैं—पुरुष-बाधाओं और अपनी देह की सीमाओं के बावजूद जिन्हें हमने उपलब्ध किया है। नहीं सुन्दरी, आपको यह विशेषाधिकार नहीं दिया जाएगा। आप शरीर की नुमाइश में ही अपनी पहचान या आइडैंटिटी खोज...वह भी अप्रयुक्त, अक्षत-योनि, तरोताजा, अनटच्ड बाई ह्यूमन हैंड, 'फ्रैश फ्रॉम द अवन', सौन्दर्य...बहुत अपमानजनक लग रहा है क्या ? शब्दों के अर्थ नहीं जानतीं आप ? हमारी नफासत है कि हम आपको 'मिस इंडिया' या 'मिस यूनिवर्स' का खिताब दे रहे हैं वरना आशय तो हमारा 'वर्जिन इंडिया' या 'वर्जिन यूनिवर्स' से ही है। शायद 'मिस' का एक अर्थ यह भी तो है न ? 'परीक्षण' करके मंच पर आई हैं न ? कितने खूबसूरत शब्द हैं मिस, वर्जिन या वर्चुअस...ठीक वैसे ही दावत देते, लुभावने आमन्त्रण जैसे मिठाई सजाए कोई हलवाई कह रहा हो—आइए मेहरबान, गरमागरम एकदम ताजा महकती, रसीली, मीठी और जायकेदार इमरती—सिर्फ आप ही के चखने के लिए बचाकर रखी है...कितनी लाख औरतों को मौत के घाट नहीं उतारा है इस वर्जिनिटी, कौमार्य या अक्षत-योनि की शर्त ने...कितने घर नहीं बर्बाद हुए इस एकमात्र शब्द से कि हमसे पहले किसी ने 'हमारी औरत' को जूठा तो नहीं कर दिया ? कभी किसी पुरुष ने यह शर्त अपने ऊपर लागू होने दी है ?

और इन्हीं दुहरे मानदंडों का पिटारा है आज का सारा भारतीय कानून...कितना सही नाम रखा है अरविन्द जैन ने अपनी पुस्तक का 'औरत होने की सजा'...कहती रहिए, आप सारे कानूनों को सामन्ती, सवर्णवादी या मेल-शॉवेनिस्टिक...हम क्यों आसानी से उस कानून में फेरबदल करें जो हमारे ही वर्चस्व में सेंध लगाते हों ? हमें क्या मुसीबत है कि अगर औरतें हमारी खेती हों, दो औरतों की कानूनी गवाही एक मर्द की गवाही के बराबर मानी जाए, बलात्कार पुरुष करे और उसे साबित करने की जिम्मेदारी औरत पर हो और इस प्रक्रिया में पुलिस-कस्टडी या नारी-निकेतन की

देखभाल में दस-बीस मर्द और भी बलात्कार का सुख भोगें या वकील भरी-कचहरी में आपके शरीर का एक-एक हिस्सा मजिस्ट्रेट और जज को पेश करे और बेशर्मी से पूछे कि 'क्या पैनेट्रेशन हुआ था, हुआ तो कितना ? इस क्रिया में आपको मजा किस क्षण से आना शुरू हुआ ?...' जाइए, लीजिए मदद कानून की ! क्या आप नहीं जानतीं कि वेश्यावृत्ति में मुजरिम ग्राहक नहीं, वह वेश्या है जो आपको 'सेवा' बेचती है ? दुकान है और दुकान पर खराब माल या गैर-कानूनी माल बेचनेवाला ही तो अपराधी है, खरीदार को क्यों परेशान होना पड़े ?

अच्छा माल देंगी, तो फाइवस्टार होटलों, हवाई जहाजों में मिस इंडिया के मंचों पर सजेंगी, खराब और घटिया माल देंगी तो फोड़े-फुंसी भरे शरीर में मन्दिर के बाहर खुले में, टीन का डिब्बा खनखनाती मक्खियाँ उठा रही होंगी...हर आने जानेवाले को याचनाभरी निगाहों से देखती हुई...

नहीं मृदुलाजी, सचमुच स्त्री दलित नहीं है। मैं यह भूल गया था कि प्रबुद्ध स्त्री दुनिया की हर स्थिति का मूल्यांकन सिर्फ अपनी व्यक्तिगत हैसियत और स्थिति से करती है—बड़े उद्योगपति, अफसर, मन्त्री इत्यादि की पत्नियाँ दलित कहाँ हैं ? कैसे हो सकती हैं ? जो अपने को ऐसा कहती हैं वे मूर्खाएँ 'रोटी नहीं है, तो केक तो खा ही सकती हैं,' मगर सच पूछिए तो समाज एक लम्बी रेलगाड़ी है, उसके एयर-कंडीशंड कूपे में बैठी औरत दावे से कह सकती है कि वह सैकिंड या थर्ड-क्लास के ठसाठस भरे डिब्बे में बैठी पसीने-पसीने होती औरत से अलग है कि उसे उनके साथ शामिल करके उसका अपमान किया जा रहा है, न उसकी हैसियत उन जैसी है, न सोच—वह अधिक मुक्त होकर चिन्तन कर सकती है। यह मर्द-मानसिकता का घिनौनापन है कि वह दोनों को एक ही बाड़े में धकेलकर अपने बड़प्पन पर गर्व महसूस करे...

काश, इस अलग हैसियत की औरत को किसी तरह यह बात समझाई जा सकती कि ऊँचे-नीचे आरामदेह या तकलीफ-भरे डिब्बों के बावजूद ट्रेन तो एक ही है और वह एक ही गन्तव्य को जा रही है, दुर्घटना में एक ही नियति को प्राप्त करेगी और एक ही झटके में आप भी पटरी के किनारे उन्हीं रोड़ी-पत्थरों पर बैठी होंगी जहाँ दूसरी बैठी हैं...

मुझे अभी भी लगता है कि ट्रेन एक ही है जिसमें दलित भी बैठे हैं और स्त्री भी—पटरियों की दिशाएँ नहीं बदली गईं तो गन्तव्य भी एक ही है...विश्वास न हो तो कंट्रोल-रूम में पूछ लीजिए...

असल में मृदुला गर्ग ही नहीं, न जाने कितनी प्रबुद्ध महिलाएँ हैं जो इस ठप्पे से भड़कती हैं कि महिलाओं के केस में गहरी उतरेंगी या उनकी अपनी दृष्टि से आवाज उठाएँगी तो उन पर 'फेमिनिस्ट' (नारीवादी) होने का ठप्पा लगा दिया जाएगा। दलितों के साथ अपने को जोड़ना तो सामाजिक प्रतिष्ठा के लिए घातक है ही। 'कहाँ वे चूड़े-चमार और कहाँ हम...'

पता नहीं, कितनी ऐसी सामाजिक समस्याएँ हैं जिनसे हम आज सिर्फ इसलिए

बच निकलना चाहते हैं कि कोई 'ठप्पा' न लगा दे। उन्हें हमने अपमानजनक 'टैबू' बना दिया है। एक हद के बाद औरतों की बातें करेंगे, तो लोग हमें 'फेमिनिस्ट' कहेंगे, सामाजिक न्याय की बात करेंगे तो मंडलवादी कहे जाएँगे। गरीबी, भुखमरी, शोषण, बेकारी की बात कहेंगे तो लोग कम्युनिस्ट कहेंगे—जीवन का हर मूलभूत सवाल और संघर्ष मानो हमारे लिए वर्जित बना डाला गया है। अफसर, उद्योगपति, नेता, साधु और बाकी यथास्थिति के अलमबरदार ऐसा कहें तो उनके वर्गहित समझ में आते हैं, मगर उनकी ही निगाह में सम्मानित, प्रतिष्ठित, पुरस्कृत होने की लिप्सा में अगर समाज-चेता, विचारक, लेखक और चिन्तक भी उन सवालों को बदनामी के भय से टालेंगे, तो लानत है उनके 'बुद्धिजीवी' होने पर। चिन्तन, विश्लेषण, ईमानदारी और फिर अपने या वर्गहितों से उठकर, उसे बेलिहाज, निर्भीक होकर कहने का साहस अगर हमारे पास नहीं है तो 'बुद्धिजीवी' होने की मजबूरी क्या है ? आज के इस युग में 'राजनीतिक गन्दगी' में न पड़ने के डर से लेखक भी अगर इन सवालों से नहीं टकराएगा तो कौन यह जिम्मेदारी सँभालेगा ? दलित मानवता की यातना और संघर्ष को कौन वाणी देगा ? और अगर यह सब गलत है, तो फिर तो सुख-ही-सुख है। शुद्ध और आत्यन्तिक (एब्सोल्यूट) साहित्य का निर्माण कीजिए, 'साहित्य की स्वायत्त सत्ता' का अनुसन्धान कीजिए। महिमा-गान और कीर्तन के अन्दाज में बताइए कि साहित्य कैसे और कहाँ महान है—उसे भौतिक ताप और पाप से बचाकर अपनी नहीं, दूसरों की चुनी हुई चुप्पियों की फेहरिस्त पेश कीजिए...या आदमी नहीं , हिन्दू होने की त्रासदी पर विलाप कीजिए...बस, साहित्य भी महान, आप भी महान...सब मिलाकर अपना देश महान !

['मेरी तेरी उसकी बात', *हंस*, जुलाई 1993]

हम सबके माथे पर दाग

काफ्का की एक लम्बी और भयानक कहानी है, 'दंडद्वीप'। मुख्य-भूमि से दूर इस द्वीप में कैदियों को रखा जाता है, अपराध के अनुसार सजाएँ दी जाती हैं और यह तय है कि समाज में उनकी वापसी की सारी सम्भावनाएँ समाप्त हो गई हैं। यहाँ के अधिकारियों ने सजाएँ और यातनाएँ देने के तरह-तरह के तरीके और तामझाम बना रखे हैं, अपनी जिस ईजाद पर इन्हें सबसे ज्यादा गर्व है और जिसे विशेष रूप से कथा-नायक को दिखाया जाता है, वह बहुत कौशल से तैयार की गई मशीन है। एक टिखटी या बिना ढक्कन के लम्बे-पतले सन्दूक जैसी चीज में अपराधी को चित लिटा दिया जाता है और ऊपर से पट्टे कस दिए जाते हैं ताकि वह हिल-डुल न सके। इस सबको 'मानवीय' और कम तकलीफदेह बनाने के लिए इधर-उधर गद्दे जैसी चीजें भी लगाई गई हैं। इस तरह अपराधी को कस चुकने के बाद ऊपर से नुकीले बरमे जैसी चीज उसकी छाती पर किए गए अपराध का नाम गोदते हुए धीरे-धीरे गहरे धँसती चलती है। गोदने की प्रक्रिया में खून-मांस को साफ करने के लिए बरमे के साथ ही पानी की एक नलकी भी जुड़ी है जो इस 'गन्दगी' को धोती रहती है। इस प्रकार बरमे के शरीर के आर-पार निकलने तक मरते हुए अपराधी को मालूम होता रहता है कि उसे किस बात की सजा दी जा रही है—हत्या, चोरी, बलात्कार या कोई ऐसे ही अन्य समाज-विरोधी कार्य—

यह लम्बी कहानी का बीज-कथ्य है। कहानी आगे भी चलती है कि किस तरह इस मशीन का आविष्कर्त्ता या संचालक ही इसे तोड़ डालता है। ऊपर से देखने में यह कहानी एक विकारग्रस्त, सैडिस्ट लेखक द्वारा यातना-प्रक्रिया के विस्तार और 'रसमय' विवरणों की दहला देनेवाली रचना है। मगर काफ्का गहरा लेखक है और यहाँ समाज की उस नृशंस बनावट को उधेड़ रहा है जो पहले आदमी को अपराधी बनाती है, फिर उसकी आत्मा में इस अपराध-बोध को इस तरह गोदती रहती है कि वह मरते दम तक तड़पता रहे—आदमी इससे छूट नहीं सकता।

भारतीय हिन्दू-समाज में आत्मा पर खुदे इस ठप्पे का नाम है 'जाति'—या वर्ण-व्यवस्था—तारीफ करनी होगी कि कितने कौशल से जाति का यह अहसास जन-जन के खून में भर दिया गया है कि 'मौत से पहले आदमी को इससे निजात का रास्ता नहीं मिलता।' पहले सारे समाज को काम के लिहाज से ऊँच-नीच में बाँटना, इस बँटवारे

को कर्म और प्रारब्ध से जोड़ना, फिर पीढ़ी-दर-पीढ़ी इसे स्थायित्व देना। इतना ही नहीं, हर ऊँचे को नीचे के लिए यातना-व्यवस्थापक का स्वनियुक्त अधिकार प्रदान करना। 'नीच' में किसी की विशिष्टता या उपलब्धि स्वीकार ही करनी पड़े तो उसकी वास्तविक हैसियत बताते हुए उदारता का प्रदर्शन कि 'अमुक है तो अमुक जाति का, लेकिन क्या कमाल का काम किया है।'

हिन्दू-समाज में जाति कुछ वर्णों के लिए आत्मा पर लटका तमगा है तो कुछ के लिए 'दागना'। मुक्त दोनों नहीं हैं—दोनों इस दागने और दागीने (अलंकार) के अहसास को जिन्दगी के हर आचार-व्यवहार में जीते हैं—कभी सचेत और कभी अनजाने—यह सही है कि अमरीकी नीग्रो की तरह भारतीय अवर्ण, दूर से नहीं दिखाई देते। आधुनिकता और औद्योगीकरण में वे आसानी से घुल-मिल जाते हैं। मगर पूछताछ तो हर जगह है और इसमें शायद ही कोई अपने को बचा पाता हो; फौरन 'पकड़ा' जाता है। धर्म के मध्यकालीन तत्त्ववादी उभार ने इस संस्कार को और भी गहराया है। हाँ, दूर से दिखाई देती है औरत—और उसके प्रति व्यवहार की अमानवीयता हम सबके सामने है। मंडल जैसे राजनेताओं या सारे समाज-चिन्तकों ने औरत को क्यों पिछड़ों में शामिल किया है, इसे लेकर स्वयं सवर्ण महिलाओं में बहुत गुस्सा है, क्योंकि वे पारिवारिक स्थिति को ही सामाजिक स्थिति मानने की खुशफहमी में जीती हैं। ठीक वैसे ही जैसे कुछ पिछड़े, व्यक्तिगत हैसियत और उपलब्धि को बाकी अपने समाज से काटकर खुश हो लेते हैं। इक्के-दुक्के 'ऐतिहासिक उदाहरण' और धार्मिक या शास्त्रीय चाशनी में पगी कुछ महिमामयी प्रशस्तियाँ महिलाओं और इन विशिष्ट पिछड़ों के समानता-भ्रम को जिलाए रखने के रामबाण टॉनिक हैं।

माना जा सकता है कि सामाजिक न्याय की इस प्रक्रिया से, यानी पिछड़ों के उभार से अगर सबसे अधिक कोई चीज प्रभावित होने जा रही है तो वह है इन सवर्ण महिलाओं के बच्चों और पतियों के 'भविष्य'। आधी रोटी में पाँच और नए हिस्सेदार उठ खड़े हों, और वे भी स्थापित और स्वीकृत मानदंडों के हिसाब से 'अनडिजर्विंग' (अयोग्य) हों तो बौखलाना भी समझ में आता है और गुस्से से भन्नाना भी। हर माँ अपने बच्चों को लेकर चौकन्नी और आक्रामक होती है। हितों की इन सीमाओं के पार देख सकना उसके लिए सम्भव भी नहीं है। पर यह सच है कि परिवार नारी की सुरक्षा भी है और उसके व्यक्तित्व की मृत्यु भी। नारी अस्मिता की चेतना और परिवार-व्यवस्था का न बदलता हुआ रूप ही क्या आज का सबसे बड़ा सामाजिक-द्वन्द्व नहीं है ?

भारतीय समाज में न नारी का अपना कोई व्यक्तित्व रहा है, न जाति। वह ऐसा 'रत्न' है जिसे कहीं से भी उठाया जा सकता है और जिसके पास है उसी की सम्पत्ति है। वे व्यक्ति नहीं, 'चीज' हैं जिन्हें लूटा, छीना और नष्ट किया जा सकता है, खरीदा और बेचा जा सकता है। सारा इतिहास इन उदाहरणों से भरा है कि किस आक्रमण में कितने हाथी-घोड़े, हीरे-जवाहरात और औरतें लूटी गईं। जिस सामन्त या सम्राट के पास जितने अधिक दास और औरतें थीं वह उतना ही बड़ा चक्रवर्ती माना गया।

सन् '47 के देश विभाजन में भी कितनी औरतें छीन ली गईं—या लौटा दी गईं—यह बहुत पुराना इतिहास नहीं है। आज भी जब दुश्मन को नीचा दिखाना या सबक सिखाना हो तो उसकी बहन-बेटियाँ ही उठाई या भ्रष्ट की जाती हैं। दलितों का दम्भ तोड़ने के लिए उनकी औरतों पर बलात्कार तो सबसे अचूक नुस्खा है। रक्त-शुद्धता या 'ब्लू-ब्लड' वाली सामन्ती शेखियों के मुँह पर यह भी एक बड़ा तमाचा रहा है कि हर काल में हर जाति और धर्म की औरतें एक-दूसरे के यहाँ हस्तान्तरित हुई हैं और फिर भी वे इस मुगालते को पाले रखते थे कि नस्ल में माँ का तो कुछ होता ही नहीं, जो भी खून बच्चे में होता है वह सिर्फ बाप का होता है। मानो माँ एक जड़ डिब्बा है जहाँ बाप का वीर्य पलता है।

समाज-चिन्तकों ने औरतों और दलितों या अवर्णों को इसलिए एक खाने में नहीं रखा है कि वे शारीरिक या आर्थिक रूप से कमजोर हैं, या सदियों के सुनियोजित शोषण ने उनके दिमागी और अन्य प्रतिभागत विकास अवरुद्ध कर दिए हैं। वे एक ही नाव के यात्री इसलिए हैं कि उनकी नियति एक है; वे अपने 'होने' के कारण ही दंड के पात्र हैं। जिस जाति-कुल या शरीर में उन्होंने जन्म लिया है उनमें न उनका कोई बस है, न चुनाव। कोई बच्चा अपने लिए दलित या शूद्र माँ-बाप नहीं चुनता। औरत की स्थिति तो और भी नाजुक इसलिए है कि उसे अपने जीवन के हर क्षेत्र और हर स्थिति में उन्हीं अपराधों की सजा पानी है जिसकी जिम्मेदार वह कतई नहीं है। जिस तरह उसने औरत होकर अगले हर क्षेत्र में भेदभाव की जिन्दगी नहीं चुनी थी, उसी तरह उसने अपने काले-गोरे या सुन्दर-असुन्दर होने का चुनाव भी नहीं किया था। विवाह से पहले गर्भ-धारण कर लेना भी शायद उसका चुनाव नहीं था—न उसका चुनाव यह है कि विवाह के बाद भी वह गर्भ न धारण करे और बाँझ कहलाए। उसके बेटा हो या बेटी, क्या यह वह खुद तय कर सकती है ? या उसका पति नपुंसक या नाकारा हो, यह उसकी आकांक्षा पर है ? पति या परिवार का कोई और सदस्य कहीं किसी बीमारी, दुर्घटना या हादसे में मर जाए, इसके लिए वह क्यों जिम्मेदार है ? चार आदमी शुद्ध शारीरिक जबर्दस्ती से उसके साथ बलात्कार कर डालें तो वह दंडनीय, अस्वीकार्य, अस्पृश्य और अभागी है ? मगर नहीं, उसे इन सारे 'अपराधों' की सजा मिलेगी यानी सामाजिक अपमान, व्यक्तिगत प्रताड़ना या मौत की सजा भोगनी होगी—और इससे अपने को 'हम इन सबमें नहीं आतीं' की घोषणा करने या दूसरे सवर्ण दम्भ में साँस लेनेवाली किसी जाति की कोई औरत मुक्त नहीं है। उसे सिर्फ उसी समय तक की मोहलत है जब तक कि इन अपराधों द्वारा 'पकड़ी' नहीं जाती। इसीलिए मैंने कहा कि पारिवारिक स्थिति की रियायत और तथाकथित सुरक्षा, या पूरी सामाजिक व्यवस्था में अपनी हैसियत न समझनेवाली ये अदूरदर्शी मध्यवर्गीय महिलाएँ जब सामाजिक अन्याय या गैर-बराबरी के खिलाफ होनेवाले संघर्ष से अपने आपको अलग और ऊँचा मानकर 'हिज मास्टर्स वायस' के फतवे देती हैं तो हँसने और रोने को मन करता है। अंग्रेजों में भी ऐसा एक वर्ग था कि जिसके अस्तित्व और हित मालिकों से इतने एकाकार हो

गए थे कि गुलाम होने का न उन्हें कोई अहसास था, न जरूरत। उस समय 'हम हिन्दुस्तानी गुलाम हैं' कहना उन्हें भी उतना ही अपमानजनक लगता था जितना आज यह सुनना कि 'वर्ण-व्यवस्था' में 'हर औरत शूद्र है।' (बकौल बाबा तुलसीदास)।

हम पुरुष हैं और हमें यह सूट करता है कि हम औरत के महान होने के दम्भ को सहलाते हुए उसे अपनी खींची लक्ष्मण-रेखाओं में ही बने रहने को फुसलाते रहें। और, यह व्यक्तिगत रूप से हम नहीं हैं, सदियों से दिए गए हमारे सामन्ती संस्कार हैं। कितना विरोध किया था राष्ट्रपति राजेन्द्र प्रसाद ने हिन्दू कोड बिल का कि स्त्री को समान अधिकार नहीं मिलने चाहिए। आज भी देश के सर्वोच्च न्यायालय के सर्वोच्च न्यायमूर्ति श्री रंगनाथ मिश्र तक सोलहवीं सदी के इन सामन्ती संस्कारों से मुक्त नहीं हैं तो फिर औरों की तो बात क्या है ? अनेक प्रबुद्ध महिला-संगठनों के कोप और प्रदर्शन-भाजन इन हजरत ने किसी सार्वजनिक भाषण में फरमाया था कि महिलाओं को आर्थिक आत्मनिर्भरता या अपनी प्रतिभा की पहचान जैसी ओछी बातों में पुरुषों से होड़ लेकर अपनी गरिमा से नीचे नहीं उतरना चाहिए--नारी तो महान, दैवीगुण सम्पन्न और ईश्वरीय शक्तियों की स्वामिनी है, उसे घर की चहारदीवारियों के भीतर ही अपने इस देव-दुर्लभ प्रकाश को फैलाना चाहिए--बाद में भले ही दबाव में आकर उन्होंने अपनी इस वेद-वाणी को वापस ले लिया हो, मगर उनकी यह सोच नई नहीं है। वरिष्ठ जज की हैसियत से आप पहले भी ये मुक्ता-मणि बिखेर चुके हैं (दृष्टव्य है : ए.आई.आर. 1986 एस.सी.ए. 250)। दहेज में जलाए जाने के मुकदमे 'राज्य, दिल्ली प्रशासन' बनाम 'लक्ष्मण कुमार' में अपना फैसला देते हुए आपने स्त्रियों की इसी आत्मनिर्भर होने या आर्थिक रूप से स्वतन्त्र होने की प्रवृत्ति को लताड़ा और महान भारतीय संस्कृति का गुणगान किया था, शास्त्रों के उद्धरण देते हुए सिद्ध किया था कि नारी किस तरह 'परा-शक्ति' है। 'शी ईज द ग्रेटर डोज ऑफ डिविनिटी इन हर, एंड बाई हर गिफ्टेड क्वालिटीज, शी कैन प्रोटेक्ट द सोसायटी अगेंस्ट ईविल' यानी दहेज-लोभियों द्वारा अपने को जलाए जाने से अगर एक निरीह बालिका बच नहीं पाई तो यह उसका ही अपराध है। अब है कोई गुंजाइश कि औरतें अत्याचार के खिलाफ किसी न्यायालय में गुहार कर सकें ? बलात्कार हो या सती, पुरुष-व्यवस्था में अपने हर दुर्भाग्य की जिम्मेदार औरत ही है। तुलसी ने भी कहा है, 'जिमि स्वतन्त्र होइ बिगरहिं नारी'।

['मेरी तेरी उसकी बात', *हंस*, जनवरी 1991]

बुर्कों की वापसी

वर्चस्व का एक अर्थ सर्वसत्तावाद भी है। इसे अपने आपको बचाए और बनाए रखने के लिए पूरा एक तन्त्र बनाना पड़ता है। तन्त्र के पुरज़े आतंक, दंड और भय या लोभ के औजारों से सत्ता का उद्देश्य पूरा करते रहते हैं। अपनी सुरक्षा के लिए झक मारकर शेष को इस वर्चस्ववादी तन्त्र से जुड़े रहना होता है, वे स्वयं सत्ता बन जाते हैं। उनके अस्तित्व और हितों के लिए यह जरूरी है। लेकिन तन्त्र के शीर्ष केन्द्र पर बैठे हुओं को मालूम है कि वर्चस्व सिर्फ भय-आतंक या लोभ से स्थायी नहीं होता। उसके लिए बाक़ायदा एक 'दर्शन' गढ़ना भी जरूरी है : उसका मुख्य उद्देश्य जाहिलों, गँवारों, असभ्यों और अविकसितों को प्रकाश देकर 'मुख्यधारा' में यानी अपने हितों और दृष्टिकोणों में शामिल करना है। उनका यह 'दर्शन' लगभग स्वायत्त होकर औरों में ऐसी चेतना विकसित करता है कि शेष खुद-बखुद अपने को इस 'मुख्यधारा' में शामिल किए जाने के लिए जी-जान एक कर देते हैं : बिना इस दर्शन और मानसिकता के 'हमारा' वर्चस्व स्थायी नहीं हो पाएगा। 'वे' अलग और असन्तुष्ट रहेंगे तो हमें खा जाएँगे। स्थितियाँ और प्रलोभन ऐसे बना दिए जाने चाहिए कि वे स्वेच्छा से 'हम' में शामिल होने की दौड़ में बने रहें—पद, प्रतिष्ठा, पुरस्कार, पैसा, सुरक्षा या फिर उपेक्षा, अस्वीकृति, वंचित होने की स्थिति, एक ओर फेंक दिए जाने की शर्तें बिल्कुल स्पष्ट रूप से परिभाषित होनी चाहिए। एक दौड़ ऊपर ले जाती है, दूसरी नीचे धकेलती है। 'उनमें' से हरेक में यह भावना और कामना दोनों होनी चाहिए कि 'हमारी' थाली में साथ बैठकर लड्डू खाने के लिए वे 'हमारी शर्तों' पर दौड़ में शामिल होने के लिए 'स्वतन्त्र' हैं। मोटे रूप में यही 'मानसिक उपनिवेशवाद' है। 'वे' हममें शामिल होने का भ्रम पालेंगे, 'हम' हो जाने का अहं जिएँगे, अगर कभी उनसे खतरा लगा भी तो इतनी समझ तो हममें भी है कि कैसे उनकी दौड़ की सारी दिशा ही बदल डालें। सात तिलस्मों में कैद हीरा ऐसे ही तो नहीं ले लेने दिया जाएगा। इस मानसिकता के बाद हमें अपने उपनिवेशों की सुरक्षा के लिए पुलिस और फौजें भेजने की कोई जरूरत नहीं है। 'वे' खुद ही हमारा काम करेंगे...वे उपनिवेश सात समुन्दर पार भी हो सकते हैं और अपने भीतर भी। दलित और स्त्री हिन्दू वर्चस्ववाद के सबसे पुराने और असफल उपनिवेश हैं। सामन्तवाद में हरेक के अपने स्थान, सीमाएँ और कर्त्तव्य तय हैं, उन्हें बदलने की इजाजत किसी को नहीं है; क्योंकि यह दैवी और शास्त्रीय विधान है। पूँजीवाद या औद्योगिक व्यवस्था में

आप अपना स्थान या नियति बदलकर 'मुख्यधारा' में शामिल होने के लिए 'स्वतन्त्र' हैं। एक गतिहीनता की यथास्थिति के मन्त्र पर चलता है तो दूसरा गतिशीलता के प्रतिस्पर्धी तन्त्र पर। 'हंस' के पिछले दो 'औरत : उत्तरकथा' अंकों में गतिहीनता की सड़ाँध और गतिशीलता की दिशाओं को समझने की नितान्त नाकाफी कोशिश थी।

लेकिन यहाँ उससे जुड़ी सिर्फ एक ही बात को लें : दोनों अंकों में प्रकाशित प्रभु जोशी के रेखांकनों पर दर्जनों पत्र आए हैं ! शायद अब तक यह बात साफ हो चुकी है कि 'हंस' में प्रकाशित रेखाचित्र, कहानियों के चित्रांकन (इलेस्ट्रेशन) नहीं होते, वे लघुकथाओं या गजलों-कविताओं की तरह स्वतन्त्र कृतियाँ होती हैं—प्रायः स्थापित चित्रकारों की। प्रभु जोशी, रामकुमार की तरह प्रसिद्ध कथाकार और चित्रकार दोनों हैं और अपनी किसी भी रचना के प्रति गैर-जिम्मेदार नहीं हैं। अपनी न्यूड-स्टडी के दौरान बनाए गए ये चित्र 'हंस' के लिए उन्होंने विशेष रूप से भेजे थे। कुछ पाठकों को वह गन्दे और अश्लील लगे हैं और 'हंस' जैसी साहित्यिक पत्रिका की गरिमा के अनुरूप नहीं हैं, उन्हें परिवार में रखने में असुविधा होती है। मैं यहाँ उनकी वकालत में एलोरा, खजुराहो और कोणार्क की दुहाई नहीं दूँगा, न ही दूरदर्शन के देशी-विदेशी चैनलों पर चौबीसों घंटे आनेवाले 'मनोरंजन और जानकारी से भरपूर' कार्यक्रमों, चमकदार पत्रिकाओं के हर पन्ने से झाँकती सौन्दर्य-सुन्दरियों के अंग-प्रत्यंगों की गवाही प्रस्तुत करूँगा। औरत के शरीर में ऐसा क्या बचा है जो साबुन-तेल, कपड़ों और पेयों के साथ हमारे घरों के सारे बाहरी और अन्तरंग में नहीं सजा दिया गया है ? परिवार के किस सदस्य को 'बचाना' चाहते हैं हमारे सुसंस्कृत पाठक ? हमारी लड़ाई ही औरत को सिर्फ देह या विक्रय-सामग्री बना दिए जाने के खिलाफ है। जाहिर है यह लड़ाई आज औरत को वापस गिलाफों, बुर्कों और पर्दों में वापस धकेल दिए जाने से नहीं लड़ी जा सकेगी। बिना देह को अस्वीकार किए औरत की आत्मा और देश के दूसरे सन्दर्भों से जोड़कर ही उसे लड़ा जा सकेगा। अगर 'हंस' में प्रकाशित रेखाचित्रों के माध्यम से स्त्री-देह की विभिन्न मुद्राएँ, कामुक पेचो-खम ही दिखाने होते तो उस सबके लिए प्रभु जोशी की जरूरत नहीं थी। बहुत आसानी से आज की मुक्तबाजारी व्यवस्था और सभी कुछ दिखाने की छूट के इस मौसम में भड़काऊ फोटो-शृंखला छाप डालना बहुत महँगा भी नहीं पड़ता। इस सबके लिए पूजा बेदी, पूजा भट्ट, ममता कुलकर्णी से लेकर अंजली कपूर तक की 'स्वैच्छिक सेवाएँ' ले लेना भी मुश्किल नहीं होता। 'हमारा शरीर है, हम जैसे चाहें उसे दिखाएँ या ढँकें—यह चुनाव और विवेक आप हम पर छोड़ दीजिए' के तर्क वहाँ आपके मुँह पर मार दिए जाएँगे। क्या पिछले अंक में प्रकाशित नवरंग जायसवाल की कहानी 'तुम अपना बयान जारी रखो' के बाद भी इस बारे में कुछ कहना शेष रह जाता है ?

सवाल यहाँ स्त्री-देह के प्रदर्शन और चटखारे का नहीं है। उत्तर-आधुनिक काल के इस विश्वग्रामी-वातावरण में हम इसके इतने 'अभ्यस्त' तो हो ही चुके हैं कि यह सब बहुत चौंक या सनसनी पैदा नहीं करता। जहाँ करता है वहाँ देखने से आगे जाकर

जबर्दस्ती भोगने या बलात्कार की आकांक्षा है। वस्तुतः आज हम सीधे इस सवाल के सामने हैं कि क्या स्त्री-देह इतनी घृणित, अश्लील और आपत्तिजनक है कि अपनी संस्कृति और शील बचाए रखने के लिए उसको दबा-ढँका रहना ही जरूरी है ? सारे धार्मिक कठमुल्ले इस सवाल का यही तो जवाब दे रहे हैं और यही सवाल उठाया था दसियों साल पहले प्रचंड बौद्धिक मार्क्सवादी प्रतिष्ठित पत्रिका 'न्यू-लेफ्ट रिव्यू' ने, मुख पृष्ठ पर एक नारी न्यूड छापकर, क्योंकि लेनिन ने चाहे जो कुछ कहा हो मगर स्त्री-देह को लेकर वामपन्थियों में भी लगभग आर्य-समाजी या विक्टोरियन दृष्टिकोण रहा है : यह भोग्या नहीं है मगर इस पर खुली बात करना अनैतिक और अश्लील तो है ही ! दिखाना तो और भी ! मुझे नहीं मालूम 'न्यू-लेफ्ट रिव्यू' ने क्या सवाल उठाए थे और बाद में क्या प्रतिक्रियाएँ आईं, मगर शायद पूछा यही गया था कि अगर स्त्री सौन्दर्य और राग की प्रतीक भी है तो उसे देखना मात्र इतनी कुंठाएँ क्यों पैदा करता है ? जीवन अगर जीने और संरक्षण योग्य है तो इसीलिए न कि वहाँ सौन्दर्य है। अनुराग और भावनात्मक निर्भरता है। अगर उसे ही बचाए और बनाए रखना नहीं है तो सारे संघर्षों, लड़ाइयों और दुनिया-भर के जद्दोजहद की जरूरत क्या है ? सारी क्रान्तियाँ किस जीवन के लिए हैं ? मुक्ति क्या स्त्री को काटकर होगी या अधूरी स्त्री के साथ होगी ? फिर क्या कारण रहे हैं कि प्रेम, देह और भावना के क्षेत्र हमने 'प्रतिक्रियावादियों' के नाम लिख दिए हैं ? सचमुच हम अभी भी यही मानते हैं कि प्रेम और परिवार ऐसे मोहबन्धन हैं जो महान उद्देश्यों में बाधा हैं ? क्या यह हजारों सालों के हिन्दू संस्कार नहीं हैं कि 'नारी की झाँई पड़त, अंधौ होत भुजंग' या 'नारी तो हमहू करी, नारी महाविकार' या 'तिय छवि छायाग्राहनी, गहै बीच ही आय ?' 'नारी नरक का द्वार है' की ग्रन्थि पालकर हम साथी-मनुष्य से घृणा करेंगे, उसे छूत की बीमारी घोषित करेंगे और फिर जीवन, सौन्दर्य, उत्सव के गुणगान करेंगे—क्या इस खंडित मानसिकता के परीक्षण की बिल्कुल जरूरत नहीं है ? हमने औरत को उन साँप-बिच्छुओं की तरह बना दिया है जो खुले रहेंगे तो काटेंगे और डसेंगे, इसलिए वे अपने बिलों और बाँबियों में ही रहें, हाँ, जब हम 'बड़े युद्धों' से लौटकर आएँ तो हमारी थकान और घाव सहलाने के लिए एकान्त मनोरंजनों में प्रकट हों। जीवन-संगिनी की यह परिभाषा हमें कब तक और जीनी है ? पुरुष-वर्चस्व के इस औपनिवेशिक अनुकूलन (कंडीशनिंग) की इससे बड़ी सफलता और क्या होगी कि स्त्री स्वयं अपने आपको घृणित, अश्लील और जुगुप्स मानने के संस्कारों में साँस लेती है। यहाँ मुझे चेखव की 'ब्लैक-मौंक' कहानी अनायास ही याद आ रही है। जहाँ एक माँ अपने मरते हुए बेटे को सिर्फ इस भय से नहीं छूती कि बेटा महान सन्त, ब्रह्मचारी और शुद्धात्मा है और औरत होने के कारण ही (माँ होने के बावजूद) वह स्वयं पापिष्ठा, नारकीय और घृणित है—अगर वह उसे छुएगी तो उसे भ्रष्ट कर देगी ! औरत (माँ) की इस यातना और साधना-शिखर पर पहुँचे हुए असहाय सन्त की नितान्त अकेली मृत्यु को चेखव ने अजीब करुणा से लिखा है ! (प्रेमचन्द की 'सद्गति' का दुखी चमार भी तो शूद्र होने के अपराध-बोध में मरता है।) इसी द्वन्द्व

की दूसरी स्मरणीय कहानी है तोल्सतोय की 'फादर सर्गीयस'।

मान लीजिए प्रभु जोशी ने स्त्री की जगह पुरुष देह के ऐसे ही रेखाचित्र दिए होते तो भी क्या पाठकों की प्रतिक्रियाएँ यही होतीं ? मेरा विश्वास है, नहीं। तब शायद हम सब उन रेखाओं की कला और लयात्मकता (रिद्म) को अधिक मुक्त होकर सराह सकते थे—उनमें चित्रित आकांक्षाओं, स्वप्नों और भयों को अधिक तटस्थ होकर 'एप्रिशिएट' कर पाते और निश्चय ही शरीर के उभारों या दबावों में ही उलझकर नहीं रह जाते...तब शायद हम यह भी कहते कि कला इसी तरह हमारा उदात्तीकरण करती है। क्या यह सवाल आपके मन में नहीं उठता कि जो स्त्री-देह हर कला की केन्द्रीय धुरी हो वही अपने आप में इतनी वीभत्स, घृणित, अश्लील और अनैतिक कैसे सिद्ध कर दी जाए ? नैतिकता की इस वर्चस्ववादी कुंठा के खिलाफ अंजली कपूर का शरीर-विद्रोह क्या बहुत अस्वाभाविक लगता है ? एक अमेरिकन ने भारतीय संस्कृति की परिभाषा इस प्रकार की थी 'दे शिट इन पब्लिक, दे पिस इन पब्लिक, बट दे नैवर किस इन पब्लिक' क्या हिन्दी में इसका अनुवाद इस तरह नहीं होगा 'खुले में हगते हैं, खुले में मूतते हैं ज्ञानी; लेकिन खुले में चूमते मरती है नानी।'

आपत्ति इस बात को लेकर होनी चाहिए कि औरत स्कूटर, टायर या पंखे बेचने की पैकिंग नहीं है, न खुद अपने को परोसकर भुक्खड़ों को ललचाने का मसाला है, विश्व और ब्रह्मांड सुन्दरियों के रूप में छाँटे जाने के बाद साबुन, तेल, शैम्पू, ब्रा बेचनेवाली बना दिए जाने ने औरत को भी बाजारू माल के रूप में बदल दिया है। अर्थात् मीडियाई धूमधाम के साथ विश्व और ब्रह्मांड-सुन्दरियों का चुनाव साबुन-शैम्पू कम्पनियों का ही एक हथकंडा नहीं तो और क्या है ? जिन प्रसाधनों को वे बेचेंगी (चाहे जितने महँगे क्यों न हों), पेट काटकर उन्हीं के इस्तेमाल से तो गाँव से लेकर शहर तक की करोड़ों लड़कियाँ गोरी, तन्वंगी, मोहक विश्व-सुन्दरी होने का सपना जिएँगी—अहा, गोरी दुनिया में कितना पैसा, प्रतिष्ठा और सम्मान है।

['मेरी तेरी उसकी बात', *हंस*, फरवरी 1995]

अग्निपरीक्षाएँ

पिछले डेढ़-महीने से भारतीय राजनीति पर नैना साहनी या तन्दूर कांड छाया हुआ है। सत्तारूढ़ कांग्रेस पार्टी का सक्रिय सदस्य और युवा कांग्रेस का अध्यक्ष सुशील शर्मा मुख्य अभियुक्त है। उसने अपनी 'पत्नी' नैना साहनी की गोल मार्केट फ्लैट में हत्या की और लाश के टुकड़े करके अपने मित्र के 'बगिया' रेस्त्राँ में उन टुकड़ों को मक्खन लपेट-लपेटकर तन्दूर में जलाने की कोशिश की। सब्जी बेचनेवाली एक महिला ने इस कांड की सूचना पुलिस को दी और 'अशोक यात्री निवास' के अधिकारियों की धर-पकड़ शुरू हुई, लाश को पुलिस ने कब्जे में ले लिया। पिछले दिनों, महीने-भर बाद उसका दाह-संस्कार कर दिया गया। उधर सुशील शर्मा फरार होकर मद्रास में प्रकट हुआ, वहाँ उसने कोर्ट से जमानत ले ली। बाद में उसे गिरफ्तार करके दिल्ली लाया गया। अब यहाँ उस पर हत्या का मुकदमा चल रहा है। यह सब मैं इसलिए लिख रहा हूँ कि एक-से-एक भयानक घटनाओं के सिलसिले के बीच अगले किसी कांड के आते ही हम यह सब भूल जाएँगे और साल-छह महीने बाद याद करना भी मुश्किल होगा कि नैना साहनी कौन थी। पटना के बॉबी या भागलपुर के पापिया बोस हत्याकांड, या लातूर के सेक्स-स्कैंडल को आज हम कहाँ याद रख पाते हैं ? फिर हम आर्थिक राजनैतिक और सत्ता की जिन आपराधिक और रोमांचक प्रचंडताओं में जी रहे हैं, वहाँ अभी और भी बड़े-बड़े कांड देखने हैं। जहाँ पैंसठ करोड़ का बोफोर्स घपला देश की सत्ता बदल सकता था वहाँ आज बीस-बीस हजार करोड़ खाकर नेता डकार नहीं ले रहे। हजार-पाँच सौ करोड़ चबा जाना तो आज न कोई मायने रखता है, न अपराध माना जाता है। भ्रष्टाचार की यह अभूतपूर्व सामाजिक स्वीकृति सचमुच हमें स्वर्णयुग में ले आई है। आर्थिक उदारीकरण के तहत सुविधाओं और सपनों के फ्लडगेट (परनाले) खोले जाएँगे तो भ्रष्टाचारों और अपराधों की बाढ़ तो आएगी ही। ग्लोबल फिनोमिना है।

लेकिन इससे जुड़े हैं फर्श से लेकर अर्श तक पहुँचनेवाले मध्यवर्गीय बिचौलिए। महत्त्वाकांक्षाओं और अपराधों के धमाकेदार सूत्रधार, जिन्हें जेलों और फाँसी के तख़्तों पर होना चाहिए वे हमारे राजनैतिक, वैधानिक आका हैं। समाज से लेकर मीडिया तक हम भ्रष्टाचारों का नाश्ता करते हैं, लाशों के लंच लेते हैं। और फिर न्यायपालिका द्वारा मुख्य नायकों के बरी होने के फैसलों का डिनर लेकर स्वप्नहीन नींद सो जाते हैं—अगली सुबह फिर एक सनसनी की प्रतीक्षा के साथ। सुशील शर्मा ऊँची नेताई पहुँच और लम्बे

सम्पर्कोंवाला राजनैतिक आदमी है, इसलिए आप निश्चिन्त रहें, उसका कुछ नहीं होगा। बड़े-बड़े नेताओं, मन्त्रियों के नाम उगलने की धमकियों ने सबको चुप कर दिया है क्योंकि यहाँ सभी एक-से-एक पीर बैठे हैं। उधर सैशन्स कोर्ट से लेकर सुप्रीम कोर्ट तक कानून के गलियारे इतने पेचीदा और घुमावदार हैं कि एक दिन सुशील शर्मा फिर किसी राजनैतिक-सामाजिक मंच पर गले में मालाएँ डाले, मुस्कराते हुए नैतिकता, अनुशासन और त्याग के उपदेश देते अवतरित होंगे। एक बेदाग सम्मानित नागरिक। यही सत्य की विजय है। हजारों सिखों को अपनी आँखों के सामने जलानेवाले, सूरत में अल्पसंख्यक औरतों के बलात्कारों की 'जीवित' वीडियो-रिकॉर्डिंग करनेवाले या धर्मान्ध भक्तों की भीड़ द्वारा इतिहास की गलतियों का बदला लेनेवाले जन नेताओं के अभिनन्दनों को देखकर कोई मूर्ख ही शंका करेगा कि सतयुग की बात कपोल-कल्पना है।

मगर सतयुग हो या त्रेता, जलना तो नैना साहनी को है ही। यहाँ वह सामाजिक गतिविधियों में भाग लेती थी, महत्त्वाकांक्षी थी, अनेक लोगों से सम्पर्क थे, कुछ शायद 'घनिष्ठ' भी थे और सार्वजनिक पहचान ने उसे दुस्साहसी बना दिया था। उसकी हत्या तो होनी ही थी। कुछ व्यक्तियों की हत्या का रोजनामचा उनके अन्त से पहले ही लिख दिया जाता है—सिर्फ एक-एक अध्याय पूर्वलिखित प्रारब्ध की तरह घटित होता रहता है। हाँ, इस हत्या के जघन्य और नृशंस विवरणों ने आज मीडिया को बुरी तरह झकझोर दिया है। तन्दूर में नैना साहनी के शरीर के टुकड़े किस तरह जले, पूरा नाटक क्या था, इस पर हजारों टन अखबारी कागज फूँका गया है। चूँकि सुशील शर्मा सत्ता कांग्रेस से जुड़ा है, इसलिए लगता है राजनीति और अपराध का यह तन्दूर राव सरकार को भी भस्म कर देगा। इस कांड पर 'जनसत्ता' के प्रभाष जोशी ने जिस संवेदनात्मक आक्रोश से अपने 'कागद कारे' (9 जुलाई, 95) में लिखा है वह सचमुच हिला देता है, समय-समय पर वे जिस आन्तरिक लगाव (इन्वाल्वमेंट) के साथ क्रिकेट पर लिखते हैं, वही आन्तरिक उद्वेलन आप इसे पढ़कर अपने भीतर महसूस करते हैं। इसे पढ़कर भावनात्मक आन्दोलन की इसी मानसिकता में मैंने अगले ही दिन छोटे से पत्र में (10.7.95) उनसे एक सवाल पूछा था, "प्रिय प्रभाषजी, 9.7.95 के 'जनसत्ता' के 'कागद कारे' में नैना साहनी के लिए आपका उद्वेलित करनेवाला वक्तव्य पढ़ा। यहाँ मैं सिर्फ यह पूछना चाहता हूँ कि क्या यही मानवीय संवेदना, सात्विक क्रोध और उदात्त करुणा आप रूपकुँवर के लिए भी अपने भीतर पाते हैं ? नैना साहनी को मारकर, उसके टुकड़ों पर मक्खन लपेटकर 'बगिया' के तन्दूर में जला दिया गया और रूपकुँवर को घी-समिधा इत्यादि डालकर चिता पर बैठा दिया गया। यह कृत्य क्या सिर्फ इसलिए आपके अहसास को नहीं छुएगा कि संस्कृत के श्लोकों और धार्मिक अनुष्ठान के रूप में सम्पन्न हुआ ? फर्क सिर्फ इतना ही तो है कि तन्दूर में कोयले रहे होंगे और चिता में मन्त्रपूत लकड़ी या चन्दन के चैले। 'राजनीति' तो दोनों के पीछे थी। अगर रूपकुँवर की हत्या अमानवीय नहीं थी तो नैना साहनी की हत्या क्यों अमानवीय है ? सिर्फ इसलिए कि यहाँ 'सती' शब्द जुड़ा है और उसे विश्व के महानतम धर्म का समर्थन प्राप्त है ? आप इस विषय

पर प्रकाश डाल सकें तो मुझे 'नैना साहनी कांड' को समझने में सचमुच मदद मिलेगी।"

जाहिर है कि इस पर किसी तरह की कोई प्रतिक्रिया नहीं मिली। मैं उम्मीद कर रहा था मेरा पत्र प्रभाष जोशी जैसे संवेदनशील व्यक्ति के किसी तार को छुएगा और वे अपने भीतर झाँकने की जरूरत महसूस करेंगे। मेधावी व्यक्ति हैं, हो सकता कि वे एक क्षण के लिए यह भी सोचें कि नैना साहनी ने तो बहुत कुछ जिया था, उसकी हत्या में प्रतिशोध था, रूपकुँवर तो अभी जीवन की दहलीज पर ही कदम रख रही थी। शायद जोशीजी धार्मिक शास्त्रीय आधारों पर सती और नरबलि के समर्थनवाले अपने पुराने दृष्टिकोण पर पुनर्विचार की बात भी सोचें। मगर नहीं, यह पुनर्विचार न उन्होंने तब किया था, न अब किया। वैसे धार्मिक संस्कारोंवाले लोग किसी भी दूषण-प्रदूषण से ऊपर होते हैं, क्योंकि ईश्वरीय शास्त्र उनके साथ हैं—अंग्रेजी में जिसे कहते हैं 'इनफालेबिल'। 'जनसत्ता' में किसी दूसरे विचार की गुंजाइश नहीं है कम-से-कम मेरा तीन-चार बार का अनुभव यही है। 'हंस' के खुले पाठकीय मंच की दुनिया में रहने के कारण मुझे यह भ्रम हो गया था कि शायद हिन्दी-पत्रकारिता राजेन्द्र अवस्थी, धर्मवीर भारती की अपनी स्तुति-प्रशस्तियों से आगे आ गई है। मगर नहीं, यहाँ भी 'अपुन' का परिवार, अपुन की शारीरिक-मानसिक अवस्थाएँ, अपुन के न रहे मित्र और अपुन के शास्त्र या क्रिकेट ही अन्तिम सत्य हैं—शंकाओं और प्रश्नों से ऊपर...देवत्व को प्राप्त प्रभाष जोशी या विद्यानिवास मिश्र 'आकाशवाणी' ही करने के अभ्यस्त हैं। जिसे आप सुन सकते हैं मगर बोल कुछ नहीं सकते—अपने से अलग तो बिल्कुल नहीं। इसे कहते हैं पाठकों से संवाद...

इसी महीने ऐसी ही एक समाजनेत्री महिला, सुषमा सिंह को मारकर लाश के टुकड़ों को मगरमच्छों को खिलाने का पुण्य कृत्य किया है मध्यप्रदेश के महेन्द्र सिंह ने। (सुना है माफिया शिरोमणि इलाहाबाद के बुक्कल महाराज के पिताश्री का अपना एक तालाब था और उसमें पले मगरमच्छों का भोजन था दुश्मनों के शरीर के टुकड़े।) विधायिका सुषमा के पति हैं महेन्द्र। नैना और सुषमा दोनों ही राजनीति में सक्रिय हैसियतोंवाली व्यक्तित्ववान महिलाएँ थीं—हो सकता है, और ऊँचे या आगे जाना चाहती रही हों—जो पतियों को रास नहीं आ रहा था। हो सकता है, सार्वजनिक छविवाले इन पतियों के कुछ ऐसे रहस्यों की गवाह या हिस्सेदार भी रही हों, जिन्हें खोल देने की धमकियाँ भी इन्होंने दे डालीं हों, शुद्ध ब्लैकमेलिंग। सामाजिक जीवन में कुछ लोगों से अन्तरंग मेलजोल भी, हो सकता है पतियों को अचानक आपत्तिजनक लगने लगा हो। बहरहाल कुछ तो ऐसा खतरनाक रहा ही होगा कि इनकी जबान हमेशा के लिए बन्द करना जरूरी हो गया...तर्क यह भी कहता है कि जो कुछ भी रहा होगा उसमें इन महिलाओं के 'चरित्र' या 'नैतिकता' के आरोप सबसे ऊपर रहे होंगे—या उन्हें ही अचानक सबसे प्रमुख मानकर हत्या के ये फैसले लिए गए होंगे...चरित्र और नैतिकता हमारे यहाँ वैसे भी, दुनिया के किसी गैर-कानूनी, अमानवीय, निकृष्ट और जघन्य कार्य से नहीं, लिंग-प्रयोग से तय होते हैं। स्त्री-व्यक्तित्व के तो बड़े-से-बड़े गुब्बारे को 'नैतिक

स्खलन' की छोटी सी सुई से फोड़कर ध्वस्त किया जा सकता है। बड़ी-से-बड़ी सती-साध्वी को आप चरित्रहीन कहिए और गोली मार दीजिए—समाज आपकी मर्दानगी के साथ होगा। ('ऐसी छिनाल की क्या पूजा करेंगे ?')

शायद यह हमारे समाज का सबसे भयानक अन्तर्विरोध है। स्त्री स्वतन्त्र होकर सामाजिक, राजनैतिक या अन्य क्षेत्रों में अपने आपको स्थापित भी करे, लेकिन नैतिकता के क्षेत्र में हजारों साल पहले के महलों और पर्दों में कैद रहनेवाले सामन्ती चरित्र और शील की मूर्ति भी बनी रहे। वह स्वयं या दूसरा कोई उसकी 'इज्जत' से खिलवाड़ न करे। इसे दूसरे शब्दों में यह भी कह सकते हैं कि औरत से जितनी ही यह उम्मीद की जाती है कि वह अपनी देह के अलावा भी अपनी प्रतिभा-क्षमता-योग्यता को प्रमाणित करे, उतनी ही यह आर्य-समाजी जिद भी है कि वह सिर्फ देह ही बनी रहे यानी अपनी देह को उन्हीं अर्थों में सुरक्षित, अदृश्य और पवित्र रखे जो हम मानते रहे हैं। जब तक पुरुष स्वयं उसे सिर्फ देह मानकर शोषण, उपभोग, उपयोग करता रहे तब तक वे सब कुछ सहज-स्वाभाविक हैं, मगर जिस क्षण वह तय करती है कि अपनी देह का उपयोग स्वयं कैसे करे, उसी दिन आसमान टूट पड़ता है। भारतीय समाज में वह उसी दिन अपना मृत्युलेख लिखना शुरू कर देती है। यहाँ एक अजीब द्वन्द्वात्मक रिश्ता स्त्री-पुरुष के बीच शुरू हो जाता है। जितना ही पुरुष यह आग्रह करता है कि नारी का मतलब है नारी-देह, उसका सौन्दर्य, उसका शील, उसका चरित्र यानी देह की मिल्कियत, उतना ही नारी अपनी देह को अपनी आकांक्षाओं का माध्यम और हथियार बनाने का निर्णय लेती जाती है। सौदे के लिए उसके पास सिर्फ देह है, उसे वह पति नाम के प्राणी को सम्पूर्णता में बेचे या तोड़-तोड़कर दस पुरुषों को बाँटे। निचले तबकों में उसका शोषण दुहरा है। वहाँ श्रम और सेक्स दोनों धरातलों पर उसका इस्तेमाल होता है। शहरी मध्यवर्ग में यह सारा खेल और उसकी जटिलताएँ देह-केन्द्रित हैं। खेल का अन्त पहले से ही तय रहता है : हत्या या आत्महत्या। बीच की अवधि में वह जितना भी कमाल दिखा ले, यह उसका कौशल है।

'देशकाल सोसाइटी' की तरफ से पिछले महीने नेहरू म्यूजियम लाइब्रेरी में कथा-लेखिका डॉ. प्रभा खेतान की 'स्त्री शक्ति' पर एक वार्ता थी। उसमें मैंने एक सवाल उठाया था कि स्त्री-व्यक्तित्व को जिस एकमात्र जगह पर सबसे अधिक कुचला, तोड़ा और समाप्त किया गया है, वह है सेक्स। स्त्री को मर्यादा या नियन्त्रण में रखने की जितनी भी तरकीबें और तरतीबें हैं वे सब सेक्स को लेकर ही हैं। बचपन से ही उसकी इस प्रवृत्ति को समाप्त करने के तरीके ईजाद किए जाते रहे हैं। मुस्लिम समाज में तो खतने जैसे विधान भी हैं। उधर पुरुष सेक्स को बढ़ाने के नुस्खे हर दीवार और अखबार पर छाए हैं। उनका भी जोर होता है कि औरत को कैसे काबू में रखा जाए...यानी तरीका कोई भी हो, स्त्री-सेक्स वह विस्फोटक तत्त्व है जिसे शास्त्र और शस्त्र सभी से नियन्त्रित रखना है। फिर क्यों स्त्री-मुक्ति की मुहिम मुख्य रूप से इसी नैतिकता के विरोध से नहीं शुरू होनी चाहिए ? सही है कि 'स्त्री-मुक्ति का अर्थ सेक्स

की स्वतन्त्रता नहीं है' का नारा भी सबसे अधिक शीलवती सम्मानित महिलाएँ ही लगाएँगी। मगर फिर उसकी मुक्ति के मुद्दे क्या-क्या होंगे ? आर्थिक रूप से आत्मनिर्भर स्त्रियाँ भी सेक्स को लेकर ही सबसे ज्यादा चौकस और प्रताड़ित हैं। आर्थिक रूप से आत्मनिर्भरता उन्हें आत्मविश्वास और परिणामतः अपनी प्रतिभा और क्षमता के विकास के आधार जरूर देती है, मगर सामाजिक सम्मान तो सेक्स नैतिकता से ही तय होता है। अगर पति है तो उससे उन्हें पिटना या प्रताड़ित भी होना पड़ता है—अपने यारों के साथ मस्ती करने के लांछन भी सहने पड़ते हैं। मैं एक ऐसी महिला कलक्टर को जानता हूँ जो बाहरवालों से आँखें लड़ाने, घर-बच्चे न देखने, परिवारवालों या मित्रों को फूहड़ समझने के अपराध में जूनियर इंजीनियर पति से पिटती और अपमानित होती रहती है। इसी सिलसिले में कभी-कभी वह भी होता है जो नैना साहनी या सुषमा सिंह के साथ हुआ...तब यह क्यों न माना जाए कि स्त्री-मुक्ति का असली मुद्दा सेक्स-मुक्ति है...राजनीति में स्त्री का होना जिन जटिलताओं को जन्म दे रहा है, उनमें सेक्स सबसे प्रमुख है।

मेरे इस प्रश्न पर बात वहाँ तो नहीं हो पाई, लेकिन जवाब दिया विदेश में अर्से से जा-बसे एक दोस्त ने। यहाँ उन्हें एक दबंग प्रभावशाली नेता के साथ कूपे में सफर करने का मौका मिला। संयोग या दुर्भाग्य से वे अभी तक विदेश नहीं जा पाए थे। इसलिए परिचय के बाद विदेशों के रहन-सहन, जीवन-स्तर इत्यादि पर बातें होने लगीं। वहाँ परिवार उस अर्थ में है ही नहीं, जिस अर्थ में यहाँ है, जानकर उन्हें बेहद सुकून मिल रहा था। मित्र को बेचैनी हो रही थी कि कमबख्त असली बात पर क्यों नहीं आ रहा और वह आया भी, दो-तीन पैग के बाद ही। 'क्यों जी, वहाँ सेक्स तो बहुत फ्री है, उसके बारे में बताइए', 'फ्री-सेक्स से आपका मतलब क्या है ?' पूछा मित्र ने। चेहरे पर एक लुभावनी पिघली चमक के साथ बताया, 'फ्री-सेक्स...माने जिसके साथ मन हो...वहाँ तो एक से एक माल बिखरा है।' सुनकर मित्र ने सन्तोष की साँस ली। 'देखिए, जहाँ तक पुरुषों के लिए फ्री-सेक्स की बात है तो वह हिन्दुस्तान से ज्यादा कहीं नहीं है। जिसका जहाँ काम होता है, प्रमोशन, नौकरी या दूसरी कोई भी सुविधा देने की पहली शर्त ही औरत से सेक्स की माँग होती है। और न हो तो बाकायदा खरीदा जा सकता है। वह तो कहीं भी हो सकता है। यह सब भी न हो तो बलात्कार तो है ही, गाँव-कस्बे में अगर आप असरदार हैं तो जिसे चाहे दबोच लें या उठवा लें। इसलिए पुरुष तो हमेशा ही फ्री-सेक्स भोगता रहा है। अपराधियों के सत्ता और राजनीति में आने के बाद तो यह और भी खुला खेल हो गया है। हाँ, आपका मतलब वहाँ स्त्रियों के फ्री-सेक्स से है तो खुलापन वह नहीं है जो आप समझ रहे हैं। अपनी देह के साथ सम्बन्ध को स्त्री वहाँ खुद चुनती है। वह खुद यह फैसला ले सकती है कि किसके साथ कितनी घनिष्ठता रखनी है। यही स्वतन्त्रता यहाँ नहीं है। क्या आप चाहेंगे कि आपकी पत्नी, बेटी या बहन, किसी को भी अपनी तरह सिर्फ सेक्स के लिए चुने ?' सुनकर नेताजी को बौखलाना ही था, 'अजी यह कैसे हो जाएगा...?' मित्र मुस्करा पड़ा...'हो

सकता है, नैना साहनी और सुषमा सिंह ने चुनाव की ऐसी ही कोई स्वतन्त्रता ले डाली हो और उसे बर्दाश्त न किया गया हो...' 'जिमि स्वतन्त्र होइ बिगरहिं नारी' कहते समय तुलसीदास इसी 'चुनाव' करने को ही तो बिगड़ना कह रहे थे। क्योंकि स्त्री में विवेक तो होता नहीं है। वैसे भी संस्कार पुराने हैं : जिस सीता के लिए आप युद्ध लड़ें सबसे पहले उसे ही आग के दरिया में झोंक...

जाहिर है, इस समाज में अपनी देह के इस्तेमाल की स्वतन्त्रता का चुनाव स्त्री को नहीं दिया जाएगा। उसे कहाँ कितनी छूट देनी है, यह चुनाव भी पुरुष ही करेगा। स्त्री भी इसे जानती है कि पुरुष वर्चस्ववाले समाज में सम्मान और सुरक्षा पानी हो तो इस चुनाव की बात नहीं करनी। इसलिए बड़ी-से-बड़ी प्रबुद्ध महिला को यही कहना पड़ता है, 'स्त्री-मुक्ति का अर्थ सेक्स की स्वच्छन्दता नहीं है...' आखिर यह विशेषाधिकार तो पुरुष ने अपने पास ही रखा है कि जिसके यहाँ चोरी करे, उसे ही छत पर खड़े होकर चोर भी कहे... 'साली, खिड़की-दरवाजे इतने कमजोर रखोगी तो हम चुराएँगे नहीं ?'

कभी-कभी मुझे बड़ा मनोरंजक लगता है कि अपने यहाँ पुरुष के भयानक दुर्गुणों या दुर्व्यसनों में शराब, अफीम, जुए के साथ औरतबाजी भी 'गुनाहे-कबीरा' है—यानी वह जीवित प्राणी नहीं, बोतल, डिबिया या पुड़िया में रखी एक ऐसी नशीली चीज है जिसका आप चोरी-छिपे 'सेवन' करते हैं—या बड़े और महान कार्यों में व्यस्त पुरुष को वह 'रिलीफ' देने की टैबलेट है...कैसा चुस्त वाक्य है—वाइन एंड वुमेन...सुरा-सुन्दरी ...अब यह अपने-अपने स्तर, पहुँच और पकड़ पर है कि आपका नशा, ठर्रा है या रॉयल सैल्यूट...जहाँ-जहाँ औरत को बार-बार वस्तु बताया गया है, मुक्ति के सबसे पहले प्रयास भी तो वहीं से होंगे...उसके बिना सहयात्री और सहभागी शब्दों का क्या अर्थ है ?

['मेरी तेरी उसकी बात', *हंस*, सितंबर 1995]

एक धार्मिक अनुष्ठान के लिए निमन्त्रण पत्र

दिवराला की सती

जनसत्ता, 18 सितम्बर, 1987

अदालत के फैसले और सरकार के आदेश को नजरअन्दाज करते हुए राजस्थान के दिवराला गाँव में कोई दो लाख लोग इकट्ठा हुए। उन्होंने चार सितम्बर को सती हुई रूपकुँवर की चिता पर चुँदड़ी की रस्म पूरी की। सती माता की जय-जयकार की गई और श्रद्धा से भरे हुए लोगों ने रूपकुँवर की ससुराल को लम्बे समय तक के लिए तीर्थ का दर्जा दे दिया। इस अनुष्ठान को रुकवाने के लिए जयपुर के महिला संगठनों ने राजस्थान उच्च न्यायालय में अर्जी दाखिल की थी और अदालत ने रूपकुँवर के सती होने को कानूनी अपराध मानते हुए राजस्थान सरकार को आदेश दिया था कि वह चुँदड़ी की रस्म न होने दे। सरकार ने उसे न होने देने की घोषणा भी की थी मगर अनुष्ठान के दिन जिस तरह पिछली रात से ही हजारों लोग दिवराला पहुँचने शुरू हो गए थे उसे देखते हुए न पुलिस को कोई कार्रवाई करने की हिम्मत हुई और न सरकार को। हो सकता है कार्रवाई की घोषणा खानापूरी के लिए ही की गई हो और राजस्थान सरकार या राजस्थान पुलिस दोनों को पता हो कि सती के इस अनुष्ठान को रोकना उनके बस की बात नहीं है। फिर भी रूपकुँवर के देवर जिसने चिता में आग लगाई थी, को पुलिस गिरफ्तार करके बालगृह भेज चुकी है और उसके ससुर पर आत्महत्या के लिए उकसाने का आरोप लगाकार मामला दर्ज किया गया है।

यह घटना हमारे देश के उन अनन्त विरोधाभासों में से एक है जिनमें देश के लाखों-करोड़ों लोग एक तरह से सोचते हैं और अदालतों में, सरकार में और अंग्रेजी पढ़े-लिखे समाज में रहनेवाले मुट्ठीभर लोग दूसरी तरह। रूपकुँवर किसी के धमकाने या उकसाने पर सती नहीं हुई और न ही उसके अपने जीवन में ऐसी कोई अनोखी निराशा छा गई थी कि पति के साथ जल जाने के सिवाय उसके पास कोई चारा न बचा हो। फिर भी उसने विशेष तौर पर राजस्थान के राजपूत परिवारों में पाई जानेवाली सती की परम्परा का अनुकरण किया। राजस्थान के राजपूतों में भी सती होने की घटना कोई सामान्य नहीं है। लाखों विधवाओं में से कोई ही सती होने का संकल्प करती है और उसका यह आत्मोत्सर्ग लोगों की श्रद्धा और पूजा का केन्द्र बन जाए, यह

स्वाभाविक ही है। इसलिए इसे न तो स्त्रियों के नागरिक अधिकार का सवाल कहा जा सकता है और न स्त्री-पुरुष में भेदभाव का। यह तो एक समाज के धार्मिक और सामाजिक विश्वासों का मामला है।

सती प्रथा के खिलाफ अंग्रेजी राज के जमाने में मुहिम शुरू की गई थी। राजस्थान और पश्चिम बंगाल तक सीमित इस परम्परा की उँगलियों पर गिनी जा सकनेवाली घटनाओं को ईसाई धर्म-प्रचारकों और हमारे यहाँ के अंग्रेजी शिक्षा के असरवाले लोगों ने बहुत तूल दिया और उससे भारत के धर्म और परम्परा को बदनाम करने की कोशिश की। उसी प्रभाव के कारण सती प्रथा पर हमारे यहाँ कानूनी पाबन्दी लगाई जा चुकी है। हमारे यहाँ के किसी शास्त्र में सती होने का निर्देश नहीं दिया गया है। कुछ लोगों ने पौराणिक साहित्य से सती के कुछ इक्का-दुक्का उदाहरण जरूर ढूँढ़ निकाले हैं। लेकिन कुल मिलाकर यह प्रथा राजस्थान और पश्चिम बंगाल के कुछ समुदायों में ही सीमित दिखाई देती है। सती का हमारे यहाँ मतलब रहा है सत् पर दृढ़ रहनेवाली स्त्री और सत् आचरण से तय होता है चिता पर आत्मदाह से नहीं।

लेकिन सती को समाज में गौरव की निगाह से देखा जा रहा है और राजस्थान में सती माता का मन्दिर भी है। सती के प्रति यह श्रद्धा भाव दिखानेवाले हमारे समाज में भी शास्त्रों की बताई हुई यह मान्यता मिल जाती है कि अगर एक निश्चित अवधि तक पति वापस न लौटे तो पत्नी स्वेच्छा से दूसरा विवाह कर सकती है। दरअसल हमारे पूर्वजों ने परिवार को आदर्श संस्था बनाते हुए और एक पत्नीव्रत या एक पतिव्रत की व्यवस्था करते हुए पुरुष-स्त्री को बराबर के दर्जे पर रखा है। विवाह से लेकर सभी सामाजिक आचार-विचारों में उचित अनुपात में इसकी झलक पाई जा सकती है। समाज में नैतिकता और शील की रक्षा करने के लिए समय-समय पर अनेक तरह के नियम और मर्यादाएँ बाँधी जाती रहती हैं। उनमें विकृति आ सकती है और उन्हें बदला भी जा सकता है। लेकिन यह काम आम लोगों की मान्यताओं और विश्वासों को नए रूप में ढालकर ही हो सकता है। उन पर जबर्दस्ती दूसरी मान्यताएँ तो नहीं लादी जा सकतीं।

जो लोग इस जन्म को ही आदि और अन्त मानते हैं और अपने व्यक्तिगत भोग में ही सबसे बड़ा सुख देखते हैं उन्हें सती प्रथा कभी समझ में नहीं आएगी। वह उस समाज से निकली है जो मृत्यु को व्यक्ति का सर्वथा अन्त नहीं मानता बल्कि उसे एक जीवन से दूसरे जीवन की तरफ बढ़ने का माध्यम समझता है। ऐसा समाज ही सती प्रथा के उचित या अनुचित होने पर कोई सार्थक बहस कर सकता है। हमारे यहाँ मेधातिथि ने सती प्रथा को शेनयाग यानी जादू-टोना कहकर पुकारा था और निषेध किया था, जबकि बाद के मिताक्षरा में सती प्रथा का अनुमोदन किया गया है और स्त्रियों के अधिकारों के मामले में मिताक्षरा टीका बहुत उदार मानी जाती है। यह दृष्टि-भेद समय की जरूरतों के कारण हो सकता है। उसी हिसाब से अब नए सिरे से सती प्रथा पर विचार होना चाहिए। मगर यह अधिकार उन लोगों को नहीं है जो भारत के आम

लोगों की आस्था और मान्यताओं को जानते-समझते ही नहीं हैं। ऐसे लोग कोई फैसला देंगे तो उसकी वैसे ही धज्जियाँ उड़ेंगी जैसी राजस्थान हाईकोर्ट के फैसले और सरकार के आदेश की दिवराला में उड़ी है।

सेवा में,
श्री प्रभाष जोशी,
सम्पादक, 'जनसत्ता दैनिक', नई दिल्ली।

प्रिय जोशीजी,

18 सितम्बर, 1987 में 'दिवराला की सती' सम्पादकीय के लिए लाख-लाख साधुवाद। इस ओजस्वी टिप्पणी से आपने 'हम जैसे, अंग्रेजी पढ़े-लिखे समाज में' रेंगनेवाले तुच्छ कीड़ों यानी जॉब चार्नकों को, ईश्वरचन्द्रों, राजा राममोहन रायों और बिलियम बैंटिकों की धर्मद्रोही, नीच-अधर्मी, हरामजादी सन्तानों की आँखें खोल दीं। 'व्यक्तिगत भोग में लिप्त' हम नराधम, जीवन के अनादि-अनन्त होने की महान आस्था और मान्यता को इस हद तक भूल गए थे कि 'सती' जैसी उदात्त धार्मिक परम्परा को अमानवीय, नृशंस, बर्बर, क्रूर आदिम इत्यादि बताने लगे थे—यही नहीं, हम जैसे पामर शाहबानो को मानवीय अधिकार दिलाने के नाम पर शरीयत की निन्दा और खुले प्रदर्शन तक करने की हिमाकत में मुब्तिला थे। जिस देश के धर्मग्रन्थों में शूद्रों के कानों में सीसा डालने, उनका वध करने जैसे उज्ज्वल विधान और शास्त्रानुमोदित आख्यान हों वहाँ 'सती' जैसा मिताक्षरा-अनुष्ठान निश्चय ही गौरव और गरिमा का चरम उदाहरण है। कहाँ, केवल कुछ हजारों के बीच अमेरिका के किसी काले की लिंचिंग जैसा छोटा सा धर्मोत्सव, और कहाँ लाखों लोगों की धार्मिक जय-जयकारों के बीच 'सती' जैसा विराट आध्यात्मिक आयोजन—मुझे पूरा विश्वास है कि आपके इस परम-सुलझे हुए धार्मिक तत्त्वज्ञान से प्रेरित होकर 'आर्य-धर्म' की रक्षा के लिए ऐसे सामूहिक सुरक्षित कक्ष और क्षेत्र बनाए जाएँगे जहाँ हजारों-हजार सतियाँ रोज होंगी और हम जैसे राक्षस उसे दहेज दहन का नाम भी देंगे। बहरहाल इस विधान से मेरी-आपकी, पुंछली, दुश्चरित्रा, भ्रष्टा, कुलक्षिणी, पति-भक्षिका माएँ और बहनें 'सत्' के मार्ग पर स्वर्गारोहण कर सकेंगी। (आपकी आस्था के अनुसार जीर्ण वसन त्यागकर नए अलौकिक दिव्य वस्त्र धारण करेंगी)।

आपने सचमुच ही मेरी आत्मा और नई पीढ़ी को बहुत बल दिया है। और इसीलिए ससम्मान आपको एक विनम्र आमन्त्रण दे रहा हूँ। एक उच्च कुलशील, अक्षत-अंगकिशोर, हिन्दू-धर्म को पुनः सन्मार्ग पर लाने की दृष्टि से स्वेच्छया अपने को जीवन-उत्सर्ग करने को व्याकुल है। मेरी हार्दिक आकांक्षा है कि परम धार्मिक, यज्ञपूत अभिमन्त्रित वातावरण में शास्त्रोक्त विधि से उसकी बलि का भव्य आयोजन किया

जाए—और आपके हाथों ही यह पुनीत पौरोहित्य-कर्म सम्पन्न हो—लाखों लाख भारतवासी आपके प्रति अनादि-अनन्त जीवनों तक ऋणी रहेंगे—इससे मेरा घर एक पवित्र, पुनीत मन्दिर की महिमा ही प्राप्त नहीं करेगा, बल्कि विशाल-पर्व के रूप में वहाँ धर्म-धुरीणों का समागम निरन्तर चलता रहेगा और मेरी सात पीढ़ियों के घी-लड्डू का प्रबन्ध हो जाएगा।

कृपया सुविधा के समय से सूचित करें ताकि अन्य धर्माचार्यों, नेताओं, मन्त्रियों अधिकारियों और देश की लाखों-करोड़ों जनता को इस पुनीत दृश्य से लाभान्वित होने का सुअवसर मिल सके।

आपका
राजेन्द्र यादव

[*हंस*, अक्तूबर 1987]

'सलीम तुम्हें मरने नहीं देगा और हम तुम्हें जिन्दा नहीं छोड़ेंगे, अनारकली'

मेरी छोटी बहन ने आत्महत्या की थी। सत्ताईस साल पहले एम.ए., बी.एड. थी। स्कूल में पढ़ाती थी और हम लोगों के साथ ही शक्तिनगर में रहती थी। टिक और उसके बीच बेहद आत्मीयता थी। उससे छोटी दो बहनों की शादियाँ हो चुकी थीं। हम लोग अपने-अपने संघर्षों में लगे थे—'लड़का' ढूँढ़ने की न योग्यता थी, न क्षमता-सम्पर्क और रुचि तो बिल्कुल नहीं। वह दिल्ली में रहते हुए भी आगरा के मध्यवर्गीय परिवार और संस्कारों से बँधी थी—इसलिए खुद किसी को खोज लेने का आत्मविश्वास या 'पहल' भी नहीं थी। उसके पास न लौटने की जगह थी, न आगे जाने का रास्ता। सिर्फ टीचर बनकर जिन्दगी गुजार देने का संकल्प भी शायद नहीं था—घर-परिवार तो होना ही चाहिए। ईश्वर के न होने में मेरी जैसी दृढ़ आस्था थी, अपने सारे पूजा-पाठ, व्रत-उपवास के बावजूद ईश्वर के होने में शायद उसका उतना विश्वास नहीं था, न भाई-बहन कुछ करेंगे, न ईश्वर—खुद कुछ हो नहीं पाएगा—शायद ऐसे ही किसी भविष्यहीन क्षण का साक्षात्कार रहा होगा कि उसने नीला थोथा पीसकर खा लिया, स्यूसाइड-नोट लिखकर भी आत्महन्ता प्रतीक्षा को एक दिन ऐसी ही किसी परिणति तक पहुँचना था। अस्पताल में पेट की धुलाई के दौरान रो-रोकर मन्नू से लिपटती थी, 'भाभी मुझे बचा लो...' लेकिन बाद में सिर्फ एक सवाल छोड़ गई, जो मुझे आज तक कोंचता है, 'कुसुम ने ऐसा क्यों किया ?' वह भी तो कुछ नहीं था जो एक भारतीय लड़की की जिन्दगी को 'पाप' और 'अपराध' बना देता है। शायद उतना साहस और दबाव भी नहीं था। मूलतः वह कहीं भी तो अपने को नहीं जोड़ पाई, न व्यक्ति से, न विचार से, न आन्दोलन से, न भविष्य से, न भगवान से। व्यवस्था और परम्परा ने उसके लिए एक 'जिन्दगी' तय की थी और वह उसे लगभग अलभ्य हो चुकी थी। नितान्त अकेले, निरस्त्र, निष्कवच न होने का ही बेधक अहसास रहा होगा कि उसने 'निर्णय' ले लिया...वह सचमुच उसका अपना 'स्वतन्त्र' निर्णय था—या परम्परा से दिए गए उस निर्णय की हताश स्वीकृति, जहाँ कुछ जरूरतें पूरी न होने पर जिन्दगी अर्थहीन और व्यर्थ या एब्सर्ड हो उठती है ? उसने क्यों किसी और विकल्प पर विचार नहीं किया ? अपने-आप या संस्कारों से बाहर निकलकर क्यों उसने कोई रास्ता नहीं देखा ?

मगर इससे क्या होता ? सारे तात्विक, आध्यात्मिक और दार्शनिक विकल्पों पर विचार के बाद आखिर कामू इसी नतीजे पर तो पहुँचा कि चरम स्वतन्त्रता में लिया गया एकमात्र साहसिक निर्णय है आत्महत्या का चुनाव...मैं जीवन नहीं चुन सकता था, मगर मृत्यु तो चुन ही सकता हूँ...और यह मेरा मौलिक अधिकार है। ह्यूम और शॉपेनहावर से लेकर सुप्रीम कोर्ट के जस्टिस आर. एम. सहाय और बी. एल. हंसारिया (26 अप्रैल 1994) तक इसी फैसले पर पहुँचे हैं कि आत्महत्या 'अपराध' नहीं है। इसीलिए उन्होंने इसे दंडनीय अपराध मानने से इनकार कर दिया है। देश के प्रबुद्ध वर्ग में उच्चतम न्यायालय का यह फैसला काफी क्रान्तिकारी माना जा रहा है, जो पहले ही हताशा और पराजय के इस बिन्दु पर पहुँच चुका है कि जिन्दगी के धागे को तोड़ डालना चाहता है, बच जाने पर उसे कोर्ट-कचहरी और जेल-जुर्माने के अपमानों से भी गुजरना पड़े, इससे ज्यादा अमानवीयता और क्या होगी ? दूसरे शब्दों में क्या इसे मर न पाने की सजा या बच जाने का दंड नहीं कहेंगे ? इस अपमानजनक और नृशंस धारा को भारतीय दंड-विधानों से निकालकर न्यायमूर्तियों ने न केवल साहसिक कदम उठाया है, बल्कि कानून की एक पिछड़ी, बर्बर, अप्रासंगिक धारा को निरस्त करके उसे वैश्विक (ग्लोबल) धरातल पर मानवीय बना दिया है। जब हम विचार, व्यवसाय, उद्योग, अर्थशास्त्र सभी में वैश्विक हो रहे हैं तो न्यायपालिका (जूडिशियरी) में क्यों उन्नीसवीं शताब्दी में बने रहें ? उदारीकरण एक समग्र सामाजिक प्रक्रिया है और यह नहीं हो सकता कि हम एक स्तर पर उदार हों और दूसरी जगह मध्ययुग में बने रहें—यानी सार्वजनिक रूप से कोड़े लगाने और संगसार करने को ही न्याय का आदर्श भी मानें।

सुप्रीम कोर्ट के इस फैसले को मैंने पढ़ा है। सूझ-बूझ और विद्वत्ता से लिखा गया है। बीच-बीच में साहित्यकारों और विचारकों के उद्धरण हैं और उन मानसिकताओं या परम्परागत संस्कारों के विशद हवाले हैं जहाँ लोग आत्महत्या करते हैं। 'आत्महत्या दंडनीय अपराध नहीं है' का तर्क स्थापित करने के सिलसिले में जजों ने दो-तीन बातें सिद्ध की हैं कि आत्महत्या अनादिकाल से मनुष्य की उतनी ही सहज प्रवृत्ति है, जितनी जीवनरक्षा, कि यह 'अपराध' बिल्कुल नहीं है, क्योंकि इसमें आदमी किसी दूसरे का नुकसान नहीं करता सिर्फ अपने आपको ही अनुपस्थित कर लेता है। चूँकि यह हर देश और समाज या धर्म में होती रही है इसलिए यह सच्चे अर्थों में देश-धर्मनिरपेक्ष सार्वभौमिक प्रवृत्ति है। जब आप अपने को ही समाप्त कर रहे हैं तो आपकी दृष्टि से इसमें क्या फर्क पड़ता है कि पीछे छूट जानेवालों के साथ क्या होता है ? सब मिलाकर जीवन की तरह मृत्यु भी आदमी का मौलिक अधिकार है—बोलने की स्वतन्त्रता अगर हमारा अधिकार है, तो चुप रह जाना भी, काम करना अगर मौलिक अधिकार है, तो न काम करना भी। यानी 'आत्महत्या दंडनीय अपराध नहीं है' के तर्क से शुरू हुआ यह कानूनी फैसला इसे मौलिक अधिकार मानकर आत्महत्या कर लेने की वकालत तक जाता है। जिस तरह दार्शनिक प्रत्ययों के भयानक जाल-जंजाल से गुजरता हुआ कामू का 'मिथ ऑफ सिसिफस' आत्महत्या को एकमात्र साहसिक और ईमानदार 'कर्त्तव्य'

सिद्ध करता है, लगभग उसी पक्षधरता से सुप्रीम कोर्ट का यह फैसला आत्महत्या की राह के कानूनी रोड़े साफ करने लगता है ! वह यह भूल जाता है कि बोलने या काम करने को मौलिक अधिकार माननेवाला आदमी चुप रहने या काम न करने को अपने फैसले को बदल सकता है—मर चुकने पर फैसला नहीं बदला जा सकता। मौलिक अधिकार छोड़े-छीने जाकर वापस मिल सकते हैं, उधर जीवन से अन्तिम विदाई (फाइनल एक्जिट) के बाद वापसी नहीं होती।

लगता है कि व्यक्तिगत और लौकिक धरातल पर जीवन चाहे जितना बड़ा उत्सव माना जाता हो, मगर दार्शनिक और सांस्कृतिक स्तर पर हिन्दू-धर्म सबसे बड़ा मृत्यु-पूजक धर्म है। यहाँ बड़े तार्किक और बारीक ढंग से हत्या और आत्महत्या का अन्तर मिटा दिया गया है—यानी हर हत्या स्वेच्छा से वरण की गई मृत्यु का रूप ले लेती है और तब वह वंदनीय या अभिनन्दनीय हो उठती है। सीता धरती फटने पर उसमें समाती है तो राम-लक्ष्मण जल-समाधि लेते हैं। उधर पांडव हिमालय में गलकर मोक्ष प्राप्त करते हैं। सती और नर-बलि दोनों ही ऐसे धार्मिक, मनोवैज्ञानिक या सामाजिक दबावों के बीच सम्पन्न होते हैं कि 'होने' और 'करनेवालों' के लिए महान कल्याणकारी अनुष्ठान के हिस्से बन जाते हैं। यही नहीं, धर्म संस्थापनाय आत्मोत्सर्ग करनेवाले देवी या देवता का पद प्राप्त करते हैं, झुंझनू की सती, वैष्णो देवी के बराबर की 'माता' हैं, राजस्थान में पराजित राजाओं की महिलाएँ सामूहिक आत्महत्या को 'जौहर' का नाम देकर गौरवान्वित होती थीं। पता नहीं कब से मुमुक्षु काशी-करवट लेते या पुरी के जगन्नाथी-रथ के नीचे कुचलकर सीधे स्वर्ग जाते रहे हैं। हरिद्वार जैसे तीर्थ तो ऐसे हजारों लोगों से भरे पड़े हैं जो माया-मोह त्यागकर सिर्फ मरने के लिए वहाँ पहुँचे हैं ! जब कोई जैन-साधु सन्थारा (आमरण अनशन) करता है तो भक्तों का उल्लास देखते ही बनता है ! जीवन की व्यर्थता कुछ ऐसे ढंग से हमारे खून की बूँद-बूँद में भर दी गई है कि देह अपराध जैसी लगती है। जो अपनी देह को जितना दंडित करता है, वह आत्मोन्नयन की उतनी ही ऊँचाइयों पर पहुँचा हुआ महसूस करता है—कोई काँटों की शैया पर आध्यात्मिक सुख पा रहा है तो कोई पंचाग्नि समाधि में बैठा ऋषि-सिद्धियों को वश में कर रहा है। कोई उल्टा लटका है तो कोई एक टाँग पर खड़ा है। जो स्वयं ही अपने देह-बन्धनों से छूटना चाहता है, उसकी इस पुण्य में सहायता या सहयोग करना 'अपराध' कहाँ है ? तब आत्महत्या भी उतना ही धर्मोत्सव हो जाता है, जितनी हत्या...हजारों सालों से शरीर छोड़ने की यह उतावली भारतीय नारी की लगभग दूसरी प्रकृति बन गई है। वह ऐसी सहजता से आत्महत्या करती है कि उसकी हत्या में भी कहीं अस्वाभाविकता नहीं लगती। उसकी हत्या या आत्महत्या कहीं भी कोई अपराध-बोध नहीं जगाती। भ्रूण से लेकर बुढ़ापे तक उसे कभी भी आप निष्कंटक मार सकते हैं। सुप्रीम कोर्ट के द्वारा मृत्यु को मौलिक अधिकार घोषित किए जाने वाले फैसले को इसी धार्मिक परम्परा की आधुनिक शब्दावली के रूप में देखा जाना चाहिए...

राष्ट्रीयता और धर्म दोनों ही हत्या करने या हत्या का उन्मादी वातावरण बनाने

को उच्चतर लक्ष्यों के लिए 'स्वेच्छा से मृत्यु का वरण' बताकर गौरवान्वित करते हैं ! राजीव गाँधी की हत्या करनेवाली 'मानव-बम' तनु अपनी जातीयता के लिए ही स्वेच्छा से मरी और राम मन्दिर के लिए शहीद हो जानेवाले कार-सेवक धर्म के लिए खुद ही स्वर्ग गए। स्थिति विकट तब होती है, जब विरोधी राष्ट्रीयताओं और धर्मवाले दोनों खेमे अपने-अपने मर-जीवड़ों को एक-दूसरे से भिड़ा देते हैं। तब सिखों, मुसलमानों या दलितों का कत्लेआम भी परम धार्मिक काम हो जाता है, उधर खालिस्तान या इस्लाम के लिए मर मिटना भी। 'ये अयोग्य, अनपढ़ उजड्ड तुम्हारी सारी नौकरियाँ और अवसर हड़प लेंगे' का डर दिखाकर जब मंडल-विरोधी अपने किशोरों से आत्मदाह करा रहे थे, तब भी अपनी समझ में वे जातिवाद के खिलाफ एक धार्मिक लड़ाई ही लड़ रहे थे। वातावरण ऐसा बना दिया जाता है कि धर्म, राष्ट्र या जाति के लिए आत्मघात करनेवालों की होड़ लग जाती है और आत्महत्या चरम गर्व और गौरव की बात मानी जाती है। जापान में तो इस परम-सम्मान को प्राप्त करने की परम्परा ही बन गई है और इस कार्य को सम्पन्न करने के लिए नियम बना लिए गए हैं कि किस जगह छुरा मारकर दाहिने या बाएँ काटते हुए ऊपर की तरफ खींचा जाएगा। इसके लिए कितने बड़े संकल्प और आत्मसम्मोहन की जरूरत है। अध्यापक पूर्णसिंह का एक निबन्ध है 'वीरता', उसमें दो राजपूत युवकों की कहानी है। दोनों अकबर के दरबार में सेनापति बनने की प्रार्थना लेकर पहुँचते हैं। अकबर कहता है कि वे कोई वीरता का काम दिखाएँ। दोनों एक-दूसरे की तरफ देखते हैं और तलवार से एक-दूसरे की गर्दन काट देते हैं ! वीरता एक आदर्श है और इससे अधिक चरम वीरता और क्या होगी...

असफलता, पागलपन, नशा, प्रेम, अपराध, पाप, गुस्सा और क्षणिक आवेग में की गई आत्महत्याओं को आदर्शों, उच्चतर लक्ष्यों, वैराग्य या मोक्ष के नाम पर की गई आत्महत्याओं से अलग करके देखने की जरूरत है। व्यक्तिगत आत्महत्याएँ भविष्यहीनता के बोझ से दबकर की जाती हैं, आदर्शों के लिए किए गए आत्मबलिदान भविष्य के नाम समर्पित होते हैं। हिन्दू-दृष्टि व्यक्तिगत भविष्यहीनता को भी एक भविष्य देती है। 'यही अपना प्रारब्ध था, अब अगले जन्म में ही भेंट होगी या स्वर्ग में हम लोग साथ होंगे' के आश्वासन, अस्तित्ववादी नियतिवाद से अलग हैं। द्वितीय महायुद्ध के विराट संहार का मुख्य-मंच था यूरोप—अतीत ध्वस्त हो रहा था और भविष्य में थी अनिवार्य मृत्यु। आदमी के पास 'अभी और यहीं' के सिवा पाँव टिकाने की कोई जगह नहीं थी—न ईश्वर का सहारा था, न धर्म का। हर कोई जैसे नाजी कन्सेन्ट्रेशन कैम्प में अपरिहार्य अन्त के नीचे जी रहा था। आत्मनाश के उन्माद से सब एक-दूसरे की हत्या कर रहे थे। मृत्यु के सन्त्रास में साँस लेते, बिखरते व्यक्ति ही अक्सर इस युग की प्रमुख थीम हो गई थी। अस्तित्व के इस नोक बराबर क्षण को सहनीय बनाने के लिए ही अस्तित्ववादी दर्शन का विकास हुआ—जहाँ चरम साहसिक चुनाव के रूप में आत्महत्या ही एकमात्र विकल्प बचा रह गया। जरूरी था कि इसे दार्शनिक और सैद्धान्तिक आधार दिया जाए—लगभग यही स्थिति वियतनाम युद्ध में अमेरिका में आई; युवा पीढ़ी समझ

नहीं पा रही थी कि यह युद्ध क्या है और क्यों है, या अनिवार्य सैनिक भर्ती की मजबूरियों में क्यों उसे हत्या और मृत्यु का हथियार बनाया जा रहा है, देश की सारी अर्थव्यवस्था को क्यों संहार के लिए पाँच-दस हजार मील दूर जाकर झोंका जा रहा है। जबर्दस्ती थोपी गई नियति से विद्रोह ही था कि हर युवा या तो चरसी, गँजेड़ी, भँगेड़ी हो गया था या चर्चों-मन्दिरों की शरण में हरे रामा, हरे कृष्णा गा रहा था। वह ड्रापआउट, बीटनिक और संन्यासी था—यानी सक्रिय सामाजिकता के लिए 'मृत' हो चुका था ! आज भी अमरीका की करोड़ों में बिकनेवाली बेस्ट सेलर पुस्तक का नाम है, 'आत्महत्या के सरल उपाय'।

शताब्दी के प्रारम्भ में प्रसिद्ध फ्रेंच समाजशास्त्री एमिल दुर्खीम ने जब पहली बार आत्महत्या पर अपना क्लासिक अध्ययन 'आत्महत्या' लिखा तो उसकी दृष्टि शुद्ध समाज-वैज्ञानिक थी। उसने गहन शोध-अनुसन्धान के आधार पर आत्महत्या के विशद वर्गीकरण किए, विभिन्न समाजों में इसके रूपों का विश्लेषण किया और कुछ नतीजों पर पहुँचने की कोशिश की। न उसने कामू की तरह दार्शनिक और आध्यात्मिक आधार पर इसे एकमात्र साहसिक कार्य सिद्ध किया और न जस्टिस सहाय और हंसारिया की तरह कानूनी अड़चनों को झाड़-बुहारकर मुक्ति का सुलभ रास्ता दिखाया, बल्कि दुर्खीम ने अधिक मानवीय सरोकार के साथ कुछ बहुत आधारभूत सवाल उठाए।

सही है कि कबीलाई समाजों या ग्रामीण परिवेश में आत्महत्याएँ कम होती हैं, वहाँ सब एक-दूसरे से मन की बात कहकर हल्के हो जाते हैं। कुँआरी या विधवा माँ जरूर कुएँ-नदी में छलाँगें लगाती हैं, लेकिन कारण व्यक्तिगत नहीं, सामाजिक भय या दंड ही अधिक रहता है। बुद्धिजीवियों का ध्यान आकर्षित करनेवाली आत्महत्याएँ होती हैं। शहरी, मध्यवर्गीय औद्योगिक समाज में अकेलापन, अलगाव और प्रतियोगिता के बीच अक्सर ही व्यक्ति अपने को असमर्थ और असहाय पाता है, पर प्रयास यहाँ निरर्थक होने के लिए अभिशप्त है, वह घर और दफ्तर दोनों जगह मिस-फिट या अनसमझा है, न पति पत्नी के बीच सन्तुलन है, न बच्चों रिश्तेदारों के साथ अंडर्स्टेंडिंग—दफ्तर में तनाव, उठापटक, गलाकाट होड़ में आदमी आखिर कब तक अपने को साधे रहेगा ? नतीजे में कुछ पुराने मूल्यों के अप्रासंगिक, व्यर्थ और फालतू हो जाने के दंश में टूट जाते हैं, तो कुछ नई चूहा-दौड़ में पिछड़कर। यातना, मानसिक या शारीरिक जब असहनीय हो जाए तो मुक्ति का एकमात्र सरल उपाय बचता है, मृत्यु का वरण...

लेकिन आत्महत्याओं की सीमा यहीं तक नहीं है। सम्पन्न-समृद्ध देशों की समस्याएँ वे नहीं हैं, जो तीसरी दुनिया के विपन्न देशों के लिए हैं। उनके लिए आत्महत्या नैतिक और दार्शनिक समस्या हो सकती है, यहाँ लड़ाई जीने और मरने को लेकर है। गरीबी, भुखमरी, बेकारी के शिकार न जाने कितने हैं जो कभी अकेले, तो कभी परिवार के साथ आत्महत्याएँ करते हैं। माएँ अपने बच्चों के लिए कुँओं या रेल की पटरियों पर छलाँग लगा लेती हैं, कुँवारी लड़कियाँ दहेज और शादी न जुटा पाने के कारण जल मरती हैं या ससुरालों में मार दी जाती हैं। जब औरत के लिए जीना असम्भव और असहनीय

हो उठे, तो वह कोठरी में फाँसी लगाकर मरे या जलती चिता पर सती हो जाए—इससे क्या फर्क पड़ता है। बल्कि सती होने (अक्सर जबर्दस्ती किए जाने) में गौरव और देवत्व मिलता है। आज (16.4.94) की ही खबर है कि दिल्ली में एक बाप ने तीन बच्चियों को मारकर आत्महत्या कर ली, पत्नी-पड़ोसी को घायल कर दिया।

मुझे लगता है कि अपने आपको समाप्त करने का निमित्त भले ही व्यक्ति स्वयं हो, मगर ऐसी हर आत्महत्या सामाजिक हत्या ही है, यहाँ मारनेवाले हाथ सक्रिय जरूर होते हैं, मगर दिखाई नहीं देते—वे खुद आदमी के भीतर ही उग आते हैं। जाहिर है कि हंसारिया और सहाय इस विषय पर बिल्कुल चुप हैं। आदमी को कानूनी, सामाजिक या दार्शनिक अधिकार है कि वह स्वेच्छा से अपने प्राण ले ले—की घोषणाएँ इस विषय में बिल्कुल चुप हैं कि ऐसा वह करता क्यों है ? जब जीने के अधिकार, स्थितियों और सुविधाओं को बिल्कुल नकारकर मरने के सैद्धान्तिक अधिकार को जायज सिद्ध किया जाता है तो लगता है मानो कानून भी इस हत्या में शामिल है। वह दम घोटते धुएँ के निकलने के रास्ते तो साफ कर रहा है, मगर उस आग के बारे में बिल्कुल चुप है जो इस घर को जलाकर धुआँ पैदा कर रही है। इस शब्द-जाल को क्या कहा जाए, जहाँ जीने के हक का अर्थ ही मरने की कानूनी अनुमति हो। सीजर को घेरकर खड़े सीनेटरों में से हो सकता है पहला छुरा ब्रूटस ने मारा हो, मगर बराबर के हत्यारे तो सभी थे, क्योंकि वह जिधर भी जाता, उधर ही उसके सीने में उतरने के लिए एक छुरा तैयार था। चारों तरफ से घिरे हुए शिकार के बचने का जब कोई रास्ता न हो तो आपका उदारतापूर्वक यह कहना कि हाँ, उसे मरने का हक है—क्या पूरी व्यूह-रचना का स्वीकार नहीं है ? यहाँ सुप्रीम कोर्ट के फैसले में एक बात लगभग ठीक कही गई है कि 'अधिकांशतः अपराधों की जिम्मेदार सरकार की अपनी ही नीतियाँ होती हैं। सत्ताधारी सरकार व्यक्ति के उन सारे प्रयासों को निष्फल कर डालती है जो उसकी नीतियों से मेल नहीं खाते' यानी ऐसी स्थिति में व्यक्ति ही अपराधी बन जाता है। अगर आत्महत्या अपराध है तो इसके लिए सरकार और सामाजिक व्यवस्था दोनों दोषी हैं, क्योंकि मनोचिकित्सक श्रीमती दस्तूर के अनुसार, 'हर आत्महत्या सहायता के लिए लगाई गई गुहार है' जिसे न सरकार सुनती है, न व्यवस्था। असफल अपराधियों को कानूनी नहीं, मानवीय संवेदना की जरूरत है !

मेरी बहन को इसी व्यवस्था ने मारा जो भारतीय लड़की को अपने निर्णय स्वयं लेने का प्रशिक्षण या आत्मविश्वास तो देती ही नहीं, विवाह को एकमात्र सार्थकता मानती है और उसके न होने पर आत्मप्रताड़ना का संस्कार बनकर अपने को ही अपने विरुद्ध खड़ा कर देती है। निश्चय ही मैं स्वयं उसी व्यवस्था का हिस्सा रहा हूँ और उसकी हत्या में शामिल हूँ। मैं उसे साहस और आत्मविश्वास दे सकता था, मगर मेरे पास फुर्सत नहीं थी। विवाह के बाद भी क्या ठीक था कि उसे जला या मार न दिया जाता और वह चुपचाप अपनी इस नियति को स्वीकार न कर लेती...

['मेरी तेरी उसकी बात', *हंस,* जून 1994]

सिंहासन खाली करो कि...

इन औरतों का भी जवाब नहीं है। कब क्या कर बैठेंगी, कोई ठिकाना है ? लोहा मानना पड़ता है अपने यहाँ के त्रिकालदर्शियों का, जिन्होंने हजारों साल पहले 'स्त्रीचरित्रं पुरुषस्य भाग्यं दैवो ना जानाति' कहकर उनके तिरिया चरित्तर से आगाह किया था और साफ शब्दों में इस श्लोक का अर्थ स्पष्ट करते हुए बता दिया था कि स्त्री वह चरित्र दिखाएगी कि पुरुष के भाग्य को कोई फूटी कौड़ी को नहीं पूछेगा। मूर्ख नहीं थे अपने यहाँ के महान ऋषि, जिन्होंने पुरुषार्थ का निर्धारण करते हुए निर्णायक सिर्फ पुरुष को केन्द्र में रखा—धर्म, अर्थ, काम, मोक्ष में 'काम' ही ऐसा था, जहाँ स्त्री की जरूरत थी। सो वहाँ उसे वंश-वृद्धि के लिए इस्तेमाल की जानेवाली जमीन से ज्यादा महत्त्व क्यों दिया जाता ! वस्तुतः पुरुषार्थ सिर्फ पुरुषों के लिए ही था—'पुरुषार्थी' महिलाओं से तो सामाजिक पुरुषार्थ की घिग्घी बँध जाती है।

अब संसद में महिलाओं के 33 प्रतिशत आरक्षण के मुद्दे को ही लीजिए...कोई बात हुई साहब, कि अपनी सारी पार्टी, राजनीति और व्यक्तिगत निष्ठाएँ भूल-भालकर सबकी-सब एक मंच पर आकर समर्थन करने लगीं ? गीता मुखर्जी, मालिनी भट्टाचार्य, ममता बनर्जी, सुभाषिणी अली, सुषमा स्वराज और उमा भारती को एक मंच पर देखकर चन्द्रशेखर जैसे 'मर्द' अपनी या सामनेवालियों की आँखें न फोड़ लें, तो क्या करें ? आखिर अपनी पर उतरकर उनकी औकात जतानी पड़ी कि ऐसा ही है, तो आप भी अपने एक-एक कांशीराम ढूँढ़ लो और मायावती की तरह आ जाओ। (आशय यही था) हो सकता है, उनके दिमाग में, कई प्रमुख अखबारों के मुख-पृष्ठों पर पिछले दिनों छपी मुरलीमनोहर जोशी के कन्धों पर लदी उमा भारती की तस्वीर रही हो...कहाँ, स्त्री-अधिकारों के लिए मुहल्लों-सड़कों में झोला लेकर भटकनेवाली वृन्दा करात और कहाँ सीधे सुप्रीम कोर्ट से निकलकर अटल-जोशी-आडवानी के ब्रीफ (केस) सँभालती सुषमा स्वराज...कहाँ दहाड़-दहाड़कर हिन्दू पुरुषों की नामर्दी का भंडाफोड़ करती साध्वी ऋतम्भरा और कहाँ उनकी मर्दानगी की शिकार फूलन देवी। कहाँ दूसरों को सती कराती (खुद विधवा) विजयाराजे सिन्धिया और कहाँ, 'चल, भीतर घर में बैठ, तुझे राजनीति की क्या समझ !' की लताड़ें सुनती लवली आनन्द...ये सारी की सारी अपने कद, हैसियतें भूलकर एकजुट हो जाने का खतरा पैदा कर देंगी—यह तो सपने में भी नहीं सोचा था ! मान लो, कल अगर भावुकता, दबाव या दूसरों से मुद्दा छीनने के राजनैतिक पैंतरे के रूप में इन्हें 33

प्रतिशत आरक्षण दे दिया और इन्होंने अपनी अलग पार्टी बना ली, तब तो ये सारे देश की सत्ता को कयामत तक हथियाकर बैठ जाएँगी—जो चाहेंगी, वही करेंगी। लगभग एक तिहाई से कम वोट लेकर कांग्रेस चार दशकों तक एकछत्र राज नहीं करती रही थी ? इस समय तो स्थिति और भी खराब इसलिए है कि किसी राजनैतिक पार्टी के पास तीस प्रतिशत तक सांसद नहीं हैं। इन्होंने बना ली तो वह सबसे पड़ी पार्टी होगी; झख मारकर हमें उनकी सरकार का समर्थन करना होगा, वर्ना वे उत्तर प्रदेश की तरह सरकार ही नहीं बनने देंगी। नहीं, यह बिल नहीं आएगा, न ही लाने दिया जाएगा। जितना बन पड़े, टाला जाएगा और इस बीच ऐसी दरारें पैदा कर दी जाएँगी कि वे खुद किसी एक मुद्दे पर सहमत न हो सकें। हजारों सालों से जो सत्ता हमारी बपौती रही है, उसे यों चाँदी की थाली में परोसकर इन्हें सौंप दें ? ये करें राज और हम घास छीलें और इनके बच्चे सँभालें ? अजी, हो चुका। हमने पीढ़ियों से अपनी चालाकियों और चालों की बारीकियों को बेकार ही सान पर चढ़ाया है ? हम चाणक्य के बाप और राष्ट्रीय-अन्तर्राष्ट्रीय घाघों को कूटनीतिक धूल चटानेवाले महारथी और ये हमें चुनौती देने चली हैं ? इन्हें तो हम वहाँ मारेंगे, जहाँ पानी न मिले। मानवता-फानवता का लफड़ा न होता, तो हम तो इन्हें पैदा होने से पहले ही मार डालते। अभी भी मार ही रहे हैं। जीते जी तो 'सुच्याग्र' भूमि नहीं देंगे...'विचारार्थ' डाल देंगे इस बिल को भी किसी कमीशन या सेलेक्ट कमेटी के खाते में—जहाँ हर मसले की तरह वर्षों धूल खाकर अपनी मौत मर जाएगा।

कहाँ से आ मरा यह 'आरक्षण' शब्द...जब तक भारतीय राजनीति में यह शब्द नहीं आया था, सारा राज-काज कैसी सुख-शान्ति से चल रहा था—आँखों की शर्म के लिए एकाध 'प्रतिनिधि' रखकर लोकतन्त्र की लाज रख ली जाती थी। राज तो वही करते थे, जो हमेशा से करते आ रहे हैं। जो योजनाएँ, साधन, संसाधन, उपेक्षितों और हाशियोंवालों के नाम पर केन्द्रों से दिए जाते थे, उन्हें हम बीच में ही सोख लेते थे, क्योंकि जानते थे कि उनमें राजनैतिक चेतना आएगी, साधन-सुविधाएँ मिलेंगी, तो उनके पर तो निकलेंगे ही। आज जागरूक होंगे, तो कल जरूर अधिकार माँगेंगे। इसी डर से हमने 70 प्रतिशत लोगों में न शिक्षा फैलने दी, न साक्षरता। और आज सत्ता में हिस्सेदारी और वह भी एक तिहाई ? एकजुट हो गईं (जो ये कमबख्त जरूर होंगी) तो हमें कहीं का नहीं रखेंगी। अभी तक मंडल की मुसीबत ही नहीं सँभल रही थी कि ये नई आफत...मंडल तो खैर, घर से बाहर की समस्या थी, सो रामजी की कृपा से कमंडल लाकर सारी हवा निकाल दी—औरतोंवाला यह भस्मासुर तो अपने घरों में ही आ घुसा...अब कहाँ आत्मदाह करें और किस की बसें जलाएँ...? कितने और झटके झेलने हैं अपनी इस महान हिन्दू संस्कृति को ? खैर, सँभाल तो लेंगे जैसे-तैसे—बस, एक बार बहुमत के साथ अपनी सरकार दिल्ली में आ जाए, फिर भगवा तालिबान दिखाएँगे अपने कमाल। एक-एक को ठोक-पीटकर वापस घरों में न पहुँचा दिया, तो ऋषियों की सन्तान नहीं। एक-दूसरे का चेहरा देखने को तरस जाएँगी। बैठकर ठोको रोटियाँ...हाँ, कुछ दिनों

स्टोव फटने, गैस-रिसने और बाथरूम में पैर फिसलने की घटनाएँ बढ़ जाएँगी—सो देखा जाएगा। आत्महत्या तो वैसे ही भारतीय नारी का सांस्कृतिक शगल है। जहाँ तक चुनावी रणनीति का सवाल है, राम जन्मभूमि जैसा दम कृष्ण जन्मभूमि में दिखाई भी नहीं देता, फिर भी कोशिशें तो जारी ही हैं, मंडल को भी आधे-अधूरे मन से जिस तरह एजेंडा में लिया है, वैसे ही औरतों के इस 33 प्रतिशत आरक्षण को भी घोट-पीसकर शामिल तो कर ही लेंगे। बल्कि हो सकता है, इसे ही मुख्य चुनावी मुद्दा बनाना पड़े। बाद में देख लेंगे कि देना कितना है। कोई-न-कोई पेंच तो डाला ही जा सकता है ! स्त्री-शक्ति के उभरते खतरे को आपसी मतभेद ही ध्वस्त करेगा। सारे अलगाव भूलकर ये एकजुट हो जाएँ और सत्ता में सबसे बड़ा हिस्सा माँगें—यह तो नहीं ही होने दिया जाएगा... कोई-न-कोई टाइम-बम रखना पड़ेगा...फिलहाल तो शंकराचार्यों को जोत दिया है : समझाओ इन्हें कि महान भारतीय नारी का क्षेत्र घर है और उसका स्वर्ग है पति-सेवा।

यह है सत्ता के पुरुष-वर्चस्व का असली मुखौटा। सत्ता एकछत्रता और स्थायित्व एक साथ चाहती है। हजारों साल वह विशिष्ट वर्गों के हाथों में रही है। कहना चाहिए, मनु महाराज ने कुछ जातियों को ऐसा आरक्षण दे दिया था कि सदियों समाज चलाने की सत्ता उन्हीं के हाथों में रही। आज उसने अपने मुहावरे, भाषा और संस्कृति बना ली है—अनुभव और कौशल से उसे माँजा-सँवारा और पैनापन दिया है। संयोग नहीं है कि शक्ति की सारी शब्दावली ही मर्दवादी है। सर्वशक्तिमान भगवान ही परम-पुरुष है। वर्चस्व के लिए सत्ता-घटक आपस में ही नहीं लड़ते; पराजितों, दलितों शोषितों और स्त्रियों का भी शोषण और संहार करते हैं, फिर इसे जायज सिद्ध करने के दर्शन गढ़ते-गढ़वाते हैं। वह इसे ईश्वरीय विधान, प्रारब्ध या प्राकृतिक न्याय के रूप में सारे समाज का मनोविज्ञान बना देते हैं। सत्ताधारी 'चुने' हुए लोग हैं—पहले उन्हें ईश्वर 'चुनता' था, आज जनता 'चुनती' है। वे ही चुने जाते रहें—इसके लिए उनके पास छल-बल की रणनीतियाँ हैं। कभी धर्म, तो कभी धन—दोनों के पीछे हिंस्र पशु का खूँखार चेहरा है। अवांछित तत्त्व सत्ता-वृत्त से बाहर और कमजोर रहें—यह हर सत्ता की प्राकृतिक मजबूरी है। इसीलिए वह उन्हें अलग, बाहरी, दूसरे और अयोग्य-अक्षम बनाए रखने में खून-पसीना एक कर देती है। अभी तक यह संघर्ष आपस में था या बाहर था—इसलिए यह ध्यान कम दिया गया कि वह घरों में कैसे और कहाँ उग रहा है। 'सबको समान अवसर, अधिकार और सुविधाएँ मिलें' के दुर्दमनीय उभार ने सत्ता के वर्चस्व और केन्द्रीयताओं को तोड़कर रख दिया है। देश के लिए लोकतान्त्रिक संविधान चुनते वक्त क्या हमारे सामन्तवादी सयानों को स्वप्न में भी यह गुमान था कि वे किस ऊँट की गर्दन को अपने तम्बू में प्रवेश दे रहे हैं ? अब ऊँट उठकर खड़ा होने लगा, तो सारे तान-तम्बूरे बिखर गए। उधर मंडल ने सत्ता और राजनीति के सारे समीकरण बदले ही थे कि इधर औरतों के आरक्षण की माँग ने सारी बिसात ही उलटने के आसार पैदा कर दिए हैं। लगता है, यह एक भयानक ध्रुवीकरण का प्रारम्भ है, क्योंकि अगर अलग-अलग वर्गों, वर्णों और पार्टियों की औरतें एक साथ खड़ी होने की चुनौती देती

हैं, तो अगड़े-पिछड़े, अवर्ण-सवर्ण सत्ताधारी भी लगभग एक स्वर से कह और चाह रहे हैं कि यह नहीं होना चाहिए—इन्हें तोड़ो या सौदा करके फिलहाल बला को टालो... क्योंकि यह आग तो घर-घर में चूल्हा बनकर बैठी है। दाद देनी चाहिए राजनीति के रणबाँकुरों की कि अपने ऊपर वार करती मंडल की तलवार को उन्होंने स्त्री-आरक्षण की तरफ ही मोड़ दिया है। माँग उठाई उमा भारती ने कि इस 33 प्रतिशत में 10 प्रतिशत ओ.बी.सी. (पिछड़ों) का भी होना चाहिए...माँग गलत नहीं है, मगर इस समय सिर्फ फूट डालने की नीयत से उठाई जा रही है। चाहें, तो इसकी तुलना अम्बेडकर की उस माँग से की जा सकती है, जब उन्होंने दलितों के लिए अलग कांस्टिट्यूएंसी (निर्वाचन-क्षेत्र) की आवाज उठाई थी और तर्क दिया था : खुले खेल में तो सवर्ण उन्हें कभी ऊपर आने ही नहीं देंगे। आरक्षण के भीतर आरक्षण की यह रणनीति स्त्री-आरक्षण में फूट भी डालेगी और पुनर्विचार के लिए बिल को स्थापित करने का आधार भी देगी। लगता है, बिल पास होते-होते तोड़-मोड़कर उसकी शक्ल वह बना दी जाएगी कि उसे देखकर खुद औरतों को रोना आए...बहरहाल, हम-आप निश्चिन्त रहें कि अभी यह बिल नहीं पास होने जा रहा...अभी तो प्रतिशत, आँकड़ों, योग्यता, क्षमता, अनुभव इत्यादि का मंडलवाला खेल भी चालू होना है।

वस्तुतः अपने मूल में ही स्त्री-आरक्षण, मंडल-आरक्षण से अलग है। मंडल बाहर का बवंडर था और अपने खिड़की-दरवाजे बन्द करके उसका सामना किया जा सकता था। वह सत्ता के राजनैतिक वर्चस्व को तोड़ता था। स्त्री-आरक्षण परिवार की और परिणामतः समाज की मूलभूत संरचना को ही बदल रहा है। 'आरक्षण' के धरातल तक आने में स्त्री-उभार को जिन मुद्दों पर लड़ना पड़ा है, उन्हें समझना इसलिए जरूरी है कि वह ऊँच-नीच, अवर्ण-सवर्ण, धर्म-धन की सीमाओं के आर-पार आता है। अपने मन की करने या मालिक के इशारों पर न चलनेवाली सवर्ण या धनी औरत भी उसी तरह पिटती, सम्पत्ति से वंचित होती, घर से निकाली, दहेज में जलाई या प्रताड़ित होती है, जैसे कल्लू हरिजन की औरत...अपने स्तर पर उसका भी वही यौन-शोषण होता है, जो किसी भी वर्ग और धर्म की औरत का होता है। हर वर्ग की औरत को खरीदा-बेचा और बाजारू वस्तु बनाया जाता है—इससे फर्क नहीं पड़ता कि बेचनेवाला सोनागाछी का दलाल है या सौन्दर्य-प्रतियोगिता करानेवाली बहुराष्ट्रीय कम्पनियों का विज्ञापन-व्यवस्थापक...बल्कि उस स्तर पर उसे खुद ही नहीं बिकना पड़ता; बिकनी, ब्रा या बूस्ट भी बेचना पड़ता है—निश्चय ही 'स्वेच्छा' से...वह 'आ जा बाबू, तबीयत खुश कर दूँगी' की चिरौरियाँ नहीं करती; कूल्हे, कमर और कुच दिखाकर 'आ'म सो सेक्सी' कहकर मर्दानगी आमन्त्रित करती है—उसके 'स्वतन्त्र' होने का वह भी एक रूप है, मगर ये परिवार से छूटी हुई औरतें हैं—सम्बन्धों और परिवारों के बीच, दलित लेखिका बेबी काँबले की आत्मकथा 'जीवन हमारा' और सम्पन्न कुलीन माधवी देसाई के 'नाच री, घुमा' की यातनाओं और प्रताड़नाओं में कोई अन्तर नहीं है। अगर वह पुरुष-वर्चस्व को सीधे चुनौती देगी, तो न्याय उसे नहीं मिलेगा। फिर, चाहे कोर्ट-कचहरी के जरिए

लड़नेवाली भँवरी देवी हो या बन्दूक उठाकर कानून हाथ में लेकर बदला लेनेवाली फूलन देवी, जरूरत हुई, तो शाहबानों की तरह कानून ही बदले जा सकते हैं। सम्पत्ति में बेटों की तरह बेटियों का भी समान अधिकार माँगनेवाले हिन्दू कोड-बिल ने महीनों कैसा हंगामा उठाया था, उसे हम भूले नहीं हैं। तत्कालीन राष्ट्रपति डॉ. राजेन्द्र प्रसाद तक उसके विरोध में थे। नेहरू न होते तो वह बिल भी आज कहीं फाइलों में पड़ा होता।

निश्चय ही वंचितों के उभार के लिए आरक्षण स्थायी समाधान नहीं है। हाँ, तदर्थ उपचार जरूर है। भारतीय समाज की वर्तमान सामाजिक बनावट के चलते सत्ता के अघोषित-घोषित एकाधिकार में किसी विशेष प्रावधान के लिए उनका सार्थक हस्तक्षेप असम्भव है। 'पहले योग्यता हो, तभी अवसर मिलेगा' या 'अवसर ही नहीं मिलेगा, तो योग्यता कहाँ से आएगी' की बहस हमें किसी नतीजे पर नहीं ले जाएगी। 'पहले मुर्गी या पहले अंडा' की तरह यह भी निरर्थक बौद्धिक कसरत है, बल्कि कहना तो यही चाहिए कि सुविधाओं और अवसरों पर जिनका निर्द्वन्द्व कब्जा है, उनसे छीने बिना वे मिलनेवाले नहीं हैं। छीनने के ये दबाव भीतर से भी होंगे और बाहर से भी। उधर सत्ता-स्वामियों की ओर से बौद्धिक कसरतें भी होंगी और सौदेबाजी भी; 33 नहीं, 15-20 प्रतिशत, दुर्भाग्य से आज स्थिति वह नहीं रह गई है कि खुलकर दो-टूक कहा जा सके, 'जाओ, हम कुछ नहीं देते। तुमसे जो बन पड़े, कर लो' ऐसा करेंगे, तो सारे वोट-बैंक विरोधियों के हाथों चले जाएँगे। इसलिए आश्वासन तो यही देने होंगे कि हमें आने का मौका दो, हम 33 क्या, 50 प्रतिशत देंगे। मौका आएगा, तो सँभाल लेंगे। अफगानिस्तान में तालिबानों ने नहीं पीट-पीटकर वापस घरों में घुसा दिया—आसमान देखने के लिए तरस गईं...

सही है कि औरतें भी सत्ता-शीर्ष पर आई हैं—हिन्दुओं में कम, शरीयत के शिकंजों के बावजूद मुसलमानों में ज्यादा। वहाँ रजिया सुलतान, चाँद बीवी, हजरत महल से लेकर बेनजीर भुट्टो, हसीना शेख, खालिदा जिया की परम्परा है। अपने यहाँ झाँसी की रानी और अहिल्या बाई के बाद सीधी इन्दिरा गाँधी हैं, मगर ये सब पुरुषों की बिसात पर उन्हीं के नियमों के हिसाब से खेलती रहीं। उनकी मजबूरी थी। उन्होंने स्त्रियों के लिए विशेष रूप से कुछ भी नहीं किया—बल्कि स्त्री होने की कोई 'कमजोरी' हावी न हो, इसलिए समाज में पुरुष-दृष्टि का ही पालन करती रहीं। सत्ता के निर्मम संघर्ष में उन्होंने पुरुषों के मूल्यों को आत्मसात कर लिया था। वे वस्तुतः स्त्री-शरीर में पुरुष थीं, इसलिए स्वीकार्य थीं। वैसे भी, वे शेष समाज से कटी-छँटी शासक वर्ग की अभिजात प्रतिनिधि थीं। हाँ, इन्दिरा गाँधी की उपस्थिति से सामान्य स्त्रियों में स्वतः ही आत्मविश्वास, जागरूकता और उन्हें आदर्श (मॉडल) मानने की भावना जरूर आई। मुझे लगता है कि भारतीय समाज और राजनीति में इन्दिराजी एक महत्त्वपूर्ण मोड़ हैं। संसद में उनसे पहले या तो गाँधीजी के आन्दोलन से उभरनेवाली बड़े घरों की नेत्रियाँ हैं या फिर रानी-महारानियाँ। सेंट-साड़ियों-गहनों की यह बहार बैजन्ती माला, तारकेश्वरी सिन्हा से होती हुई संजय गाँधी युग की 'महिला-मित्रों' तक आती है और बड़े-बड़े

राजनैतिक निर्णयों को अम्बिका सोनी, रुखसाना सुलतान, मेनका गाँधी आदि महिलाएँ प्रभावित करती हैं। वहाँ राजनीति लगभग 'चटखारे' में बदलती दिखाई देती है। किसी बड़े की बहन-बेटी, पत्नी या महिला-मित्र होने के नाते राजनैतिक केन्द्र में आनेवाली महिलाओं की जगह इधर दस वर्षों से उभरकर आई महिलाओं ने सारे परिदृश्य को ही बदल दिया है। इसमें भी सबसे सार्थक हस्तक्षेप उन महिलाओं का रहा है, जो वामपन्थी आन्दोलनों में तप कर आई हैं--हिन्दी-प्रदेश की नायिकाएँ भले ही मायावती, फूलन देवी, उमा भारती आदि महिलाएँ हों और भले ही उन्होंने मेधा पाटकर, शबाना आजमी, गीता मुखर्जी, ममता बनर्जी, मालिनी भट्टाचार्य, मधु किश्वर, सरला माहेश्वरी जैसे राजनैतिक विमर्श न दिए हों—मगर खुद उनकी उपस्थिति ने ही राजनीति में दलितों-वंचितों की उपस्थिति को रेखांकित किया है। सारी दूरियों और अन्तर्विरोधों के बावजूद जो इन सारी महिलाओं में कॉमन है, वह इन सबका पुरुष सत्तात्मक समाज में 'औरत होने की सजा' भुगतने का अनुभव है—ठीक जन्मना दलित होने की यातना भोगनेवालों की तरह...और यही इन्हें आरक्षण के लिए एकजुट करता है।

निश्चय ही इस प्रकार के आरक्षण से वे समस्याएँ उठेंगी, जो पंचायती स्तरों पर गाँव-देहातों में उठती रही हैं और जिनका प्रभावशाली चित्रण मैत्रेयी पुष्पा ने अपनी कहानी 'फैसला' या आनेवाले उपन्यास 'चाक' में किया है--यानी पुरुष द्वारा स्त्री को सामने रखकर सत्ता-सूत्र खुद अपने हाथों में रखने की जिद, जुगाड़ और हिंसा।

यहाँ यह बात फिर साफ हो जानी चाहिए कि आरक्षण कुछ विशिष्ट एकाधिकारियों से छीनकर वंचितों को सुविधाएँ और अवसर देने का स्थायी समाधान नहीं है—वह सामाजिक परिवर्तन की ऐसी प्रक्रिया है, जो एक ओर सत्ता में हिस्सेदारी की माँग करती है, तो दूसरी ओर अपनी नुमाइन्दगी करके नए सत्ता-केन्द्र बन जानेवालों के बीच संघर्ष की शुरुआत करती है। हर आरक्षण या विशेष प्रावधान में पहले फायदे वे ही उठाते हैं, जो अपने वर्ग की मुखर नुमाइन्दगी या दावा करते हैं, मगर वे शीघ्र ही एक भीतरी प्रतिरोध को भी जन्म देने लगते हैं। वर्ग-संघर्ष की वास्तविक शुरुआत वहीं से होती है, क्योंकि पीछेवाला पूछता है कि हमारे नाम का हलुआ-पूरी खुद खाने का यह सिलसिला कब तक चलेगा।

इसीलिए जो लोग समझते हैं कि लूट-खसोट, घूस, बेईमानी, कामचोरी, जातिवाद, अहंकार, अन्याय, अत्याचारों के निर्बाध एकछत्र केन्द्र, यानी सरकारी नौकरियों के सुरक्षित गढ़ों में सेंध और बारूद लगाने का या उसमें हिस्सा माँगने का दूसरा नाम 'आरक्षण' है, वे ही सबसे ज्यादा उत्तेजित और विक्षुब्ध हैं। निरपवाद रूप से कोई भी सरकारी नौकरी में देश-सेवा के लिए नहीं जाता है, न निजी प्रतिभा के विकास के लिए। सारी मेरिट और योग्यता का एकमात्र लक्ष्य है ऐसा अभयारण्य, जहाँ अनन्त, अबाध शक्ति, ऊपरी आमदनी के अजस्र स्रोत, हर प्रकार के घोटाले करने की सुविधाएँ और काम न करने यानी हराम का खाने और सिर्फ चेहरा दिखाने की स्थायी पेंशन के लिए खुली छूट है—उधर नौकरी में आते ही लाखों-करोड़ों के दहेज की 'बारगेनिंग पावर'

ऊपर से। यही कारण है कि यह वर्ग न तो अपने विशेषाधिकार में हिस्सा दे सकता है, न किसी भी ऐसी परिवर्तन-प्रक्रिया का स्वागत कर सकता है, जहाँ अपने ऐशो-आराम पर आँच आए...भीतरी तौर पर स्त्री या दलित-आरक्षण से डर न नौकरियों को लेकर है, न दूसरे अवसरों को लेकर। असली डर है विधायिका-मंडलों में सत्ता की उस हिस्सेदारी से, जहाँ इन सबके फैसले लिए जाते हैं। हम सब अपने अनुभवों से जानते हैं कि स्त्रियाँ काम के प्रति ज्यादा ईमानदार, योग्य और अपेक्षाकृत कम भ्रष्ट होती हैं और यही महापुरुषों के लिए भयानक असुविधाजनक समानान्तर है। हो सकता है, यह इसलिए भी हो कि उन्हें भ्रष्ट होने के वैसे अवसर नहीं मिले, वरना जयललिता, राजेन्द्र कुमारी वाजपेयी, शीला कौल या मायावती किस नर-पुंगव से कम हैं ? मगर जैसाकि मैंने कहा, जब-जब कोई सामाजिक परिवर्तन हुआ है, भविष्य का खौफनाक रूप दिखाकर, या इन सबके बाद भी परिवर्तन चाहनेवालों को कुछ भी नहीं मिलेगा, के तर्क परोसने का सिलसिला नया नहीं है। हाँ, आज इन सब डरों को दिखाकर नई शक्तियों को रोका नहीं जा सकता। हमें सचमुच अगर यह विश्वास हो कि महिलाएँ भी हमारी ही तरह भ्रष्ट हैं, तब तो शायद डर की कोई बात ही नहीं है—मन मारकर रियायत देने की उदारता दिखा भी दें, मगर मुसीबत यही है और हम जानते हैं कि वे हमारी जैसी नहीं हैं—मान लीजिए, उदाहरण के लिए, सत्ता में आते ही उन्होंने दहेज की बड़ी-बड़ी राशियों की सुविधा और उनके लिए घरेलू हत्याओं और बलात्कारों का सुख छीन लिया, वैसे कानून बना दिए, या उनके सख्ती से पालन पर जोर दिया, तो हम न घर के रहेंगे, न घाट के...

और अगर अपनी भावुकता, उदारता या तात्कालिक रणनीति में हम जैसे बूढ़ों ने बिल पेश भी कर दिया, तो पीछे आनेवाले उत्तराधिकारी बेटे, जिनके सामने बीस-तीस सालों का राजनैतिक जीवन पड़ा है, क्या इसे पास होने देंगे ? क्या वे यह कहकर हमें गोली नहीं मार देंगे कि आप अपने बचे-खुचे दो-पाँच साल के लिए क्यों हमारी पूरी पीढ़ी को सदा के लिए जोरू का गुलाम बना रहे हैं ? अगर स्त्रियाँ संसद और विधान-सभाओं में बैठकर फैसलों में हिस्सेदारी की जिद छोड़ दें, तो हम उन्हें जो वे माँगें, वही सुख-सुविधा देने पर विचार कर सकते हैं—थोड़ा मोल-भाव करके किसी भी नतीजे पर पहुँचा जा सकता है, मगर हमारे और अपने निर्णायक फैसले भी तुम लो—यह कैसे होगा। तुम खुद ही सोचो, यह तो सारे स्वामित्व और स्वाभिमान को छीनना हुआ। इसलिए हे भारत की सन्नारियो, हम पर विश्वास करो, हम तुम्हारे भाई, बाप, पति, प्रेमी हैं—सर्वस्व हैं। जैसे आज तक हम तुम्हारी 'रक्षा' करते आए हैं, वैसे ही आगे भी करेंगे। तुम हमारी इज्जत हो, इस तरह सड़कों पर आकर उसकी धज्जियाँ न उड़ाओ। कुछ तो अपनी महान सांस्कृतिक परम्पराओं का ध्यान करो—सीता, सावित्री ! भगवान तुम्हें सद्‍बुद्धि दे। जय श्रीराम।

['मेरी तेरी उसकी बात', *हंस,* अप्रैल 1997]

तुम्हारे गले में यह किसकी आवाज है, उमा भारती ?

अखबारों में एक तस्वीर काफी प्रमुखता से छापी गई थी। 6 दिसम्बर को बाबरी मस्जिद तोड़ डालने के बाद उल्लास से चहकती उमा भारती, मुरलीमनोहर जोशी के कन्धों पर लदी हुई हैं, या कहिए आकर्षण मुस्कान के साथ जोशी ने उमा को सिर पर उठाया हुआ है। खून-खराबे, मारकाट, हत्या और बलात्कार या लूटपाट के माहौल में यह तस्वीर मेरे मन में बड़ी अजीब 'सांस्कृतिक' प्रतिक्रियाएँ पैदा करती है...पार्वती की लाश को कन्धे पर लादे शिव ? नहीं, धूमधाम, गाजे बाजे के साथ कन्धों पर घुमाई जाती दुर्गा की मूर्ति जिसे अभी-अभी शास्त्रीय विधि-विधान से यमुना या गंगा में सिरा दिया जाना है ? अन्तिम बर्फानी यात्राओं में जाते हुए भीम, थकी-हारी द्रौपदी को कन्धों पर उठाए हुए—लांग शॉट में ? नहीं, तस्वीर में उमा के चेहरे पर सफलता की उन्मुक्त खिलखिलाहट है और जोशी के होंठों पर घाघ बाज की दिव्य मुस्कान...तस्वीर मनोरंजक नहीं, दयनीय है। सिर-चढ़ी उमा क्या कभी नहीं सोचती कि जोशी ने उसे क्यों सिर चढ़ाया हुआ है ? शतरंज खत्म होने पर गोटियाँ किन डिब्बों में वापस बाँध दी जाती हैं ? नहीं, उस शिखर-क्षण में उमा बिल्कुल नहीं सोचती...वह सिर्फ इतना जानती है कि विजय 'उसकी' है, जोशीजी भी उसके इस भ्रम को नहीं तोड़ेंगे, वह यही कहकर पीठ थपथपाएँगे कि हाँ, विजय 'तुम्हारी' है...क्योंकि तुमने इतिहास के एक गलत काम को सुधारा है...मगर नहीं उमा, यह विजय तुम्हारी नहीं है, मूलतः यह विजय मुरलीमनोहर जोशी की है, डेढ़-दो हजार साल पहले की उस मनुस्मृति की वर्ण-व्यवस्था की है, जिसके शीर्ष पर जोशीजी ही विराजमान हैं। तुम तो सिर्फ 'लठैत' हो जो मालिक के इशारों पर अपने ही भाई-बन्धुओं का सिर फोड़ आता है और गद्‌गद् होकर शाबाशी पाता है। तुम्हें तो इसी विश्वास में बने रहना है कि तुम धर्म के लिए मर मिटनेवाली सिपाही हो। इस पुण्य-कार्य के लिए भगवान तुम्हें स्वर्ग देगा...जोशीजी ने इसी लोक में अपने स्वर्ग के लिए तुम्हारे स्वर्ग की व्यवस्था परलोक में कर दी है। वस्तुतः तुम जोशीजी के सत्ता-सिंहासन को कन्धों पर उठाकर चलनेवाली स्वयंसेविका हो...तुम जोशी के कन्धों पर नहीं चढ़ीं, जोशी तुम्हारे कन्धों पर चढ़कर केन्द्रीय बनेंगे...

तुम भूली भी नहीं हो और गोविन्दाचार्य प्रसंग को बहुत दिन भी नहीं हुए। क्या उस दिन तुम्हारी सफलताओं और विजयों के गुब्बारे को एक छोटी-सी सुई ने भयानक

आवाज के साथ नहीं फोड़ डाला था ? क्या उस दिन तुम्हें तुम्हारी औकात नहीं बता दी गई थी कि तुम धर्म की महान योद्धा नहीं, सिर्फ एक औरत हो और जाति की लोधी हो ? उस दिन तुम्हें क्या अपने पैरों के नीचे की जमीन धसकती हुई नहीं लगी थी ? अगर ऐसा नहीं था, तो क्यों लखनऊ की 'लोधी-सभा' में इतनी व्यथा और वेदना के साथ दलितों के उद्धार की बातें कह रही थीं, क्यों तुम्हारे शब्द-शब्द में नारी होने का अभिशाप कराह रहा था ? और क्यों तुम उस दिन उस 'अधर्मी राक्षस' मुलायम सिंह के साथ एक मंच पर बैठी थीं, जिसने तुम्हारे कार-सेवकों को मस्जिद के पास नहीं फटकने दिया था और उन्हें गोलियों से भून डाला था ? उमा, तुम्हें लोधी-सभा के मंच पर नहीं, शंकराचार्यों के शिखर-सम्मेलनों के बीचोंबीच होना था, उस 'जातिवादी सभा' में क्या करने गई थीं ? चरित्र-हनन के उस दौर के बाद तुम्हें किस तरह पुनर्प्रतिष्ठित किया गया, मैं इसमें नहीं जाऊँगा, मगर याद रखना, वे कभी नहीं भूलते कि तुम औरत ही नहीं, दलित भी हो...आज वे मुँह से 'जाति' शब्द अक्सर नहीं बोलते, बल्कि आज इसका विरोध करते हैं, मगर निहायत चतुराई से अपनी पाँत से छेंक देते हैं और तुम पाती हो कि तुम वहाँ बैठी हो जहाँ अपने जूते-चप्पल उतारकर वे अपने निर्धारित स्थानों पर गए थे...और जिस दिन तुम इसका विरोध करोगी या खिलाफ आवाज उठाओगी उसी दिन तुम्हें 'जातिवाद पीड़ित' घोषित कर दिया जाएगा। तुम्हारी कौन-सी योग्यता या हमारा कौन-सा शास्त्र कहता है कि तुम्हें साथ बैठाया जाए ? तुम्हें कोई हक नहीं है कि जातिवाद भड़काकर तुम हमारी चली आती व्यवस्था में खलल डालो और समाज में अशान्ति फैलाओ। 'मुँह लगाई डोमनी, गावै ताल-बेताल...' या 'चमारिन को चाची कह दिया तो चौके में ही चढ़ी चली आई...' हाँ, उमा 'जातिवादी' वे नहीं, तुम हो...सुना नहीं, श्वेत-अमेरिकन नस्लवादी नहीं, काला रोड्रिग किंग था ? अपने सामाजिक जीवन में प्रबुद्ध और उदार अमेरिकन को तो कभी ध्यान भी नहीं आता कि कौन श्वेत है, कौन अश्वेत...वह तो सिर्फ गुण देखता है...वह तो किंग जैसे नस्लवादी हैं, जो अपने वंचित और अछूत होने का हौवा खड़ा करके अव्यवस्था फैलाते हैं। याद रखना, उमा, अगर इस तरह का अधर्मीपना देश में फैलाने की हिमाकत करोगी, तो फिर एक आडवानी या जोशी रामरथ की व्यवस्था करेंगे, फिर उस रथ के जुए के नीचे तुम्हारे कन्धे इस्तेमाल होंगे और तुम फिर अपने उन्हीं भाई-बन्दों को रौंद रही होगी जिनके मंच पर तुम बैठी थीं और जहाँ कल तुम्हें वापस फेंका जाना है...मत भूलो कि तुम औरत हो...या इसीलिए दलित हो कि औरत को...

एवरेस्ट विजय करनेवाली सबसे कम उम्र की सन्तोष यादव ने कराहकर कहा था, 'एवरेस्ट पर विजय पाना आसान है, लेकिन सामाजिक रूढ़ियों और असमानता के संस्कारों से पार पाना सम्भव नहीं है', क्योंकि एवरेस्ट शिखर पर एक बार में चढ़ा जा सकता है, गैर-बराबरी की खन्दकों से तो हर रोज गुजरना होता है...अगर किसी दिन यह सुनाई पड़े कि हिन्दू-समाज में औरत होने के अपराध में सन्तोष ने आत्महत्या कर ली या उसे जला दिया गया, तो किसी को कोई आश्चर्य नहीं होगा...समाज में तो होता

ही रहता है, बल्कि साहसी होने का 'सम्मान' ही उसे अपने समाज से काट देगा।

अभी उस दिन दलित चेतना और साहित्य वाले 'हंस' के सेमिनार में मृदुला गर्ग ने तमतमाकर कहा था कि 'औरतों को दलितों के साथ जोड़ने का मैं सख्त विरोध करती हूँ !' शायद मृदुला यह भूल गई थी कि शूद्रों और औरतों को साथ रखने का श्रेय हमें नहीं, मनु महाराज और महान हिन्दू-धर्मग्रन्थों को है। हजारों सालों से वे ही उन्हें जोड़कर शास्त्रीय व्यवस्था देते रहे हैं, हम तो सिर्फ उनकी स्थिति और नियति को समझने की दिशा में प्रयास कर रहे हैं, ताकि उसे बदला जा सके...चूँकि आप या आप जैसी कुछ और उच्च मध्यवर्गीय महिलाएँ सम्मानित या विशिष्ट स्थिति में हैं, इसका यह मतलब तो नहीं कि आप औरत नहीं हैं। किसी बड़े बाप की लाड़ली बेटी या किसी बड़े अफसर, उद्योगपति या राजा-महाराजा की सहधर्मिणी होने के चलते बहुत स्वाभाविक है कि शूद्रों के साथ रखे जाने में आपके सुरक्षित और संरक्षित स्वाभिमान को भयानक धक्का लगे, मगर सारी दुनिया आपके नौकर-चाकर, ड्राइवर, रसोइयों या आपके पिता-पति के प्रभाव-साम्राज्य तक ही तो सीमित नहीं है। सड़कों, दफ्तरों, रेलों और मुहल्लों में भी विशाल ऊँचा या नीचा मध्यवर्ग फैला है, क्या वहाँ हर क्षण आपको अहसास नहीं कराया जाता कि आप 'औरत' हैं ? जरूर आपको विश्वास होना चाहिए कि आप 'बराबर' हैं और किसी बात में कम नहीं हैं, मगर क्या आप खुद महसूस नहीं करतीं कि आदमी जिस बराबरी का आश्वासन आपको देता है, वह दरअसल उसकी प्रच्छन्न दया, वासना, रियायत, प्रोत्साहन, छूट यानी बर्दाश्त करने का शिष्टाचार है और जब तक आप अपने 'औरत' होने को स्थगित किए रख सकती हैं, यानी पुरुष-व्यवस्था का समर्पित पुर्जा बनी रह सकती हैं, आप बराबर हैं, श्रद्धेय और सम्माननीय हैं। मगर किसी दिन 'औरत' बनकर अपने स्वतन्त्र चुनाव कीजिए; मालिकों की इच्छा, स्वार्थ या सम्मान के विरुद्ध अपना कैरियर चुनिए, अविवाहित माँ बनिए या किसी और पुरुष में अधिक दिलचस्पी दिखाइए, अपने निजी दोस्तों को उस व्यवस्था में लाइए—फिर देखिए, आपको कहाँ खड़ा कर दिया जाता है। मुक्त-हस्त होकर कुछ भी तभी लुटा सकती हैं जब तक 'अनुमति' है, वर्ना पुरुष का एक वाक्य आपको अपनी औकात बता देगा और आप घर या समाज के बाहर खड़ी होंगी...उन्होंने रजिया सुलतान और इन्दिरा गाँधी को नहीं बख्शा था—आप तो चीज क्या हैं। चलिए, प्रयोग के लिए आप इतना ही कर देखिए कि एक दिन 'घर' जाकर कहें, "मुझे दस दिन के लिए बाहर जाना है। 'कहाँ, किसके साथ' की टोका-टाकी मुझे पसन्द नहीं है। मुझे सिर्फ खर्च के लिए रुपए चाहिए, बाकी कोई सवाल मैं नहीं सुनना चाहती" और फिर लौटकर अपने को उस घर में तौलिए...उमा भारती हों या महारानी सिन्धिया, जगजीवन राम हों या वेंकटरमन—औरत और शूद्र को उसकी जगह बताना तो वर्ण-व्यवस्था को आता ही है। सारी ट्रम्प तो उनके हाथों में है, आप कच्चे पत्तों से 'बराबरी' के खेल में बने रहने का मुगालता बनाए रहिए...भारतीय वर्ण-व्यवस्था में आप कहीं भी क्यों न हों, औरत को सेक्स और शूद्र को जाति बताकर चुटकियों में उसे उसकी जमीन दिखाई जा सकती है...

वर्ण-व्यवस्था न चुनाव का अधिकार देती है, न बराबरी का...शरीर धारण करते ही समाज में आपकी जगह तय है और इसे आप बदल नहीं सकते...यह जगह आपके जन्म से पहले ही तय की जा चुकी है—आपके पिछले जन्म के कर्मों ने तय कर दिया था कि आपको किस जाति या देह में जन्म लेना है। गैर-बराबरी की ऐसी विकल्पहीन दार्शनिक पुख्तगी शायद ही दुनिया के किसी समाज में दी गई हो...चूँकि ऊँची-से-ऊँची जाति में भी यह गैर-बराबरी है इसलिए आम हिन्दू एक झूठ और खंडित व्यक्तित्व यानी 'हिप्पोक्रैसी' में जीने को अभिशप्त है...उसका सारा संघर्ष या पुरुषार्थ अपनी असलियत छिपाकर ऊँचे-से-ऊँचे के साथ जुड़ने या अपने को जन्म के आधार पर श्रेष्ठतर सिद्ध करने में ही सार्थक होता है, और इसके लिए ब्राह्मणों को किन्हीं महान ऋषियों से जुड़कर या क्षत्रियों को महान सम्राटों का वंशज होकर ही शक्ति निचोड़ने की दयनीयता हमेशा बनी रहती है। चूँकि अतीत या अन्तरिक्ष की ये लड़ाइयाँ बिना 'कार-सेवकों' के नहीं लड़ी जा सकतीं, इसलिए उच्च-वर्ण हमेशा निचलों को अपना सेवा-धर्म और कर्त्तव्य-पालन करने के उपदेश देते रहे हैं। निचलों ने जब-जब बराबरी की कोशिश की, व्यवस्था में गड़बड़ियाँ शुरू हुई हैं और इन्हें बिल्कुल बर्दाश्त नहीं किया गया। 'जाति, कर्म से होती है', या विश्वामित्र और परशुराम की तरह वर्ण बदले जा सकते हैं, के तर्क या उदाहरण आपका मुँह बन्द करने के लिए हैं—जीवन में न उनका कहीं प्रभाव है, न व्यवहार में रियायत...

सही है कि शूद्रों की तरह औरत (अछूत) नहीं है, वह हमारे बीच और हम में से एक है और कुछ निर्णायक क्षणों या कक्षों और बेहद पवित्र पूजा-अनुष्ठानों के सिवा उसे सब कहीं होने की छूट है, मगर जो चीज उसे शूद्र के साथ रखती है वह है उसकी देह—जो मूलतः अपवित्र है, क्योंकि अनिवार्य, अपरिहार्य और दुर्निवार है, पुरुष की ऊर्ध्वगामी, आध्यात्मिक उड़ानों या सार्वभौमिक स्वतन्त्रता को रेशमी धागों से बाँधती है। वह धीमा विष है और हर औरत विष-कन्या...शूद्र की देह बीभत्स है और स्त्री की बीभत्सता उसकी मनमोहक देह में ढँकी है, इसलिए दोनों को ही इसका दंड मिलना चाहिए। दोनों उन अपराधों या पापों के लिए दंडनीय हैं जो उन्होंने कभी किए ही नहीं, यानी विशेष देहों को धारण करने का अपराध। देह छोड़ने से पहले उन्हें क्षमा नहीं मिलेगी। इस दंड में बने रहना ही उनका जीवन है। सारी आधुनिकता, उदारता और वैज्ञानिकता के बावजूद क्या सचमुच आज भी हिन्दू या भारतीय बेटी के जन्म को उसी उल्लास से ग्रहण कर पाता है ? 'दोनों में फर्क नहीं है' कहने के बाद भी क्या खुद मुझे यह सफाई नहीं देनी पड़ती कि मेरी एकमात्र सन्तान बेटी है, मगर मुझे बिल्कुल नहीं महसूस होता कि बेटा नहीं है ? यह मेरे भीतर का कौन सा संस्कार है जो 'मगर' लगाकर अपने को सांत्वना देता है ? और क्या यह वही संस्कार नहीं है जो आज भी लाखों मध्यवर्गीय घरों में सवर्णवादी पुरुष-अहंकार बनकर औरत को उसके औरत होने की सजा देता है—सबसे पहले वह अपने रूप-रंग के लिए दंडनीय है, फिर विवाह होने-न-होने के लिए, फिर घर या ससुराल की हर मुसीबत, घटना-दुर्घटना के लिए जिम्मेदार, सन्तान

होने, न होने की अपराधिनी, बेटी की माँ बनने का अभिशाप, पति या बच्चों के रहने या न रहने के कारण या विधवा होने पर व्यवस्था से निकाल फेंकी गई अपशकुनी ...यहाँ तक कि अपने बाप या परिवार के विपन्न या सम्पन्न होने के लिए मुजरिम ...इनमें से कौन सा अपराध है जिसे उसने स्वयं अर्जित किया है ? और क्या देह धरे का यह दंड उसकी और शूद्र की स्थिति और नियति को एक नहीं कर देता ?...नहीं, मृदुलाजी, सारा देश दिल्ली की पॉश कॉलोनियों में ही नहीं रहता। यहाँ तो अपनी जमादारिनी को भी आप साफ-सुथरे कपड़े पहनाकर अपनी रसोई में सर्व करने की उदारता बरत सकती हैं और चार मेहमानों के सामने उसके सलीके की प्रशंसा कर (उसके एकतरफ हटते ही) दबे स्वर में बता सकती हैं कि वह जमादारिनी है—श्रोताओं के चेहरों पर अपनी महानता पढ़ती हुईं। मगर उसके हाथों हुई किसी गलती, नुकसान या बेअदबी पर क्या आपके भीतर भी 'स्वाभाविक' झुँझलाहट नहीं फूटती, 'है तो आख़िर जमादारनी ही...'

नारी और शूद्र की नियति चूँकि एक है इसलिए उससे पैदा होनेवाला मनोविज्ञान भी लगभग समान है—सवर्णों और पुरुषों की दुनिया में अपने को अधिक-से-अधिक नकारकर उनके जैसा होने का मानसिक तनाव... 'आत्मा को मारने' का घिसा-पिटा मुहावरा न भी इस्तेमाल करूँ तो भी यह सही है कि अपने को स्थगित करके ही नारी और शूद्र समाज-व्यवस्था में सुरक्षा या सत्ता में हिस्सा पा सकते हैं। इस आन्तरिक शून्य को भरा जाता है—व्यवस्था के नियामक मूल्यों, मान्यताओं और विश्वासों से...वे खुद नहीं रह जाते हैं, 'दूसरे' बन जाते हैं। सम्मान और सुरक्षा का उन्हें एक ही रास्ता दिखाई देता है कि आचार-व्यवहार, सोच, रहन-सहन में अधिक-से-अधिक मालिक वर्णों की नकल...शूद्र ब्राह्मण होने की अधिक-से-अधिक नकल करता है, औरत मालिक होने की। जाहिर है अपने में बने रहकर वे उन जैसे ऊँचे या शक्ति-सम्पन्न नहीं हो पाएँगे। इसे कहते हैं व्यवस्था का 'आभ्यन्तरीकरण' (इंटर्नलाइजेशन)। अजीब अन्तर्विरोध है कि औरत और शूद्र को जन्म से ही घुट्टी में पिलाया जाता है कि तुम औरत हो और तुम शूद्र, इसलिए तुम्हें एक विशेष ढंग से व्यवहार करना है, दबकर रहना है और वह सब कुछ करना है कि मालिक की कृपा बनी रहे। जरूरी है कि इस कृपा के लिए वह अपने आपको मालिक की अपेक्षाओं के अनुरूप ढाले और अपनों में जो इस तरह नहीं ढलते, उन्हें घृणा या हेय दृष्टि से देखे...पुरुष-वर्चस्व के इस समाज में एक शूद्र भी अपनी बेटी को मालिक की जरूरत के अनुरूप बनने के वही संस्कार देता है जो एक ब्राह्मण...वर्षों और सदियों के अभ्यास संस्कार बनते हैं और छूत की बीमारी की तरह स्वायत्त होते हैं। ये कीटाणु अपना भोजन, अपने माध्यम के खून से ही लेकर प्रदूषण की प्रक्रिया बनाए रखते हैं, उन्हें ऊपर से निर्देशित करने की जरूरत नहीं रह जाती। इसे ही कहा जा सकता है 'दूसरा' हो जाना या मालिक-मूल्यों का आभ्यन्तरीकरण होना...मालिक के लिए तन-मन-धन से इतना वफादार हो जाना कि शेष अपनों के लिए मालिक का प्रतिरूप बनकर व्यवहार करते रहना 'दूसरा' होने का चरम रूप है। खूँखार

सास स्त्री नहीं होती, मालिक पुरुष का प्रतिरूप होती है।

अभी-अभी मैंने दुबारा नक्सलवादी रामचन्द्र सिंह की 'दस्तावेज-2' में जेल-डायरी पढ़ी है—'ठहरे हुए तेरह साल'। निश्चय ही दहशतनाक रचना है ! जेलों में किस तरह पक्के कैदी, कच्चों पर कहर ढहाते, लाठी-डंडों से उनके हाथ-पाँव तोड़ते या यातनाएँ देते हैं, उन्हें देखकर सहसा विश्वास ही नहीं होता कि वे भी उसी तरह लाए गए थे और उन्हें भी उन्हीं नृशंसताओं से गुजरना पड़ा था जो आज वे दूसरों पर ढहा रहे हैं। कारण-अकारण इन अत्याचारों द्वारा पहले नये कैदी के नैतिक बल, आत्म-सम्मान, विवेक और आत्मा की हत्या की जाती है और फिर दया या सुविधा देने के लिए उसे वैसा ही अत्याचार दूसरों पर करने को मजबूर किया जाता है। धीरे-धीरे वह इस सबका अभ्यस्त ही नहीं हो जाता, इसमें आनन्द लेने लगता है और अपने-आपको सत्ता का हिस्सा समझने लगता है। उस समय जरूरी नहीं है कि सुपरिंटेंडेंट या वार्डन सामने मौजूद ही हों, वह उनकी अनुपस्थिति में भी उनका 'काम' उनसे ज्यादा कुशलता या हृदयहीनता से करता रह सकता है। जाहिर है कि वह यहाँ अपने को सत्ता का प्रतिरूप पाता है। मगर शायद यह उसे कभी ध्यान भी नहीं आता कि सत्ता का टुकड़ा पाने की एकमात्र शर्त यह थी कि वह अपनों और अपने जैसों का शत्रु बनकर मालिकों का काम करेगा। यहाँ मुआवजा न पैसा है, न मुक्ति—बल्कि कुछ सुविधाएँ हैं और उससे भी बड़ा सन्तोष या सबसे बड़ी उपलब्धि मालिक जैसा वह अहंकार जो मालिक ने उसके भीतर रोप दिया है...अमानवीकरण या मालिकीकरण की वह रासायनिक प्रक्रिया कितनी खूँखार रही होगी जब एमर्जेंसी के दौरान बरेली की जेल में खतरनाक राजनैतिक बन्दियों को पक्के कैदी घसीटकर खुले में लाते थे, दो पक्के एक बन्दी को दोनों तरफ से पकड़ लेते थे और बिना उसका अपराध जाने, सामने से गोली मार दी जाती थी...रामचन्द्र सिंह बताते हैं कि इसे बाद में कैदियों के भागने के दौरान मौत का नाम दिया गया...(क्या यह दृश्य सास और ननद द्वारा दबोच ली गई बहू और मिट्टी का तेल छिड़ककर आग लगाते पति-देवर की याद नहीं दिलाता ?)

यह है 'मालिकीकरण' की सम्पूर्ण तस्वीर...इसलिए जब आज औरत पर औरत के अत्याचारों या पिछड़ों के अपनों पर ढहाए जानेवाले जुल्मों की बात की जाती है तो हम इस मानसिक रूपान्तरण को भूलकर बहुत ऊपरी बात करते हैं। जरूरी नहीं है कि ऊपर बैठा मालिक या सवर्ण ही आपको इसके लिए निर्देश दे—आप स्वयं 'मालिक' होते हैं, मूल-सूत्र को आत्मसात किए स्वयं 'वह' होते हैं...यह अपने आप या अपनों को अस्वीकार करके 'वह' बन जाना, यानी आदर्श और वफादार स्त्री या शूद्र बन जाना ही दोनों को एक पलड़े में डाल देता है...

यहाँ मुझे अपने एक दिग्गज विचारक और लिक्खाड़ मित्र की अनायास याद आ रही है। वे संविधान से लेकर शरीयत तक, संसद से लेकर सड़क तक, भाषा से लेकर बम तक, मकर-संक्रान्ति या मनुस्मृति से लेकर मार्क्सवाद तक फैसलाकुन या फाइनल चिन्तन देने के लिए प्रसिद्ध हैं। वे दलितों के लिए संवेदनशील हैं, मगर अपनी स्थिति

या नियति के लिए खुद उन्हें ही जिम्मेदार मानते हैं। व्यक्तिगत रूप से गाँव में होनेवाले अपमानों या बाद में बेटी-बेटों की शादी-ब्याहों में आनेवाली अपनी ही जाति में ऊँच-नीच की समस्याओं या दहेज की माँगों को 'स्वतन्त्र समस्याएँ' मानते हैं—इस सामाजिक गैरबराबरी को, या दहेज के रूप में बराबरी खरीदने की इस सौदेबाजी को वर्ण-व्यवस्था से जोड़कर या सम्पूर्णता में देखना उन्हें पसन्द नहीं है—वे उस व्यवस्था, उसकी 'हैयरार्की' (पद-प्रतिष्ठा) और उसकी शाश्वत वैज्ञानिकता को अन्तिम मानकर 'जातिवाद' की बात उठानेवालों को शंकराचार्यों की भाषा में गरियाते हैं। अपनी समझ में वे खुद शंकराचार्य हैं, या उनसे जुड़कर खुद सत्ता के हिस्सेदार हैं। उनका सारा सोच सत्ता की ओर से नीचे की ओर देखने से प्रेरित है।

मृदुलाजी, कभी आपने करोड़ों बालिकाओं-औरतों की जिन्दगियों में घटित होनेवाली इस घटना-शृंखला के साथ जोड़कर स्त्री को देखने की कोशिश की है ? और जब दोनों की स्थिति, नियति और निष्कृति के संघर्ष एक ही हैं तो उन्हें जोड़कर देखना गलत क्यों है ? दमन का विरोध अलग-अलग इकाइयाँ नहीं कर पाएँगी। रास्ते तभी निकलेंगे, जब दलित अपने को एक-दूसरे से जोड़कर देखेंगे...

उमा, चरण-स्पर्श कराने की लालसा बहुत स्वाभाविक है। खासतौर से निचले वर्ग चूँकि हमेशा चरण ही छूते रहे हैं इसलिए उनमें से हरेक को लगता है कि यही चरम सम्मान है। कितना क्रूर सन्तोष होता था जगजीवन राम को जब बड़ी-बड़ी ऊँची जाति के लोग उनके चरण छूते थे—हालाँकि वे यह भी जानते थे कि सामनेवाला उन्हें मन-ही-मन या परे हटकर किस भाषा में गालियाँ देता था, किस तरह साबुन या मिट्टी से उन अपवित्र हाथों को माँजता था। मगर उनके पास सत्ता और शक्ति थी। तुम भी रामदुलारी रहकर चरण-स्पर्श नहीं करा सकती थीं—इसके लिए जरूरी था कि अपना 'चोला' उतारकर संन्यासी बनो, अपने आपको सहज और प्राकृतिक अधिकारों से वंचित करो—तभी तुम्हें धर्म-सत्ता की जूठन या एक चुल्लू पानी मिल सकता था। जो उनका सहज स्वाभाविक अधिकार है वह तुम्हें अपने आपको 'मारकर' ही मिलना सम्भव है...जब तक तुम 'वह' बनी रहोगी तभी तक पूज्य हो। मगर इस बारीक खेल को तुम कभी नहीं जान पाओगी कि धर्मसत्ता में एक टुकड़ा देने की एवजी में वे कहाँ और कैसे अपनी राजसत्ता के लिए अपने आपको तुम्हारे भीतर उतारे हुए हैं, यानी तुम्हें अपना लठैत बनाए हुए हैं—भाषणों, तालियों और जय-जयकारों की शराब पिलाकर वे तुम्हें जिस रामराज्य के लिए लड़ा रहे हैं, उसमें तुम्हारा अपना स्थान क्या होगा ? बाबर की सन्तानों के कत्लेआम के लिए जिन आर्यों का खून तुम्हारी नसों में उबल रहा है, क्या सचमुच यह वही खून है जो जोशीजी की नसों में है ? कब तक इस विज्ञान-विरोधी खूनी खेल का शिकार बनती रहोगी, उमा भारती ? एक बार अपने भीतर भी झाँककर देखो कि किसने तुम्हें इस धार्मिक सन्निपात के इंजेक्शन लगाए हैं और कौन इन्हें अपने लिए इस्तेमाल कर रहा है ? नित रूप बदलते इस 'भूत' को क्या तुम कभी नहीं पहचानोगी जो तुम्हारे कन्धों पर चढ़ा हँस रहा है ?

चलते-चलते ईरान और अफगानिस्तान के उदाहरण देने से अपने आपको नहीं रोक पा रहा हूँ, कल तक वहाँ की औरतें उनके धर्म-युद्ध में मोर्चों पर साथ लड़ रही थीं, नर्सों और घायलों की सेवा सुश्रूषा के लिए ही नहीं—बल्कि लड़नेवाले सैनिकों के साथ खाई-खन्दकों में भी वे गोला-बारूद भर-भरकर देती जातीं और सैनिक निशाने लगाते...मगर जैसे ही 'धर्म-राज्य' आया उन्हें बुर्के और चादरों में कैद करके घरों में वापस धकेल दिया गया। उन्हें बता दिया गया कि औरत का स्थान या कार्यक्षेत्र सिर्फ घर है, उसे बच्चे पालने और पतियों की आज्ञा मानने के सिवा किसी और कुफ्र पर ध्यान नहीं देना है—वर्ना बदचलन औरत के लिए शरीयत में जो सजाएँ बताई गईं उन्हें भुगतने को तैयार रहें...

बोल, सियाराम रामचन्द्र की जै...नहीं, बात गलत हो गई। बरसों से हिन्दू अभिवादन 'जय सीताराम' भी तो इधर चुपचाप बदल दिया गया है, अब वह हुंकार भरा 'जय श्रीराम हो गया है'। 'सीता' के इस घर-निकाले यानी दुबारा बनवास में तुम्हें कहीं कुछ नहीं दिखाई देता—उमा भारती ? और सुनिए मृदुलाजी, यह सीता, महारानी नहीं, सिर्फ औरत है। जिसे वे दो हजार साल पहले नहीं, आज खदेड़ रहे हैं...शूद्र बाल्मीकि की तरफ...वैसे भी उनके पास तो दोनों को जलाने के लिए आग है ही...

खैर छोड़िए यह सब। सन्दर्भ से हटकर हैरी कुक्सन की एक कविता सुनिए :

मेरी माँ ने कहा...
लड़कियों को शिक्षा देना बेकार है
बिस्तर में इतिहास का क्या लाभ ?
स्त्रियों के पास उनकी प्राकृतिक पूँजी है
हर औरत को कभी-न-कभी प्यार मिल ही जाता है
उनको भी जो साटन पहनती हैं
और उनको भी जो गाढ़ा पहनती हैं
मेरी माँ ने कहा :
लड़कियों के बेहतरीन दोस्त उनके शरीर हैं
तो फिर व्यावहारिक बनो और अपना शरीर बेचो
व्यावहारिक बनो और अपना मांस बेचो
वहाँ जहाँ तुम्हें रोटी मिले...

['मेरी तेरी उसकी बात', *हंस*, मार्च 1993]

स्वतन्त्रता की खतरनाक सरहदें

'आखिर मैं भी आदमी हूँ। मुझे भी सम्मान और स्वतन्त्रता से जीने का हक है'—स्थिति की असहनीयताओं के दबाव में एक गुलाम, बँधुआ, दलित या स्त्री के मन या जबान पर आया यह वाक्य ही विद्रोह की पहली घोषणा है और यहीं से शुरू होती हैं स्वतन्त्रता की खतरनाक सरहदें—इन सरहदों के पार दमन और मुक्ति-संघर्ष की खुली मुठभेड़ें हैं, मोर्चेबन्दियाँ हैं, हार-जीत के सिलसिले हैं—यानी यथास्थिति बनाए रखने और बदलने की हिंसा-प्रतिहिंसाओं की खूनी चौपड़ है। भाव या वाक्य की गन्ध पाते ही शोषक चौंकता है, इस बारूदी फल का स्वाद 'गुलाम' का दिमाग खराब करे या संक्रामक बीमारी बनकर औरों में फैले—इससे पहले ही इसे कुचलना और समाप्त कर देना है। रियायतें शोषक सबसे अन्तिम स्थिति में देता है, उसका सबसे पहला और कारगर कदम होता है 'सबक सिखाना'—यह सबक कोड़ों और भूख से मारकर बन्द कोठरी में भी सिखाया जा सकता है और सार्वजनिक चौपाल या पेड़ पर जिन्दा या मुर्दा नुमाइशों से भी—'तेरे मन में यह बात आई ही कैसे—' और 'अगलों को भी मालूम होना चाहिए कि अपनी मर्यादाएँ तोड़ने का नतीजा क्या होता है ?...' की हुँकार के साथ। इस द्वन्द्व में ये मर्यादाएँ हमेशा सबल पक्ष द्वारा ही तय की जाती हैं। निर्बल पक्ष का धर्म है सिर्फ उनका पालन करना। सबल पक्ष के हथियार हैं 'बाप-दादाओं के जमाने से चली आती परम्परा' या शास्त्रों और धर्म के समर्थनकारी उद्धरण, और कुछ नहीं तो व्यक्तिगत सनकें...जब तक इन मर्यादाओं का यथावत पालन होता या कराया जाता रहे—तब तक समाज में बड़ी शान्ति, सुख और सन्तुलन बने रहते हैं। कैसे आदर्श और मधुर सम्बन्ध थे कि मेरे घर पाखाना साफ करनेवाली मेहतरानी मेरी भाभी या चाची थी, अपने सुख-दुःख, परिवार और समाज की बातें बताया या सुना करती थी; मेरा नौकर मेरा काका या भैया था और जो वह चाहता था—घर में वही होता था—सारी जिन्दगी हमारे यहाँ काट दी ...लेकिन जिस दिन वह चाची मेरे बर्तन छू देगी; रसोई, पूजाघर या उसके लिए निर्धारित सीमाओं का वह अतिक्रमण करेगी, या काका बिना मुझसे पूछे अपने बेटे को कोई चीज उठाकर दे देगा या मेरी कोई कीमती चीज तोड़ या खो देगा—उसी दिन वह मेरे लिए न चाची होगी, न काका—उस दिन वे सिर्फ जमादारनी और नौकर होंगे और उन्हें 'सबक सिखाना' मेरा पहला काम होगा—'बाकी सब ठीक है, मगर उन्हें अपनी मर्यादाएँ तो जानना ही चाहिए—' और उनके खेल-मनोरंजन, शादी-ब्याह, खान-पान, रहन-सहन,

पहनने-ओढ़ने की मर्यादाएँ वे खुद नहीं, हम तय करेंगे—किसी भी स्थिति में जिनका तोड़ना बर्दाश्त नहीं किया जाएगा। यों छोटी-मोटी बातों को अनदेखा कर दें—वह दूसरी बात है। मगर वह भी है तो हमारी ही उदारता—

विडम्बना यह है 'आखिर मैं भी आदमी हूँ' के बाण का मारा वह बँधुआ या गुलाम, 'आदमी' होने का कौन सा सपना पालता है ? 'आदमी' के रूप में उसके सामने तस्वीर सिर्फ अपने मालिक या शोषक की होती है—जिसकी मुट्ठी में उसका सुख, स्वतन्त्रता, यहाँ तक कि प्राण बन्दी हैं। अनजाने ही उसे मालिक के रहन-सहन, बोलचाल, निरंकुशताएँ और अत्याचार का दुराचार 'आदमी' होने के सर्वश्रेष्ठ गुण लगने लगते हैं। दुर्भाग्य यह है कि मालिक के साथ उसका सम्बन्ध या सम्पर्क, मानवीय और उदात्त पक्ष से कम, शोषक और शासक पक्ष से ही अधिक और निरन्तर होता है, इसलिए जो जितना ही दबा-कुचला गुलाम है, उसका 'आदर्श आदमी' उतना ही निरंकुश, अत्याचारी है, अमानवीय है। पहला अवसर या छूट मिलते ही यह दलित, 'आदमी बनने' की उतावली में ठीक अपने मालिक का प्रतिरूप बन जाता है, दबी-कुचली बहू निरंकुश सास बन जाती है। यह है सामन्ती जहरबाद जो हमारे सारे समाज को 'कृपा' और 'कर्त्तव्य' के वर्गगत या वर्णगत, परस्पर विरोधी हिस्सों में बाँटे हुए है। कल तक का दबा-कुचला मध्यवर्गीय किसान-वर्ग, आर्थिक समृद्धि और राजनैतिक शक्ति पाकर ठीक वैसा ही निरंकुश सामन्त बन रहा है जिसके पैरों तले कल उसकी गर्दनें दबी थीं। उसे अपने से नीचेवालों पर वही अत्याचार, दमन और शोषण करने हैं जिनका वह शिकार रहा था—अगर ऐसा कोई निचला-वर्ग नहीं मिलता तो अपनों में से ही वह कुछ को ऊँचा और कुछ को नीचा बनाकर अपने मालिक और ऊँचा होने का अभ्यास करेगा। पहले सामन्तों ने पीढ़ी-दर-पीढ़ी अपने यहाँ 'व्यवस्था' और 'शान्ति' बनाए रखने के लिए कुछ नीति-नियम बना लिए थे और दोनों पक्षों को उसकी जानकारी थी। इन नयों को न तो उन नीति-नियमों की जानकारी है, न उसके प्रति सम्मान। क्योंकि इस वर्ण का तो उदय ही उन नीति-नियमों को तोड़कर हुआ है—वर्ना वे उठ ही नहीं सकते थे। इसलिए व्यक्तिगत सनक और इच्छाएँ ही इनके दिशा-दर्शक कुतुबनुमा हैं। कल तक खुद जिनकी बारातें खुले-खजाने गाँव-बस्ती में नहीं निकल पाती थीं—वे खुद अपने से नीचे की बारातें बर्दाश्त नहीं कर पाते। उन्हें 'नीच-कमीनों' का इतना मुँहजोर होना या सिर उठाकर चलने की गुस्ताखी पसन्द नहीं है। बिहार में तो इस तरह की बातों पर गाँव फूँक देने या सामूहिक कत्लों की बात नई नहीं है, मगर अभी ऐसा ही एक हादसा दिल्ली की ठीक नाक के नीचे, आगरा में जाटों और जाटवों के संघर्ष के रूप में हुआ। सुना है यह झगड़ा गाँवों की ओर भी फैला। मुद्दा बारात का ही था और मालिकों या राजाओं को यह पसन्द नहीं था कि जाटवों की बारात उन्हीं की तरह ठाठ-बाट या बाजे-गाजे से निकले। अगर इस बार इन्हें यह करने दिया तो कल को ये हमारे सिर पर बैठकर नाचेंगे—के तर्क पर दर्जन-भर हत्याएँ कर दी गईं।

मुद्दा न्यूनतम मजदूरी का हो या सामाजिक प्रतिष्ठा या समारोह का—सवाल

मूलतः वही सामन्ती जहनियत का है। 'हम मालिक हैं, हम जैसे चाहेंगे, तुम्हें रहना होगा, जो देंगे वही स्वीकार करना होगा' का अहंकार, शस्त्र और शास्त्रों के हथियारों से हत्याओं, बलात्कारों और लूटमार में अपना भोजन तलाश कर रहा है, दिल्ली से लेकर प्रान्तीय राजधानियों में बैठे राजनेता, पीठ पर हैं—बचा ही लेंगे। सरकार एक तरफ न्यूनतम मजदूरी, भूमि-शोषण और सामाजिक न्याय या बराबरी के कानून के नाम पर दलितों-शोषितों के सपनों, आशाओं और महत्त्वाकांक्षाओं के बन्द दरवाजे धड़ाधड़ खोलती है, दूसरी तरफ उन शक्तियों की पीठों पर हाथ रखती है जो इस सबके जिम्मेदार हैं और या जो वही यथास्थिति बनाए रखना चाहती हैं। वह न इन्हें जान और माल की सुरक्षा देती है, न उनकी मनमानियों पर अंकुश लगाती है। सिर्फ आश्वासन, वायदे और भाषण हैं कि पिछड़े और दलित वर्ग को क्या-क्या सुविधाएँ और विशेषाधिकार दिए जा रहे हैं। दशकों से भारतीय पुलिस एक मनोरंजक खेल खेलती रही है : खुले मैदान में अचानक 'अपराधी' को खुला छोड़ दिया जाता है—'जाओ तुम स्वतन्त्र हो। अब दौड़ लगा जाओ'—'अपराधी' दौड़ता है कि पीछे से 'ठाँय' से गोली लगती है—'खूँखार अपराधी मुठभेड़ में मारा गया।' लगता है सरकार ने कुछ लोगों को इसीलिए स्वतन्त्रता, समानता और समान 'अवसरों' या 'न्याय' के आश्वासन देकर दौड़ने को छोड़ दिया है कि पीछेवाले खुलकर आखेट कर सकें—अगर सरकार अपनी नीतियों को लेकर ईमानदार नहीं है, उनके लागू किए जाने को संरक्षण और सुरक्षा नहीं दे सकती तो क्यों एक वर्ग को झूठे भाषणों से बेवकूफ बना रही है ?

यह नए-नए समृद्ध हुए उजड्ड, अनपढ़ और अहंकारी किसानों की सरकार है, इसलिए हमें हरिजनों, निर्बलों और महिलाओं पर अमानवीय अत्याचारों की नई फसलों के लिए तैयार रहना चाहिए—जातिवाद और क्रूर अन्धविश्वासों को शास्त्रीय या ऐतिहासिक अनुमोदन देनेवाली भारतीय जनता पार्टी के धर्म-धुरीण पुरोहित का आशीर्वाद साथ है ही—जिन्होंने सिर्फ शास्त्रों, धर्मग्रन्थों और भक्ति-भजनों में पढ़ा है कि मनुष्य-मात्र सब बराबर हैं, 'हरि को भजै सो हरि का होई'—व्यवहार में तो शास्त्र भी नहीं कहता कि हम ऐरो-गैरों को मन्दिरों में घुस आने दें, या औरतों को सती न कर दें—

चुनाव में जीतकर सत्ता में आए हुए अधिकांश सांसद, 'कुलक वर्ग' के लोग हैं—सम्पन्न, शिक्षा-संस्कारशून्य, उद्‌दंड, मध्यवर्गीय किसान—राजीव गाँधी सरकार की गुंडागर्दी के तुर्की-बतुर्की जवाब दे सकने वाले लोग—धर्म या बाहुबल के सामन्ती अहंकार से मंडित—ये न नारी कल्याण के लिए गम्भीरता से कुछ करने जा रहे हैं, न दलितों और अनुसूचित जातियों के लिए। कांग्रेस-समर्थित आरक्षण-विरोधी दंगे और आन्दोलन इसके प्रमाण हैं। मैं शुरू से मानता रहा हूँ कि हिन्दू-चरित्र—मूलतः दुमुँहा और अनिर्भरणीय है। वह हर स्थिति में तान-पलटे खाकर अपने स्वार्थ का रास्ता निकाल लेता है—इसलिए उसके पास दार्शनिक और धार्मिक, सारे चोर-रास्ते पहले से मौजूद हैं। लाख तर्कों, विवादों और प्रमाणों के बावजूद जो ऊँची जातियाँ कल तक जन्म को ही जाति और वर्ग का एकाधिकार मानती थीं; शूद्रों के प्रदूषित या घटिया रक्त के 'वैज्ञानिक और

शास्त्रीय' प्रमाण दिया करती थीं—वे अचानक ही सामाजिक और आर्थिक स्थिति या कर्म के कौशल को 'जाति का आधार' मानने का शोर मचा रही हैं। उनके लिए सम्पन्न शूद्र के मुकाबले विपन्न ब्राह्मण आज ज्यादा 'दलित' है। मतलब है कि ध्यान द्विज पर ही दिया जाना चाहिए—विपन्न है तो भी, और सम्पन्न है तो भी। पीढ़ी-दर-पीढ़ी शिक्षा और शासन पर एकाधिकार बनाए रखनेवाले ये लोग आज 'दलितों' की एक पीढ़ी तक को बर्दाश्त नहीं कर पा रहे। हम नहीं कहते कि विशेष योग्यता या दक्षता (मेरिट) को अपमानित या नजरअन्दाज किया जाए, मगर इसी नाम पर ऊपर उठनेवालों के सारे अधिकार और अवसर तो न छीने जाएँ...निश्चय ही मोटर चलाना बहुत जोखिम का काम है, उसमें जरा सी भी असावधानी जान दे या ले सकती है। यहाँ सिखाड़ी के हाथ एकदम गाड़ी भी नहीं छोड़ी जा सकती। मगर प्रशिक्षण में धैर्य या समझदारी के स्थान पर प्रतियोगिता का भाव बढ़ेगा तब तो वही होगा जो हो रहा है। 'दलितों' के भीतर जो सपने, जागरूकता और क्षमता के आश्वासन पिछले सालों से निरन्तर भरे जाते रहे हैं उनका व्यावहारिक रूप क्यों इतना असन्तुलन पैदा कर रहा है ? हम सभी जानते हैं कि खुली या मुक्त प्रतियोगिता में, दक्षता के मानदंडों पर शायद इनमें से एक प्रतिशत भी नहीं आएँगे—तब क्या इन्हें हमेशा ही 'बाहरी सरहदों' पर खदेड़ा जाता रहे। वे ही अंग्रेजी उपनिवेशवादी आश्वासन दिए जाते रहें, 'जब हिन्दुस्तानी कुशलतापूर्वक राज्य करने लायक हो जाएँगे तो हम खुद चले जाएँगे'—लेकिन जब तक हम हैं तब तक न राज्य करने की सुविधा देंगे, न अवसर...क्या इसका सीधा अर्थ यही नहीं है कि हम ही जहाँ हैं वहाँ रहेंगे ? हाँ, हमारी गोलियों-लाठियों से बच-बचाकर, खाई-खन्दक पार करके आप अगर हम तक आ सकें तो जरूर आ जाएँ—हमें कोई आपत्ति नहीं है। केन्द्रीय और निर्णायक जगहों पर स्त्रियों और दलितों को न आने देने का षड्यन्त्र वे कितने दिनों और चलाए रखना चाहते हैं ?

['मेरी तेरी उसकी बात', *हंस*, फरवरी 1990]

निचली ऊँचाइयाँ

अजीब विडम्बना है : दार्शनिक स्तरों पर जो संस्कृतियाँ जितनी ही ऊँचाइयों और बारीकियों में गई हैं, व्यवहार के धरातलों पर वे उतनी ही बर्बर, अमानवीय, क्रूर और हिंस्र भी रही हैं। सांस्कृतिक सम्पन्नता और संस्कृतिहीनता किन आधारों, विश्वासों और व्यवहारों पर, और, कैसे एक हो जाती हैं, इसे देखकर अपनी पूरी विकास-यात्रा व्यर्थ, फालतू और बकवास लगने लगती है। भारत और जर्मनी की दार्शनिक चिन्ताएँ, पुराने और आधुनिक मानवीय इतिहास की श्रेष्टतम उपलब्धियाँ हैं और यहीं हमने आदिम बर्बरता के 'सर्वश्रेष्ठ' दानवीय नृत्य देखे हैं—क्यों ऐसा होता है कि हमारी सारी दार्शनिक ऊँचाइयाँ और बारीकियाँ, हमारे सारे बर्बर, क्रूर, हिंस्र कृत्यों को सही सिद्ध करने के लिए नैतिक और आध्यात्मिक आधार पर दलीलें देने का काम करने लगें ? असभ्य और असंस्कृत समाज अपनी रूढ़ियों के गौरव में और सभ्य-समाज भविष्य और वर्तमान के शुद्धिकरण की प्रक्रिया में मनुष्य-मात्र के विरोधी होते चले जाएँ—यह स्थिति बार-बार क्यों दुहराई जाती है ?

सऊदी अरब में, दर्शकों के सामने पत्रकारों और टी.वी. की गवाही में जब धूमधाम से बाकायदा एक 'दुश्चरित्रा' राजकुमारी का सिर धड़ से अलग किया जाता है तो नफरत और उबकाई के साथ हम अपनी पीठें थपथपाते हैं; वे बर्बर, असंस्कृत, असभ्य लोग हैं—हजार डेढ़ हजार साल के इतिहासवाले—उनके यहाँ खुले-आम कोड़े मारना, पत्थरों से कुचलना, फाँसियाँ लगाना—सब चलता है, और अगले ही दिन, हम खुद हजारों लोगों के सामने तालियाँ बजाते, जयघोष करते, पवित्र मन्त्रोच्चार के साथ अठारह साल की युवा रूपकुँवर को खुले-खजाने आग पर रखकर भून डालते हैं—'सती माता की जय'। सऊदी अरब की राजकुमारी का कम-से-कम एक 'अपराध' था। राजस्थान के दिवराला की रूपकुँवर की हत्या या ऐसी किसी भी सती का अपराध ? सिर्फ यही कि उसने एक हिन्दू घर में जन्म लिया ? क्या इसीलिए परम्परा और 'दार्शनिक विवेचना' दोनों आधारों पर उसकी 'हत्या' जायज और सही है ? इस हत्या को हम गौरवान्वित ही नहीं करेंगे, औरों को प्रेरित करने के लिए आदर्श, पूज्य अनुकरणीय और महान बताकर सार्वजनिक मन्दिर का रूप देंगे—फिर बौद्धिक रूप से बहस करेंगे कि यह 'हत्या' कहाँ है ? हत्या क्या होती है ?—ये सब भोगलिप्त अंग्रेजी पढ़े-लिखे और आधुनिकता से भ्रष्ट लोगों के दिमाग का फितूर है कि किसी को सिर्फ

जिन्दा जलाने को हत्या बताया जाए। जीवन अनादि-अनन्त है, मनुष्य जन्म लेता और मरता है—चौरासी लाख जन्मों में एक से दूसरे जीवन में देहान्तरण 'हत्या' कहाँ है ? और सच तो यह है कि न कोई किसी को मारता है, न मरता है—

हमने आदमी को मारने के भौतिक हथियारों को ही सजाया, सँवारा, तराशा नहीं है, दार्शनिक हथियारों को भी लगातार सान और धार दी है। सबसे पहले तो हमने दर्शन को यथार्थ से तोड़कर अलग किया ताकि उसे व्यापक और अमूर्त बनाया जा सके और फिर धीरे-धीरे इस अमूर्तन से नैतिक और मानवीय सरोकारों को निचोड़ फेंका। नतीजे में आदमी की अवधारणा या प्रत्यय (कंसैप्ट) का दिन-रात गुणगान करनेवाला चिन्तक, व्यवहार में आदमी की जिन्दगी का सबसे बड़ा शत्रु हो गया। डेढ़-दो सौ साल बाद, समाज के जिम्मेदार बुद्धिजीवी (कांशेंसकीपर ?) अगर चुनौती देते हैं कि "औरत को पति के साथ 'सती' होना चाहिए, इस मुद्दे पर बहस की जाए" तो मूर्खता कहेंगे या किसी नरभक्षी दानव की ललकार ? क्या आज हमें फिर से इस मुद्दे पर बहस करने की जरूरत है कि नर-बलि धर्म-सम्मत है या नहीं ? काले हब्शी को जिन्दा रहने का हक है या नहीं ? यहूदियों के गैस-चैम्बर सही थे या गलत ? शूद्रों और अछूतों को सामूहिक रूप से जलाकर मारा जाए या गोलियों से भूनकर ? किसी देश पर एटम बम डाला जाए या नहीं ? अच्छा, मान लीजिए, दार्शनिक और शास्त्रीय दाँव-पेंचों से मैं यह सिद्ध कर दूँ कि सती, शूद्र-वध, नर-बलि सब सही और सब जायज हैं तो क्या हम निर्द्वन्द्व भाव से इन सबको व्यावहारिक धरातल पर शुरू कर दें ? (और आज पुरी के शंकराचार्य स्वामी निरंजन देवतीर्थ का सुविचारित बयान है कि राजा राममोहन राय के पाप के रूप में हम आज विधवाओं को ढो रहे हैं। अगर मैं भूल नहीं करता तो वे महान चिन्तक महर्षि अरविन्दो थे जिन्होंने वियतनाम पर अमरीकी नापाम बमों को अपना आशीर्वाद दिया था।) यह हम किस राक्षसी-समाज में आ गए हैं जो पहले हमें आदमी-औरत, सवर्ण और शूद्रों में बाँटता है और फिर उनकी हड्डियाँ चबा जाता है ? जो अवधारणा के स्तर पर स्त्री को देवी, आद्याशक्ति, भूमा, माँ, जगत्‌जननी और न जाने क्या-क्या कहकर दिन-रात ऋचाएँ और श्लोक भोंकता है, अर्धनारीश्वर की उदात्त परिकल्पना में नारी-पुरुष की बराबरी के ढोल पीटता है—और जिन्दा औरत को भूनकर खा जाने की छूट चाहता है ? जो औरत को जिन्दा रखने को नहीं, मार डालने को अपना धार्मिक और सांस्कृतिक अधिकार घोषित करता है ? मृत्यु-महोत्सव मनानेवाले ये कौन गुहावासी अपने नाखून और दाँत चमकाते हमारे चारों तरफ तांडव करने लगे हैं, जिनके हाथों में शास्त्रों की ढालें और धर्मग्रन्थों के घुँघरूदार भाले हैं ? नारियों और शूद्रों की मुंडमालाएँ गले में लटकाए ये कौन से रणबाँकुरे हैं जो नंगी तलवारें और केसरिया बाने पहने कापालिकों की तरह श्मशानों के पहरे दे रहे हैं ? जीवन-रक्षा के लिए नहीं, नारी-हत्या को अपनी जातीय गरिमा का नारा और मिशन बनाए हुए हैं ?

नहीं, हमें ऐसी परम्पराओं, शास्त्रों, दर्शनग्रन्थों और आध्यात्मिक भव्यताओं की बिल्कुल जरूरत नहीं है जो किसी रूप में औरत को सती कर देने की वकालत करते

हों—जो औरत को एक प्राणी, एक व्यक्ति, एक स्वतन्त्र इकाई नहीं, उपयोग की ऐसी वस्तु मानते हैं, जिसकी आदमी के बाद कोई जरूरत नहीं है—कपड़ों और कुर्सी की तरह। औरत की हर इच्छा को बचपन से निरन्तर कुचलने-घोटनेवाला वह समाज जो न उसे जन्म का चुनाव करने देता है, न शिक्षा का, न उसे साथी चुनने देता है, न जीवन-पद्धति...और वही उसके 'मृत्यु के चुनाव' के लिए ऐसा दयालु हो उठता है कि प्रेतों की तरह तालियाँ बजा-बजाकर नाचने लगता है। खुद किसी के लिए मौत से बदतर 'जिन्दगी' चुनकर दे देनेवाले, नाबालिग लड़की द्वारा 'मृत्यु चुन लेने' पर किलकारियाँ मारते और मान्त्रिक अट्टहास करते हैं ? क्या खौलते कड़ाह में डाले जाने या भालों से छेदकर मारे जाने के एकमात्र विकल्प के बीच एक को 'चुन लेना', मन्दिर और कलश खड़े किए जाने के गौरव का अधिकारी हो जाना है ? क्या कोई धर्म-धुरीण, जगद्गुरु, नेता ऐसा नहीं है जो छाती पर हाथ रखकर अपने आपसे पूछे कि जहर या जौहर में एक को 'चुन' लेने की मजबूरी किस बाहरी हमले या 'भीतरी अपराध' से पैदा हुई है ? अपने ही बीच के एक प्राणी को 'औरत' होने के अपराध का मृत्युदंड आखिर हम कब तक और क्यों देते रहेंगे ?

रूपकुँवर तो 'सती' होकर 'अजर और अमर जीवन' प्राप्त कर गई और अब जारी है राजनीति का घिनौना अमानुषिक खेल—उसकी लाश को चींथते-फाड़ते भेड़ियों और सियारों के झुंड को कौन अपने झंडे के नीचे लाता है ? बहुत दिनों बाद पक्षी-प्रतिपक्षी दोनों को ऐसी गोट मिली है, जिसका इस्तेमाल वे अपने-अपने हितों में कर सकते हैं। गला फाड़-फाड़कर देश के भ्रष्टाचारों की फेहरिस्त गिनानेवाले सन्नाटा खींचे हुए हैं। यही तो मौका है जब पूरी एक बिरादरी यानी, धर्मान्ध भीड़ को अपने साथ लाया जा सकता है। यह मौका हाथ से निकल गया तो फिर कहीं और 'सती' करानी पड़ेगी, हरिजनों के गाँव जलाने पड़ेंगे, साम्प्रदायिक दंगे कराने होंगे—खैर वह तो होगा—लेकिन इस दाँव को क्यों हाथ से जाने दिया जाए—?

हमारी नियति क्या यही है कि बाहर निकलने के रास्ते को छेंककर बैठे इस खूँखार दैत्य को भोजन के लिए अपने बीच से रोज एक को भेंट करते रहें और सुरक्षित बच जाने के आतंक को नस-नस में जीते रहें ?

और इस हत्या के बाद आत्महत्या—

शायद पतनशील, ऊर्जाहीन और नैतिक रूप से खोखले और मरणासन्न समाज, 'मृत्यु' के हौवे से पागलपन की हद तक आक्रान्त (ऑब्सैस्ड) होते हैं—बूढ़े और पैरानॉइक (विक्षिप्त) व्यक्ति की तरह। वहाँ जीवन नकारने और मौत जय-जयकार की चीज है। जैनमुनि बदरीप्रसाद रोहतक में आमरण अनशन पर लेटे हैं—यानी सन्थारा कर रहे हैं—और दुनिया-भर के नेता, असुर, धनी-निर्धन उनके दर्शनों के लिए लाइनें लगाए हैं—इस 'इच्छामृत्यु' के तमाशे को श्रद्धा-भक्ति के साथ देख रहे हैं—सती के बाद,

सामूहिक सैडिज्म का यह दूसरी तरह का 'पूज्य-प्रदर्शन' है। हम सबके भीतर बैठा भूखा, खूँखार, नरभक्षी राक्षस रह-रहकर ऐसे भोजन माँगता है जहाँ मौत के शेर के जबड़ों में आदमी के टुकड़े-टुकड़े होते देखने का 'आनन्द' पावे–शास्त्र और परम्पराएँ तो ऊपरी जस्टिफिकेशन या अपराध-बोध से जान छुड़ाने के नुस्खे हैं–

आत्महत्या के ओजस्वी प्रवक्ता, शॉपेनहावर, नीत्शे, कामू से लेकर कवि ए.ई. हाउसमैन और विचारक दुर्खीम तक की युक्तियों से इसे महान कृत्य सिद्ध करनेवालों ने शायद यह प्रश्न बहुत कम किया है कि इनमें से किसी ने खुद भी आत्महत्या की थी ? जापान की हाराकीरी, महाभारत में पांडवों की हिम-समाधि, शास्त्रों में काशीकरवट, विनोबा भावे का सन्थारा इत्यादि सैकड़ों उदाहरण हैं जहाँ लोगों ने आस्था, विश्वास, ज्ञान और परम्परा से प्रेरित आत्महत्याएँ की हैं या स्वेच्छा से मृत्यु का वरण किया है–जीने की सारी सम्भावनाओं को खुद अस्वीकार करके–आज भी सैकड़ों लोग रोज आत्महत्या करते हैं, लेकिन ये उन सबके व्यक्तिगत निर्णय हैं या व्यवस्था के घेरे में फँसी बे-रास्ता, लाचार मजबूरियाँ हैं,–इस तरह के तमाशे, फिल्मी टेक-रिटेक की तर्ज पर दिखाए जानेवाले श्रद्धेय-सरकस नहीं। किन्हीं लक्ष्य, कॉज, उद्देश्य या सार्वजनिक माँग के लिए बहुजन हिताय, बहुजन सुखाय लोगों ने प्राणों का उत्सर्ग किया है। मगर भगतसिंह जैसों की आत्महत्या और जिन्दगी से हारे हुए, ऊबे और अघाए हुए, व्यर्थता बोध के मारे हुए लोगों की आत्महत्या से इनकी तुलना नहीं की जानी चाहिए–हिन्दू धर्म के पाखंडी अन्तर्विरोधों में जैनधर्म का यह अन्तर्विरोध शायद सबसे दारुण है : दार्शनिक धरातल पर यह जीवन, देह, सांसारिकता के नकार का दर्शन है, लेकिन व्यावहारिक तौर पर व्यावसायिक तिकड़म और घनघोर परिग्रह का समर्थक–दयनीय रूप से अतीतजीवी और सत्ता समर्थक।

मुनि बदरीनाथ की आत्महत्या कितना बड़ा रूपक है। मीडिया और अन्तर्राष्ट्रीय इलेक्ट्रोनिक रोशनियों की चकाचौंध में भूखे, नंगे, बाढ़, साम्प्रदायिकता, भ्रष्टाचार और मानवीय हिंसाओं में फँसे हम खुद राष्ट्रीय स्तर पर कैसा विराट 'संथारा' कर रहे हैं।

['मेरी तेरी उसकी बात', *हंस*, नवम्बर 1987]

'हमें मालूम है अपनी बीमारी का कारण'

—बर्टोल्ट ब्रेष्ट

कुछ तस्वीरें दिमाग में इस तरह छा जाती हैं कि बार-बार लौटती हैं—लगभग आक्रान्त करती हुई। पिछले दिनों अमरीका ने इराक को सबक सिखाने के लिए विराट ताम-झाम के साथ हमला किया। शेर और बकरी की लड़ाई थी। सोवियत संघ के विघटन के बाद चक्रवर्ती सम्राट को अपना विश्व-वर्चस्व घोषित करने के लिए एक नरमेध तो करना ही था। अखबारों, दूरदर्शनों और अन्य संचार माध्यमों की मदद से ऐसा माहौल तैयार किया गया मानो एक महान दंगल होने जा रहा है और उसे सारी दुनिया अपने-अपने घरों में दूरदर्शनों पर देख सकेगी—रोचक, रोमांचक और लोमहर्षक पेशकश। अन्त पहले से तय था। फिर भी हम सबने साँस रोककर देखा, छोटे पर्दे का सारा जोर अन्तरिक्ष-युद्ध पर था। दीवाली की आतिशबाजियों वाला दृश्य पटाखे नहीं, सचमुच के बम, प्रक्षेपास्त्र, मिसाइलें—सारे आसमान को जगमगाते, एक-दूसरे से टकराते, फूटते और विस्फोट करते हुए, पर्दे पर एक सिरे से दूसरे सिरे तक बिजली की तरह कड़कते-कौंधते। हम सब चकित—चमत्कृत और स्तब्ध थे : विज्ञान ने कितनी ऊँचाइयाँ छू ली हैं—क्या प्रिसीजन है, क्या एंटीसिपेशन, क्या कौशल और क्या दक्षता। विज्ञान के क्षेत्र में मानव मस्तिष्क की अभूतपूर्व उपलब्धि, मेधा का चरम उत्कर्ष...रामायण और महाभारत सीरियलों में जब बाण और आग्नेयास्त्र ऊपर-ही-ऊपर टकराते, विस्फोट करते और कड़कड़ाते थे तो मन में अविश्वास होता था। पीछे कैमरा चमत्कार होने की बात दिमाग में रहती थी। यह तो सब कुछ सामने और साक्षात घटित हो रहा था—स्कडें और मिसाइलें भयानक धमाकों के साथ एक-दूसरे को भस्म कर रही थीं।

खासियत यह थी कि यह सारा 'दर्शन' आसमानी ही अधिक था—कैमरे धरती पर कम ही आते थे। आते भी थे तो अधिकांश उन मोर्चों और ठिकानों पर टिकते थे जहाँ से यह सब संचालित-नियन्त्रित हो रहा था—युद्ध-क्षेत्रों से लेकर मन्त्रणा-कक्षों तक, जो चीज ये कैमरे नहीं दिखा रहे थे—वे थे इस सबके परिणाम, धरती पर होनेवाले नाश और ध्वंस—मरते, चिथड़े-चिथड़े होते, चीखते-कराहते, भागते हुए लोग, खील-खील बिखरते घर और बस्तियाँ—लंका-दहन के दृश्य जो तुलसी ने 'कवितावली' में विस्तार से दिए हैं—यानी आग और धुएँ का तांडव...चिरायँध, लाशें और मलबा...गनीमत है कि यह युद्ध कुछ दिन ही चला और दुश्मन से पूरी तरह चीं बुलवाकर समाप्त हो गया—पीछे

हृदय-विदारक और भयंकर तस्वीरों के ढेर छोड़कर...हाँ, मुख्य सूत्रधार और मंच संचालक पूरी तरह सुरक्षित रहे...तुष्टि और विजय से तृप्त...

मगर भारतीय समाज में यह युद्ध तीन हजार सालों से चल रहा है और आज भी रुकने के कोई आसार दिखाई नहीं देते। पता नहीं क्यों, जब भी कोई विद्वान, विचारक, सन्त और शास्त्री, श्लोक-दर-श्लोक उद्धृत करते हुए दहाड़ता है और भारतीय चिन्तन, दर्शन, शास्त्रों और संहिताओं की महानता सिद्ध करते हुए पचासों बार दुहराता है कि 'जैसा कि हमारे यहाँ कहा गया है' या 'इस विषय में ऋषि का वचन है' तो मुझे दूरदर्शन पर दिखाए जानेवाले अमरीका-इराक के युद्ध-दृश्य याद आने लगते हैं। निश्चय ही ये श्लोक और उद्धरण भारतीय मनीषा और चिन्तन का सर्वश्रेष्ठ प्रस्तुत करते हैं और इनके द्वारा हम निर्विवाद रूप से सिद्ध कर सकते हैं कि हमारे पूर्वजों के मानवीय सरोकार कितने उदात्त, कितने विश्वव्यापी थे, कि वे देश-काल के पार कितनी दूर तक देख सकते थे, कि वे सच्चे अर्थों में क्रान्तदर्शी थे...हाँ, जो हम नहीं देखना चाहते वे हैं इन आसमानी अचूक प्रक्षेपास्त्रों के जमीनी परिणाम...उन्हीं की दी हुई व्यवस्था है कि भारतीय संस्कृति आज तक बची हुई है—वह महान और अनश्वर है...'बाकी मगर है अब तक, नामोनिशाँ हमारा' की आत्मप्रशस्ति में क्या सचमुच हम यह सवाल पूछना ही नहीं चाहते कि यह व्यवस्था अमरीका के सुरक्षित और संरक्षित कक्षों में बैठे हुए क्लिंटन-रीगन गिरोहों के लिए 'कल्याणकारी' है, या इराक के बारूद और धुआँ गंधाते भू-खंडों के लिए ?

मानव-मात्र का शुभ और कल्याण सोचने-कहने की हवाई ऐयाशियों में जीनेवालों ने क्या अपने आपसे यह सवाल भी पूछा है कि अपने ही समाज के बहुसंख्यकों को वे क्यों इस दायरे में नहीं मानते ? 'सर्वेभवन्तु सुखिनः' की सर्वव्यापी और वैश्विक व्याख्याएँ क्यों वहाँ के सीमान्तों तक नहीं पहुँच पातीं ? वहाँ क्यों उन्हें 'पिछले जन्मों में जैसा करोगे इस जन्म में वैसा भरोगे' के कर्म और भाग्यवादी नृशंस आश्वासनों के झुनझुने पकड़ा दिए जाते हैं ? उन्हें 'मानव' मानने की रियायतें क्यों उन्हीं शर्तों पर हासिल हैं जो सिर्फ आपके वर्चस्व के अनुकूल हैं ? कह सकते हैं कि यह व्यवस्था है और व्यवस्था क्रूर ही होती है, वर्ना चल नहीं सकती। यानी भारतीय संस्कृति की महानता को बचाए रखने के लिए बहुलांश को वंचित, दलित, शोषित, अपढ़ और अस्पृश्य बने ही रहना होगा...आप लाख चीखते रहें, कोढ़, कर्स या लानत बताते रहें मगर समाज और परिवार के स्वास्थ्य के लिए आखिर अन्य 'जन-सुविधाओं' की तरह वेश्याएँ भी तो जरूरी ही हैं। वेश्याओं को बनाए रखना सामाजिक व्यवस्था की जरूरत है। नारी की महिमा का गुणगान सांस्कृतिक औदात्य की दोनों दो अलग जरूरतें हैं और एक-दूसरे की पूरक हैं। पता नहीं यह गुणगान प्रायश्चित है या बेवकूफ बनाने की लफ्फाजी।

इसी संवेदनहीनता, छद्म और आडम्बर की शिकार रही है स्त्री। उसे वर्ग, वर्ण की सीमाओं के साथ-साथ सेक्स के धरातल पर 'मानव कल्याणी' शास्त्रों और मनोवृत्तियों को भी भुगतनेवाली नियति-स्वीकार की छूट दी गई है—वह पुरुष की मर्यादा है, यानी

वर्चस्वी व्यवस्था की सारी मर्यादाओं का निर्वाह करने की जिम्मेदारी सिर्फ उसकी है। वर्ग और वर्ण कोई हो, सेक्स या शील की मर्यादाएँ तोड़ेगी तो उसे उसकी जगह दिखा दी जाएगी। अपने को दलितों में शामिल किए जाने के अपमान से तिलमिलानेवाली प्रबुद्ध और समृद्ध महिला भी शील और सेक्स की मर्यादाएँ तोड़कर अपनी हैसियत जाँच सकती है। उसे दिए जानेवाले सामाजिक, पारिवारिक सम्मान, प्रतिष्ठा और पद हमारे द्वारा निर्धारित आर्थिक और नैतिक (सेक्स ?) मर्यादाओं द्वारा तय होंगे। स्वयं उसने हजारों सालों से हमारी आकांक्षाओं और एटीच्यूड्स को इतना अधिक आत्मसात कर लिया है कि अपनी सीमाएँ 'स्वयं' जानती है। वह यह भी अच्छी तरह जानती है कि इन मर्यादाओं को तोड़ने या कुछ 'ऊँच-नीच' करने पर हत्या, आत्महत्या, निष्कासन, बहिष्कार की सजाएँ उसकी प्रतीक्षा कर रही हैं। मौका मिलते ही अमूर्त मर्यादाओं को मूर्त रूप देने के लिए जागरूक प्रहरी ही नहीं, सामाजिक परम्पराएँ और शास्त्र—सभी तैनात हैं।

अमूर्तन, हमारी समझ को सीमाबद्ध रखनेवाले 'ठोस' से हमें मुक्त करता है, हम व्यापक और बृहत्तर परिप्रेक्ष्य में चीजों को देख पाते हैं, यह सामान्यीकरण न हो तो वैज्ञानिक और तार्किक नतीजे निकाले ही नहीं जा सकते। यह व्यक्तिगत सीमाओं का अतिक्रमण है—यानी वस्तु को भाव और अनुभव को संवेदना में बदलने की प्रक्रिया है। तभी एक का सत्य, सभी का सत्य बनता है। इसके बिना हम देश और काल की सीमाएँ नहीं तोड़ पाते। दी हुई वास्तविकता के गुरुत्वाकर्षण से छूटा हुआ 'अमूर्तन' सार्वकालिक और सार्वभौमिक होने का गुण प्राप्त कर लेता है और शाश्वत सत्य का भ्रम देने लगता है। चूँकि अमूर्त हो चुके तथ्य की पतंग, अपनी डोर से टूटकर स्वतन्त्र और 'स्वायत्त' हो जाती है, इसलिए अपने सत्यों का निर्माण स्वयं करने लगती है—यानी एक अमूर्तन से दूसरे या अगले अमूर्तन 'होते' चले जाते हैं। फिर यह पतंग कभी वापस नहीं आती, इसका आइडिया या स्मृति ही हमारी बौद्धिक सम्पदा होती है। अक्सर जब हम इस अमूर्तन को वापस इसकी 'जन्मभूमि' तक लाते हैं तो देखते हैं कि वास्तविकता वह नहीं है, जो बौद्धिक द्रवीकरण के रसायन से गुजरा हुआ 'अमूर्त सत्य' हमें दिखा रहा है। अक्सर वह अपनी ही स्रोत-वस्तु के विरोध में खड़ा होता है और उसके ठोस होने को ही नकारता है। यहाँ सामान्यीकरण, विशिष्ट का अस्वीकार बनकर आता है। मूर्त की सहजवृत्ति भले ही अमूर्त होते जाने की हो, मगर अमूर्त, अनिवार्यतः मूर्त का शत्रु होकर ही आता है। 'हमारे यहाँ' मानवमात्र के कल्याण का निरूपण करनेवाले भव्य और गरिमामय वाक्य, निश्चय ही हमें आत्मगौरव के उदात्त संस्कारों से भर जाते हैं, मगर वे हैं मूलतः मानव-विरोधी, ठीक वैसे ही जैसे स्त्री की महिमा गानेवाली सारी सूक्तियाँ, वास्तविक स्त्री की यातना की ओर से अन्धी हैं। स्वर्गिक दैवी गुणों और शक्तियों से मंडित होने की प्रशस्तियाँ किस स्त्री को महानता की मीनारों पर नहीं फेंक देंगी ? मगर वे सब इतने भारी भरकम ताम-झाम हैं जिनका बोझ उसे कुचलकर रख देता है। वह सत्यजित राय की फिल्म 'देवी' की तरह 'देवीत्व' की यन्त्रणा में घुट-घुटकर मरती है।

मानवी होने को अस्वीकार नहीं कर पाती और 'देवी' होने का बोझ झाड़ नहीं पाती, इसलिए हमेशा एक अपराध-बोध उसे भीतर से तोड़ता रहता है। महादेवी वर्मा की 'शृंखला की कड़ियाँ' से लेकर सिमॉन द बोउवा ने 'सैकिंड सेक्स' में 'देवत्व' के इन तिलिस्मों को तोड़कर वास्तविक औरत की प्रतिमा को झाड़-खुरचकर साफ किया है...

'पूर्णाहुति' की लेखिका सरयू शर्मा से मैंने एक सवाल किया था कि कहानी के पति का सारा व्यवहार पति की व्यक्तिगत मानसिक विकृति है या सामान्य सामाजिक व्यवहार ? उसे यह संस्कार या अधिकार किसने दिए कि वह लगभग सामाजिक स्वीकृति के साथ पत्नी के साथ ऐसा व्यवहार करे ? वह पति और स्वामी है, इसलिए पत्नी के हाथ-पैर तोड़ सकता है, भूखा मार सकता है या बाकायदा हत्या कर सकता है—यह उनका निजी पारिवारिक मामला है—इस सामाजिक स्वीकृति या परम्परा को मान्यता देने के पीछे की मानसिकता कहाँ से आती है ? स्त्री के सन्दर्भ में पुरुष अधिक बलिष्ठ, वरिष्ठ, शासक, स्वामी, विवेकी और नियन्ता है—यह 'वर्चस्व' भाव या लगभग शाश्वत सत्य अगर हजारों सालों से हमारे सारे धर्मशास्त्रों, नीतिग्रन्थों, स्मृतियों, संहिताओं, साहित्य और लोककथाओं से छनता हुआ सामाजिक मान्यताओं के रूप में स्वीकृत न हो जाता तो कैसे पति की 'प्रकृति' बन सकता था ? और अगर आज हमें यह सारा पुरुष-वर्चस्व, अप्राकृतिक, अमानवीय, लोकतन्त्र-विरोधी, गैर-आधुनिक, अवैज्ञानिक और क्रूर लगता है, तो क्या इसके पीछे इस सारी सामन्ती संस्कृति के खिलाफ लोकतान्त्रिक विश्वास नहीं है, जिसका एक नाम 'मानवतावाद' भी है ? मगर नहीं, हम सब इतनी दूर तक नहीं जाना चाहते, सरयू जैसे संस्कारी तो और भी नहीं। हमें सचमुच यह स्वीकारते मानसिक, आध्यात्मिक और सांस्कृतिक कष्ट होता है कि पुरुष वर्चस्व की धारणा ही नहीं, भारतीय संस्कृति का 'श्रेष्ठ' मूलतः सामन्ती विश्वासों की देन है। अगर वह श्रेष्ठ या निकृष्ट है तो अपनी ऐतिहासिक पृष्ठभूमि के साथ है। हम न चीन की दीवार को तोड़ेंगे, न अजन्ता-एलोरा या ताजमहल को। पुराने दर्शन, साहित्य, संगीत सभी कुछ हमारी धरोहर हैं, मगर यह दृष्टि तो साफ रखनी ही होगी कि वे ऐतिहासिक अनिवार्यताएँ थीं और आज स्वयं इतिहास ही हैं, हमारा वर्तमान नहीं। जिज्ञासा, गौरव और निरन्तरता की खोज में हम वहाँ जाएँ, यह एक बात है मगर वे स्वयं आकर हमारी जिन्दगी निर्धारित करने लगें तो 'पूर्णाहुति' ही लिखनी होगी। कहानी हो या जीवन—सामन्ती संस्कारों की पड़ताल हमें अनिवार्यतः सांस्कृतिक स्रोतों और कुछ 'पूज्य ग्रन्थों' के सामने ला खड़ा करती है। यही वह द्वन्द्व या भय है जिससे हम मुठभेड़ नहीं करना चाहते। इन पूज्य ग्रन्थों की प्राचीनता ने एक ऐसी तर्कातीत श्रेष्ठता, महानता, पवित्रता और दैवी महिमा प्राप्त कर ली है कि आज के वैज्ञानिक उपकरणों से उनकी जाँच करते हमारे हाथ-पाँव काँपते हैं : कहीं हम सचमुच ही किसी बहुमूल्य को तो नष्ट नहीं कर रहे ? जब तक वे एक रहस्य-कवच में हैं, तभी तक सुरक्षित हैं, इस कुहासे को हटाते ही कहीं ऐसा तो नहीं होगा कि इनकी महानता का सारा मिथ ही झटके से टूट जाए और हम

स्वयं उस धक्के या 'विश्वासघात' को बर्दाश्त न कर पाएँ ? अजीब मनोवैज्ञानिक यन्त्रणा है कि न हम उन पूज्य और पवित्र ग्रन्थों के प्रति अविश्वासी या क्रिटिकल (तार्किक ?) होना चाहते हैं, न उन स्रोतों से हम तक छनकर आई या स्वयं उनके द्वारा समर्थित अमानवीयता को स्वीकार...इतना ही नहीं, यहाँ हम एक बौद्धिक चालाकी के भी शिकार हैं कि नृशंस समाज-व्यवहारों और उन 'मूल स्रोतों' के बीच किसी भी सम्बन्ध को ही अस्वीकार कर देते हैं। अग्नि-परीक्षा, उच्च शिक्षा-विरोध या वेदादि ग्रन्थों के स्त्री-पाठ का निषेध, सती-प्रथा और 'डायनहत्या' (विच हंटिंग) के समर्थन के लिए हमारे 'जगद्गुरु' जिस सांस्कृतिक दुस्साहस का प्रदर्शन करते हैं वह हमें अमानवीय और मूर्खतापूर्ण जरूर लगता है, मगर वहाँ भी हम चतुराई से इन दुस्साहसी क्विकज़ोटों के पीछे खड़े 'पवित्र ग्रन्थों' को यह कहकर बचा ले जाते हैं कि यह उनकी अपनी मिस-रीडिंग (विकृत पाठ) है, वहाँ ऐसा कुछ नहीं है।

केन्द्रीयकरण विखंडन को जन्म देता है। राष्ट्र, राज्य, धर्म, संस्कृति, नस्ल-केन्द्रीयकरण के ये आजमूदा हथियार हैं। इन्हीं की अपील लेकर केन्द्र अपनी सत्ता और वर्चस्व बनाए रखता है; अक्सर भय दिखाता है कि राष्ट्र की एकता और अखंडता ही नहीं रहेगी तो हम कहाँ रहेंगे। इस वर्चस्व का विरोध करनेवाला हर तत्त्व बगावत माना जाता है। औरंगजेब की चक्रवर्ती केन्द्रीयता ने ही बागी मराठों, राजपूतों, रुहेलों और जाटों को परवान चढ़ाया और इन्दिरा गाँधी की इसी नीति ने तमिलनाडु से लेकर कश्मीर, उत्तराखंड, खालिस्तान, झारखंड या बोडोलैंड के हिंसक उभारों को जन्म दिया। राष्ट्र, धर्म, जाति, लिंग या केन्द्र-वर्चस्व जब टूटने लगता है तो हमलावर बागियों के सामने आस्थाओं, मूल्यों, परम्पराओं, श्रेष्ठता और सुरक्षा की पवित्र गायों की सेनाएँ खड़ी कर दी जाती हैं, मूल सवाल कुछ के अपने वर्चस्व, परिणामतः अस्तित्व का होता है, मगर उसे देश, राष्ट्र, संस्कृति, धर्म और इसके द्वारा प्रदत्त सुरक्षा, सुविधा और साधनों के एकाधिकार के नष्ट हो जाने के रूप में ही प्रस्तुत किया जाता है। सत्ता में बैठा एक वर्ग जब तक आपस में मिल-बाँटकर माल-मलाई खाता रहे, तब तक तो सब-कुछ ठीक और व्यवस्थित है, मगर जब इन्हीं आधारों पर संगठित, वंचित वर्ग, सत्ता में हिस्सेदारी माँगने लगे तो जातिवाद, धार्मिक असहिष्णुता, अयोग्यों का दुस्साहस, उजड्डों की धौंस, अधार्मिकों की नीचता के नारे उठने लगते हैं। बड़े-बड़े विकराल बुद्धिजीवी और पत्रकार अपने और अपने वर्ग के वहाँ होने को जायज ठहराने के लिए आँकड़ों, तर्कों और नजीरों के प्रक्षेपास्त्र लेकर मैदान सँभाल लेते हैं...वर्चस्व के खिलाफ विद्रोह कमजोर हुआ तो दबा दिया जाता है या आपस में ही लड़ाकर उसे बिखरा दिया जाता है। समस्या तब भी न सुलझे तो रियायतों, छूटों और अधिकारों की सौदेबाजी होती है, 'तुम हो या हम, मनुष्य तो सभी बराबर हैं, शोषितों, दलितों, वंचितों की न कोई जाति होती है, न वर्ग—वे तो सब कहीं हैं, हम और तुम कहीं अलग या दुश्मन थोड़े ही हैं'—जैसे प्रेमालापों से वातावरण 'सद्भावनापूर्ण' बनाया जाता है। भारतीय राजनीति के पिछले दशकों में ये सारे दृश्य हमारी आँखों के आगे गुजरे हैं, आपस के हर सम्बन्ध में जाति और धर्म

जानकर ही आश्वस्त होनेवाले अचानक जाति और धर्म का विरोध कर रहे हैं, उनसे ऊपर उठने के नारे लगा रहे हैं। वस्तुतः उन्होंने सारे समाज को रूडियार्ड किपलिंग के 'हम' और 'वे' में बाँट दिया है, जिसकी प्रसिद्ध कविता बताती है कि जितने भी सभ्य, सुसंस्कृत, शिक्षित और कुलीन हैं वे सब 'हम' हैं और जितने भी अशिक्षित, गँवार, नीच और उजड्ड हैं, वे सब 'वे' हैं।

मगर सच्चाई यह है कि यह सत्ता केन्द्रों के टूटने या वैकल्पिक केन्द्रों के उभरने का युग है। सुरक्षित और संगठित धार्मिक-राजनैतिक केन्द्रों द्वारा हाशियों पर धकेल दिए गए अल्पसंख्यक, दलित, पिछड़े और स्त्रियाँ अलग-अलग केन्द्र बनकर इस तरह सामने आ रहे हैं कि अनदेखा करना अब सम्भव नहीं रह गया है। इनमें सबसे जटिल और संश्लिष्ट स्थिति स्त्री-उभार की है। बाकी सारे उभरते केन्द्र लगभग हॉरिजैंटल या लम्बाई और चौड़ाई के अनेक स्तरों पर फैले हैं, उन्हें काट या बचाकर भी अपने आपको सुरक्षित रखा जा सकता है (हालाँकि यह द्वीपत्व भी असम्भव है), मगर स्त्री तो ऊपर से नीचे तक सब कहीं गुँथी है, वर्टिकली भी है और हॉरिजैंटली भी। वह तो भीतर से ही सारी वर्चस्व-व्यवस्था तोड़ देगी। शुभ यही है कि वह सबसे अधिक असंगठित है, आज तक तो वह अपनी स्थिति को ही नियति मानकर वहीं सुख-सन्तोष खोजती या 'बन्धनों में बँध बनी में बन्धनों की स्वामिनी सी' बनकर ही शहीदी गौरव निचोड़ती रही है : परम 'प्रबुद्ध भाव' में पुरुष-वर्चस्व को ही सिर झुकाकर स्वीकार करनेवाली सुरभि पांडेय की 'अहल्या' हो या नासिरा शर्मा की 'शाल्मली', सांस्कृतिक तस्वीरी चौखटों में सजी-सँवरी बैठी, अपनी श्रेष्ठता में दृप्त शिवानी की कुलीन सुन्दरियाँ हों, या दी हुई नैतिक सीमाओं से हर मुठभेड़ बचातीं राजी सेठ की दार्शनिक बारीकियाँ जीती हुई चौकन्नी नायिकाएँ...

अपनी-अपनी सीमाबद्धता की चेतना के बाद स्त्री-उभार का एकमात्र सरोकार रहा है, पुरुष-वर्चस्व से मुक्ति की कामना। अक्सर इस कामना को उसने या तो धार्मिक मुहावरों में अभिव्यक्ति दी है या पुंश्चली और वेश्या बनकर—यानी दोनों ही स्थितियों में समाज-व्यवस्था से बाहर आकर। कौशल और चतुराई से, अक्सर जान का खतरा मोल लेकर उसने पुरुष-चौसर को उन्हीं की शर्तों और नियमों के अनुसार भी खोला है, जो बन्धनों और मुक्ति-कामना के द्वन्द्व ने उसके मनोविज्ञान को कहीं भी सहज नहीं रहने दिया है और चतुराई से स्थिति सँभालना, खतरों को दूर से सूँघना, असुरक्षा के जोखिम को बचाना उसकी प्रकृति बना दी गई है, जिसके चलते वे लोकोक्तियाँ जन्म लेती रही हैं जहाँ वह चालाक, खतरनाक, अविश्वसनीय और कामांध सिद्ध की जाती हैं। कभी स्वेच्छा, मगर अक्सर जबर्दस्ती किए गए 'नैतिक' (सेक्स) अपराध की शिकार के रूप में औरत ने पलायन या आत्महत्या में ही अपनी मुक्ति प्राप्त की है। बाहरी सजाओं से बच निकली औरत ने अपने भीतर के आत्महन्ता धिक्कार से टूटकर पागलपन में भी शरण ली है। इन सारी स्थितियों पर हर भारतीय साहित्य में एक से एक जबर्दस्त रचनाएँ उपलब्ध हैं। प्रायः ये सब पुरुषों या पुरुष मानसिकता से

अनुकूलित या दी हुई सीमाओं को अतिक्रान्त करती 'स्त्री के पत्र' (रवीन्द्रनाथ ठाकुर) हैं। इनकी करुणा, मानवीय सरोकार, परकाया-प्रवेश क्षमता और सहानुभूति ने स्त्री-चेतना के उभार में बेहद महत्त्वपूर्ण भूमिकाएँ निभाई हैं, मगर सिमॉन द बोउवा जैसी बुद्धिजीवी महिलाएँ इन्हें पुरुषों द्वारा प्रस्तुत 'स्त्री-मिथ' ही मानती हैं।

स्त्री की मुक्ति-कामना की अपनी दिशा में मुझे 1905 में छपी रुकैया सखावत हुसैन की 'सुलताना का सपना' सबसे अधिक आकर्षित करती है। केवल औरतों द्वारा संचालित नियन्त्रित काल्पनिक दुनिया का चित्रण अनेक लेखकों ने किया है, मगर वह सिर्फ कुतूहल, मजाक या मजे के लिए था। सुलताना अच्छे सम्पन्न घर की सुखी, कुलीन पत्नी है—नवाब की बेगम। वह अपनी घुटन और ऊब से भागकर सपने की ऐसी दुनिया में जा पहुँचती है जहाँ स्त्री-राज्य है, पुरुष की स्थिति वही है जो वास्तविक समाज में स्त्री की। यह अन्तर्मन में घुटती आकांक्षा है जो सपने का रूप लेती है—सिर्फ एक उड़ान। गुलामी की इसी घुटन से फरार होकर खिलन्दड़ी सैर करती है, कुछ दिन पहले 'हंस' में ही प्रकाशित सिम्मी हर्षिता की 'बंजारन हवा' की नायिका, या इसी अंक में क्षमा शर्मा की 'लव स्टोरी 1994' और जया जादवानी की कयामत का दिन उर्फ 'कब्र से बाहर' की स्त्रियाँ। ये सब अपनी रोजमर्रा की घिसी-पिटी जिन्दगी की यातना से छूट भागना चाहती हैं। उनकी यह उड़ानें राजनैतिक और सामाजिक आन्दोलनों में भाग लेने निकली औरत की स्वतन्त्रता से बुनियादी रूप से अलग हैं। वहाँ नाम भले ही 'कन्धे से कन्धा मिलाकर चलने' का रहा हो, मगर अदृश्य अंकुश पुरुष नैतिकता का ही बना रहा है। इस बाहरी 'आन्दोलनबाजी' के बाद प्रायः औरत घर वापस आकर उसी घर-गृहस्थी में लग गई है या आदर्श नारी का रोल अदा करने लगी है। विधि-निषेधों से भागकर 'अपने होने' के क्षणों के साक्षात्कार की ये कहानियाँ हमें इस्मत चुगताई, कृष्णा सोबती, महाश्वेता देवी और कुर्रतुल ऐन हैदर की रचनाओं की औरत को समझने में मदद देती हैं।

यही सही है कि नारी मुक्ति के आन्दोलन अनेक उलझनों और भटकनों के शिकार रहे हैं। सभी दलित आन्दोलन हो जाते हैं। कहीं वे मालिक पुरुषों से होड़ लेकर उन्हीं की तरह 'हंटरवाली' (हेमन्त) बन जाने के रूप में आए हैं तो कहीं पुरुष अस्तित्व को ही नकारकर स्वायत्त और स्व-सम्पूर्ण हो जाने में। इन दोनों स्थितियों से होता हुआ नारी-मुक्ति आन्दोलन एक नई अवस्था में गया है, जहाँ स्त्री एक सह-नागरिक की तरह अपनी पहचान स्थापित करना चाहती है। उसके लिए उसका सारा प्रयास अब तक प्रयुक्त भाषा और मानसिकता के अस्वीकार और स्वतन्त्र व्यक्ति के रूप में स्वीकृति का है। यहाँ उसका संघर्ष दो धरातलों पर है; अपने व्यक्तित्व की स्थापना और उसके विरोध में कदम-कदम पर लगाए गए पुरुष-बैरियर (प्रतिरोधक) के खिलाफ। जाहिर है कि इस प्रक्रिया में परम्परा और संस्कारों द्वारा लाए गए अपने ही चेहरे (या सिर) को काटकर उसे 'छिन्नमस्ता' बनना पड़ता है, फीनिक्स की तरह अपनी ही आग से उठकर नया जन्म लेना पड़ता है। उभरती स्त्री-शक्ति के अनेक स्तरों के सामने दिखाई देनेवाले

कुछ आयामों में है, सेक्स, प्रजनन, आर्थिक निर्भरता और सत्ता में हिस्सेदारी। यहाँ हम इस तथ्य को अनदेखा नहीं कर सकते कि बहुत दूर तक यहाँ भी मुद्दे लगभग वही हैं जो दलित-उभार के हैं। देह, जाति और रंग में जन्म लेने की सजा भुगतने की नियति दोनों को एक करती है। (अपने यहाँ भी सबसे गन्दी गालियाँ 'चमार' और 'रंडी' के अर्थ देनेवाली हैं) इसलिए यह मात्र संयोग नहीं कि दलित और स्त्री केन्द्र में साथ-साथ उभरे हैं। यह सही है कि सारी दुनिया में, विशेषकर दक्षिण एशिया में कुछ महिलाएँ सत्ता के खेल में शीर्ष तक पहुँचती हैं; गोल्डा मायर, मारग्रेट थैचर, इन्दिरा गाँधी—या आज बेनजीर भुट्टो, खालिदा जिया, चन्द्रिका कुमारतुंगे, मगर वहाँ तक पहुँचने में उन्हें सबसे पहले अपना स्त्री न होना ही सिद्ध करना पड़ा है और शीर्षस्थ दलित नेता की तरह हमेशा चौकन्ना रहना पड़ा है कि वे कहीं अपने वर्ग के लिए विशेष पक्षपाती नजर न आएँ। कहना चाहिए कि उन्होंने स्त्री के लिए विशेष या तो कुछ किया ही नहीं है या बहुत डरते-डरते किया है। प्रायः स्त्री अत्याचारों के प्रति वे आँखें ही मूँदे रही हैं। उनके सत्ता-सन्तुलन का एक हिस्सा शीलवती और भद्र महिला होने का अभिनय भी है; प्रतिपक्ष की ओर से उन पर हमला करने के हथियार धर्म और शरीयत की तोपें हैं। यह जरूर है कि अपने वर्ग के लिए उन्होंने स्वयं भले ही कुछ न किया हो, मगर उनके शीर्ष पर होने ने स्त्री-उभार को बल बहुत दिया है। शायद उन्हीं की पृष्ठभूमि है कि आज चमत्कार की तरह अनेक क्षितिजों पर स्त्री अपनी शर्तों पर खड़ी दिखाई देती है—एक ओर सेवा और समर्पण में मदर टेरेसा हैं तो संघर्ष और आन्दोलन में मेधा पाटकर; सौन्दर्य और सम्मोहन में सुष्मिता सेन है तो सेक्स और शरीर में पॉमेला बोर्डेस; व्यवस्था और प्रशासन में किरण बेदी हैं तो ठीक उसके विरोध में फूलन देवी। यहाँ मैं तस्लीमा नसरीन और फूलन देवी को विशेष रूप से इसलिए रेखांकित करना चाहूँगा कि दोनों का क्षेत्र सबसे अधिक विस्फोटक है और दोनों पुरुष-वर्चस्व की सबसे खूँखार सत्ताओं के खिलाफ खड़ी हुई हैं—धर्म और जातिगत बलात्कारों के बीच अपने को साधे रखना शायद औरत के लिए सबसे बड़ी अग्नि-परीक्षा है। देह के बलात्कार द्वारा कुचले जाने या पूरी तरह ध्वस्त हो जाने से इनकार करनेवाली तो न जाने कितनी भँवरीबाइयाँ समाज और साहित्य में उठ खड़ी हुई हैं। यहाँ यह बता देना भी अप्रासंगिक नहीं है कि बलात्कार औरत के खिलाफ पुरुष का सबसे कारगर हथियार रहा है, चाहे वह रात के अँधेरे में इन्द्र बनकर अहल्या पर किया गया हो, या भरी कौरव-सभा में द्रौपदी को नंगा करके...बलात्कार नया नहीं है, नया है बॉबिटिंग (लिंगोच्छेद)...का प्रतिशोध...'अगर तुम मुझे सिर्फ औरत होने की सजा दोगे तो सिर्फ मर्द तुम्हें नहीं रहने दूँगी...'

['मेरी तेरी उसकी बात', *हंस*, नवम्बर-दिसम्बर 1994]

मुझे मेरे खोल में रहने दो

रचनात्मक दृष्टि से मेरे पढ़ने के लिए 1994 उपन्यासों का वर्ष था, 1951 आत्मकथाओं का। 'हंस' के चलते कहानियाँ या दूसरी वैचारिक रचनाएँ तो दिनचर्या का अंग ही हैं। वहाँ प्रायः चुनाव नहीं है। मुझे याद है, शायद 55 में मैंने नरेन्द्र शिरोमणि के नाम से 'राष्ट्र भारती' (नागपुर) में एक लेख लिखा था, 'आखिर इन हिन्दी उपन्यासकारों को हो क्या गया है ?' लेख ने लगभग तूफान खड़ा कर दिया था। पिछले वर्ष वही मुझे बार-बार याद आता रहा। इस लेख का कथ्य यही था कि हिन्दी-उपन्यास की दुनिया बहुत सीमित, सँकरी और संकुचित है। उसका विषय और नायक प्रायः वह स्वयं होता है, यानी यह लेखक या लेखकीय समस्याओं को केन्द्र बनाकर ही लिखता है। इतना बड़ा हिन्दी क्षेत्र और ऐसा उथल-पुथल-भरा तूफानी माहौल, मूल्यों, मान्यताओं और सारी जीवन-पद्धति का जड़-मूल से बदल जाना और ऐसी बन्द लेखकीय दृष्टि। चिन्ताएँ सिर्फ लेखन, लेखक और उससे जुड़े प्रश्नों का प्रासंगिक या अप्रासंगिक होते जाना। दूसरे शब्दों में, भोगवादी बदलती औद्योगीकृत दुनिया में अपने व्यर्थ हो जाने या सार्थकता तलाश करने का गहरा अहसास। (बूढ़ों पर लिखी जानेवाली अस्सी प्रतिशत कहानियों की थीम)। यह आंचलिकता के उभार से पहले की औपन्यासिक स्थिति थी...स्थिति आज भी बहुत बदली नहीं है। गहरी मानवीय संवेदना या तलस्पर्शी जीवन मूल्यों का अनुसन्धान करनेवाले रचनाकार ने शायद ही आस-पास घटित होती भौतिकता का नोटिस लिया हो। वह अपनी व्यक्तिगत दुनिया का ही अनुसन्धान करता रहा। अफसोस यही है कि वहाँ भी वह टामस मान या काफ्का की तरह रचनात्मकता या मूल्यों के गहरे स्रोतों से कभी मुठभेड़ नहीं करता—उसके सरोकार प्रायः बहुत उथले और सतही बने रहे। प्रेमचन्द, यशपाल, निराला, राहुल, मुक्तिबोध, रेणु या इधर के सुरेन्द्र वर्मा, मनोहर श्याम जोशी, जगदीश चन्द्र, शानी, मासूम रज़ा, गिरिराज किशोर, संजीव, कृष्णा सोबती, नासिरा शर्मा, मन्नू भंडारी, मृदुला गर्ग, प्रभा खेतान और मैत्रेयी पुष्पा जैसों को छोड़कर सभी 'व्यक्तिगत' ही लिखते रहे हैं। 1857 से लेकर विभाजन और बाबरी मस्जिद ध्वंस जैसी इतिहास बदलनेवाली बड़ी-से-बड़ी घटनाएँ होती रहीं और हिन्दी-लेखक इन सबसे असंपृक्त अपने भीतर की गहराइयाँ ही देखता रहा। जबकि इसी क्षेत्र के उर्दू लेखक अपनी भीतरी और बाहरी दोनों दुनियाओं से जूझते रहे—'उमरावजान अदा' 1857 के गदर की हलचलों के बीच लिखा गया तो 'आग का दरिया' विभाजन की कगार पर खड़े

होकर—इस्मत, मंटो, बेदी, इन्तजार हुसैन, बलवन्त सिंह (यहाँ तक कि 'मिडनाइट चिल्ड्रेन' के सलमान रुश्दी तक)—सभी ने इतिहास को अपने भीतर से गुजरते हुए देखा। 'हिन्दी-प्रदेश का वैचारिक संकट' की बहस में मैंने यही पड़ताल करने की कोशिश की थी कि हिन्दी लेखन क्यों प्रायः इतिहास से बाहर ही खड़ा रहा है ? इससे पीछे निर्विकार, निरासक्त, निर्गुण-आत्मा के अनुसन्धान की शाश्वतवादी हिन्दू गाँठ रही है या सुविधापरस्त, समझौतावादी, आत्मकेन्द्रित शहरी मध्यवर्गीय सवर्ण मानसिकता जिसने सौ सालों के हिन्दी-लेखन को ऊर्जाहीन, रक्ताल्प, लिजलिजा और मनोहरश्याम जोशी के शब्दों में 'सत्यम्, शिवम्, सुन्दरम्-वादी' ही बनाए रखा और जिसने कभी अपने से बाहर नहीं देखा।

मुझे लगता है कि हारी हुई, पस्त, पराजित और भविष्यहीन जातियाँ जिस तरह अपने वर्तमान से आँखें मूँदकर अतीत-गौरव और सांस्कृतिक महानता का कीर्तन, सियापा या गुणगान करती हैं, उसी तरह अस्तित्व के बचाव की लड़ाई में साहित्य भी सिर्फ इतिहास-हीन 'आत्मदर्शन' करता है। समाप्त हो जाने के खतरे की ये वे घंटियाँ हैं जो छिनते जाते मोर्चों के बीच, टूटे और खोखले शस्त्रों के साथ अपनी-अपनी खन्दकों में कैद इतिहास के शरणार्थियों के कानों में गूँजती हैं। इस विश्वासघाती 'लुच्चे' समय में कुलीन कविता की आत्मप्रशस्तियाँ (या आश्वस्तियाँ ?) और उपन्यास के लेखक (नायक) को बचाने की दुहराव-भरी मर्सियाख्वानियाँ मुझे एक ही मनोरोग का विस्तार लगती हैं। शिकायत यह भी है कि यहाँ गोरा, चित्रलेखा या संस्कार जैसी बेचैनी, मूल्यों-संस्कारों और सांस्कृतिक गाँठों से मुठभेड़, घुटन, जिजीविषा या फैशन भी नहीं है। अपने भीतर के शाश्वत को अखबारी-लेखक के प्रदूषण से बचाने की चिन्ता में हिन्दी-लेखक का पौराणिक आदिमताओं की रेत में मुँह गड़ा लेना सचमुच बहुत दयनीय लगता है। दूसरी तरफ मराठी के अरुण साधु का 'बम्बई दिनांक' या 'सिंहासन' जैसी शुद्ध तात्कालिक राजनीति की पत्रकारी दुनिया से गुजरते हुए 'शोध' जैसा उपन्यास लिखना आश्वस्त भी करता है और चकित भी, जहाँ औद्योगिक सफलता के चरम पर पहुँचा हुआ नायक अचानक सब-कुछ छोड़-छाड़कर 'अपनी खोज' में विभिन्न संस्थानों और क्षेत्रों में भटकने निकल पड़ता है। यह भटकन और खोज चाहे जापानी उपन्यासकार कोबो एबे के 'वुमन इन द ड्यूंस' और लॉस्ट मैप, कुर्रतुल ऐन हैदर के 'आग का दरिया' हरमन हैस के 'सिद्धार्थ' या सॉल बैलो के 'हरजोग़' जैसी झकझोर देनेवाली भले ही न हो, मगर अपनी कैद को तोड़कर बाहर निकलने की तड़प को तो रेखांकित करती ही है। इसी सन्दर्भ में हिन्दी-लेखक के घर-घुस्सूपन और आत्ममुग्ध किस्म के सिर्फ लेखकीय समस्याओं से जूझते नायक की उबाऊ उपस्थिति झुँझलाहट पैदा करे तो क्या यह अक्षम्य किस्म की बे-अदबी और गुस्ताखी है ? किन गुमनामियों के आदमखोर जंगलों में मर गया है, वह बेचैन बंजारा, जो भूगोल, इतिहास, संस्कृति और समकालीनता में भटकता हर क्षण आविष्कार के थ्रिल को जीता था ? नौकरी, सम्बन्धों, सुख-सुविधाओं और अपनी ही आन्तरिक जटिलताओं में घुटता यह हिन्दी लेखक क्या कभी भी अपने

से बाहर नहीं आएगा ? सिर्फ वही लिखेगा और आलोचकीय प्रमाण-पत्रों की 'विमोचनी' अमरता प्राप्त करता मीडियॉक्रिटी में ही खेत रहेगा ?

कभी-कभी मुझे यह भी लगता है कि इस अवरोध और सड़ाँध के कारण उपनिवेशवाद में जरूर होने चाहिए, क्योंकि जिस मुर्दनी को हम भोग रहे हैं—लगभग इसी निस्तेज ऊर्जाहीनता को हमारा कल तक का सांस्कृतिक मालिक इंग्लैंड भी तो जी रहा है। पिछले पचास वर्षों से न तो वहाँ कोई विश्व-स्तर का लेखक पैदा हुआ, न विचारक। उनकी छोड़ी प्रशासकीय व्यवस्था और पिछड़ी हुई अन्य मशीनों की तरह क्या सचमुच वहाँ का रचनात्मक बंजर ही है जो हमारे भीतर भी गहरे में पसर गया है ? उपनिवेश-युग के अपने गौरवशाली अतीत को मुड़-मुड़कर देखते इंग्लैंड और अपने स्वर्ण-युग की रह-रहकर जुगाली करते हम—इन दोनों के बीच क्या कोई अन्तर्सूत्र है ? मगर वहाँ इंग्लैंड में तो एक गुस्सैल पीढ़ी उभरी भी थी—सन् 50 और 60 के बीच, हमारी स्वतन्त्रता यानी द्वितीय महायुद्ध के बाद उपनिवेशी साम्राज्य के समाप्त होने पर, थके नायकों से अपनी पराजय, पस्ती और बेकारी के लिए जवाब माँगती, गाली देती युवाओं की पीढ़ी ने सारे साम्राज्यवादी अतीत की धज्जियाँ उड़ाने वाला साहित्य लिखा था—अतीत की महानताओं पर थूकते हुए। मगर वे भी शीघ्र ही 'मुकुट में जड़े हीरे' (ज्वेल इन द क्राउन) की खोज में 'राज' के अतीत रेगिस्तानों में निकल पड़े—नतीजे में बंगाली उपन्यास भी दो-ढाई सौ सालों की उपनिवेशी यात्राएँ करता रहा। हिन्दी उपन्यास ने वह खोज भी नहीं की। उसके पास या तो लेखक का अपना हाय, 'यह पथ बन्धु था' मार्का अतीत था जो फिर देश के पौराणिक 'स्वर्णयुग' या 'सवर्णयुग' तक जाता था। समकालीन वर्तमान प्रायः उसकी रचनात्मकता का हिस्सा नहीं ही रहा—शायद वह कुछ ज्यादा ही 'भौतिक' था। और तो और, 'होरी' और 'सुनीता' भी उसकी पकड़ से बाहर हो गए—रह गया सिर्फ मध्यवर्गीय ठहरा हुआ घर—और उसमें बन्द नायक (लेखक)। क्या हम इन्दिरा-युग को 'भविष्य-हीन पीढ़ी' कह सकते हैं ?

सही है कि नाम, स्थितियाँ और समाज कोई भी हो, सच्चा (जैनुइन) लेखक अपनी ही कहानी कहता है, अपने ही अनुभवों से रचना को प्रामाणिकता देता है—मगर यह किसने कहा कि इन अनुभवों का विस्तार नहीं होता—वे अपने भीतर ही उगते और पल्लवित नहीं होते ? अपने आप से बाहर निकलकर दूसरों में भी उनका साक्षात्कार क्यों नहीं किया जा सकता ? मगर वे इतने इकलौते विलक्षण या अद्वितीय हैं कि सिर्फ एक ही गमले और जलवायु में जीवित रह सकते हैं तो फिर उनके सार्वभौमिक होने का अर्थ क्या है ? फिर वे अपने से अलग, एक भी पाठक के अपने कैसे होंगे ? व्यक्तिगत में सार्वजनिक और सार्वजनिक में व्यक्तिगत की तलाश के सिवा रचना की सार्थकता क्या है ? जीवन्त अनुभव हमेशा अपने आपका अतिक्रमण करता है, उसकी कोंपलें दीवारें लाँघकर बाहर आती हैं। यह भी मान लें कि हिन्दी लेखक की एकमात्र चिन्ता, सीमा या पहुँच सिर्फ अपने जीवन या अपना साथ घटित ही है तो यह सरोकार दूसरे परिवेश, अपने से अलग पेशों और अन्य लोगों के अन्तर्सम्बन्धों की द्वन्द्वात्मकता में प्रक्षेपित क्यों

नहीं किया जा सकता ? तोल्सतोय की सबसे बड़ी शक्ति ही यह है कि वह किसी भी स्थिति, स्तर पर परिवेश के पात्र को उठाए, हमेशा लगता है कि वह लेखक स्वयं है। 'युद्ध और शान्ति' में तो उसने अपनी आत्मा को जिस तरह दर्जनों पात्रों में बाँट दिया है, वह साधारण लेखक को दंग कर देता है। 'फाउंटेन हेड' में आइन रैंड, आर्किटैक्ट पात्रों और उनकी आपसी खींचतान में नहीं, स्वयं अपनी रचनात्मकता की समस्याओं से जूझ रही है। रचनात्मक क्षेत्र की शायद कोई समस्या इतनी अपनी, निजी और अद्वितीय नहीं होती कि दूसरे क्षेत्रों के माध्यम से उसे समझा या सम्पन्न न किया जा सके। रेणु की कहानी 'तीन बिन्दियाँ' संगीत के माध्यम से उसी रचनात्मकता के बदलते स्वरूप को जानना चाहती है, जिसे स्वयं लेखक जी रहा है...परिवेश और पात्र कोई हो, रेणु ने अपने निजी अनुभव ही दिए हैं। वहाँ यथार्थ अपने आप में लक्ष्य, यानी अखबारी विवरण नहीं, एक रूपक की तरह इस्तेमाल होता है। दूसरे शब्दों में, वह एक बहाना या तरकीब है। मगर इसके लिए वे हमेशा अपने आप से बाहर निकलकर दूसरों से जुड़े हैं। कला के क्षेत्र में 'साधना' का अर्थ ही है आत्म-विस्तार। अधिकांश हिन्दी लेखक न अपने आप से बाहर निकलते हैं, न दूसरों के साथ साधारणीकरण करते हैं। नौकरी, घर और गमे-जिन्दगी ही उसके सुरक्षित गढ़ हैं—किसी दूसरे पेशे, घर या गम तक पहुँचने या कहें फील्ड वर्क करने की न वहाँ कोई इच्छा है, न जोखिम—शायद धैर्य भी नहीं है। वही मेले में खोऐ बच्चे जैसा, अजनबी खूँखार दुनिया में आ पड़ा लेखक-पात्र और उस पर जान निछावर करती नायिकाएँ—यही है हमारी आत्मग्रस्त रचनात्मकता। (हिन्दी लेखन में विविधता और प्रयोग न होने के कारण यही आत्मग्रस्त घरघुसरापन तो नहीं है ?)

इस दुहराव, बासीपन, एकरसता और विरोध को दूसरी तरह तोड़ा है विभिन्न वर्गों और भाषाओं से आनेवाली आत्मकथाओं ने। वे अपने से अलग दुनिया जानने का सुख देती हैं। पिछले दिनों आत्मकथाओं पर लिखते हुए मैंने इस तथ्य को समझने की कोशिश की थी कि हिन्दी में, खासतौर से साहित्य और संस्कृति के क्षेत्र में आत्मकथाएँ क्यों नहीं हैं ? कितना बड़ा अन्तर्विरोध है कि लेखक के पास अपने सिवा लिखने को कुछ न हो, मगर अपनी कहानी भी वह साहस और बेबाकी से न लिख सके...इसके पीछे भी आत्मगोपन, हिप्पोक्रैसी, असुविधाजनक के सामने आने का भय, 'मेरे जीवन में, ऐसा कुछ नहीं है' कि ज़र्रा-नवाज़ी है या 'रहिमन निज मन की विथा, मन ही राखौ गोय, सुन इठलैहहिं लोग सब, बाँट न लइहैं कोय' की सावधानी। सामाजिक सुरक्षा का यही चौकन्नापन रहा होगा कि हमारे पास सौ सालों में सिर्फ कुछ गिनी-चुनी आत्मकथाएँ ही हैं। दलितों और औरतों को तो हमने हजारों सालों से कभी मौका ही नहीं दिया कि वे हमारे बीच, हिकारत और हँसी का पात्र बने बिना अपनी बात खुलकर कह सकें। क्या यह बात आपको चकित नहीं करती कि सौ सालों के हमारे शिष्ट साहित्य में शिवरानी देवी के 'प्रेमचन्द : घर में' के सिवा किसी लेखिका की आत्मकथा का नाम याद नहीं आता ? (पिछली सदी के नवें दशक में 'एक हिन्दू औरत' की 'संदीपनी-सन्देश'

आत्मकथा कम, औरत-दुर्दशा ज्यादा है।)

मगर अब शायद परिदृश्य बदल रहा है। अनेक बार दुहराई गई बात को फिर से कहने का जोखिम उठाते हुए मैं कहना चाहता हूँ कि रीतिकालीन सड़ाँध को दरकिनार करते हुए जिस तरह सन्त-साहित्य में दलितों और स्त्रियों के लेखन में नई ऊर्जा, तेवर और लगभग सांस्कृतिक क्रान्ति के दर्शन हुए थे—ठीक वही युग अब वापस लौट रहा है—हिन्दी के अपने भीतर और बाहर से छनकर हिन्दी में ! दया पवार के 'अछूत' से लेकर शरणकुमार लिम्बाले के 'अक्करमाशी' तक मराठी दलित आत्मकथाओं से हम सभी परिचित और विचलित रहे हैं। इधर मोहनदास नैमिशराय और ओमप्रकाश वाल्मीकि की आत्मकथाएँ देखने का अवसर मिला। एक का नाम है 'अपने-अपने पिंजरे' और दूसरी है 'जूठन'। अपनी यातनाओं और संघर्षों को यथासम्भव खुलकर कहती ये आत्मकथाएँ, सवर्ण समाज पर आरोपों के श्वेत-पत्र लगाती हैं। रवीन्द्र वर्मा जैसे लोग इन पर आरोप भी लगा सकते हैं कि इनमें अपेक्षित कलात्मक गहराई और सन्तुलन नहीं है, कि ये अपनी भौतिक और आत्मिक विपन्नता को बढ़ा-चढ़ाकर कहती ओढ़ी हुई शहादत की शिकार हैं, कि सभी कुछ एक ही बार में बता देने के बाद इन लेखकों के पास ऐसा कुछ भी बचा नहीं रह जाएगा कि आगे के लेखन में नया कुछ जोड़ सकें, कि वे अपनी रचनाओं में यही सब दुहराएँगे, कि उनकी गरीबी, अपमान, संघर्ष और आत्मदया की एकरसता को आखिर हम कितनी बार और कब तक पढ़ते रहेंगे, कि सहानुभूति और प्रोत्साहन के लिए हम इन्हें पढ़ भले ही लें मगर वस्तुतः हमारे सौन्दर्यबोध और सुरुचि के साथ इनका कोई तालमेल नहीं है, कि ये साहित्य की मूलभूत प्रतिज्ञा, सत्य, शिव, सुन्दर को ही ध्वस्त करती हैं, कि क्या यह जरूरी है कि दलित लेखन के लिए लेखक दलित ही हो ? हो सकता है, उनके दर्द को हम ज्यादा प्रासंगिकता और शक्ति के साथ रखें—प्रेमचन्द से लेकर गिरिराज किशोर, जगदीश चन्द्र तक रखते ही रहे हैं।

दलित लेखन को लेकर ये सारे प्रश्न, आरोप, आशंकाएँ और सद्भावनाएँ अनेक बार उठेंगी और रामचन्द्र शुक्ल से लेकर रवीन्द्र वर्मा तक इस 'फूहड़' और अधकचरे लेखन को खारिज करने के तर्क तलाश करेंगे। पता नहीं, इसके पीछे कुरूप और कुरुचिपूर्ण को न देख पाने की जुगुप्सा है, अपने ही बीच इस दुनिया के बने रहने का अपराध-बोध है या उनके होने की जिम्मेदारी से बचने की साहसहीनता, मगर मुझे लगता है कि हमारा बद्धमूल विश्वास है कि साहित्य, मध्यवर्गीय समाज की वह निजी और पवित्र दुनिया है जहाँ लोग सिर्फ 'व्यक्तित्व' के लिए लड़ते हैं, 'अस्तित्व' और अस्मिता को लेकर जूझनेवालों की यहाँ कोई जगह नहीं है। 'साहित्य मुक्त करता है' कहते हुए हमारी चेतना से सिर्फ अपनी सीमाओं और संस्कारों से मुक्ति है—मानवता के एक बड़े भाग की मुक्ति नहीं है। साहित्य सब कहीं एक है, वह हमें देश-काल से ऊपर उठाता है, वहाँ भौगोलिक और सामाजिक विभाजन करना गलत है, वह सभी को वाणी देता है और सबका हित करता है, 'सुरसरिसम सबकर हित होई' कहते हुए भी हम जानते

हैं कि समाज के एक वर्ग के लिए ही यह सत्य है, बहुलांश को न इसमें वाणी दी गई है, न उनका हित है। अगर वह है भी, तो केवल हमारी शर्तों पर, हमारे समर्थन में है। वे शायद कहीं हमारी चेतना-वृत्ति में हैं ही नहीं। मगर अब हमारे सौन्दर्य-बोध और कला चेतना के लिए चाहे जितना अपचनीय हो, इस तथ्य को स्वीकार किए बिना कोई बचाव नहीं है कि साहित्य सिर्फ व्यक्तित्व का बनना ही नहीं, अस्तित्व का होना और उससे जूझना भी है। जरूरत उनके मूल्यांकन की नहीं, उत्तर-आधुनिक युग में स्वयं अपनी शाश्वत कसौटियों को जाँचने की है...

जाहिर है कि अभी हम मानसिक रूप से स्वीकार नहीं कर पा रहे हैं कि दलितों और अल्पसंख्यकों की दुनिया भी 'अपनी' ही है, अपने भीतर ही है। वे कोई दूसरे, अलग और नीचे के लोग हैं, यह कुंठा कहीं गहरे में जड़ जमाए है। शायद इसके पीछे प्रतिरोध यही है कि वे हमारी सुविधा, शर्तों और संस्कारों के हिसाब से आएँगे, तभी हमारे हो सकते हैं, वर्ना वे अपनी शर्तों पर हमारे अपने कैसे होंगे ? वे हमेशा अलग, नीचे और दूसरे ही बने रहेंगे। यानी हम तो जैसे हैं, वैसे ही रहेंगे, बदलना सिर्फ उन्हें ही है। बदलना नहीं, हमारी बनाई यथास्थिति के अनुकूल होना। शायद यह द्वन्द्व सवर्ण हिन्दू समाज में प्रगतिशीलता के युग से ही रहा है कि क्रान्ति के लिए हम ही अपनी सुविधा और यत्किंचित बदली मानसिकता के साथ शोषितों और वंचितों की दुनिया में जाते रहे हैं, वे खुद चलकर अपनी बदबू, गन्दगी और फूहड़ जबान के साथ, हमारे बीच घुसे चले आएँ—यह स्थिति तो अकल्पनीय ही है।

ईमानदारी की बात कहूँ तो दूधनाथ सिंह की संस्मरण पुस्तक 'लौट आ ओ धार' के बाद दलित लेखकों की आत्मकथाएँ पढ़कर ऐसा ही कुछ मुझे लगा था। कहाँ भाषा और संवेदना की वह अद्‌भुत तराश, शैली की नियन्त्रित लय, कलात्मक कोणों से डाले गए आधे-पूरे प्रकाश-वृत्त, शमशेर, मलयज, अज्ञेय, पन्त की सुरुचि-सौन्दर्य में डूबती-तैरती, पाठ के उल्लास से भरी मन-आत्मा सबको 'अघा' देनेवाली दूधनाथ की पेंटिंग जैसी अनुभूतियाँ और कहाँ मोहनदास नैमिशराय की कीचड़, गोबर, गू और चमड़े में लिसड़ती या ओमप्रकाश वाल्मीकि की मरे जानवरों की बदबू देती, भूखी-ठिठुरती जिन्दगियाँ—जैसे बढ़िया हलुए के बाद मोटे अनाज की कच्ची-पक्की रेतीली रोटियाँ चबानी पड़ रही हों। अपने सौन्दर्य-बोध, संस्कार और अभ्यास को मैं कितना लतियाता ? मगर क्या करूँ ? दूधनाथ के नायकों के सूफियाना दर्द के मुकाबले इन दलित लेखकों की अमानवीय तकलीफों, उससे निकलने की जद्‌दोजहद ने मुझे भीतर अन्तर्तम तक झकझोर दिया। ठीक है : इसमें अभी पकाव भी आएगा और सलीका भी, मगर हमारी आनेवाली तीसरी दुनिया का सौन्दर्यशास्त्र जिस यातना, संघर्ष और स्वप्न के खम्भों पर खड़ा होगा—उसकी नंगी, अनगढ़ और भौंडी रूपरेखा तो यही रचनाएँ देंगी। फिर, मैं अभी तक तय नहीं कर पाया हूँ कि दूधनाथ की पुस्तक ने मुझे जो लोकोत्तर आनन्द दिया, वह सचमुच मेरा अपना था या दो सौ सालों के 'विश्व-साहित्य' से छनकर मेरी रगों और रुचियों में बसा हुआ 'पढ़ने का संस्कार' था—एक अभिजात, स्नॉब और निथरे हुए वर्ग का

मानसिक विलास...यह अपराध-बोध, कुलीन-साहित्य में ही सेंस ऑफ बिलोंगिंग या वहाँ का अपना होने की भावना से आया था या अपने ही वीभत्स को अनदेखा करने की उदासीनता से ? ईमानदारी की बात तो यह है कि आज भी गोरों का यूरोप-केन्द्रित साहित्य हमारी बौद्धिकता, सौन्दर्य-बोध और संस्कारों को जितना आत्मीय लगता है, उतना खुद तीसरी दुनिया के होने के बावजूद अश्वेत साहित्य नहीं...वह अभी भी कच्चा, गैर-कलात्मक, विपन्नता और संघर्ष जैसी टुच्ची मानसिकता से ग्रस्त है। हम जिस ग्लोबलाइजेशन (भू-मंडलीकरण) का हिस्सा बनने को ललकते हैं, ये काले लोग उसी के खिलाफ लड़ रहे हैं।

उधर हमारे आस्वाद-बोध में ऐसी ही फाँक स्त्री-लेखन पैदा कर रहा है। दलित लेखन अगर हमारी अब तक चली आती सामाजिक-राजनैतिक-सांस्कृतिक यथास्थिति को गड़बड़ा रहा है तो स्त्री-लेखन सारी नैतिक मूल्य-मान्यताओं में दरार पैदा कर रहा है। हम समझ नहीं पा रहे हैं कि हमारे अब तक के दिए हुए सांस्कृतिक सम्मान से आखिर इन औरतों को शिकायत क्या है कि अपनी बात को अपनी जबान में बोलने की जिद ठाने हुए हैं। दहेज-दहन हत्याएँ, आत्महत्याएँ, वेश्यावृत्ति, बलात्कार या सती-वती जैसी बातें तो हमेशा से होती रही हैं, इनसे हमारी उनके प्रति श्रद्धा, सम्मान या 'जय माता दी' की भावना का क्या लेना-देना ? हमने उनके महिमागान और प्रशस्ति-पाठ में कभी कोई कमी आने दी है ? कितना कुछ महान और उदात्त लिखा है हमारे शास्त्रों में, वह घर की रानी है, माता है, परिवार की धुरी है और हम उसकी हर इच्छा, आकांक्षा को बाहर बताते ही रहे हैं, उस पर लिख रहे हैं। यह अचानक अविश्वास की स्थिति कैसे आ गई कि नहीं, अब उसे पुरुषों की नुमाइन्दगी नहीं चाहिए; निर्णायकों और समाज के सामने खुद बोलेंगी—और वे भी ऐसी-ऐसी बेशर्मी भरी गन्दी-गन्दी बातें कि तौबा : वे क्यों भूलती हैं कि हया औरत का गहना है। तुम्हारे साथ अगर कुछ ऐसा अशोभन या अमानवीय हुआ भी है तो बर्दाश्त करो और घर बैठो—यह क्या कि गली-मुहल्ले से निकलकर दुनिया सिर पर उठा लो...मत भूलो कि तुम घर की शोभा और इज्जत हो, धरती की तरह तुम्हारा शील, धैर्य और सहिष्णुता ही है कि दुनिया-भर में भारतीय नारी की पूजा होती है।

इसी नई हवा और पश्चिम की अन्धी नकल के कारण हमारी इस आश्वस्तिदायिनी दुनिया को ध्वस्त किए जा रहा है, इधर आनेवाला स्त्री-लेखन। वह दलितों की तरह 'दूसरों' का या दूर का, अलग और नीचे के लोगों का नहीं, ठेठ अपने बीच, अपनों का लेखन है, इसलिए हमें ज्यादा उघाड़ता और उधेड़ता है। अपनी बात खुद कहनेवाली स्त्रियों की आत्मकथाओं का मराठी में सिलसिला सौ साल पुराना है और वहाँ सब वे खुलकर कहने लगी हैं कि हजारों सालों से औरत की देह का शोषक और शासक सिर्फ पुरुष रहा है, वही उसे भोगता, प्रदर्शित करता और खरीदता-बेचता रहा है—अब उसे बताना जरूरी है कि देश, राष्ट्र और संस्कृति में हमारी भी उतनी ही हिस्सेदारी है, कि हमारी देह, हमारा जीवन हमारे अपने हैं। हिन्दी प्रदेश में यह आवाज आत्मकथाओं के

रूप में नहीं, कथा-रचनाओं के माध्यम से आती रही है। हाँ, मराठी की तरह हमारे यहाँ दलित लेखिकाएँ नहीं हैं, न ही मल्लिका अमरशेख या बेबी काम्बले जैसियों की आत्मकथाएँ हैं। यहाँ लेखिकाएँ सिर्फ शहरी मध्यवर्ग से आती हैं—मगर कृष्णा सोबती से लेकर प्रभा खेतान तक की उपस्थिति, यथास्थितिवादी स्त्री-लेखन को ध्वस्त करती है। हाँ, इस्मत चुगताई की तरह आत्मकथा (टेढ़ी लकीर) लिखने का साहस अभी हिन्दी लेखिका में नहीं है। अब तक के हिन्दी साहित्य में शायद एकमात्र आत्मकथा (मेरी जानकारी में) अभी-अभी कुसुम अंसल की 'जो कहा नहीं गया' आई है। 'प्रेमचन्द : घर में' में शिवरानी नहीं, प्रेमचन्द ही सामने हैं। यों कुसुम अंसल ने जिस वर्ग पर लिखा है उस पर आत्मकथात्मक उपन्यासों की शृंखला दिनेशनन्दिनी डालमिया शायद ज्यादा साहस और बेबाकी से लिखती रही हैं। मगर कुसुम अंसल की इस इकलौती आत्मकथा से शिकायत हो सकती है कि वह एक उच्च परिवार की शील सुरुचि-संस्कारवती कुलवधू की कहानी है। उसमें औरत कुसुम कहाँ है ? वहाँ आदर्श बेटी, पत्नी, माँ, समाजसेवी, लेखिका सभी कुछ है—धर्म के भेदभाव को लेकर प्रारम्भिक प्रश्नाकुलता के सिवा व्यक्ति कुसुम कहीं नहीं है। अपने बारे में उसका कोई फैसला ऐसा नहीं है जो उस समाज के लिए असुविधाजनक हो। अगर उसमें 'भविष्य की ओर' वाला प्रकरण न होता जहाँ लेखिका ने औरत को अवधारणात्मक स्तर पर समझने की कोशिश की है—तो यह आत्मकथा भी सम्पन्न समाज में आत्मा की शान्ति या 'मैं कौन हूँ' के आध्यात्मिक षड्यन्त्र की कहानी बनकर रह जाती। फिर भी वहाँ तलाश की वही बेचैनी है जो अरुण साधु की 'शोध' में दिखाई देती है या असमिया लेखिका इन्दिरा गोस्वामी की आत्मकथा 'जिन्दगी सौदा नहीं' की उथल-पुथल-भरी तूफानी जिन्दगी में। एक जगह उन्होंने सवाल उठाया है (जो उनकी अगली तलाश का प्रस्थान बिन्दु हो सकता है)—'समय और इतिहास गवाह है, रानियाँ, महारानियाँ, बेगमात या फिर सो-कॉल्ड बड़े लोगों की पत्नियाँ, इंडस्ट्रियलिस्टों की बीवियाँ अपनी जीवन-सन्ध्या तक आते-आते बहुत सामान्य या नॉर्मल नहीं रह पातीं।'

बहरहाल, यह सच है कि दलितों को लेकर अम्बेडकर ने और औरत को लेकर तस्लीमा नसरीन ने आत्महन्ता निर्भीकता, कफन-बाँध बेबाकी से जो सवाल उठाए हैं—वैसा इस भूखंड में पहले कभी नहीं हुआ। हम इस 'बेहया नंगी' भाषा के कभी अभ्यस्त नहीं रहे। इसलिए उसके नाम अगर मौत का फतवा है तो बहुत अस्वाभाविक नहीं है। औरतें हमेशा से पागल होकर नंगी घूमती रही हैं—एक तस्लीमा और सही...मगर इस सच्चाई को झुठलाना अब शायद सम्भव नहीं रह गया है कि तस्लीमा ने नारी-विमर्श को एक असुविधाजनक आयाम दे दिया है। काश, किसी हिन्दी लेखिका ने भी फूलन देवी और भँवरी बाई के जीवन की बेबाक कहानी लिखी होती और अपने समाज के मूलभूत स्त्री-प्रश्नों से जोड़ा होता। (सुन रही हो मृदुला ?)

मैं लगभग कन्विन्स होता जा रहा हूँ कि हिन्दी लेखन की आत्मग्रस्त जड़ता, अवरोध और कुलीन सड़ाँध के रीतिकाल को अल्पसंख्यक, दलित और स्त्री लेखन के

'समाज बाहर' कुजात सन्त ही तोड़ेंगे...और मेरा डर यही है कि कहीं मैं उन्हीं के पक्ष में न जा मिलूँ। वर्ना मैं ? बृजमोहन व्यास का निहायत आत्मीय शैली में लिखा गया अनन्त सांस्कृतिक पुरातात्विक जानकारियाँ देता, बेहद पठनीय 'मेरा कच्चा चिट्ठा' पढ़कर गद्गद हो जानेवाला, अच्छा-खासा हिन्दी लेखक ही बना रहता तो अपना जिन्दगी-भर का यश और सम्मान तो न खोता। तब शायद मित्रों-आत्मीयों से यह भी न सुनना पड़ता कि, 'राजेन्द्रजी का दिमाग खराब हो गया है।'

['मेरी तेरी उसकी बात', *हंस,* फरवरी 1996]

होना/सोना एक खूबसूरत दुश्मन के साथ

(परम पावन पूज्यपाद नामवराचार्य के श्री चरणों में)

महिला विशेषांक (दो खंडों में) के लिए प्रस्तुत मेरे इस लेख को 'हंस' की शिष्ट और विशिष्ट सम्पादिका ने अस्वीकृत कर दिया। सलाहकार अरविन्द जैन और वीना उनियाल की राय भी यही थी कि यह 'हंस' में नहीं जाएगा। मैं इसे औरताना असहिष्णुता और सम्पादकीय धाँधली मानता हूँ जहाँ दूसरे पक्ष की सच्ची तकलीफ सामने ही न आने दी जाए। अभिव्यक्ति की स्वतन्त्रता के मौलिक अधिकार और लोकतान्त्रिक संविधान की प्रतिज्ञाओं का यह निर्लज्ज हनन है। अब मैं 'पुनर्संपादक' हो गया हूँ, इसलिए मेरा पद-सिद्ध अधिकार है कि न सिर्फ इसे अपनी पत्रिका में छापूँ बल्कि पाठकों-लेखकों को प्रेरित करूँ कि वे इसकी प्रशंसा में भी कुछ लिखें। खासतौर पर (स्वयं अपने ही शब्दों में) 'सार्वजनिक व्यक्तित्व' नामवराचार्य से मुझे उम्मीद है कि अपने प्रशस्त आशीर्वाद देंगे। ऐसी सार्वजनिक सुलभ सुविधा और है ही कहाँ, औरतों के बारे में मेरे विचार भी ठीक वही हैं जो उनके हैं। वैसे भी उन्हें न मजदूर नेता शंकरगुहा नियोगी के हत्यारों से कोई गुरेज है न म्लेच्छ पादरी स्टेन-परिवार के संहारकों से...विशेषांक के महिला-विलाप पर मैंने उनकी सम्भावित प्रतिक्रिया ही तो दी है।

इन औरतों ने तो मार मुसीबत खड़ी कर रखी है। प्राण ले लिए, न जाने कहाँ-कहाँ से चींटियों की तरह निकलती चली आ रही हैं। चाहती क्या हैं आखिर ये...? हम नदी-नालों में डूब मरें या फाँसियाँ लगाकर मर जाएँ ? क्यों मर जाएँ ? सिर्फ इसलिए कि आज तुम हमारे सिर पर नाचने लगी हो ? कोई हद होती है बर्दाश्त की भी। हम तो सोचते थे कि चलो, इन्हें भी थोड़ी उछल-कूद कर लेने दो। भीतर का गुबार निकल जाएगा तो अपने आप ठंडी हो जाएँगी ! हम गम्भीर लोग हैं, इस तरह इनके मुँह लगेंगे तो अपना ही नुकसान करेंगे। 'छिमा बड़न को चाहिए, छोटन को अपराध', मगर नहीं साहब, इस तरह मान जाएँ तो औरतें ही किस बात की ! मुँह लगाई डोमनी गावै ताल-बेताल...हम तो कहते हैं कि भागवानो, जो तुम्हें लेना-लिवाना है, ले लो और जान छोड़ो। हमारे प्राण मत खाओ। यह चौबीसों घंटे का रोना बन्द करो कि हम तुम्हें यह

नहीं दे रहे, वह नहीं दे रहे—या हमने तुम्हें क्या-क्या नहीं दिया, किस तरह सताया, मारा...अरे, गुस्से में या किसी और मतलब से हो गया होगा कुछ उल्टा-सीधा। अब इसका यह मतलब तो नहीं कि तुम हमेशा सूली पर ही लटकाए रहो। किस-किस की सफाई देते रहें और क्यों देते रहें ? जब तुम हमारे कहने में नहीं रहोगी, हर वक्त मनमानी करोगी तो क्या तुम्हारा अचार डालेंगे ? हम तो तुम्हारी वो ठुकाई करेंगे कि सारा नारी-फारीवाद भूल जाओगी...जब तक चुप हैं तभी तक तुम्हारा सारा खेल-तमाशा चल रहा है, जब अपनी-सी पर आ जाएँगे तो ये सारी टें-टें भूल जाओगी। बोटी-बोटी काट डालेंगे...सच कहा है बड़े-बूढ़ों ने कि 'दरी और दारा को झाड़ते रहो', तभी ठीक रहती हैं।

यह बराबरी-वराबरी का लफड़ा क्या है ? प्रकृति में कहीं कोई बराबरी होती है ? शेर-कुत्ता, गधा, घोड़ा क्या सब बराबर हो जाएँगे ? न पाँचों उँगलियाँ होती हैं, न दो सगे भाई। प्रकृति के विरुद्ध जाओगी तो कुछ हाथ नहीं आएगा। विनाशकाले विपरीत बुद्धिः—अपना ही नाश करोगी चंडालिनो ! मालिक और नौकर हमेशा से होते आए हैं—आज कोई नई बात नहीं है। तुम चाहे कितना भी आसमान सिर पर उठा लो, जो अटल है, बह अटल रहेगा।

अब बोलो, हजारों सालों का इतिहास निकालकर बैठी हैं कि हमने कैसे उन्हें अपना गुलाम बनाया, कैसे उनकी नस-नस में यह भाव भर दिया कि रात-दिन हमारी सेवा नहीं करेंगी, हमारे इशारों पर उठेंगी-बैठेंगी नहीं, हमें अपना स्वामी, भगवान और मालिक नहीं मानेंगी तो उनका जीना, साँस लेना व्यर्थ है, नरक में भी उन्हें जगह नहीं मिलेगी और सड़-सड़कर मरेंगी। साली कहती हैं कि हमने उन्हें जानवरों की तरह मारा, कूटा और कुचला है, उनकी हत्याएँ की हैं, अंग-भंग किए हैं और बिना अपराध के भीषण यन्त्रणाएँ दी हैं। घर-घर को यातना-घर बना दिया है। हाँ, हाँ ये सब किया है या मान लो आज भी कर रहे हैं तो क्या प्यार नहीं किया हमने, तुम्हें नाजुक फूलों की तरह हथेलियों पर नहीं रखा, तुम्हारे लिए महल-अटारे नहीं बनवाए, राजमहल और ताजमहल नहीं खड़े किए ? दुनिया-भर के हीरे-जवाहरात नहीं लुटाए, एक से एक कीमती गहने-कपड़े तुम्हारे ऊपर निछावर नहीं किए, कविताएँ-दर्शन नहीं लिखे ! वो सब करने कोई दूसरा आया था ? ऐसी अहसानफरामोशी तो मत करो कम्बख्तों... अत्याचारों की लम्बी सूची तो हमारे मुँह पर मारोगी—जरा उन बातों को भी तो गिनाओ जो हमने तुम्हारे लिए की हैं, हमने तुम्हारे लिए नदियाँ, समुन्दर लाँघे, पहाड़ों पर चढ़े, रेगिस्तानों में भटके और सारे जमीन-आसमान नाप डाले, सो कुछ हुआ ही नहीं ? इस बेहयाई पर अगर आदमी गुस्से से तुम्हारा सिर न फोड़ दे तो क्या आरती उतारे ? और सच बताना, क्या हमने तुम्हारी आरतियाँ नहीं उतारीं ? भजन और कीर्तन नहीं किए ? आज भी जो लाखों लोग हजारों मील की धूल फाँकते देवियों-भगवतियों के दर्शनों को पहुँचते हैं सो उस सबको भी बेकार कर दोगी ? वो औरतें नहीं हैं ? होंगी देवियाँ, जगज्जनियाँ जिनके लिए होंगी—हैं तो औरतें ही।

बताओ, क्या नहीं किया हमने तुम्हारे लिए और आज तुम कहती हो कि हमने तुम्हारा सिर्फ इस्तेमाल किया है, हाँ, हाँ किया है इस्तेमाल। सम्बन्धों का तो मतलब ही है कि दोनों पक्ष एक-दूसरे का भावनात्मक या भौतिक इस्तेमाल करें। चाहो तो कह लो कि एक दूसरे को बेवकूफ बनाकर अपना काम निकालते हैं। हमीं क्या, तुम भी हमारा इस्तेमाल करती हो : पहले छोटी बच्ची बनकर हमें मोहपाश में बाँधती हो, फिर रूप-जाल में हमें अन्धा करती हो, दुनिया-भर के नाच-नचाती हो, न जाने किस-किस से लड़वाती और मेल कराती हो—फिर बैठकर अपने बच्चे पलवाने लगती हो। आदमी गधे की तरह दिन-रात मारा-मारा फिरता है, खून-पसीना एक करता है और तुम्हारे और तुम्हारे बच्चों के लिए दाना-पानी लाता है, घर-मकान बनाता है, आनेवाले दिनों का इन्तजाम करता है, अपनी सारी जिन्दगी तुम्हारे लिए हलकान कर देता है और तुम ? तुम मुर्गी महारानी की तरह अपने डैने फैलाकर बच्चों को समेटे बैठी-बैठी गुटर-गुटर करती रहती हो। एक उल्लू का पट्ठा है जो दुनिया-जहान एक करके तुम्हारी सुख-सुविधा का इन्तजाम करेगा। बदले में उसे मिलता क्या है ? सिर्फ दो वक्त की रोटी, थोड़ा-सा आराम, तुम्हारा लाड़-प्यार और अगले दिन फिर गधे की तरह खटने-मरने की तैयारी। तुम उसके दिमाग में कूट-कूटकर भरे रखती हो कि जो कुछ भी वह कर रहा है वह तो सिर्फ अपने लिए या अपने बच्चों के लिए है, उस बेचारी का क्या है, वह तो उसके बच्चों की आया है, उसका वंश चलाने की मशीन है, यों ही एक दिन मर-खप जाएगी, हम तो छाती ठोककर यह भी नहीं कह सकते कि यह बच्चे हमारे ही हैं। बचपन से लेकर बुढ़ापे तक आदमी कब तुम्हारे जाल से छूट पाता है ? कोई भी मुसीबत आती है तो 'हाय-माँ' कहकर तुम्हें गुहारता है। कहो, आदमी सारी जिन्दगी तुम्हारे आब्सैशन को ही ओढ़ता-बिछाता है। सौ में से एकाध ऐसे भी होंगे जो इस चौबीस घंटे की खिच-खिच और गुलामगीरी से छूट भागते हैं, या मर-मरा जाते हैं। तब तुम छाती-माथा कूटकर दुनिया सिर पर उठा लेती हो, ऐसा दिखाती हो जैसे देश के लिए शहीद हो गई हो, मगर भीतर-भीतर इस सन्तोष से सुखी होती हो कि जो करना-कराना था सो करा लिया, अब रहे न रहे क्या फर्क पड़ता है, वैसे भी किसी काम का नहीं रह गया था। अफसोस तुम्हें इस बात का होता है कि एक सीखा-पढ़ाया पालतू हाथ से निकल गया। अब बोलो, इस्तेमाल तुम करती हो या हम...? सच बात तो यह है कि हम जिन्दगी-भर तुमसे ही इस्तेमाल होते रहते हैं। सिर्फ इसलिए कि तुम्हारे पास एक 'कंट' है और हम कभी-कभी उसकी जरूरत के लिए पागल हो जाते हैं। मगर खुद ही सोचो, कितनी बड़ी कीमत वसूलती हो तुम अपने शरीर के उस हिस्से की ? उसकी सारी जिन्दगी चूस डालती हो...और भाव ऐसा, मानो हम ही तुम्हारी जिन्दगी पीसे डाल रहे हैं...तुम्हें खाए-चबाए डाल रहे हैं। दरअसल तुम हमारे भीतर उस अपराध-बोध को जिलाए रखती हो कि हम तानाशाह हैं, अत्याचारी और शोषक हैं...जबकि बात इतनी है कि हम मूर्ख और गधे हैं, जब तक इस सच्चाई को समझ पाते हैं तब तक बहुत देर हो चुकती है कि दुनिया चलाए रंखने के लिए प्रकृति से मिली-भगत करके तुम हमें बैलों की तरह हाँके-जोते रही हो...अरे यह तो सोचो

राक्षसियों, कि हम नहीं होते तो तुम्हारा क्या होता ? पड़ी रहती बंजर धरती की तरह—एक तिनका नहीं होता कहीं...

इस पर भी तुम कहती हो कि यह दुनिया पुरुषों की है, वही शासक है, वही शोषक है। वाह वाह, क्या दूर की कौड़ी लाई हो। कोई विश्वास करेगा इस पर ? सिर्फ इसलिए हम अत्याचारी, शोषक और राक्षस हैं कि हमें बैल जैसा शरीर मिल गया है ? गौर से देखो तो सही, भीतर से चूहे हैं चूहे—डरे, सहमे, सिकुड़े हुए—सब मिलाकर कुत्ते, सूअर, सियार...दया करो महारानियो, हम पर दया करो...हम तुम्हारी शरण में हैं माताओं, बहनों, देवियों, मगर तुम्हें ! तुम्हें हमारा विश्वास है कहाँ, शक और शुबहा तो तुम्हारी मूल फितरत है। इस खूबसूरत, मोहक, मासूम चेहरे के पीछे कैसी तिकड़मी, खूँखार सर्पिणी छिपी है यह तुम नहीं, हम जानते हैं। वेदों में कहा है कि तुम 'वृक् हृदय' (भेड़िए के हृदयवाली) प्राणी हो...तुम तो कहोगी कि बेचारगी का यह हमारा सारा रोना-पीटना, हाय-हाय करना भी हमारी एक चाल है ताकि तुम्हारे भीतर करुणा और दया जगाकर हम फिर मौका पाते ही शेर हो जाएँ...यानी यह हमारा विलाप नहीं, नाटक है...हा, हन्त, हमारा दुर्भाग्य कि न तुम्हें छोड़े बनता है, न अपनाते...

अच्छा, तुम कहती हो कि जब हमने तुम्हें वेश्या बनाया, नगर-वधू का दर्जा दिया, कोठों पर बैठाया, कॉलगर्ल के पेशे में डाला या अपराध और कुफ्र की दुनिया का हिस्सा बनाया तो सामूहिक उपभोग और उपयोग के लिए तुम्हें सुरक्षित कर लिया। जैसे आज जन-सुविधाओं की जरूरत है, वैसे ही हमें तुम्हारी सार्वजनिक सेवाओं की जरूरत है, ताकि घर-बार से दूर थका-माँदा आदमी घड़ी-दो-घड़ी तरोताजा होकर अगली यात्राओं पर निकल सके या घर-बार से भागकर चैन-शान्ति पा सके। यह भी सही है कि जब चीज इस्तेमाल लायक नहीं रहती तो फेंक-फाँककर जान छुड़ाई जाती है। दुनिया-भर का कूड़ा-कबाड़ा आदमी कहाँ तक जमा करेगा। इसमें गलत क्या है ? अब यह कहना तुम्हारी ज्यादती है कि पहले तो हम घेर-मारकर तुम्हें सार्वजनिक उपयोग की चीज बनाते हैं, फिर मरने के लिए छोड़ देते हैं। देखो बुरा मत मानो, उपयोग का तर्क तो यही है, चाहे मशीन हो या जानवर जब तक काम दे तब तक सिर आँखों पर, वर्ना कबाड़ी या कसाई बाजार तो हैं ही...अब तुम आरोप लगाती हो कि हमने देवी बनाकर भी तुम्हारा इस्तेमाल ही किया है ताकि अपने भीतर शान्ति, शक्ति और आस्था का बल पा सकें और उससे भी बड़ी बात कि तुम्हारे ऊपर होने या किए जानेवाले तथाकथित अत्याचारों का मानसिक और आध्यात्मिक प्रायश्चित कर सकें। इसका मतलब तो यह हुआ कि हम जो तुम्हें आद्याशक्ति, प्रज्ञा पारमिता, सर्वशक्तिमान दुर्गा-पार्वती कहकर पूजते हैं, दुनिया-भर की सप्तशतियाँ, स्रोत और स्तवन लिखते हैं, प्रार्थनाएँ और कविता करते हैं, सौन्दर्य-शास्त्र और शृंगार काव्य रचते हैं। वैष्णो देवी, कामख्या या मीनाक्षी मन्दिरों में तुम्हारी प्रतिष्ठा करके सालोंसाल मेले लगाते हैं, नाचते गाते हैं। इनके सामने रोते, गिड़गिड़ाते हैं, चरणों में लोटकर दया की भीख माँगते हैं, 'कृपा करो' की याचनाएँ करते हैं—सो यह सब भी हमारी चाल है कि तुम से शक्ति-सिद्धि लेकर तुम्हें और मजबूती

से बाँधे रख सकें ? हमारी सारी श्रद्धा-भक्ति को जब तुम यह कहकर वल्गैराइज करती हो या इसका कचूमर निकालती हो तो सिर पीट लेने को मन करता है कि भावनाओं में रहनेवाली अमूर्त या साक्षात पत्थर की देवियाँ हैं सो इनके सामने रोओ या छाती पीटो, इनसे कृपा कराओ या असुरों-राक्षसों से मरवाओ, इनके साथ आध्यात्मिक सम्भोग करो या योनि-अनुष्ठान करो, क्या फर्क पड़ता है ? आरोप है कि हमारी ये सब सामूहिक, सामुदायिक काल्पनिक दुनिया है—इनमें चाहे जैसी उछल-कूद करते रहो, स्त्रियों की स्थिति तो जहाँ-जैसी है वैसी ही रहेगी। ये सब हमारे आध्यात्मिक, मानसिक और आधिभौतिक वाक्-जाल हैं और पुरुष-वर्चस्व की रणनीतियाँ हैं, इन्हें हम महान संस्कृति, परम्परा भारतीयता और राष्ट्रीयता या न जाने किन-किन नामों में गौरवान्वित करते हैं...अर्धनारीश्वर का वही दोगला रहस्य-जाल रचते हैं जैसा नृसिंहावतार का रचा था...यानी हम जानते हैं कि चीजों को जितना उलझाओगे, जटिल और अज्ञेय बनाओगे उतना ही आतंक पैदा होगा—महान के सामने बौना होने का आतंक...यानी कि अपने को तुच्छ, अज्ञानी और हीन दिखाए रखकर करुणा, वात्सल्य और मातृत्व वसूलने का निर्मम षड्यन्त्र।

अरे, इस विकृत और कुत्सित तरीके से सोचने की बजाय यह समझने में क्यों तुम्हारी नानी मरती है कि अपनी महान भारतीय संस्कृति का एकमात्र आधार हमने तुम्हें ही बनाया है—तुम न होतीं तो कहाँ होती हमारी यह स्वर्गादपि गरीयसी मातृभूमि...? हमारे 'सांस्कृतिक राष्ट्रवाद' का सारा दारोमदार तुम्हारी उन्हीं मर्यादाओं की रक्षा करना है जो हमारे ऋषि-मुनियों ने तुम्हारे लिए निर्धारित की थीं। नैतिकता-अनैतिकता, श्लील-अश्लील, चरित्र-धर्म सभी के केन्द्र में तो तुम हो—तुम हमारे घर की रानी और शोभा हो। तुम हमारी नाक हो, तुम हमारी मान-मर्यादा हो, तुम हमारी इज्जत हो—जो तुम पर बुरी नजर डालता है वह हमारी और उससे भी अधिक तुम्हारी इज्जत लूटता है और इसी इज्जत के लिए हमने हत्याएँ की हैं, खून की नदियाँ बहाई हैं। अब तुम कहती रहो कि यह अमानवीय, नृशंस और पैशाचिक है मगर यह सच है कि न हम उसे माफ करते हैं जो इज्जत लूटता है और न उसे जिन्दा छोड़ते हैं जिसकी इज्जत लुटती है। दूसरों की जूठी या उपभोग की हुई औरत हमारे किसी काम की नहीं। यह धर्म है और धर्म उसी की रक्षा करता है जो धर्म की रक्षा करते हैं। इसी धर्म की रक्षा के लिए हम दुश्मनों की इज्जत लूटते हैं, उनकी औरतों को चींथते-फाड़ते हैं, उनकी हत्याएँ करते हैं। धार्मिक हिंसा या अत्याचार ही सबसे बड़ा पुण्य है...इसीलिए हमने तुम्हें सती कहकर जलाया है, जौहरों में झोंका है ताकि हमारे बाद कोई दूसरा तुम्हारा उपयोग न कर सके, हमने तुम्हें चुड़ैल और डायन बताकर इसीलिए तो मारा है ताकि हमारे नियन्त्रण से बाहर तुम देवताओं या अशरीरी आत्माओं की सवारी न बन सको। हम तुम्हारे सचमुच अहसानमन्द हैं कि तुमने मीरा और पद्मिनी बनकर आध्यात्मिक और शारीरिक आत्महत्याएँ कर लीं, सीता के रूप में कुएँ या खाई में छलाँग लगा ली और हमें कहने का अवसर मिल गया कि तुम ब्रह्म में लीन हो गईं या धरती में समा गईं।

यह पाप हमें नहीं करना पड़ा इसीलिए हमने तुम्हें देवी बनाकर पूजा। यहाँ तक कि भ्रूण में तुम्हारा वध किया है ताकि दुनिया पापात्माओं से मुक्त बनी रहे...तुम साक्षात पाप हो, नरक हो, हमारी उच्चतर यात्राओं में सबसे बड़ी बाधा हो। तुम्हारी साँसों में विष है, तुम्हारे होने में विनाश है, तुम खूबसूरत शत्रु और साक्षात मृत्यु हो...हमारे शास्त्रोक्त पुरुषार्थ में तुम कहीं नहीं हो—या अगर हो तो सिर्फ उतनी जिससे हमारा वंश चल सके और तुम हमारे नियन्त्रण में रह सको। धर्म, अर्थ, काम, मोक्ष में तुम्हारी कोई जगह नहीं है ! पत्ते और प्लेट की उपयोगिता सिर्फ इतनी ही है कि उसमें रखे खाने को खाकर उसे बदल या फेंक दिया जाए...तुम्हीं बताओ, दुनिया में है कोई अन्याय, अत्याचार या अपराध जिसके मूल में तुम नहीं हो ? तुम्हीं हमें उकसाकर अत्याचारी बनाती हो। हम तुम्हें कैसे स्वतन्त्र और निरंकुश छोड़ दें...? हमें दुनिया नहीं चलानी ?

तुम दुनिया-भर की चीख-पुकार मचाए हो कि हम दुहरे मानदंडों का इस्तेमाल करते हैं, हम हिप्पोक्रैट और ढोंगी हैं। अरे उल्लू की पट्ठियो, सत्ता के बारे में कुछ जानती ही नहीं ? मानदंडों को डालो भाड़ में, सही वही है जो कल्चर स्वीकार करे—दुहरे-तिहरे की बकवास को अपनी 'उस' में रखो..

सच बात तो यह है कि हम तुम्हें समझ नहीं पाते। तुम्हारे शरीर से लेकर मन की बनावट साली ऐसी जटिल जलेबी और ऊबड़-खाबड़ है कि आदमी उसी में भटककर खो जाए—हमारे लिए तो वह ऐसा अन्धकार-लोक अनखोजी दुनिया है जहाँ कहीं रास्ता ही नहीं दिखाई देता—साँप-बिच्छुओं और जंगली जानवरों का डर अलग हर वक्त प्राण सोखे रहता है। हाँ, हम तुमसे डरते हैं क्योंकि शरीर से लेकर मन तक हर कहीं हम इतने सीधे, सरल और सपाट हैं कि तुम आसानी से हमारी नस-नस समझ जाती हो और हम हैं कि टेढ़े-सीधे जंगली रास्तों पर ही भटकते और लुढ़कते रहते हैं। जिसे हम जानते नहीं, उसकी उपस्थिति हमें डराती है, उसमें हमें दैवी और जिन्नाती शक्तियों का वास लगता है। या तो हम उसे खत्म कर देना चाहते हैं या पूजकर उसके चरणों में माथा नवाकर उसे अपने अनुकूल कर लेते हैं। तुम्हारी रहस्यमयी बनावट ही हमें नर्वस बनाए रखती हैं। जिसे तुम हमारा पुरुष अहं और अत्याचार करना कहती हो वह हमारे भीतर के डर की अभिव्यक्तियाँ हैं, असुरक्षा की आत्मघाती कुंठाएँ हैं। चूहे-बिल्ली के इस खेल में पता नहीं कब तुम्हारा दाँव लग जाए और तुम हमें खा-चबा डालो...तुम्हारा सामना करने के लिए हमें दुनिया-भर के कुश्ते, शिलाजीत, जिनसेन और वियाग्रा खाने पड़ते हैं—ड्रगों और शराबों से शक्ति खींचनी पड़ती है। डंडों और घरेलू कारागारों का इस्तेमाल करना होता है। सच बात यह भी है कि तुम हमें अपने बीच की चीज लगती ही नहीं हो। लगता है कि किसी अलग लोक की प्राणी हो, वेश बदलकर हमारे बीच घुल-मिल गई दुश्मन की घुसपैठिया हो, तरह-तरह के मायाजाल फैलाकर हमारी बुद्धि और शक्ति भ्रष्ट कर देती हो...हम कैसे तुम पर विश्वास कर लें कि कल तुम पलटकर हमें ही नहीं डस लोगी या इठलाती हुई दूसरे के साथ न चल दोगी ? ज़िसने तुम पर विश्वास किया, समझो वह मारा गया। कभी-कभी तुम्हें बोलते-हँसते, चलते-फिरते देखकर हमें विस्मय

होता है कि कौन हैं ये प्राणी जो ठीक हमारी तरह सब-कुछ करते-बोलते हैं, मगर हम में से नहीं हैं। इनकी बिल्कुल एक अलग और अपरिचित दुनिया है जहाँ से कभी-कभी बाहर आकर हम घुल-मिल जाते हैं और फिर वापस बड़े रहस्यमय तरीके से अपनी दुनिया में लौट जाते हैं। हमें पता ही नहीं चलता कि इनके यहाँ क्या होता-पकता रहता है। हम साथ पैदा होते, पलते बढ़ते हैं, खेलते-कूदते हैं, लड़ते-झगड़ते हैं—मगर तुम्हें समझते बिल्कुल नहीं हैं। हर समय तुम्हारी एक अलग गोपनीय तिलस्मी दुनिया है जहाँ हमारी कोई पहुँच नहीं है। हमारे-तुम्हारे बीच एक अजीब पारदर्शी शीशे की दीवार है जहाँ सब-कुछ आस-पास घटित होता है, मगर हमारा हिस्सा नहीं होता...यह किसी अनजान, अपरिचित लोक के वासी होने का ही खतरा है कि हम तुम्हें पूरी तरह कूट-कुचल देना चाहते हैं ताकि कभी सिर न उठा सको, पलटकर हमले की बात न सोच सको और सपने में भी बदले जैसा कोई भाव न आने दो...उलटे कृतज्ञ और अहसानमन्द बनी रहकर गद्गद भाव से हमारी मंगलकामनाएँ और अनुष्ठान करती रहो, हमारे और हमारे बेटों की स्वस्थ लम्बी उम्र के लिए व्रत-प्रार्थनाएँ करती रहो, हमारे इशारों पर उठती-बैठती रहो। हम हर तरह इस भरम को बनाए रखना चाहते हैं कि तुम अपने आपको हम में से ही एक समझती रहो—कि हम और तुम बराबर हैं, कहीं कोई फर्क नहीं है...बल्कि हम तुम्हारी अपनों से ज्यादा इज्जत करते हैं...क्योंकि हम तुमसे डरते हैं...तुम जैसे बनैले और खूँखार जानवर को हमने सैकड़ों साल जैसे हंटरों और कोड़ों की मदद से या भूखा मारकर यानी व्रत रखवाकर पालतू और घरेलू बनाया है—यह हमारा ही कलेजा जानता है—फिर सदियाँ लगी अपने सोच, स्वभाव और स्वार्थ को घोट-पीसकर तुम्हारी नस-नस में उतारने में ताकि शरीर से तुम अलग होते हुए भी भीतर से 'हम' बन सको...हमने तुम्हारे सती-सुहागन रूप को बड़े-से-बड़े भगवान के ऊपर बैठाया। यह गुलाम बनाना नहीं, अपने परिवेश के लिए अनुकूलित और संस्कारित करना है। सबसे पहले तो इसके लिए तुम्हें दो हिस्सों में तोड़ना पड़ा है—कमर से नीचे और ऊपर की दो औरतों को बाँटने में हमें कितने अनुभवों, दर्शनों और चिन्तनों का सहारा लेना पड़ा है, तुम्हें क्या मालूम ? ऊपर उदात्त और करुणा-कल्याण, नीचे वासना, सेक्स और नरक का कर्दम—ऊपर प्रकाश, नीचे अन्धकार...दुश्मन को दो हिस्सों में तोड़कर अलग-अलग निपटना आसान होता है न। ...अब देख लो, दोनों के स्वामी हम ही हैं, ऊपर परम पुरुष बनकर तो नीचे पुरुष बनकर...सच पूछो हम तुम्हारे कृतज्ञ हैं कि दो हिस्सों में बाँटकर राज्य करने का जो मन्त्र तुम्हारे ऊपर आजमाया था उसी से आगे सारी सत्ता की राजनीति चलाई—साम्राज्यों, दुश्मनों और परिवारों को नियन्त्रण में रखा। अब इसे बन्दर बाँट कहना एक वैज्ञानिक सिद्धान्त को झुठलाने का कमीनापन है।

जानती हो, अपने से ज्यादा इज्जत की जाती है ? उसकी जो हम में से एक नहीं है, हमारा अपना नहीं बाहरी मेहमान है, भीतर से जिस पर हमें विश्वास नहीं है। क्योंकि भीतर से हम जानते हैं कि हमारे तुम्हारे बीच कुछ भी समान नहीं है, न शरीर, न मन, न मन्सूबे...हमारा लाड़-प्यार दुलार सब तुम्हें बर्दाश्त करने और अपनापन दिखाते रहने

का हथकंडा है—जैसे हम बिल्ली-कुत्तों को दुलराते-पुकारते हैं, सहलाते और साथ सुलाते हैं। लेकिन सबसे ज्यादा हमारा अहं तृप्त होता है तब जब ये दुम हिलाते हुए हमारे पैरों से लिपटते हैं, हमारी गोद में आकर हमें चाटते-चूमते हैं। हमारा आना या होना इनका उत्सव होता है ! चूमते-चाटते हम तुम्हें भी हैं, मगर इस अहसास से कभी मुक्त नहीं हो पाते कि तुम गन्दी चीज हो, साक्षात गन्दगी हो क्योंकि सिर्फ शरीर हो। हम शरीर भी हैं और आत्मा भी। हम 'अशरफुल मख्लूकात' यानी धरती की मुकुट-मणि हैं। हम सौन्दर्य और पवित्रता के साक्षात प्रतिमान हैं। प्रकृति ने हमें ऐसा ही बनाया है ! अच्छा क्या तुमने कभी अपने आपको दूर से, तटस्थ होकर देखा है ? कैसा टेढ़ा-मेढ़ा, भद्दा और ऊटपटांग शरीर है : मैंने कहा, ऊटपटांग...अहा, कैसा मौजू शब्द है। हो सकता है यह 'ऊँट' से बना हो : कहा जाता है कि ऊँट की कोई कल सीधी नहीं होती : लम्बी टेढ़ी गर्दन, पीठ पर कूबड़, बाँसों जैसी टाँगें, चूहे जैसी दुम, धप-धप पैर, हलल-हल थोबड़ा और उससे टपकती लार...तुम्हारे भी दो कूबड़ आगे, दो लौंदे पीछे, बीच में कुएँ जैसी गुफा—जहाँ से हर वक्त कुछ-न-कुछ टपकता-रिसता रहता है...गन्दगी का स्रोत...'नारी की झाँई परे, अन्धौ होत भुजंग' जब ये बड़ी-बड़ी साध्वियाँ ब्रह्म और आत्मा की ऊँचाइयाँ झाड़ती हैं, माया और जीव के फलसफे बनती हैं तो पूछने का मन करता है कि बहनजी, आपका सैनेटरी-नैपकिन तो ठीक जगह है ? तुम्हारी बोउवा ने ही कहा है कि औरत से ऊँची और मौलिक बातों की अपेक्षा कैसे की जा सकती है जो हमेशा जाँघों के बीच खून-पीप की चिपचिपाहट के अहसास से आक्रान्त (ब्लीडिंग बिलो) रहती हो। तुम्हारे सारे दिमागी फितूरों का एक ही इलाज है—अच्छा सा सम्भोग और बच्चों में उलझा देने का मन्त्र। तुम उत्कृष्ट और मौलिक सृजन इसलिए नहीं कर सकतीं कि अपनी सारी सर्जना तो बच्चों में झोंक चुकी होती हो...अच्छा और अगर यह 'ऊटपटाँग' शब्द 'ओरंग ओटांग' से बना है तो दाद देनी पड़ती है कि कैसा सही शब्द ढूँढकर लाया गया है—यानी बन-मानुस...शरीर का हर अंग आदमियों जैसा, मगर एकदम अलग और बेढंगा...देखकर ताज्जुब होता है सब-कुछ हमारे जैसा, मगर एकदम कोई और...ईमानदारी से कहें तो जब हम तुम्हें गाड़ी, हवाई जहाज, कम्प्यूटर या ऐसी ही कोई जटिल मशीन चलाते या भाषण देते या दिमागी बातें करते देखते हैं तो अजीब कौतुक और विस्मय होता है : अरे यह तो ठीक हमारी तरह कर रही है—ठीक वैसा ही कौतुक जैसे सरकस में बन्दर या चिम्पाँजी को साइकिल चलाते, मेज पर छुरी-काँटे से खाते या टाइप करते देखकर होता है—वाह, हमारी कैसी हू-ब-हू नकल कर रहा है...अच्छा बताओ, यह बात उस वक्त क्यों हमारे दिमाग में नहीं आती जब तुम खाना बनाती हो, रोटी बेलती, सब्जी छौंकती या स्वेटर बुनती हो। बच्चों को खिलाती-पिलाती हो। हमारी लात या लताड़ खाकर बटन लगाते हुए या यों ही बैठे-बैठे रोती हो। तब तो लगता है कि हाँ, यही तुम्हारी स्वाभाविक और प्राकृतिक जगह है। वहाँ हमें शील, शान्ति, सौन्दर्य और वात्सल्य का वास लगता है, तुम्हारे निरीह रूप पर प्यार आता है। तुम्हें कोई भी बौद्धिक या दिमागी काम करते हुए, या ऐसा कोई काम करते हुए देखकर जहाँ स्थिति के हिसाब

से तुरन्त निर्णय लेना हो, क्यों पहली बात यही आती है कि बस, बस बहुत हुआ, इनमें हमें ही सिर ख़पाने दो जानेमन...जैसे किसी एक्टर को स्टेज पर बहुत उछल-कूद करते देखकर कहने को मन होता है : यह राजा-रानी की एक्टिंग हो चुकी, अब अपने ये मुखौटे-मेकअप उतारो और यहाँ हमारी तरह आकर चुप बैठो...एक चाय बना लाओ और हमारे पैर दबाओ।

चलो, मान लिया कि हमने तुम्हें देह के अलावा कुछ माना ही नहीं। हर वक्त देह की नाप-जोख, चूमा-चाटी, भजन-कीर्तन करते रहे, तुम्हें तरह-तरह के आसनों-मुद्राओं में खींचते, समेटते रहे, निहारते-निखारते रहे, मुखोष्ठ से लेकर भगोष्ठ तक लीपते-पोतते रहे, दुनिया के सबसे कीमती, दुर्लभ आवरणों-आभूषणों से ढँकते-खोलते रहे—मगर सच्चाई यही है कि अप्सरा और योगिनी बनाकर हमने तुम्हें सिर्फ देह में ही कैद कर दिया। एक ऐसी देह जो भोग से लेकर योग तक में हमारे ऊपर निर्भर है—हमारी मिल्कियत है। तुम खुद भूल गई हो कि हमारे स्वार्थों-हितों या छत्रछाया से अलग तुम्हारे भी कोई फैसले हो सकते हैं, या तुम्हारे पास भी कोई स्वतन्त्र दिमाग और विवेक चेतना है ! तुम हमारी 'चीज' हो—वह प्रोडक्ट (उत्पाद) हो जिस पर हमारा ठप्पा लगा है—अब यह हमारा कौशल है कि उसने उसे 'ठप्पे' की भाषा को तराश सँवारकर कवित्वपूर्ण, सांस्कृतिक, आध्यात्मिक शब्दावली दे दी है, ऐसा माया-लोक तैयार कर दिया है कि उसी में मुग्ध-मूढ़ बने रहने में तुम्हारी सार्थकता और कृतार्थता है...जो कुछ भी उत्कृष्ट, श्रेष्ठ और उदात्त है उसका श्रेय तुम्हें देकर हम जिस तरह मोहाविष्ट (मैस्मेराइज्ड) रखते रहे हैं कि तुम सचमुच खुद उस पर सबसे अधिक आस्था रखती हो...क्या तुम्हें पता है कि तुम्हारे ऊपर ही हमारी सारी आध्यात्मिक, सांस्कृतिक, साहित्यिक और आर्थिक इंडस्ट्रियाँ टिकी हैं। तुम्हें हटा दें तो ये सारे ताश-महल भरभरा कर गिर पड़ें। अरबों-खरबों के ये सौन्दर्य व्यापार ही नहीं, इतिहासों, पुराणों के सारे कलश-कँगूरे ढह जाएँ... इसीलिए तुम्हें पीट-पटाकर अपने ढंग से रखना तो है ही...कहीं तो इस सबका श्रेय दो कम्बख्तो...

अब देखो, कितना शोर मचाया तुमने कि तुम स्वतन्त्र व्यक्ति हो, पुरुष की तरह अपने फैसले तुम खुद ले सकती हो, दूसरों के आदेशों या इशारों पर नाचना ही तुम्हारी नियति नहीं है, तुम्हारा शरीर तुम्हारा है, उस पर सिर्फ तुम्हारा हक है, उसे तुम जैसे चाहो उघाड़ो, खोलो, ढँको या छिपाओ : हमने कहा, चलो ठीक है, यही सही। हमने तुम्हें स्टेज और रोशनियाँ दीं, सौन्दर्य प्रतियोगिताओं का आयोजन किया, तुम्हारे स्वतन्त्र शरीर को केन्द्र में रखकर धरती का चप्पा-चप्पा विज्ञापनों से ढँक दिया, करोड़ों-अरबों के इनाम घोषित किए, साबुन-क्रीम से लेकर कपड़े-गहने बेचे...तुम्हारी भी मनमानी हो गई...हमारा भी व्यापार चला। नियन्ता तो हमीं रहे न...बताओ, हमारे चंगुल से छूटकर जाओगी कहाँ ? तुम्हारी स्वतन्त्रता को भी हमने खरीदने-बेचने की चीज बना डाला। हमसे कहाँ-कहाँ बचोगी डार्लिंग...

हो सकता है तुम्हारा यह इलजाम सही हो कि गाली हो या वन्दना, हमने तुम्हें

देह के सिवा कुछ समझा ही नहीं—न विवेक, न बुद्धि, न आत्मा...अच्छा बताओ, ऐसा कब और कैसे समझते ? हजारों सालों से हमारे पुरखों ने तुम्हें और दूसरे गुलामों को शास्त्र, शिक्षा और संस्कारों से दूर रखा क्योंकि जानते थे कि तुम इस लायक ही नहीं हो इसीलिए न तुम्हें अपने ज्ञान के पास फटकने दिया, न अपनी भाषा दी—बल्कि व्यवस्था कर दी कि हमारे पवित्र शब्द चुराओगे या हमारी भाषा-बोली को अपनाने की कोशिश करोगे तो वही सजा होगी जो चोर-डाकू की होती है या तो तुम्हारा सिर काट दिया जाएगा या कानों में उबलता सीसा भर दिया जाएगा...जिसे तुम मूर्ख, अविवेकी और जाहिल बनाए रखना कहती हो उसके पीछे यही तो सद्भावना थी कि तुम्हारे लिए जो भी सोचना, सीखना या फैसले करने होंगे—वह तुम नहीं, हम करेंगे। प्राकृतिक बात तो यह है कि न तुम्हें कुछ पढ़ने-सोचने का अधिकार है, न अपने फैसले करने का। तुम क्यों इन बेकार के पचड़ों में सिर खपाओ और व्यर्थ के झंझटों में पड़ो ? तुम्हारा जीवन हमारी सम्पत्ति है और जब तुम लम्बे इतिहास और अनादि परम्परा के बाद सचमुच मूर्ख, अनपढ़, अविवेकी हो ही गई हो तो हमें ही जोर-शोर से कहना पड़ता है कि तुम मूर्ख और जाहिल हो—कि तुम्हें अक्ल और विवेक की बातों से क्या लेना-देना ...तुम्हारा नाम ही भाषा में गाली के रूप में इस्तेमाल करने के पीछे कोई तो तर्क होगा। सच्चाई यह है कि आज भी ये फैसले हम करेंगे कि तुम कैसे रहो, क्या बनो या तुम्हें क्या और कितना देना चाहिए...तुम्हें कितने अधिकार और आरक्षण देने हैं, कब देने हैं, क्योंकि हमारे पास सदियों का ज्ञान और कौशल है...सोचने-समझने की क्षमता और भला-बुरा सोचने का विवेक है ! हम शासक, निर्णायक और न्यायकर्त्ता हैं ! अगर भाषा के सारे निर्णायक, प्रभावशाली और शक्तिसूचक शब्द पुरुषवाची हैं तो इसमें गलत या संयोग कहाँ है ?

मूर्खो और जाहिलो, हमारी ऊँचाइयों और गहराइयों को तुम क्या खाकर छुओगी ? सात जन्म लो तब भी हमारी उन बारीकियों को नहीं समझ सकतीं जिससे हमने तुम्हारा और समाज का ताना-बाना बुना है ! स्तुतियों से ही नहीं, गालियों से भी हमने तुम्हें मारा है ! जो भाषा हम तुम्हारे लिए इस्तेमाल करते हैं, उसे कभी सुना है ? वह सिर्फ तुम्हारी देह और देह-सम्बन्धों के बखिए उधेड़ती है, या तो तुम्हारी योनि और वासना की दुर्दमनीयता को धिक्कारती है या अपनी असमर्थता को कोसती है कि तुम्हारी देह को क्यों कुचल और रौंद नहीं पाते...हमने तुम्हारे सारे अस्तित्व को सिर्फ चूत से चूचियों तक बाँध दिया है (अश्लील भाषा है न ? मगर क्या करें, हम आपस में तुम्हें जानते ही इन्हीं शब्दों से हैं)। हिंसा सिर्फ शरीर की नहीं होती, उससे पहले भाषा की होती है—आदमी शारीरिक हत्या करने से पहले भाषा और सोच में हत्या कर चुका होता है। कितनी हिंसा, कितनी हिकारत और कितना क्रोध है हमारी भाषा के शब्द-शब्द में। तुम्हें पशु और पालतू बनाने से पहले हम भाषा में खुद पशु और हत्यारे हो चुके होते हैं...

अब बोलो, बलात्कार जैसी साधारण-सी बात पर ऐसा आसमान सिर पर उठा

रही हो। जैसे प्रलय आ गई हो। इच्छा-अनिच्छा को मारो गोली, बलात्कार का अर्थ सम्भोग ही तो हुआ न ? बताओ मर्द अगर औरत के साथ सम्भोग नहीं करेगा तो कहाँ करेगा ? कोई तो करेगा आखिर, फिर क्या फर्क पड़ता है कि वह कौन है। दिन-भर में न जाने कितना कुछ घटता है जो हमारी-तुम्हारी इच्छा के अनुकूल नहीं होता। इसके लिए न हत्या की जाती है न आत्महत्या।...तुम्हें देखकर अगर हमारे भीतर वासना जागती है तो उसे पूरा करने क्या भगवान उतरेगा ? हर बात में तुम्हारी इच्छा-अनिच्छा ही बनी रहेगी तो हम क्या अपनी ऐसी-तैसी कराएँगे ? वैसे भी भँवरीबाईवाले मामले में राजस्थान हाई कोर्ट ने फैसला दे ही दिया है कि न बलात्कार जैसी कोई चीज होती है, न समर्थ लोगों पर ऐसे आरोप सिद्ध होते हैं। नीचों की नस्ल सुधारने के लिए अगर ऊँचे कुछ करते हैं तो उसे बलात्कार नहीं, विकास-कार्य कहा जाता है जो राष्ट्र सेवा के नाम से जाना जाता है ! बलात्कार को अपराध घोषित करके मौत की सजा या कठोर दंड की माँग करना बेहयाई की हद है ! उल्टा चोर कोतवाल को डाँटे...

पर सच बात तो यह है कि न हम तुम्हारे कृतज्ञ हैं, न तुम्हें पूजते-भोगते हैं—हमने तुम्हारे अस्तित्व से तोड़-छीनकर तुम्हें एक 'आइडिया' या भावचित्र में, एक अमूर्त छवि में बदल दिया है और हम उसे ही पूजते हैं, उसे ही छाती से लगाकर प्राण दे देते हैं—मगर तुम्हारी साक्षात उपस्थिति और हाड़-मांस के शरीर से डरते, भागते, भोगते हैं, उस पर थूकते हैं...आदमी को मूर्त व्यक्ति से हटाकर 'आइडिया' बनाने में सुविधा है कि हम उसे 'व्यक्ति' नहीं 'विचार' के रूप में देखने लगते हैं—यानी उसे हिन्दू-मुसलमान, आस्तिक-नास्तिक, दलित-औरत के अमूर्तन में रिड्यूस कर देते हैं। तब हम आसानी से माँ-बहन, प्रेमिका-पत्नी-बेटी को नहीं, औरत नाम के खतरनाक प्राणी के रूप में उसे देख रहे होते हैं, उसे निरपराध भाव से मार या पूज रहे होते हैं—सिर्फ अपने विचार या मानसिक आदर्श की रक्षा के लिए...हमने तुम्हें जो इतने सालों में गुमनाम और बे-चेहरा बनाकर रखा, सिर्फ माँ-बाप-बेटों-बेटियों, पतियों-भाइयों के सम्बन्धों को ही तुम्हारी पहचान बनाकर रखा उसके पीछे कोई तो मनोविज्ञान या दार्शनिक सिद्धान्त रहा ही होगा...

अब तुम यह मत कहने लगना कि औरत को देवी और दासी में बाँटकर हम अपने आपको भी हिस्सों में तोड़ रहे हैं—ऐसे दुहरे व्यक्तित्वों में खंडित कर रहे होते हैं जिनका आपस में न कोई सामंजस्य है, न संवाद...दूसरों को गुलाम बनानेवाला सबसे पहले गुलाम बनाने के विचार का गुलाम होता है—उसके आचरण का निर्धारण अपने स्वतन्त्र विवेक से नहीं—गुलामी के विचार से होता है, एक आब्सैशन से होता है। हिंसा अन्ततः दोनों पक्षों को बराबर तोड़ती है।

जब हमें मुर्गी खाने की भूख सताती है तो उससे पहले मुर्गी की स्वयं इच्छा होती है कि कोई उसे काटकर अपने पेट में सुरक्षित रख ले। हम खाते कहाँ, सिर्फ उसे सुरक्षा देते हैं।

दरअसल हमारी त्रासदी और तुम्हारी सुविधा (एडवांटेज) यह है कि हमारे स्थिर

और स्थापित हो चुके रूप को तुम तो तिल-तिल जानती हो, मगर तुम्हारे इस बदलते तेवर को हम समझ ही नहीं पाते...तुम्हारा सारा अन्तर्विश्व और बाहरी परिवेश हमारा गढ़ा हुआ है, इसलिए हम निश्चिन्त हैं कि अपनी भीतरी-बाहरी यात्राओं में तुम सिर्फ हमारी छाया हो—तुम्हें पशु, वस्तु और सम्पत्ति मानकर हम निर्भ्रान्त, सन्तुष्ट हैं। उधर अपने को स्थगित करके हमें आत्मसात करने की प्रक्रिया में तुम हमारे भीतर-बाहर के हर मौसम और मूड को हम से अच्छी तरह समझती हो। हमसे पहले हमारी नीयत और योजना को सूँघ लेती हो। हम तुम्हारे लिए ऐसे पारदर्शी और प्रीडिक्टेबुल हैं कि जैसे घरेलू पशु...अब हमें अरेस्टेड ग्रोथ या रुद्धविकास के प्राणी कहकर क्यों जले पर तेजाब छिड़क रही हो...

अच्छा, यह सब बकवास बहुत हो गई, उधर झाड़ू-बुहारू करो। हमें बड़े और गम्भीर काम करने हैं, दुनिया चलानी है, विचार और चिन्तन से इसे बदलना है ताकि शान्ति से नई सदी में प्रवेश कर सकें। तुम औरतों-फौरतों के लेखन-वेखन पर बोलते-सोचते रहें तो ये सारे महान कार्य क्या तुम्हारा बाप करेगा ?

वे पत्नियाँ, जो पति की आज्ञा का उल्लंघन करती हैं मृत्यु के समान हैं, जहरीली सर्पिणियाँ हैं, राक्षसनियाँ हैं, उनका क्या उपयोग है, उनका सर्वनाश हो !

समुद्र में जहाजों के मार्ग की तरह, वायु में पक्षियों की उड़ान की तरह, पृथ्वी पर स्त्री कहाँ कब जाएगी, कहना कठिन है।

—वेमन्ना

लेखन

स्त्री गाथा

इधर महिला लेखिकाओं की ओर से यह आग्रह बार-बार किया जा रहा है कि उनके लेखन को जनाना या मर्दाना कहकर न अलगाया जाए। 'लेखक' सिर्फ लेखक होता है, उसके साथ महिला विशेषण लगाते ही हम उसे ऐसे वर्ग में आरक्षित कर देते हैं जहाँ उसका लेखन 'कुछ ऐसा ही'-सा हो जाता है और लिहाज या प्रोत्साहन से देखे जानेवाली वस्तु की गन्ध देने लगता है। पुरुष लेखक का अर्थ होता है वयस्क, गम्भीर, विकासशील और मुक्त...महिला लेखन में ध्वनि है कि वहाँ वह सब नहीं है, साथ ही है पुरुषों की ओर से एक सरपरस्ती की अदा, खुद ऊँचा होने का विनम्र दम्भ...यानी यह विभाजन एक षड्यन्त्र है।

जिस षड्यन्त्र की ओर इशारा किया जा रहा है, वह मुझे लेखन में उतना नहीं दिखाई देता, जितना जिन्दगी के दूसरे क्षेत्रों में। महिला अफसर से भी अधिक महिला कार-ड्राइवर के प्रति यह पुरुष रवैया अधिक मुखर है। अभी तक यह क्षेत्र सिर्फ 'मर्दाना' रहा है, वही स्वाभाविक और स्वीकृत है। महिला को कार चलाते देखकर साथी चालक उसे एक खास अविश्वास, आशंका, कौतूहल, प्रतिरोध और ईर्ष्या से ऊँचाई पर खड़े होकर देखता है। उसकी हर गलती को उसके 'जनानेपन' से जोड़ता है—बड़बड़ाता है, 'घर में बैठकर रोटी बनती नहीं है, यहाँ चली आई है गाड़ी लेकर हमारा खून पीने !' कभी उसे देखकर मुस्कराता है, अगर महिला सुन्दर हुई तो उसे 'ग्रेसफुल' मानने की रियायत देता है...

लेखन भारत में महिलाओं के लिए अपेक्षाकृत विरल और नया है, इसलिए रियायत, सरपरस्ती और पक्षपात अधिक है—स्त्री इसी का विरोध करती है। यहाँ भी कविता के क्षेत्र में उन्हें प्रायः सहज स्वीकृति है, कथा और विचार-लेखन में अभी पुरुष रवैया सन्तुलित नहीं है। कविता में अपने को छिपाकर बात कही जा सकती है, अमूर्तन में सन्तोष खोजा जा सकता है, कहानी-उपन्यास में सन्दर्भों, स्थितियों और व्यक्तियों को खोलना पड़ता है। नारी चाहे तन खोले या मन, मर्दानी निगाहें रस और दिलचस्पी से उसे देखती हैं। अगर दो अपरिचित पुरुष और महिला की रचनाएँ साथ-साथ छपी हों तो पहली निगाह महिला पर जाएगी। यही क्यों, उस कहानी को कुछ बौद्धिक प्रयास से ही पढ़ना होगा, जिसमें नारी पात्र नहीं है। शिक्षा और संस्कार, उदारता और अनुशासन, नैतिकता और सदाशयता जैसी प्रेरणाओं से अभी तक हम यानी पुरुष ही तय किया करते थे कि नारी के तन और मन को कितना खोलना है और कितने बन्धन

उसकी 'स्वतन्त्रता' में बाधक हैं या कितनी मुक्ति उसके हित में है अर्थात् कितने खुलेपन को हम खुद बर्दाश्त कर लेंगे। जब नारी खुद तय करना चाहती है कि उसे कहाँ और कितने बन्धन चाहिए...वह पिटे हुए बच्चे की तरह कभी डर और कभी उद्दंडता से हमारी निगाहें देखती है कि कहाँ तक हम 'सह' लेंगे, या कितना खुलाव उसे चाहिए। आरोप उस पर यह भी है कि अपने आपको खोलने में उसकी निगाह हमारे रीझने और खीझने पर ही ज्यादा है, अपनी भीतरी-बाहरी वास्तविक जरूरतों पर कम। लेखन भी अभी उसकी अपनी सहज अभिव्यक्ति के रूप में नहीं, हमारी प्रतिक्रिया से आया या प्रतिक्रिया उकसाता लेखन है। पुरुष पहले उसका उपास्य था, अब 'मॉडेल' है—यानी जैसा उसे बनना है। प्रारम्भिक होने के कारण यह स्थिति बहुत अस्वाभाविक नहीं है।

आज जिसे हम 'जनाना लेखन' कहते हैं वह दो बातों से पहचाना जा सकता है : एक है महिलाओं का लेखन, दूसरा अपने लेखन के प्रति खुद उनका रवैया।

दूसरी बात से ही शुरू किया जाए : सदियों की गुलामी, सामाजिक स्थिति और असुरक्षा में बने रहने ने, नारी के सारे आत्मविश्वास को छीन लिया है। उसे अपने 'होने' और बनने की हर स्थिति में पुरुष की स्वीकृति, समर्थन चाहिए। कुछ क्षेत्रों में वह नारी को उन्मुक्त अनुमोदन देता है तो कुछ में झिड़क देता है, 'तुम्हारे बस का नहीं है' या 'तुम्हारे मतलब का नहीं है।' इधर हिंदी की अधिकांश लेखिकाएँ अच्छे मध्यवर्गीय या उच्च-मध्यवर्गीय परिवारों से आई हैं। दिल्ली में तो एकाध कामकाजी महिला को छोड़कर प्रायः सभी खाते-पीते सम्पन्न घरों की हैं। जिनके पति या तो व्यवसायी हैं या अफसर ...वही वर्ग है जिसकी पत्नियाँ सुन्दर, सुरुचिपूर्ण घरों को सम्भलवाती हैं, दिन में शॉपिंग, हेयरसिंग या किटी पार्टियों में जाती हैं, शाम को समारोहों, होटलों, क्लबों की शोभा बढ़ाती हैं, बाबाओं और ज्योतिषियों के चक्कर काटती हैं। इन्हीं में से कुछ हैं जो अपनी कलात्मक रुचियों को विकसित करना चाहती हैं—साधन और सुविधाएँ हैं और 'आप तो जो करती हैं उसमें कमाल ही कर देती हैं' की उन्मुक्त प्रशंसाओं के दम्भ के किनारे छूता आत्मविश्वास दे दिया है। सुबह से शाम तक वे यही तो सुनती रहती हैं कि : 'आपके पर्दे, आपका फर्नीचर, आपकी साड़ी, आपका फिगर, आपका खाना, आप खुद, अद्भुत और लाजवाब हैं...।' आखिर चौबीसों घंटे आरती उतारने का कुछ-न-कुछ असर तो मनोविज्ञान को बनाता ही है। अब इनमें यह कुंठा होना बहुत स्वाभाविक है कि जो ये प्रशंसाएँ नहीं करता, वह जलता है, कुंठा का मारा है या मानसिक विकलांगता का शिकार है। उससे किसी दूसरे की अच्छी चीज देखी नहीं जाती, खुद का टेस्ट निहायत भौंडा है, इसलिए ऐसी चीजें एप्रिशियेट नहीं कर पाता...इत्यादि...

आश्चर्य की बात है, अपनी सारी बौद्धिक प्रखरता और क्लास से ऊपर जाने की घोषणाओं के बावजूद अधिकांश लेखिकाएँ तकल्लुफी काम्प्लीमेंट्स (प्रशंसाएँ) लेने की इस कुंठा से मुक्त नहीं हो पातीं ! वे जान-बूझकर इस विश्लेषण में नहीं जातीं कि इनमें कितनी प्रशंसाएँ उनके नारी होने की हैं, कितनी पति की सम्पन्नता और पद की

हैं और कितनी अपने सामाजिक प्रभाव कीं। इनमें यह आकांक्षा बल्कि विश्वास होना बहुत स्वाभाविक है कि सारा साहित्य जगत उन्हें वही, उन्मुक्त प्रशंसाएँ दे जो वे अपने मेहमानों या अतिरिक्त उपकरणों से खरीदी गई गोष्ठियों और विमोचन समारोहों में पाती रही हैं। जहाँ ऐसा नहीं है, वहाँ उनके तमतमाए चेहरे देखने लायक होते हैं। अगर शिष्टाचार की सीमाएँ न होतीं तो वे गली-मोहल्ले की औरतों की जुबान में 'आलोचकों' की खबर लेतीं...अब तो सिर्फ इतना ही कहकर रह जाती हैं कि 'मूर्ख' है, समझता नहीं है, कोई दृष्टि ही नहीं है—हमने पाँच साल की उम्र में जेन आयर और वार एंड पीस घोट डाले थे...या मुझे जब पिछली बार रोटरी क्लबवालों ने अध्यक्षता के लिए बुलाया था तो...या हमें समझनेवाले तो अब विदेशों में ही रह गए हैं...

इनमें से अधिकांश का तर्क है : देखिए, हमें लेखन के जरिए कुछ नहीं लेना। भगवान का दिया (यहाँ वे जान-बूझकर 'पति का दिया' नहीं कहतीं) सब-कुछ है। हम तो जो ईमानदारी से महसूस करते हैं, लिखते हैं...। अब यहाँ उन्हें कौन समझाए कि जिसे आप 'ईमानदारी से महसूस' करना कहती हैं, उसकी भी अपनी एक रुचि है, कि 'महसूस' करने का भी विश्लेषण किया जाता है या महसूस करने की दुनिया का भी विस्तार किया जाता है। उसे दूसरों के 'अहसास' से जोड़ा भी जाता है। आप सिर्फ वही 'महसूस' कर पाती हैं, जितने की आपको छूट है। आप यह भूल जाती हैं कि लिखना कुछ जोखिम का काम भी है और सिर्फ ईमानदारी अपने आप में अधूरा मूल्य है, इसके साथ 'साहस' शब्द भी जुड़ा है। जो महसूस किया जाए उसे साहस, लेकिन बिना कलात्मक संयम खोए कहा भी जाए। वहाँ कुछ को नाराज न करने का अंकुश, अपनी 'सती सावित्री' की छवि, सामाजिक स्थिति का लिहाज, बच्चों, बड़ों का खयाल—ये सारे हिसाब-किताब 'अहसास' को कितना कुछ 'ईमानदार' रहने देते हैं ? नैतिक, आर्थिक और सामाजिक सुरक्षाओं के बीच ईमानदार बने रहने की यह जोड़-तोड़ साहसिक की जगह महिला लेखन को एक खास चालाकी और चतुरता-भरा, नकली, आत्मपीड़क, आत्मछल या 'आत्मधिक्कार' का लेखन बना देती है। एक तो सदियों की कैद के कारण वैसे ही महिलाओं की बातचीत या लिखने का दायरा बहुत सीमित है, वहीं पति, बच्चे, सास, ननद, और पड़ोसी, नौकर, मेहमान, गहने-कपड़े, आत्मप्रशंसा, अकेले और अनसमझे होने की यातना और आत्मदया—और फिर वहाँ भी 'टुकड़ों-टुकड़ों में बँटी ईमानदारी'—सुरक्षित भूमियों में डरते-डरते बढ़ना और फिर सहमकर वापस अपने घोंसले में लौट आना...पति या परिवार के उधारी गौरव में जीना। हाँ, व्यक्तिगत रूप में महिला लेखिकाओं की ईमानदारी चाहे जितनी साहसहीन हो, समग्र महिला लेखन एक बात जरूर ईमानदारी से व्यक्त कर रहा है; वह है आर्थिक और सामाजिक निर्भरता के माहौल में नारी होने की व्यर्थता, अर्थहीनता और खोखलेपन का अभिशाप—सम्बन्धों के झूठे पड़ते जाने का दंश...फिर परिचित दुनिया में लौट आने या अपरिचित शून्य में छलांग लगानेवाली 'आत्महत्याएँ'।

इस प्रशंसाजीवी, सीमित, फुर्सती और निहायत ही प्रीडिक्टेबिल लेखन के मुकाबले आर्थिक, सामाजिक दुनिया में अपने अस्तित्व के लिए संघर्ष करते नारी लेखन का

व्यक्तित्व निश्चय ही एक दूसरे रूप में उभर रहा है। उसका 'विजन' और 'पर्सपेक्टिव' बड़ा है, इन्हीं परिचित विषयों पर लिखते हुए भी उसका लेखन वही नहीं है जिसे दया या व्यंग्य से हम 'जानना' कहते हैं। मुझे लगता है, जब तक अधिकांश महिलाएँ स्वयं अपने लेखन के प्रति अपना दृष्टिकोण नहीं जाँचतीं और बदलतीं, तब तक न तो वे अपने आपसे ऊपर उठ पाएँगी न अपने वर्ग से...। बहुत क्रूर होकर इस रवैए की शल्यक्रिया की जरूरत है...

अधिकांश लेखिकाएँ इसी मिथकीय विश्वास की शिकार हैं कि 'हमारी रचना ...हमारी सन्तानें हैं।' पुरुष भी रचनाओं या पुस्तकों को अपने बच्चे बताता है और अक्सर उसे वही बच्चा ज्यादा प्रिय या श्रेष्ठ लगता है जो उसे ज्यादा यश या धन कमाकर दे। नारी का दृष्टिकोण अपने बच्चों के लिए यही नहीं है : संसार का सबसे मेधावी, विलक्षण अद्भुत और प्रायः सुन्दर अगर कोई बच्चा है तो वह उसका पुत्र ही है। 'टीचर नाराज होने पर या दूसरे बच्चों के लिए पक्षपात करने के कारण उसे कम नम्बर दे दे या फेल कर दे, यह दूसरी बात है, वर्ना कोई मुकाबला है उसकी इंटेलिजेंस का ? वह तो इतना सीधा है कि दूसरे लड़के बदमाशी करते हैं, नाम इसका लगा देते हैं। मैं इसलिए नहीं कह रही हूँ कि वह मेरा बेटा है, अगर वह मेरा बेटा न भी होता, तब भी मैं यही कहती।' नहीं बहनजी, अगर वह आपका बेटा न होता तो आप बिल्कुल ये विशेषण नहीं लगातीं। माँ अपने बेटे को लेकर कितनी चौकन्नी और खूँखार होती है, हम सब जानते हैं 'देखे तो कोई टेढ़ी आँख से उसे, आँखें निकाल लूँगी...।'

मान लीजिए बहुत ईमानदारी से महसूस करके बहनजी ने अपनी 'रचना' नाम की सन्तान पैदा की और आलोचक है कि उसे निहारकर गद्गद ही नहीं हो रहा, कभी नाक टेढ़ी बताता है, कभी आँख छोटी या माथा सँकरा...अब अगर लेखिका इसका मुँह न नोंचे तो क्या करे...? 'समझकर आलोचना की होती तो मैं मान लेती—लेकिन यह तो शुद्ध बदनीयती है...' इसके सिवा क्या कहें ?

इस लेखिका को यह समझाना बहुत मुश्किल है कि रचना उस अर्थ में बिल्कुल उसकी सन्तान नहीं है जिस अर्थ में बेटा या बेटी है। रचना का कोई एक 'बाप' नहीं है। बाप का नाम बताना, लगाना यहाँ जरूरी भी नहीं है। वह माँ के नाम से ही जानी जाएगी। न जाने कहाँ से रचनाकार को उसके बीज मिले हैं। इस अर्थ में रचना उस माँ की सन्तान है जो न जाने कितने पुरुषों के सम्पर्क में आई है। वह अनेक सामाजिक प्रभावों और संघातों की देन है जिसे रचनाकार ने अपने हिसाब से रूप दिया है, इसलिए वह सामाजिक सम्पत्ति है, सभी को उस पर अपनी राय देने का अधिकार है। इस सामाजिक बच्चे की माँ, व्यक्तिगत रूप से उसको चाहे जितना लाड़-प्यार करे, सामाजिक रूप से भी वही करेगी तो फूहड़ प्रदर्शन ही माना जाएगा, हास्य और जुगुप्सा पैदा करेगा। वैसे भी स्थितियों, व्यक्तियों के प्रति अनुपात या जरूरत से अधिक उद्वेलित, उत्तेजित और उछ्वासित हो जाना महिला लेखन की अपनी विशेषता है।

पुरुष की अपेक्षा स्त्री अपनी देह में ज्यादा कैद है। वह अपने शरीर से ऊपर

उठना या उसे भूलना भी चाहे, तो न प्रकृति उसे ऐसा करने देगी, न समाज। उसका सारा सामाजिक मूल्यांकन, सबसे पहले उसके शरीर का मूल्यांकन है। गुण तो बाद में आते हैं। वह एक ऐसी 'दृश्य-वस्तु' है, जिसे अपनी सार्थकता पुरुष की निगाह से सुन्दर और उपयोगी लगने में ही पानी है। नार्सिसस या आत्ममुग्ध हम सब हैं, मगर नारी जब अपने पर मुग्ध होती है तो उसकी निगाह में मूर्त या निराकार पुरुष बैठा होता है। पुरुष वह शीशा है जिसके सामने वह हर समय अपने को निहारती है—चाहे वह एकान्त की ड्रैसिंग टेबिल हो या यह बिस्तर, बाजार हो या घर का लॉन। वह उसी आइने में चलती, सोती है, यानी पुरुष की अमूर्त आँख। इसी आत्ममुग्ध स्थिति में वह पाँच साल की उम्र से लेकर पचास-पचपन तक मुक्त नहीं हो पाती—बहुत हुआ तो इस मानसिकता का विस्तार अपने बच्चों में कर लेती है। मूलतः अपने अस्तित्व और व्यक्तित्व के लिए उसे पुरुष-निगाही फैसले की जरूरत हर समय है। उसी के लिए वह रोती या मुस्कराती है। यह आत्मग्रस्त औरत अपने लेखन में भी इसी व्यक्तित्व को अभिव्यक्ति देती है। औरत जब तक आत्ममुग्ध है तब तक कभी 'ग्रो' नहीं कर पाती, उसका विकास अवरुद्ध हो जाता है। यहाँ एक विरोधाभास को रेखांकित करना जरूरी है। लेखन अपने को तटस्थ होकर देखने की निगाह देता है। औरत अपने आपको अपनी नहीं, पुरुष की निगाह से देखती है और उसी की दृष्टि में अपनी तृप्ति या होने का सन्तोष खोजती है। यह अपनी धुरी को छोड़कर 'दूसरे' की दृष्टि में खोजना है, 'दूसरा' हो जाना है। लेखकीय तटस्थता का अर्थ अपनी धुरी या केन्द्र पर बने रहकर दूसरे की दृष्टि से अपने को समझना है. ..नारी लेखन में 'दूसरे' यानी पुरुष की निगाह में अपना विसर्जन, एक विशेष पुरुष रवैए या रूढ़िवादी दृष्टिकोण का अनुमोदन है। यह अनुमोदनवादी या कन्फर्मिस्ट साहित्य लेखन रूढ़ियों के 'आस-पास' ही घूमता है, दयनीय विद्रोह का भ्रम देता हुआ। स्त्री जब तक 'अन्या' है या आत्मस्थ नहीं है, न वह अपने को अपनी निगाह से देख सकती है, न जी सकती है। हाँ, लिखना इस निदान की प्रक्रिया का प्रयास हो सकता है।

परिणामतः हिन्दी की लोकप्रिय लेखिकाएँ वही सब लिखती हैं जो हमें चाहिए—प्रेम और सपनों में डूबी हुई नायिकाएँ—यातनाओं के बीच आत्मबलिदान और त्याग की मूर्तियाँ, ममतामयी माएँ, गलतफहमियों के बीच मरतीं-जीतीं, अनसमझी 'मासूम आत्माएँ'...समाज के अत्याचारों की शिकार, गलत जगह जीनेवाली देवियाँ...आत्मधिक्कार के काँटों की शैया पर शहीद।

इस जनाने और बचकाने लेखन का सबसे अच्छा उदाहरण है अमृता प्रीतम का लेखन :

सिर्फ अपने आप में डूबी और विद्रोह पर खुद ही अपनी पीठ थपथपाती यह लेखिका जिन्दगी-भर आत्ममुग्धता के रसीदी टिकटों पर ही हस्ताक्षर करती रही है। स्टेज हो या लेखन, एक खास किस्म की 'सर्जनाहीनता' औरत के लिए पुरुष की तालियाँ अर्जित करती है। इसके साथ ही अगर औरत शहीद होने का करुण अभिनय भी साध ले, तो बात ही क्या है।

'अमृता की डायरी' को अमृता के सपनों का अलबम भी नाम दिया जा सकता है। रोज एक सपने का विवरण है। इनमें अक्सर वह शिव और पार्वती के रूप में अपने और इमरोज को देखती है। ये सारे सपने मृत पिता और जीवित इमरोज के अभिनन्दन हैं। अगर एक पुरुष हर रचना में कमसिन प्रेमिका की आरती उतारे तो हमें फूहड़ लगने लगता है, सवाल उभरता है कि शायद आपसी सम्बन्धों को लेकर वह या तो घनघोर अविश्वास का मारा है या फिर अपने को माफ नहीं कर पा रहा है। यानी कहीं कुछ है जिसे वह स्वाभाविक नहीं मान पा रहा।

अपनी इन डायरियों के माध्यम से अमृता महान है, वह बड़े-बड़े लेखकों के उद्धरणों में जीती और अपने होने का समर्थन पाती है। इन्दिरा गाँधी उससे सलाह लेती हैं, अपना राजदार बनाती हैं, अन्तर्राष्ट्रीय आत्माओं के बीच विचरती यह औरत हमेशा ही स्पॉट-लाइटों के बीच है, इसलिए पंजाबी के लेखक विशेष रूप में इससे हसद पाले हुए हैं।

हर अभिनन्दन और पुरस्कार को भरपूर भोगती और उच्छ्वसित किस्म की झूठी, नकली, लफ्फाज, तकरीरें देती यह औरत अक्सर ही अपने को आइनरैंड के साथ जोड़ती है। पृष्ठ 51 पर पाब्लो नेरुदा के मुँह से कहलाती है, 'धरती के प्लैनेट पर कोई ऐसा लेखक नहीं है जो नोबेल प्राइज की कामना नहीं करता।' और खुद ही जवाब देती है—मैं उससे पूछना चाहती हूँ—'दोस्त, इस धरती के प्लैनेट पर दो लेखक ऐसे हैं, जिन्हें यह कामना अपनी तौहीन लगती है। तुम शायद उन दोनों को नहीं जानते—एक आइनरैंड हैं, एक अमृता प्रीतम...' इस वाक्य पर बेसाख्ता मुँह से 'वाह' निकलने के साथ ही एक मुहावरा और मुँह से निकलता है : 'गुड़ खाएँ, गुलगुलों से परहेज करें...' क्या यह वही टिपीकल जनाना नखरा नहीं है, जहाँ पूरी देह प्रक्रिया में हिस्सेदारी के बावजूद अचानक परिणति पर नैतिक-बोध जागृत हो जाता है ? जिसे भावुक उच्छ्वास, सम्मान और हर बूँद निचोड़ लेनी है, जो बचकानी रूमानियत और बौद्धिक प्रतिबद्धता के बीच का फर्क नहीं जानती, उसके मुँह से ये बड़बोले चुस्त फिकरे आइनरैंड के ही एक उद्धरण की याद दिलाते हैं : 'फाउंटेन-हैड' में टूही, पीटर को समझाता है : ''आदमी की 'मूल्य चेतना' को कुचल डालो...महानता को पहचानने या उसे प्राप्त करने की उसकी आकांक्षा और क्षमता को खत्म कर दो...हाँ, महानता की अवधारणा को खत्म मत करो, उसे सिर्फ आदमी के अन्दर से समाप्त कर दो...ऊँचे-ऊँचे मन्दिरों को ध्वस्त करने की जरूरत नहीं है, इससे तो लोग उलटे डर जाएँगे...सिर्फ वहाँ 'मूढ़ता' (मीडियाक्रिटी) की प्रतिष्ठा कर दो...मन्दिर अपने आप धराशायी हो जाएँगे...''

इरावती कर्बे, दुर्गा भागवत, महादेवी वर्मा, कृष्णा सोबती, इस्मत चुगताई, महाश्वेता देवी जैसी लेखिकाओं के बीच अगर अमृता प्रीतम और कमला दास ही महान लेखिकाएँ हैं तो मेरा खयाल है हमें इस 'महान' शब्द को कुछ दिनों के लिए विश्राम ही दे देना चाहिए...।

[7.5.1985]

गिरजाघर में मौत[1] : महादेवी वर्मा

मैं नीर भरी दुःख की बदली
विस्तृत नभ का कोई-कोना
मेरा न कभी अपना होना
परिचय इतना इतिहास यही
उमड़ी कल थी, मिट आज चली...

ये महादेवी वर्मा की प्रसिद्ध कविता की मधुर पंक्तियाँ ही नहीं, वरन् सन् 20-25 के आस-पास की उस भारतीय नारी की व्यथा है, जो शिक्षा, जागृति, स्वतन्त्रता-आन्दोलन और बदलती स्थितियों में अपने आपको पहचानने की कोशिश कर रही थी, अपने 'होने' और सामाजिक नियति के प्रति जागरूक हो रही थी। यानी वह बेजान और बेजबान 'चीज' से बदलकर 'व्यक्तित्व' बन रही थी। संस्कारों, रूढ़ियों और सामन्ती विधि-निषेधों में बँधी नारी, तब यथास्थिति के खिलाफ विद्रोह नहीं कर सकती थी। न 'बाहर' की दुनिया के सीधे सम्पर्क में आ सकती थी, न वहाँ से शक्ति और प्रेरणा ले सकती थी। किसी भी रूप में पर-पुरुष की तो वह बात ही नहीं सोच सकती थी। घर की लक्ष्मण-रेखाएँ लाँघ जाने पर उसके लिए सिर्फ हत्या, आत्महत्या और वेश्यालय ही थे। 'बँधनों में बँध, बनी मैं, बंधनों की स्वामिनी-सी' ही उसका समाधि-लेख बन गया था। लेकिन उन दिनों एक और आवाज भी बार-बार उसकी चेतना के दरवाजे पर दस्तक दे रही थी, उसे बाहर बुला रही थी और वह थी राष्ट्रीय आन्दोलन के उभार की आवाज। रवीन्द्रनाथ, प्रेमचन्द, शरत्चन्द जैसे कथाकार इसी 'शेष-प्रश्न' से जूझ रहे थे कि औरत का स्थान 'घर' है या 'बाहर'। उसे शिक्षा और स्वतन्त्रता दी जाए, तो कितनी ?

सामन्ती-समाज में व्यक्ति नहीं होता, सिर्फ संस्था और व्यवस्था होती है। वह व्यक्तित्व के सम्पूर्ण और बेशर्त समर्पण और विलयन पर टिका होता है। प्रजा और सामन्त, गुलाम और मालिक, पत्नी और स्वामी—ये सारे रिश्ते सम्पूर्ण समर्पण पर ही निर्भर होते हैं। न प्रजा अपने मालिक पर उँगली उठा सकती है, न पत्नी पति पर। उनके पास सिर्फ स्वीकार है या वफादारी। समर्पण और संरक्षण वहाँ व्यक्ति के रूप में नहीं संस्था और मूल्य के रूप में प्रतिष्ठा पाते हैं और उनका निर्वाह करनेवाला व्यक्ति, महान

1. टी.एस. एलियट की रचना 'डैथ इन द कैथेड्रिल' से

संस्था या मूल्य के लिए जान देता हुआ लगता है। नारी और पुरुष के सामन्ती सम्बन्ध भी औरत से अखंड और अविभाज्य स्वामिभक्ति, दासता और समर्पण चाहते हैं और उसे ही महान भारतीय नारी की अद्वितीय गरिमा, औरत का उदात्त शील या सतीत्व की महिमा के रूप में गाया जाता है।

दलित-शोषित, पिछड़े वर्ग और नारी ने इस व्यवस्था के खिलाफ पहला विद्रोह उन्हीं हथियारों से किया, जिनका नाम लेकर उन्हें बाँधकर रखा गया था—यानी भगवान और भक्ति का सहारा लेकर। मध्यकालीन सन्तों ने जाति-पाँति, ऊँच-नीच, छुआ-छूत की सारी वर्गवादी व्यवस्था को भगवान के नाम पर ललकारा था—'भगवान की निगाहों में कहीं कोई भेद नहीं है।' भक्ति-आन्दोलन वर्ण और वर्ग के शिकंजों से मुक्ति का पहला गम्भीर आन्दोलन है और यही विद्रोह है मीरा का। 'मेरे तो गिरधर गोपाल दूसरो न कोई' जैसे स्वरों में भगवान को ही अपना वास्तविक प्रेमी और पति मानकर वह बाकी सारी सामाजिक मान्यताओं, पति-परिवार, शील-सतीत्व सभी को अस्वीकार करती है। मीरा का सारा काव्य भगवान के प्रति भक्ति के बावजूद या कहना चाहिए उसके बहाने से, सामाजिक प्रतिरोध और व्यक्तिगत यातना की कहानी कहता है और वह 'व्यक्तिगत चुनाव' की मुखर घोषणा है—काफी भौतिक और मांसल, निश्चय ही 'सैफो' जैसा बोल्ड नहीं।

इसलिए आश्चर्य नहीं है कि महादेवी को भी 'आधुनिक मीरा' कहा गया है। महादेवी में मीरा और कबीर की पहचानी प्रतिध्वनियाँ हैं। 'बाहर भी दुनिया है', इस चेतना के बाद बन्धनों में बँधा व्यक्ति सपनों और कल्पनाओं के माध्यम से अपनी सीमाओं का अतिक्रमण करता है, गीतों के सहारे अँधियारे रास्ते के अकेलेपन और ऊब को काटता है। अपने जैसों के साथ यही उसका संवाद है और यही उसका विद्रोह है। महादेवी ने भी 'घर' की जंगलेदार और कँटीली खिड़कियों के पार खुले आसमान, फूल और चाँदनी के सपने देखे हैं, गीतों में अपने निराकार, अनजान प्रेमी के लिए विरह-मिलन की सेजें सजाई हैं, अपने भीतर भावना और प्यार की एक-एक लहर को उठते और फिर मर जाते महसूस किया है। मीरा अपने प्रेमी की जगह कृष्ण को स्थापित करती हैं, तो महादेवी ने सूफियों की तरह रहस्यमय चेतना को पुकारा है, वेदान्तियों की तरह सब-कुछ को छलावा पाया है और बुद्ध की तरह उन्हें दुःख और वेदना से उबरने का रास्ता करुणा और कल्याण लगा है...क्योंकि उन्होंने इस सारी गुहार की व्यर्थता को भी अपनी नस-नस की टूटन में महसूस किया है। आत्मसजगता के साथ-साथ उनके गीत आत्मदया, हताशा और वेदना के गीत हैं, आत्मा और परमात्मा की निराकार पीड़ा के साथ एकाकार और तदाकार हो जाने के गीत हैं। व्यक्तित्व चेतना और व्यक्तिगत रूमानी उड़ानों की ये अनिवार्य परिणतियाँ हैं...महादेवी के इन मधुर प्रणय-गीतों का यह स्वर अपने समय की भारतीय मध्यवर्ग की धुन्ध और कोहरे से लिपटी, लेकिन उभरने को व्याकुल नारी का प्रामाणिक और ईमानदार स्वर है...इसलिए यह सिर्फ संयोग ही नहीं है कि गीतों के साथ बनाए गए उनके चित्रों का विषय बार-बार कुहरा, धुन्ध,

चाँदनी, रात, सागर, लहरें और क्षितिजों के पास जाता हुआ सिसकता आलोक ही रहा है...पता नहीं इन प्रभाववादी चित्रों की कभी अलग से कोई प्रदर्शनी हुई है या नहीं।

पहले महायुद्ध के आस-पास और बाद का सारा उभार मूलतः आदर्शवादी है। इसलिए अपनी प्रकृति में रूमानी है। विदेशी चौकस होकर सामन्ती मूल्यों की रक्षा कर रहा है, बदले में रक्षा पा रहा है। इसलिए व्यक्तिवादी विद्रोह के सामने कोई स्पष्ट और ठोस भविष्य नहीं है। हाँ, भविष्य का निराकार सपना है जो पकड़ में है, वह है अतीत और आसमान। यही 'छायावाद' है। छायावादी आन्दोलन की वृहत्त्रयी में सुमित्रानन्दन पन्त के पास प्रकृति और आसमान है, जयशंकर प्रसाद के पास अतीत है, निराला के पास अतीत का दर्शन और वर्तमान की कटुता दोनों हैं। वे शेष दो के मुकाबले ज्यादा जमीन पर हैं और आक्रामक हैं। इसीलिए पागल होकर मरते हैं, वर्ना वे भी 'आध्यात्मिक आत्महत्या' (कामू के शब्दों में, मैटाफिजिकल स्यूसाइड) कर सकते थे। महादेवी के पास है सिर्फ अपने बन्दिनी होने का अहसास, 'अकेले पथ' पर चलते रहने का विश्वास, अपनी पीड़ा से समझौता करने की मजबूरी और मुक्ति की आकांक्षा...या अतीत के किन्हीं शक्ति-स्रोतों की खोज...अपनी पहचान, सीमाओं का दबाव और कुछ भी न बदल पाने की बेचैन छटपटाहट—एक धरातल पर यह मानसिकता इन सारे कवियों को प्रायः छोटे-छोटे गीतों और कविताओं में ही नहीं बाँधे रखती, बल्कि भाषा को एकदम नई शब्दावली, अभिव्यक्ति, मुहावरा और अब तक का अपरिचित तेवर देती है। भीतरी तनावों और दबावों को न समझ पाने के कारण बहुत बार आलोचक 'छायावाद' को सिर्फ भाषा का आन्दोलन भी कहते रहे हैं...मगर भाषा नई होने से पहले कहीं भीतर से आदमी नया हो चुकता है। इसलिए छायावाद आध्यात्मिक भाषा में 'स्थूल के प्रति सूक्ष्म का विद्रोह' ही नहीं, स्थापित और दी हुई ठोस स्थितियों के प्रति सूक्ष्म या अमूर्त विद्रोह है—व्यक्तिगत विद्रोह।

अगर महादेवी ने भी सिर्फ व्यक्तिगत सुख-दुःख, प्रणय-विरह या सपनों-आकांक्षाओं के ही अवसाद-गीत लिखे होते तो वे भी अपने अन्य साथियों की तरह या प्रसिद्ध रूमानी विद्रोही अरविन्द घोष की तरह आध्यात्मिक साधना या रहस्यवादी खिंचाव में बहुत पहले ही वेद-उपनिषदों के भावनात्मक अनुवादों की तरफ चली गई होतीं। बाद में वे उधर भी गईं। मगर वे नारी हैं और उन्होंने रूढ़िग्रस्त समाज में नारी की यातना को ज्यादा ठोस और वास्तविक धरातलों पर भोगा है, बुद्ध और गाँधी में अपने लिए सच्ची हमदर्दी और सांत्वना पाई है। इसलिए वे अपने सशक्ततम गीतात्मक गद्य के माध्यम से अपनी स्थितियों का चित्रण और विश्लेषण भी करती हैं। तत्कालीन समाज में नारी की स्थिति और नियति को केन्द्र बनाकर 'शृंखला की कड़ियाँ' जैसी रचनाओं को हिन्दी के अत्यन्त समृद्ध, सशक्त और बेबाक गद्य के उदाहरण के रूप में प्रस्तुत किया जा सकता है। एक तरफ इतना यथार्थवादी विश्लेषण और दूसरी तरफ ऐसी रूमानी कविताएँ...आलोचक इस अन्तर्विरोध में कोई संगति नहीं बैठा पाते। वस्तुतः यह एक ही चेतना है जो संवेदन और भावना के स्तर पर नीरजा, नीहार, रश्मि, सान्ध्य-गीत, दीपशिखा, यामा के गीतों

में व्यक्त होती है, तो अतीत के चलचित्र, स्मृति की रेखाएँ, मेरा परिवार, पथ के साथी या शृंखला की कड़ियाँ में अपने आस-पास को खुली आँखों समेटती है। अपने साहित्यिक और बौद्धिक समकालीनों के खूबसूरत संस्मरणों के साथ-साथ उनकी रचनाओं में घीसा, भक्तिन, धीवर, चमार और छोटे-मोटे पशु-पक्षी तक अमर हो गए हैं। उन्होंने दबे-कुचले बेजबान प्राणियों को वाणी दी है। बड़ों और छोटे-से-छोटे को अपने हृदय की करुणा और ममता, लेखनी तक सारी ऊर्जा और सार्थकता देने की उनकी यही प्रवृत्ति उन्हें महान बनाती है। वहाँ वे माँ, बहन, पुत्री, सखी, स्वामिनी होने के साथ-साथ एक निहायत संवेदनशील शैलीकार और मानवधर्मी लेखिका सभी कुछ हैं। आज भी यह तय करना बड़ा मुश्किल है कि महादेवी साहित्य के इतिहास में अपने व्यक्तिगत, संगीतात्मक तरल गीतों के लिए याद की जाएँगी या अपने सूक्ष्म-दृष्टि-सम्पन्न, संवेदनशील, चित्रात्मक और सभी को अपनी आत्मा का अंश माननेवाली गद्य-लेखिका के रूप में। यहाँ यह भी बताना अप्रासंगिक न होगा कि प्रसिद्ध निर्देशक मृणाल सेन ने अपने कैरियर का प्रारम्भ महादेवी की रचना 'फेरीवाला' पर बंगला-फिल्म 'नील आकाशेर नीचे' बनाकर किया था।

यह सही है कि सामन्ती मूल्यों से प्रथम और प्रभावी विद्रोह व्यक्तिगत धरातल पर होता है, वहाँ यह भी अनिवार्य ही है कि इस विद्रोह-प्रक्रिया में व्यक्तित्व ही खंडित होता है। महादेवी का खंडित व्यक्तित्व अपने और समाज दोनों के प्रति ईमानदार रहना चाहता है। वे अपने होने का आश्वासन और सुरक्षा अपने से बाहर समाज में खोजती हैं। यह वही स्थिति है, जो आज निर्मल वर्मा में दुहराई जाती है—कहानियों में निहायत व्यक्तिगत, समीक्षा-लेखों में बहुत व्यापक।

पिछले कुछ वर्षों से महादेवी को लेकर घनघोर विवाद उठता रहा है। उत्तर प्रदेश हिन्दी-संस्थान का एक लाख का भारत-भारती पुरस्कार जब इन्दिरा गाँधी के हाथों देने की बात उठी तो उन्होंने घोषणा की थी—'जिसने गाँधीजी के हाथों से पुरस्कार पाया हो, वह एमर्जेंसी की नायिका के रक्तरंजित हाथों से पुरस्कार लेगा ?' मगर फिर उन्होंने इन्दिराजी के ही नहीं, ढाई सदी तक स्थायी एमर्जेंसी लगाए रखनेवालों की रूढ़िवादी प्रतिनिधि ब्रिटेन की प्रधानमन्त्री मार्गरेट थैचर के हाथों से भी ज्ञानपीठ पुरस्कार लिया। महादेवी के इस अन्तर्विरोधी व्यवहार को लेकर लेखकों, बुद्धिजीवियों में क्षोभ और प्रतिरोध होना स्वाभाविक है और वे इसे गाँधीवादियों के आडम्बरी व्यवहार से अलग नहीं कर पाते, हालाँकि महादेवी न जैनेन्द्र की तरह घोषित गाँधीवादी हैं और न ही उस तरह से अपरिग्रही और आध्यात्मिक दर्शन में विश्वास रखती हैं। शायद तकलीफ इसलिए भी है कि महादेवीजी ने ही 'साहित्यकार की आस्था' में रचना, रचना-कर्म और रचनाकार की गहरी पड़ताल की थी। साहित्यकार की स्वतन्त्र भूमिका का विश्लेषण किया था और दुर्गा भागवत की तरह एमर्जेंसी का विरोध किया था।

बहरहाल, राजनीति और साहित्य की दो शक्तिशाली परम्पराओं की विशिष्ट प्रतिनिधियों के रूप में, इलाहाबाद से आनेवाली दोनों महिलाओं, इन्दिरा गाँधी और

महादेवी वर्मा, के बीच प्यार-घृणा के सम्बन्ध बहुत पुराने हैं और सत्ता और संस्कृति के उसी द्वन्द्व या ज्यादा सही कहूँ तो द्वन्द्वात्मक सम्बन्ध को सम्पूर्ण नाटकीयता से सामने लाते हैं जो 'बैकेट' में अपनी पूरी शिद्दत और तीखेपन के साथ उभर कर आया था...मगर शायद श्रीमती गाँधी, हैनरी द्वितीय जैसी संवेदनशील नहीं रह गई थीं, न उनके भीतर कोई तीखा अपराध-बोध था, इसलिए संस्कृति और सत्ता के बीच संवाद नहीं, संस्कृतिविहीन एकालाप ही रह गया है...कभी-कभी वे एक-दूसरे को 'इस्तेमाल' करने के लिए एक मंच पर दिखाई देते हैं—चौकन्ने और चौकस होकर। शायद रहीम ने ही कहा था—'कहु रहीम कैसे निभे, बेर-केर कौ संग, वे डोलत रस आपने, इनके फाटत अंग।' जब राजनीति अपने सहज रूप में सक्रिय होती है तो संस्कृति को क्षत-विक्षत कर देती है। लेकिन अपने को 'जायज' बताने के लिए उसे बार-बार संस्कृति की शरण में आना होता है। दोनों के पास 'भाषा एवं साक्षर' हथियार हैं और दुर्भाग्य से भाषा की एकछत्र 'स्वामिनी' तो संस्कृति ही है। तय यह संस्कृति की 'राजनीति' को करना होता है कि अपना कैसा इस्तेमाल या मौत चाहती है और उसे कौन सी भाषा देती है।

व्यक्तित्व की खोज : कृष्णा सोबती

कृष्णा सोबती बीच-बीच में हम लोगों से खिन्न हो जाती हैं। रविवार या दूसरी छुट्टियों में वे कभी भी प्रकट होंगी और फिर महीनों चुप। फिर एक दिन टेलीफोन पर पता चलेगा कि नाराज हैं : 'आप लोग सोशल आदमी हैं, व्यस्त हैं। लेकिन कभी-कभी हम सोचते हैं...यू नो वन ऐक्स्पैक्ट्स...' मतलब शिष्टाचार के नाते ही आदमी बदले में सम्पर्क करता है। 'शिष्टाचार' शब्द का उनके व्यक्तित्व में कुछ ज्यादा ही बड़ा स्थान है। उन्हें यह समझाना बड़ा मुश्किल है कि उनके दफ्तर के फोन पर दो-तीन बिचौलिए हैं जो कभी-कभी तो यह भी नहीं बताते कि वे आईं भी हैं या नहीं। लेकिन सामनेवाले आदमी को बिना 'छोटा' बनाए अपराधी महसूस करा देने की अद्‌भुत कला कृष्णाजी जानती हैं। उनके मिलने की अनिश्चितता, दिल्ली की भाग-दौड़, गमे-जिन्दगी और गमे-पर्स आप कोई भी तर्क दीजिए, मगर वे हैं कि, 'अजी छोड़िए, हम कोई ऐसे महत्त्वपूर्ण आदमी थोड़े ही हैं। मैंने तो वैसे ही...यू नो, आई अंडर्स्टेंड...!' यानी वे वहीं बरकरार, और टेलीफोन पर आधे-घंटे के हँसी-मजाक। मैं जानता हूँ उन्हें मुझसे बातें करना बुरा नहीं लगता। शाब्दिक पैंतरों में उनसे लोहा लेना आसान नहीं है। दो-चार मिनट की बातचीत या चलती-सी मुलाकात हमेशा मन में एक कचोट छोड़ जाती है !

आपको और उन्हें दोनों को फुरसत हो, वे सही मूड में हों, उस समय कृष्णाजी व्यक्ति नहीं, सचमुच एक चीज, या फिनोमिनन होती हैं। उनकी जबान पर शब्द किस तरह तस्वीर बन जाते हैं, बिना जरा भी नाटकीय हुए कैसे वे दृश्य ही नहीं खड़ा कर देतीं, उससे अलग हटकर कैसे खुद भी उसमें मजा लेने लगती हैं, यह सिर्फ अनुभव करने से ही ताल्लुक रखता है। उस समय हीन-भावना के साथ-साथ यही महसूस होता रहता है कि बोलना केवल औरतों का क्षेत्र है, वे शायद शब्दों के साथ अधिक एकाकार हो पाती हैं। और अगर माहौल अनुकूल न हो तो कृष्णाजी लकड़ी के कुन्दे की तरह बोझिल और चुप...मैंने उन्हें मंच पर विरोधियों को ऐसा महीन काटते देखा है कि मज़ा आ जाए। यह कला जैनेन्द्रजी में उनसे भी महीन है, मगर वे काटते-काटते, कातने लगते हैं। सार्वजनिक बोलने से प्रायः कृष्णाजी कतराती हैं और अपने सर्वश्रेष्ठ रूप में आपसी वार्तालाप में ही होती हैं। बेहद झुँझलाहट होती है उस समय जब किसी भी बात को अच्छी तरह समझते-बूझते हुए भी वे इस तरह के साश्चर्य हुंकारें देती हैं; जैसे पहली बार सुन रही हों। इस कला के आदिगुरु कवि अजित कुमार के साथ को जिसने झेला

हो, उसे कृष्णाजी को पकड़ने में कितनी देर लगती है ? बहरहाल, उनके इस 'अभिनय' को न समझ पाने के कारण मेरे छोटे भाई सत्येन्द्र जैसे जाने कितने लोग आध्यात्मिक चमत्कार और गुरुओं के महात्म्य उनके गले उतारते हैं और मैं जानता हूँ भीतर से वे कितनी बोर हो रही होती हैं। उन्हें मूड में लाने की कला भी मुझे मालूम है। उनकी पिछली यात्राएँ, रोचक घटनाएँ, लोगों की बनावटी अदाएँ और दिलचस्प मुलाकातें किसी तरह बातचीत में आ जाएँ तो उन्हें सुनना, न भुलाए जा सकनेवाले क्षणों का साक्षी होना है। उस समय उनके हाव-भाव, भौहों और आँखों के उतार-चढ़ाव सभी कुछ धीरे-धीरे गायब हो जाते हैं और आप किसी पहाड़ी दुरूह पगडंडी पर, एक-एक कदम घसीटते किसी एकान्त डाक-बँगले में पहुँच जाते हैं, जहाँ कृष्णाजी चौकीदार से कह रही होती हैं, 'देखिए, आपको हम थोड़ी तकलीफ देंगे। पहले पानी गर्म करके एक बाल्टी में, चाय के साथ ले आइए। सुबह से चढ़ाई और चलने से हमारे पैर सूज गए हैं।' चौकीदार बोलता है, 'हुजूर ने बड़ी हिम्मत कर डाली...'

जब तक आप कृष्णाजी की भौहों, या चश्मे के पीछे फैलती-सिमटती आँखों, चमकती भूरी पुतलियों, खूबसूरत होंठों और उनकी बेबाक हँसी को देखते रहते हैं—समझ लीजिए, वे आपको बाहरी सरहदों पर ही रोके या वहीं उलझाए हुए हैं। और जब यह सब डिजॉल्व होकर या घुलकर एक तस्वीरी आवाज में बदलने लगे तो चैतन्य हो जाइए, विमान टेक-ऑफ कर रहा है। वर्षों की देखा-देखी में हो सकता है वे क्षण दो-एक बार ही आएँ, मगर आप हैं कि उन्हीं के लालच में बाहरी या और भी बाहरी सरहदों पर ही भटकते रहें।

सख्त सरहदों और बीहड़ पगडंडियोंवाली यह महिला एक चट्टानी पहाड़ की गर्वोन्नत हिमानी शिखर जैसी दिखाई देती है। अतिरिक्त ढीला साटनी गरारा, कुर्ता और सिर पर लपेटा दुपट्टा, काला चश्मा—सब मिलाकर हमेशा भीड़ में विशेष। और पास आइए, एक औपचारिक 'हलो...' तटस्थता और ऊँचाई की एक अदा 'हम तो यहाँ ऐंवेईं आ गए...आप कौन हैं कि यूँ ही' फिर झटके से, 'हमने आपको उस दिन फोन करने को सोचा था, फिर खयाल आया बड़े आदमियों को...' उनके दोनों हाथ, हाथों में लेकर गौर से चेहरा देखिए, होंठों पर शैतान मुस्कराहट पकड़ते ही खिलखिलाकर उनके ठहाके के साथ-साथ हँस पड़िए...कृष्णाजी फिर से आपकी दोस्त। खुद ही अपने पर हँसती हुई बताएँगी, 'देखिए, इस ड्रैस में हमें बड़े-बड़े फायदे हैं ! यानी कि लोग गाने-वाने का शौक रखनेवाली से लेकर समझते हैं, यानी हम कहीं के प्रिंसेस-ब्रिंसेस हैं—हम भी सोचते हैं, समझो यार, हमें क्या फर्क पड़ता है...यू नो, बनाकर फकीरों का हम भेस गालिब...'

बात गलत भी नहीं है। बाद में जब मौज में आकर उन महफिलों, गोष्ठियों, समारोहों, मुलाकातों का वे खाका उतारेंगी तो आप जानेंगे कि 'हशमत मियाँ' यूँ ही नहीं भटक रहे थे—दिमागी कैमरे का शटर पूरा खुला था। ऊँचे तबके की बनावटी फैशनेबुल महिलाओं से लेकर, नए-नए रईस हुए लोगों की अदाओं और उजड्ड क्लर्क या टैक्सीवालों का जैसा वर्णन देंगी, उनके डायलॉग और अपने भीतर चलते वार्तालाप को

इस अन्दाज से बयान करेंगी कि आप हँस-हँसकर दुहरे हो जाएँ। इस तरह की नकलें उतारने में उनके भाई जगदीशजी को भी कम कमाल हासिल नहीं है, मगर महिला-सुलभ महीन ऑब्जर्वेशन तो उनकी अपनी ही चीज है। ऊँचे, तगड़े, रौबदार मर्दाने व्यक्तित्व के लिए उनके मन में अजीब मोह-मिश्रित सम्मान है। इसलिए छह फुटिये सरदारों या मिलिटरी के अफसरों का जब वे वर्णन करती हैं तो केवल वर्णन नहीं होता, वहीं उसमें अभिवादन जैसी चीज भी आ जुड़ती है। उन्होंने शायद ही अपने किसी लेखन में आदमी को अपराधी या गलत बताकर औरत की स्थिति का वर्णन किया हो या उसके व्यक्तित्व और नियति के लिए पुरुष को जिम्मेदार माना हो। खुद उनका अपना व्यक्तित्व भी कम प्रभावशाली नहीं है, एक अजीब कान्फिडेंस और सब-कुछ समझ लेने का भाव उनकी हर मुद्रा में झलकता है।

उनकी बातचीत में ऊँचे होटलों, महँगे रेस्तराओं, टैक्सियों और डाक-बँगलों का जैसा लापरवाह तजकिरा होता है उससे मेरा हिसाबी मन हमेशा चौकन्ना बना रहता है। 'आइए, मेडन्स में काफी पिएँगे...' या 'तो ला-बोहीम में ठीक रहा न...' के साथ सब बात खत्म होती है तो मैं जोड़ता हूँ, आने-जाने में दस-बारह रुपए, बीस के आस-पास का बिल, (जो उनकी संस्कृति के लिहाज में 'मेरा सौभाग्य है' के वाक्य के साथ सिर्फ मर्द का ही विशेषाधिकार है)। दिल्ली जहाँ प्रतिदिन एक के हिसाब से कोई न कोई अनुपेक्षणीय मित्र-आत्मीय आता ही रहता है; या यहीं के लोगों से कोई न कोई प्रोग्राम रखना पड़ता है, वहाँ दस-पन्द्रह बार तो ऐसे 'सौभाग्य' मिलेंगे ही ! फिर कृष्णाजी से आप 'कहीं-भी' नहीं मिल सकते, जगह सही ही होनी चाहिए। बहुत न मिलने के पीछे यह भी एक कारण रहा होगा। मुझे ऐसा भी लगता है कि बातचीत में हँसी-मजाक की सारी छूटें लेने के बावजूद कृष्णाजी से वह बेतकल्लुफी नहीं हो सकती जो उन्हें आपके साथ एकदम घरेलू बना दे। या जिस लापरवाह खुलेपन की उम्मीद आप साथी लेखक से करते हैं, अपने मुहावरे में कहूँ तो उनसे बहुतों की दोस्ती 'सॉरी, थैंक्यू' से आगे नहीं बढ़ पाती। अंग्रेजी तहजीब के ये दो शब्द उसे पूरी तरह परिभाषित ही नहीं करते, बीच में हमेशा दीवार की तरह खड़े रहते हैं। पन्द्रह-सोलह साल की दोस्ती के बावजूद कभी-कभी मुझे भी लगता है कि हमारे बीच ये आज तक खड़े हैं। हालाँकि मुझे उनकी पिछली जिन्दगी जानने की कभी कोई उत्सुकता नहीं रही, मगर बातचीत में लगा कि शायद कभी वे किसी राजस्थानी राजघराने से भी जुड़ी रही हैं। न भी रही हों तो उनकी चाल-ढाल, बोल-चाल सबमें एक राजसी स्पर्श तो है ही। शायद इसीलिए उनके साथ हम जैसे फक्कड़ लोग बहुत खुला हुआ नहीं महसूस करते। बल्कि कहना चाहिए कि इन तकल्लुफी छिलकों के बीच से उस पंजाबी, सिख, बेबाक औरत को खोजना ही उनके व्यक्तित्व का चुम्बक है। इसके बारे में खुद कृष्णाजी ने लिखा है : 'अगर हमें कभी भी अपनी गृहस्थी जुटानी होती तो घर में सबसे पहले लगता तन्दूर, मिट्टी के बर्तनों की लगती कतारें, कनालियों में गूँदती मैं आटा। चगेरों में रखती घी-सनी रोटियाँ। और सौंधी गन्धवाले सालन पकाती मैं हँडिया में। मेरे घर में दूध बिलोने की चाटियाँ होतीं। पानी

भरने को घड़े। बैठने को होतीं रांगली पीढ़ियाँ और परसने को होतीं सुतली की मंजियाँ।'

कहाँ यह सारा माहौल, और कहाँ लकदक वर्दी में झुका बैरा, 'हुजूर, बिल।' एक बार राकेश ने कहा था, 'मुझे इनका चेहरा हमेशा एक मुखौटे जैसा लगता है।' मैं हँसकर बोला, 'फिर रह क्या गया ? कलाइयों तक ढँके दो हाथ और काले चश्मे से ढँका चेहरा, बाकी तो सब रेशमी...' लिबास, स्टाइल, अन्दाज, अदा...और उसके पीछे एक औरत, आत्म-विश्वास और अनुभव से लैस। दूसरों के हर पर्दे को भेदकर देख लेनेवाली निगाह और अपने आपको 'सॉरी, थैंक्यू' से लेकर साटनी-थानों के पर्दों से अधिक-से-अधिक छिपाए रखने की चौकस। कहीं कोई गुमान ही नहीं होता कि इस सबके भीतर सुर्ख चूड़े पहने एक खूबसूरत कलाई तन्मय गुनगुनाहट में डूबी कहीं तन्दूर लगा रही है...

कभी-कभी आश्चर्य होता है : वे कौन से तहखाने, द्वीप, दुर्ग या बियाबान हैं जहाँ कैद राजकुमारियों को किसी राजकुमार ने नहीं मुक्त किया ? इस किले की खिड़की पर बैठकर भी तो किसी ने अपने गीले बाल सुखाए होंगे ? या छत पर खड़े होकर सूरज को दर्पण में बाँध किसी राहगीर को चकाचौंध करके भटकाया होगा...नहीं, उन छतों और खिड़कियों तक कृष्णाजी आज किसी को नहीं जाने देंगी। आपकी गुजर सिर्फ ड्राइंग-रूम तक है, जहाँ इसे उनका जब मन होगा, वे अन्तःपुर में चली जाएँगी और आप सिर्फ दीवारों की सजावट, कीमती पर्दे ही देखते रहेंगे...आप आइए, आपका स्वागत है, वर्षों...और एक नाजुक-सी 'एक्सक्यूज मी...' यानी वे गायब...

कृष्णाजी ने लिखा बहुत ही कम है...लम्बी कहानी या लघु-उपन्यास जैसी कुल चार-पाँच चीजें, चार-पाँच कहानियाँ। बीस-पच्चीस सालों की मात्र यही उपलब्धि है। लेकिन मोती चुनना, पच्चीकारी या ज़रदोजी के महीन-नफीस कारीगरी...शब्दों को कोई भी ऐसा नाम दिया जा सके तो हिन्दी में यह सिर्फ कृष्णाजी ने किया है। एक-एक शब्द, वाक्य, कॉमा, फुलस्टाप जैसे हफ्तों के परिश्रम से आया है। वे भयानक परफैक्शनिस्ट हैं। अपनी कलम से कभी भी उस चीज़ को बाहर नहीं आने देंगी जिसकी सारी नोक-पलकें उन्होंने दुरुस्त न कर ली हों। सुनते हैं, कफों में गलत बटन लग जाने के कारण जिन्ना इतना बेचैन हो उठता था कि बिना बदले बैठ नहीं पाता था। इसलिए तीन-चार या अधिक बरसों में कृष्णाजी की एक रचना आती है और तहलका मच जाता है। सुनते हैं, उन्होंने पंजाब-विभाजन पर 'चन्ना' नाम से एक बड़ा उपन्यास लिख रखा है। स्पष्ट है कि बहुत काम किया होगा। उसे उन्होंने लीडर-प्रेस में छपने दिया तो पाठकजी ने उसका सम्पादन कमलेश्वर से कराया। शायद वह छपा भी। लेकिन तभी लहर आई कि इसे नहीं छपना चाहिए। कागज-छपाई के सारे पैसे दिए और रुकवा दिया। तब से न जाने किस तहखाने में कैद पड़ा रो रहा है। पूछो तो कहती हैं, 'देखने में डर लगता है। पता नहीं क्या लिख रखा है। हाशियों पर कमलेश्वर की खूबसूरत लिखाई देखकर ही सन्तोष हो जाता है। दिखा तो सकती ही नहीं।' अब उन्हीं के मुँह से सुनता हूँ उनकी हथकड़ियाँ खोली गई हैं, कभी नैशनल-आरकाइव्ज, कभी नेहरू म्यूजियम और कभी पुरानी दिल्ली के किसी इन्तहा बुजुर्गवाली गली के चक्कर काटे जा

रहे हैं कि उस बारे में कुछ चीजें जाननी हैं। इतनी मेहनत से मैं तो शायद एक पूरी थीसिस लिख डालता। पता नहीं वे कैसा ताजमहल बना रही हैं। कहती हैं, राजस्थान की, पंजाब की जिन्दगी पर इतना कुछ लिखा रखा है—मगर वे हैं कि निकालने-छपाने का नाम ही नहीं लेतीं।...बहरहाल, अपनी हर रचना को उन्होंने ऐसी तन्मयता और आत्मीयता से लिखा है कि सचमुच लगता है जैसे वे बरसों उसके साथ रही हैं, और लिखे हुए सौ पन्नों के पीछे हजार पन्नों की सामग्री है। लिखने को लेकर उनकी निष्ठा या पूजा जैसी आस्था जरूर कहीं उनके सारे व्यक्तित्व में ऐसी बात पैदा किए है कि सम्मान जगाती है। शायद यही कारण है कि उनकी 'मित्रो मरजानी' या 'यारों के यार' पर अश्लीलता, अनैतिकता के चाहे जितने आरोप लगते रहे हों, आज तक खुद कोई उनसे हल्की बात कहने या करने की हिम्मत नहीं कर पाया।...अच्छे भारी-भारी कागजों पर खुला-खुला लिखने की उन्हें आदत है, जिसे वे जरा भी गलत हो जाने पर लापरवाही से फाड़ फेंकती हैं। यानी रचना जब तक उनके मन की न हो जाए आप उसकी हवा भी नहीं पा सकते। लेकिन उसके बारे में बोलेंगी ऐसे कि 'अजी वो कुछ नहीं, वो तो हमने यूँ ही लिख-लिखा डाला...'

बेहद करीने में रक्खा हुआ घर, चलने-फिरने से लेकर चाय-पानी देने में वही परफैक्शनिस्ट सलीका, लेकिन अन्दाज ऐसा लापरवाह और 'कैजुअल' जैसे यह सब तो यूँ ही है ! हर तरह का और बहुत कुछ पढ़ने का नशा, बीच-बीच में जाने कहाँ घूमने-भटकने के अज्ञातवास, और अपने सिवा हरेक की रचनाओं पर बोलने का उत्साह, हल्के और छिछोरेपन का मजाक और इधर की महिला लेखिकाओं के अतिरिक्त आत्म-संवर्धन (सेल्फ प्रमोशन) पर ऊँचाई से तंज। मगर इसका कतई यह मतलब नहीं कि आप उनसे बहुत छूट ले सकते हैं। मेरा खुद खयाल था कि इतने दिनों की साहित्यिक जिन्दगी या दुनिया-भर की जिम्मेदार, गैर-जिम्मेदार आलोचनाओं, टिप्पणियों, रायों या फिकरों पर ये जिस तरह 'अक्ल पर तरस खाने' का भाव दिखाती हैं, लोगों की समझ का मजाक उड़ाती हैं, हिन्दी की पंडिताऊ गम्भीरता, और दुमुँहेपन (हिप्पोक्रेसी) की जैसी खिंचाई करती हैं—उस हिसाब से उनके अडिग आत्मविश्वास और भीतरी मजबूती ने उन्हें निश्चय ही उस सबसे ऊपर उठा दिया होगा। मगर पाया कि अपनी रचनाओं को वे इतनी गैर-गम्भीरता से नहीं लेतीं कि असहमति या आलोचना से उनका चेहरा तमतमा न उठे ! वहाँ उनकी प्रतिक्रिया ठीक वही है जो आम औरत अपने बच्चे की बुराई सुनकर करती है। इनकार इस बात से मैं भी नहीं कर सकता कि उनकी हर पंक्ति में उनके ख़ून की गरमाहट और रंगत है।

अमृता प्रीतम की आत्मकथा 'रसीदी टिकट' या शिवानी के वक्तव्यों में अपने लिखे को लेकर जैसा आत्मविश्वास और सार्थकता की अनुभूति या सैंस ऑफ फुलफिलमैंट है उसे देखकर सचमुच श्रद्धा ही हो सकती है। हम लोग संशयों और शंकाओं के मारे हुए हैं—न अपने लिखने को लेकर वैसी आत्मसन्तुष्ट सार्थकता महसूस करते हैं, न आज के समाज में लेखकीय व्यक्तित्व की वैसी प्रासंगिकता तलाश कर पाते हैं। उन जैसी

फिल्मी-अभिनेता छाप तालियाँ न मिलने की कुंठा भी इसके पीछे हो सकती है। मगर प्रश्नाक्रान्त बौद्धिकता की इस मार का कोई इलाज नहीं है कि न तो समाज या राज्य में शोभा बन जाने में सन्तोष होता है, और न ही उन सबमें रचनात्मक कृत-कृत्यता दिखाई देती है—हमेशा बनी रहती है सिर्फ एक बेधक अनुभूति—फालतू, व्यर्थ और सतह पर ही तैरने की, अपना वास्तविक न लिख पाने की। ऐसे माहौल में अमृता, शिवानी जैसों का चरम आत्मार्चन चकित श्रद्धा ही जगाता है। कृष्णाजी की तेज निगाहें इन सबको नहीं पहचानतीं, मैं ऐसा बिल्कुल नहीं कहूँगा। यह उनकी सतर्क, आर-पार चीर जानेवाली निगाह या बौद्धिक तेजस्विता को कम करके आँकना होगा—मगर अपने लिखे को लेकर चौकस तो वे हैं ही—ऊपर से लापरवाह और भीतर से टची...हाँ, यह दूसरी बात है कि इन लोगों की तरह अपनी निगाह में वे अपनी रचना की महानता पाठकों की पत्र-संख्या से न तय करती हों...

देखें तो कृष्णाजी का सारा लेखन चार या पाँच-पाँच सालों के अन्तरालों के बीच कुछ गिनी-चुनी रचनाओं के रूप में ही है और वे 'डार से बिछुड़ी', 'तिन-पहाड़', 'मित्रो मरजानी' या 'सूरजमुखी अँधेरे के' जैसे बहुत छोटे उपन्यासों की लेखिका के रूप में ही जानी जाती हैं—या फिर 'बादलों के घेरे', 'सिक्का बदल गया' या 'यारों के यार' कहानियों के लिए। ढंग से छपे तो यह सबकुछ चार-सौ पन्नों से अधिक नहीं होगा। करीब पच्चीस वर्षों में इतना-सा लिखकर उन्होंने जैसी प्रतिष्ठा पाई है, वह सचमुच ईर्ष्या की चीज है। वे निर्विवाद रूप से हिन्दी की सबसे चर्चित लेखिका हैं, और जैसा उन्होंने लिखा है उसे अंग्रेजी में कहते हैं 'फुल ब्लडेड' लेखन।

ऊपर से देखने में उनकी हर रचना के बीच चाहे जितना अन्तर और अन्तराल लगे, लेकिन जरा गहराई में जाकर देखने पर मुझे लगता है कि उनके पास एक निश्चित थीम है जो हर रचना में विकसित हुई है, आगे बढ़ी है। हो सकता है वे खुद भी उसके प्रति सचेत न हों : वह है, नारी का क्रमशः स्वतन्त्र होता हुआ व्यक्तित्व—उसका 'चीज' से व्यक्ति और फिर व्यक्तित्व बनना। उनके लेखन को जब मैंने इस दृष्टि से देखा तो सचमुच एक थ्रिल जैसी ही महसूस हुई। वैसे तो उत्तर-पश्चिम सीमान्त से गुजरात (अब पाकिस्तान) से लेकर दार्जिलिंग या भवाली सैनेटोरियम से लेकर दिल्ली तक फैले उनके चरित्रों में कहीं कोई समानता, साम्य या अन्तर्सूत्र दूर-दूर तक नहीं दिखाई देता...

यात्रा शुरू होती है 'डार से बिछुड़ी' से। डार यानी उड़ते पक्षियों की कतार, बलाका या घरेलू पशुओं के झुंड। प्रकाशन के साथ ही 'डार से बिछुड़ी' ने अपने नए ताजेपन से हिन्दी-पाठकों को चौंका दिया था। लोक-कथाओं के बिम्बात्मक मुहावरेवाली बेहद ही चुस्त, कटी-छँटी भाषा और एक-एक वाक्य में स्थिति की पूरी गत्यात्मक और झपटती हुई तस्वीर, सुदूर उत्तर-पश्चिम के सीमा-प्रान्त की अपरिचित लेकिन अतिपरिचित लगनेवाली जिन्दगी। खत्रियों की पाशो बड़ी हुई तो शेखों के यहाँ जा-बैठनेवाली माँ की लांछना सिर पर थी। इसलिए पाशो को लेकर नानी, मामा, मामियाँ अतिरिक्त सावधान और सशंक। गाली-गलौज और कुटना-पिटना ही दिनचर्या...शक हुआ कि इसके भी

'पर' निकल रहे हैं। जमकर पिटाई और जहरमोहरा खिलाने की कोशिश, फिर अगले दिन मेले में ठिकाने लगाने की साजिश, लेकिन पाशो उसी रात भागकर शेखों की हवेली में माँ के पास, वहाँ से दीवानजी के यहाँ '...एक बार का थिरका पाँव जिन्दगानी धूल में मिला देगा' और सचमुच पाशो तूफानी दरिया में भटकते तिनके-सी कभी यहाँ तो कभी वहाँ। आज दीवानजी के घर, कल मँझले के। पाशो मानो व्यक्ति नहीं, चीज है, पशु है—जिसे जो मन हो सो उठाकर ले जाए, जहाँ है वहाँ उसका घर सँभाले, बिस्तर गर्म करे और वंश चलाने के लिए सन्तान दे...और पाशो है कि पिछले को छाती से चिपकाए जहाँ है वहीं की खैर मानती रहे, मर्दों की हलचल-भरी जिन्दगी को अपनी नस-नस में जीती रहे...चाहे वह दीवानजी की मौत हो या खालसों की अंग्रेजों से लड़ाई की बजती तुरहियाँ...उसे तो बाँदी, बीवी या बहन कुछ भी बनकर रहना है और कभी जान बचाने के लिए पशु की तरह इस घर से उस घर भागना है या फिर खरीदी-बेची-छीनी जाकर एक-दूसरे को सौंपे जाना है। जहाँ है उसे ही नियति मानकर स्वीकार करने की कोशिश में वह सिर्फ बीते सम्बन्धों में कृतार्थ भाव से जीती है...नानी, मामा-मामी, भाई, दीवानजी, बेटा—उसके सम्बन्धों की दुनिया इन्हीं चार-छह नामों के इर्द-गिर्द है, इन्हीं के लिए वह जीती है, इन्हीं के सुख की बलाएँ लेती है। इतनी लम्बी कहानी के जिन मूलभूत नाटकीय क्षणों को पकड़कर कृष्णाजी ने सवा-सौ पन्नों में कहा है, उसे मुझ जैसा लेखक कम-से-कम पाँच सौ पन्नों में कहता। इसके लिए सबसे पैना और प्रभावशाली हथियार उनके पास है भाषा, जो सारे लोक-कथात्मक माहौल के साथ-साथ अनुभव और स्थिति को खड़ा कर देने के लिए सिर्फ एक या दो शब्द चाहती है—ऐसे शब्द जो सिर्फ औरत ही जी सकती है, सोच या कह सकती है।

इस कहानी के साथ मुझे याद आती है उनकी दूसरी कहानी 'सिक्का बदल गया...' विभाजन का काल और अपना ठाठ-बाट सजाए शाहनी, सब कुछ सँभालती और एकछत्र शासन करती हुई—दयालु, उदार और दबंग। लेकिन परिस्थिति की मजबूरी है कि उसे सब कुछ छोड़ना है। जीप में 'बस, कुछ' लेकर हिन्दुस्तान आना पड़ता है, मगर प्राण तो वहीं अटके हैं—मानो फिर से वहाँ लौटना हो। इस तकलीफदेह वास्तविकता को शाहनी स्वीकार नहीं कर पाती कि अब सिक्का बदल गया है। वह तो वहाँ के एक-एक तिनके में बिखरी और फैली है।

छूटते हुए घर, जमीन-जायदादें, खेत-खलिहान, सम्बन्ध-रिश्ते—सारा परिवेश जो अस्तित्व की साँस-साँस में रचा-बसा है। एक पूरी सामन्ती दुनिया, जहाँ औरत या तो केवल एक वस्तु है या वस्तुओं से ऐसी चिपकी है कि उन्हीं का एक हिस्सा हो गई है। लगता है पाशो और शाहनी जैसे कभी अपनी जमीन से उखड़ी ही नहीं, वे तो वहीं रहीं—सिर्फ उनकी आत्माएँ वहाँ से छूटकर भटकने-मँडराने लगीं, वैसे जड़ से उखड़ते ही वे अशरीरी हो गईं।

कृष्णाजी के कथा-विकास में जमीन से टूटी हुई वह औरत 'बादलों के घेरे' और 'तिन-पहाड़' में सिर्फ एक भावना है, एक उच्छ्वास या अहसास। यहाँ यह उतनी साकार

और ठोस नहीं है, बादलों के धुन्ध जैसी छाया और परछाईं है जो किन्हीं सम्बन्धों में जुड़कर अपनी सार्थकता तलाश करती है। लेकिन ये रिश्ते अब पहलेवाले मामा-मामी या माँ-वीरजी के साथ नहीं जुड़े जिनमें पाशो मरती या जीती थी। यह तो शुद्ध पुरुष के प्यार की वह तलाश है जो औरत को अपने होने का 'बोध' कराती है। यह भटकन, तलाश या भावना, इतनी अशरीरी, वायवी और निराकार है कि लगता है कि शरीर के पाने की याचना करती आत्माएँ ही सिसक रही हैं। शायद इसलिए यह महज संयोग ही नहीं लगता कि इन दोनों का परिवेश धुएँ, धुन्ध, बादलों और बर्फ-भरे पहाड़ों से बना है और यह भी आकस्मिक नहीं है कि दोनों ही कहानियों की नारियाँ मन्नो और जया मृत्यु के प्रति समर्पित हैं, मरने के लिए अभिशप्त। मगर वे अकेली नहीं मरतीं, मानो इस छूत और दंश को साथवाले पुरुषों को सौंप जाती हैं—तिल-तिल घुलने और घुटने के लिए...

शारीरिक रूप से खुद मृत्यु को समर्पित, अपने से जुड़े पुरुषों के माध्यम से क्षण-क्षण मरती हुई ये नारियाँ रूमानी भावुकता और अशरीरी छायावादी सपनों में मरने की ही प्रतीक हैं। जैसा मैंने कहा, 'लगता ऐसा है जैसे पाशो और शाहनी ही अपने परिवेश और जड़ों से टूटकर, शरीर छोड़कर निराकार, अनाक्रामक छायाओं के रूप में फिर से कहीं जीवन पाने के लिए व्याकुल हैं। लेकिन वे साँस लेती हैं अपनी सीमाओं में बँधे पुरुषों के हृदय की धड़कन बनकर। ये निहायत संस्कारी, सम्भ्रान्त और शाइस्ता लोग उन्हें जीवन शरीर नहीं दे पाते...अनुभूतियों और स्मृतियों की झिझकती उँगलियों से सिर्फ एक दर्द की तरह उन्हें पकड़े रहने की कोशिश करते हैं...'

और जैसे इसी प्रतिक्रिया में आती है निर्भीक, दबंग, बेबाक और बीहड़ मित्रो...तमक से सिर उठाए, समाज और पुरुष को ठेंगा दिखाती है और ललकारती हुई...एक साक्षात् गाली या गोली की तरह। इसके तेवरों और तरेर के सामने सास-ससुर के सम्बन्ध क्या, खुद उसका पति छोटा और ओछा पड़ जाता है। इसे भी मैं संयोग नहीं मानता कि मित्रो का पति उसके मुकाबले सिर्फ नपुंसक और मेमना बनकर रह गया है। 'बादलों के घेरे' और 'तिन-पहाड़' के गाउनधारी 'देव-शिशु-नुमा' नायक पहली बार जीवित और जीवन्त औरत के सामने अपना कद पहचानते हैं। मित्रो को लेकर जो तूफान उठा था उसका कारण सिर्फ यही था कि मित्रो हिन्दी-साहित्य की एकमात्र नारी है जो अपनी जरूरत को अपनी जबान में कहती है, अपनी भाषा में अपने होने की घोषणा करती है। यानी सम्बन्धों और मर्यादाओं पर हिकारत और उपेक्षा से हँसकर अपनी तरह चलती है। मुझे मित्रो हिन्दी की अकेली ऐसी कथा-नारी लगती है जो सदियों से नारी पर लादे गए संस्कारों-सम्बन्धों, सुन्दर-सुन्दर उपमाओं को ललकारती, मुँह-चिढ़ाती और उन्हें झुठलाती हुई अपनी मूलभूत जरूरत और जबान के साथ हमारे सामने आ खड़ी हुई हो, छिन्नमस्ता काली की तरह और मानो हम उसके तेज को बर्दाश्त नहीं कर पाते...कहाँ पाशो और शाहनी जैसी सब कुछ बर्दाश्त करती और 'सब जिये जागें' का आशीर्वाद देती ममतामयी नारियाँ, कहाँ मन्नो और जया जैसी भावना और सपनों में

ही घुलती-मरती, आत्महत्याएँ करती स्वप्निल-प्रेयसियाँ और कहाँ पति, सास-ससुर, देवरानियों-जिठानियों को सीधे-सीधे मुँह-चिढ़ाती, अपने-आपको एसर्ट करती यह मित्रो...सुनते हैं कृष्णाजी ने बहुत पहले कभी इलाहाबाद की एक कथा-गोष्ठी में भारतीय नारी के त्याग-तपस्या का कीर्तन करनेवाले हिन्दीवालों के बीच गुस्से से कहा था, 'आप यू.पी. वाले लोग क्या जानें पंजाब की जिन्दगी क्या थी और पंजाबी चरित्र क्या होता है ? आपके यहाँ तो पंजाबी औरत आई ही नहीं। लुटे-पिटे, सकुचाए-हारे शरणार्थी आए और उन्हें देखकर ही आपने तय कर लिया कि यही शायद पंजाब है। अपनी कुंठाओं और फ्रस्ट्रेशन में आपने उन पर कुछ कहानियाँ लिख डालीं। मेहनत और स्वतन्त्रता के बीच पली पंजाबी औरत जब सीना तानकर खड़ी होती है तो आप जैसों के तो पसीने छूट जाएँ...' यह बात है पचपन-सत्तावन की और उस समय नरेश मेहता जैसे 'वैश्वानरी कवि' शरणार्थी लड़कियों के आस-पास कहानियाँ लिखने लगे थे।...बहरहाल, मित्रो के जन्म से तीन-चार साल पहले की कृष्णाजी की यह बात तब भी गाली जैसी ही लगी थी :

गालियाँ और चुनौती...यानी हिन्दी की सबसे भीषण कहानी 'यारों के यार'। इस कहानी की सिर्फ इसलिए इतनी चर्चा हुई कि पुरुष जिन मर्दानी गालियों को लिखित रूप में जबान पर लाने की हिम्मत नहीं कर पाते, डॉट और डैश लगाकर जिनका संकेत भर कर देते हैं, उन्हें कृष्णाजी ने धड़ल्ले और बेबाकी के साथ लिखा है। मगर 'मित्रो' के बाद आनेवाली यह कहानी मेरे लिए कृष्णाजी के लेखकीय मूड को समझने की बहुत बड़ी कुंजी है। दुनिया-भर की जालसाज़ियों, दन्द-फन्दों, बेईमानियों और आगे बढ़ने या अपने को बचाने के लिए दूसरे के गले पर पाँव रखने की क्रूर हृदयहीनताओं के बीच अपने को अकेला और मिसफिट पानेवाला सूद, गालियाँ देने के सिवा कुछ और कर ही नहीं पाता। न इस सारी व्यवस्था को तोड़-फोड़ सकता है और न बदल सकता है—वह सिर्फ गालियाँ दे सकता है, कुढ़ और घुटकर...माँ-बहन की; हरेक के मुँह पर और पीछे...क्लर्कनुमा सारे लोग इस तकलीफ और फ्रस्ट्रेशन को समझते हैं, भीतर-ही-भीतर इस दबंग ईमानदारी की कद्र करते हैं, लेकिन अपने-अपने स्वार्थों से बँधे हैं। इस घुटे और सड़े माहौल में सब-कुछ के होते हुए भी अपने होने की आवाज बुलन्द करते इस क्लर्क सूद और 'मित्रो' में मुझे बहुत कम अन्तर दिखाई देता है। भारतीय सभ्यता और संस्कृति के नाम पर सदियों से एक ओर औरत के शरीर और शरीर से जन्म लेनेवाली इच्छाओं को बाँधा गया है तो दूसरी तरफ पुरुष की स्वतन्त्रता और महत्त्वाकांक्षाओं को। मित्रो और सूद दोनों इसी सबके खिलाफ कृष्णाजी के 'डिफायेंट' मूड की अभिव्यक्तियाँ हैं, मित्रो अपने परम्पराबद्ध पारिवारिक वातावरण में और सूद टिपीकल दफ्तरी परिवेश में। मूलतः दोनों एक ही तकलीफ से ग्रस्त हैं और दोनों इन सबके प्रति 'अस्वीकार' को एक भाषा में बोलते हैं। यानी अपने होने की ईमानदारी को झुठला नहीं पाते—झूठ और फरेब के खिलाफ एसर्ट करता व्यक्तित्व ही यहाँ कृष्णाजी का मुख्य-पात्र है।

'मित्रो' के रूप में नारी के अपने शरीर होने की इस स्थापना के बाद आता

है कृष्णाजी का अगला—और अब तक का अन्तिम—उपन्यास, 'सूरजमुखी अँधेरे के' यानी अँधेरे से उभरता हुआ एक सूर्य-पुष्प। अलग से परखने में 'सूरजमुखी' अधिक ठहरा हुआ और संयत उपन्यास लगता है, लेकिन जिस तरह मैं उनकी मूलभूत थीम को समझने की कोशिश कर रहा हूँ, उस दृष्टि से यहाँ कृष्णाजी की नारी एक खतरनाक दिशा की ओर मुड़ती दिखाई देती है। 'डार से बिछुड़ी' के आदमी ने औरत को 'चीज' की तरह इस्तेमाल किया था, यहाँ औरत आदमी को एक दूसरी दृष्टि से इस्तेमाल करती है। बहुत बचपन में किसी ने रत्ती के साथ 'बुरा-काम' किया था और इस अनुभव ने जैसे उसके भीतर की सारी कोमलता, सपनों, कैशोर्य और नारीसुलभ भावनाओं को कुचल कर रख दिया। वह जड़ और शिलीभूत, यानी फ्रिजिड हो गई। उपन्यास का प्रारम्भ भी फिर वही बर्फानी पहाड़ों से होता है और वहाँ रत्ती एक सुखी गृहस्थ-परिवार के बीच पाती है कि न तो वह पत्नी है, न बहू, न औरत, न माँ—कोई रेस्पोंस नहीं दे पाती। पारिवारिक सम्बन्धों की ऊष्मा के बीच भी वह अछूती और अनछुई रह जाती है। और तब उसे लगता है कहीं भी, किसी भी रूप में जुड़ने से पहले उसे सबसे पहले 'नारी' बनना होगा। अपने भीतर जमी बर्फ के नीचे दबी अहल्या को खोदकर निकालना होगा। कहानी का पहला खंड 'पुल' जैसे इसी सचाई में अहसास तक पहुँचने का माध्यम है।

लेकिन आगे है 'सुरंग'—यानी 'बीमारी' की पहचान और इलाज की अनजानी गुमनाम, अचेतन चेष्टाएँ। यहाँ रत्ती पाती है कि उसके भीतर एक साथ दो लाशें हैं, एक सहज स्वाभाविक बालिका रत्ती की लाश और दूसरी उस समय के भावुक-स्वप्न असद की लाश। इन दोनों पहलुओं से घायल और चुटीली रत्ती नाम की जो लड़की बन रही है वह है उद्‌दंड, गुस्सैल और बदतमीज रत्ती। कृष्णाजी के कथा-सन्दर्भ में यह कुछ-कुछ वही रत्ती है जो मित्रो थी...पुरुषों को तरसाती, खिलवाड़ करती और फिर बेकार चीज की तरह एक ओर फेंक देती हुई—लेकिन भीतर से घायल, सहमी और सशंकित...बाहर का हर प्रयोग जैसे उसे भीतर से और भी आतंकित, स्तब्ध छोड़ जाता है। कहानी का यह हिस्सा मुझे हमेशा एक ऐसे बिगड़े इंजन की याद दिलाता है जिसे ठीक करने में लगा कुशल मिस्त्री कभी पेचकस, कभी रिंच, कभी प्लास लेकर उसमें जुटा है और हर बार हताश होकर एक-एक औजार फेंकता जाता है। हर व्यर्थ प्रयत्न उसे और उद्विग्न कर जाता है : और औजार भी बेकार गया...रंजन, सुमेर, भानुराव, सुब्रामनियम...सभी को रत्ती उठाती है, तोलती है, और अगला वर्क उलट देती है।

और तब आता है दिवाकर। रत्ती के भीतर की औरत 'सूँघ' लेती है यही वह पुरुष है जो उसे सुरंगों से निकालकर 'आकाश' देगा। और फिर डाक-बँगले का एकान्त कमरा, दीवार अँगीठी में जली आग और उसमें सूखी लकड़ियाँ डालकर लपटों को उकसाती रत्ती...बर्फ की एक-एक सतह का पिघलना और पथराई रत्ती की सतहें तड़काकर अँगड़ाई लेकर आँख खोलती नारी...बचपन के हवाघर और असद की कब्रों से निकलती रत्ती...। मैंने अनेक देशी-विदेशी उपन्यासों में बहुत से बैडरूम सीन पढ़े हैं, लेकिन जिस

नाजुक कलम और तन्मय विभोरता से उसे कृष्णाजी ने लिखा है, वह सिर्फ और सिर्फ कविता है। वह जैसे सीधे उस अनुभव को छूते हुए डरती हैं, उपमाओं, उत्प्रेक्षाओं और बिम्बों से ही उसे साकार करना चाहती हैं। शायद पहली बार छायावादी मुहावरे को ऐसा मांसल धरातल मिला है। नारी-पुरुष के इस बेबाक मिलन, सम्भोग की विभिन्न स्थितियों को निश्चय ही इसमें उन्होंने पूजा जैसी गरिमा दी है। शायद ऐसे ही निष्ठा से खजुराहो और कोणार्क के मिथुन-युग्म तराशे गए होंगे...जहाँ हर तलाश और तराश सिर्फ एक ऋचा जैसी लगे...

कहने की जरूरत नहीं कि इस अनुभव से अभिभूत दिवाकर जब अपनी पत्नी प्रीति को छोड़कर रत्ती के पास आने की कोशिश करता है तो वह इनकार कर देती है। यहाँ मैं कृष्णाजी की खूबसूरत भाषा या युक्तियों के जाल को काटकर इसी सचाई की ओर इशारा करूँगा कि अब रत्ती ने अपना 'इलाज' कर लिया है—उसे जिस औरत की तलाश थी उसे अपने भीतर से खोज निकाला है। और इसीलिए दिवाकर उसके लिए अप्रासंगिक हो गया है।

इस रूप में कृष्णा सोबती की सारी कथा-यात्रा से गुजरते हुए मुझे कभी-कभी ऐसा लगता है जैसे अलग-अलग समय में उन्होंने अलग-अलग रचनाएँ नहीं कीं, एक ही रचना के विभिन्न अध्याय लिखे हैं, जगहें, काल और परिवेश या नाम बदलकर वे एक ही कहानी को आगे बढ़ाती रही हैं, बहुत सधे शिल्प और बेहद जानदार जबान के साथ। और अपनी इस रचना-यात्रा में दो चीजों की उन्होंने कभी चिन्ता नहीं की, इसलिए उनका कहीं कोई हवाला भी नहीं है : वे हैं नैतिक-अनैतिक की रूढ़ियाँ और आर्थिक असुविधाएँ। पुरुष के प्रति किसी भी प्रकार के असम्मानजनक संकेत भी उनके यहाँ नहीं मिलते, न व्यक्ति की तरह, न हजारों वर्षों की साजिश के प्रतिनिधि की तरह। उनके पात्रों में न कहीं विद्रोही होने का दम्भ दिखाई देता है, न किसी को छोटा करने का अहंकार। अपनी ही जिन्दगी को सुलझाते, उलझाते, बढ़ते-लौटते उनके पात्रों के लिए सामाजिक मान्यताएँ, श्लील-अश्लील, नैतिक-अनैतिक कहीं कुछ है ही नहीं। मुझे कोई जगह याद नहीं आती जहाँ उनके किसी पात्र ने किसी संस्कार, रूढ़ि, मूल्य या मान्यता की आलोचना की हो या उसे लेकर मन में किसी प्रकार का द्वन्द्व या दंश पाया हो। बेजबान जानवर की तरह इधर से उधर भटकती पाशो हो या घर-परिवार सबको ठेंगे पर रखनेवाली मित्रो, तपेदिक में मरती हुई मन्नो हो या आत्महत्या करती जया—वे सिर्फ अपनी जिन्दगी जीने में डूबी हैं। शायद उन्हें पता भी नहीं होता कि कब वे इस सबसे ऊपर होती हैं और कब इन सबके शिकंजे में। इसी तरह, खुलकर बख्शीशें देते, होटलों और डाक-बँगलों में घूमते उनके पात्रों की सामाजिक, आर्थिक स्थिति कभी भी उनके सोच का विषय नहीं रहा। प्रायः उनके सारे प्रमुख पुरुष-पात्र विवाहित हैं मगर इसके लिए न उन्होंने मन में छोटा महसूस किया, न कराया। लगता है कि वैवाहिक सम्बन्धों में ईर्ष्या, द्वेष, शक-सन्देह उनके किसी पात्र को कहीं व्यापते ही नहीं हैं। भावनाओं के प्रति उनका यह इकहरा रवैया, कहीं अवास्तविकता के तत्त्व—सेंस ऑफ अनरियेलिटी

का आभास देता है।

पुरुष पात्रों के प्रति जिस तरह का दुलार-भरा सम्मान उनकी नारियाँ अपने में पाती हैं, उसे देखकर लगता सिर्फ इतना है कि मानवीय लगाव के प्रति उनके मन में गहरी, बहुत गहरी आस्था है। उनमें रिजैक्शन और अस्वीकार कहीं नहीं है, सिर्फ अपने विकसित और प्रस्फुटित होने के प्रति ही एकान्त निष्ठा है। बाकी कुछ भी न उनके लिए प्रासंगिक है, न उसका कहीं कोई अस्तित्व है।

काफी आसानी से कृष्णाजी को अनुत्पादक वर्ग या केवल उपभोक्ता समाज (जिसे लेजर समाज भी कह सकते हैं) की भावनात्मक समस्याओं का कहानीकार कहा जा सकता है—उनके पात्रों को न जीविका की चिन्ता है, न समय और समाज की। लेकिन ज्यादा-से-ज्यादा मैं इसे जिन्दगी के प्रति जनानी, एकनिष्ठ, इकहरी और एकान्त क्या सब मिलाकर रूमानी ऐप्रोच कहना चाहूँगा। मगर इस सबके बावजूद जब उनकी रचनाओं से हाड़-मांस की आत्म-प्रबुद्ध, कद्दावर, गर्वोन्नत औरत उठकर खड़ी होने लगती है तो जरूर लगता है जैसे कभी-कभी रचना खुद रचनाकार को अनावश्यक और अप्रासंगिक बना जाती है और वहाँ खूबसूरत मुहावरे, नपी-तुली शब्दावली, कटी-छँटी अर्थ-ध्वनियों से काव्यात्मक सजावट और भीतर से उभरती है एक प्राकृतिक सचाई...आपके खुद के बावजूद और आपके अपने लिए अपरिचित...मगर कितनी चिर-परिचित...

कृष्णाजी जितना ही अपने को कपड़ों, शिष्टाचार और 'सॉरी-थैंक्यू' के जाल-जंजाल में छिपाती जाती हैं, उनकी रचनाओं की नारी उतनी ही निर्विरोध अपना कद उभारती जाती है—उनका रचनात्मक व्यक्तित्व उतना ही उजागर होता जाता है। मैं बिल्कुल भी नहीं चाहूँगा कि उनके लेखन के प्रति मेरी यह दृष्टि उनकी किसी भी अगली रचना को, किसी भी रूप में निर्धारित करे...

'सुनीता' का पत्र जैनेन्द्र के नाम

श्रद्धेय जैनेन्द्रजी,

शायद आप मेरे इस 'श्रद्धेय' पर चौंकेंगे। आपने मुझे जन्म दिया, आप मेरे पिता हैं—यह मुझे निस्संकोच स्वीकार कर लेना चाहिए। लेकिन सच पूछा जाए तो इतने दिनों तो आपको पत्र नहीं लिख पाई, उसके पीछे झिझक भी यही थी। कई बार कलम उठाया, लेकिन हर बार जैसे किसी ने हाथ पकड़ लिया। और शायद यही झिझक है जो मुझे मजबूर कर रही है, कि अपने को आपके सामने पत्र द्वारा खोलूँ। तो लीजिए, सम्बोधन चाहे जो भी लिखूँ, सबसे पहले पुत्री होने का फर्ज निबाहे देती हूँ। वर्ना आप भी कहेंगे : 'कैसी है यह लड़की भी, कि जिन्दगी में पहला पत्र लिख रही है और वह भी ऐसी गुस्ताखी से। कुछ अपनी कहे, कुछ मेरी सुने, यही तो पत्र का अर्थ है।' तो सुनिए, दोनों बड़े लड़कों की बहुएँ उनके साथ ही रहती हैं, बाहर। बड़ी बहू शायद इस फागुन में माँ बन जाए। तब मुझे जाना पड़ेगा। लड़की सुजाता, मेडीकल कॉलेज में है, साथ ही नृत्य का भी अभ्यास कर रही है। विदेश से कोई डेलिगेशन आया है, सो अभी परसों ही तो उसके स्वागत में एक सांस्कृतिक कार्यक्रम था। उन लोगों ने भी अपने लोक-नृत्य और लोक-गीतों का प्रदर्शन किया था। इसी में सुजाता ने, कहते हैं, बेजोड़ नृत्य किया। फोटो तो मैंने भी देखे थे। आज इसका रिहर्सल, कल उसकी तैयारी। यहाँ तो दिन-भर यही भीड़ लगी रहती है। इनकी, मेरे पति श्रीकान्त की बड़ी इच्छा थी कि एक बच्चा तो कम-से-कम उनकी लाइन में आता। हँसी-हँसी में कहते हैं : 'बच्चों ने तुम्हारे संस्कार लिए हैं। मैं तो जैसे कुछ हूँ ही नहीं।' मुझे गर्व होता है। हरिप्रसन्न मन्त्री हैं, और यहीं रहते हैं। अब वह पहलेवाली कुंठाएँ नहीं हैं। अक्सर हम लोग एक-दूसरे के यहाँ आते-जाते हैं। सुनते हैं, इधर वह विवाह करनेवाले हैं। लोग कहते हैं 'इस उम्र में ?' मैं कहती हूँ, इसमें हर्ज क्या है ?

भूमिका बहुत हुई। आखिर कब तक अपनी बात टालूँगी ? लेकिन हिचक होती है कैसे लिखूँ ? किस मुँह से लिखूँ ? अपने को समझाती हूँ कि आपके सामने लज्जा कैसी ? और लोग जो चाहे सो कहें, लेकिन सुनकर आप भी कहेंगे : सुनीता को तो हम बड़ी सीधी, बड़ी कम बोलनेवाली समझते थे। सुनो, इसकी बातें—बेटे-बेटी सुनें तो क्या कहें ? लेकिन उन्हीं की ओर देखकर तो मैं सोचती हूँ, कि कम-से-कम यह कलंक लेकर तो न मरूँ, कि सुनीता ने अपने चरित्र, अपनी सामाजिक प्रतिष्ठा सबको जो

एकबार दाँव पर लगा दिया था सो सब व्यर्थ गया। उसका सुनीता होना व्यर्थ हुआ। वह तो किसी भी रूढ़िग्रस्त परिवार की, निहायत निरक्षरा और अपढ़ नारी हो सकती थी। कुछ नहीं तो प्रेमचन्द की पुत्रियों जैसी हो जाती। क्यों वह जैनेन्द्र की ही जाया है ? तो मुझे अनुमति देंगे, कि जीवन-भर जिस लांछन को ढोया, उसे लेकर कुछ शब्द आप तक पहुँचा जाऊँ ?

आपने मुझे रूप दिया, विद्या-बुद्धि दी, गहरी अन्तर्दृष्टि और दुर्दान्त जिज्ञासा दी—और सबके ऊपर दिया एक शील, एक 'दुरूह सरलता'। और उस सबको बाँध दिया घर की चहारदीवारी के भीतर। बाहर की दुनिया है, बाहर भी लोग रहते हैं, उनका जीवन है, उनकी तरह-तरह की समस्याएँ हैं, खुला आसमान और खिलखिलाता मैदान है—कैसा मचला करता था मेरा मन यह सब जानने को। लेकिन सभी कुछ 'इन' श्रीकान्त तक जाकर समाप्त हो जाता था। फिर भी मुझमें जगत के प्रति उत्सुकता क्या सर्वथा शान्त हो गई थी ? मैं क्या वैचित्र्य के प्रति जिज्ञासु और सामर्थ्य के प्रति उन्मुख नहीं रही थी ? अक्सर घर का काम-काज करते-करते मैं सोचा करती : सच, परिवार ही क्या व्यक्तित्व की परिधि है ? क्या इसी में बीतूँ ? क्या इसे तोड़कर, लाँघकर एक बड़े हित में खोजने को न बढ़ूँ ? और तब बाहर की उस अज्ञात दुनिया से भय होता और मैं लौट आती। 'मेरे लिए तो सारा राष्ट्र, सारा समाज, सारा श्रेय, जिस व्यक्ति में समा जाना चाहिए वह तो मुझे प्राप्त मेरे स्वामी हैं। उनके चरण जहाँ-जहाँ धूलि पर पड़ते हैं, उस धूलि के कणों में मैं अपने को खो दूँगी, क्यों न यही मेरी सम्पूर्णता हो ?' और यही अपनी अन्तिम सीमा मानकर, अपने को, मैं घर में समा-समेट लेना चाहती। बाहर को बिल्कुल भुला देने की चेष्टा करती। लेकिन बाहर की दुनिया तो देहलीज लाँघकर भीतर ही आ चुकी थी। उसके प्रति कब तक और निरपेक्ष रहती ? मैं भी तो आखिर मानवी थी।

हरिप्रसन्न ने घर कभी नहीं देखा था, उसका कोई 'घर' नहीं था—इसलिए वह घर से भागता था। श्रीकान्त ने ही तो बताया था 'उस बेचारे को कोई भी नहीं मिली कि 'जिसकी ओर' भावनापूर्वक वह बढ़ पाता।' उसने जीवन में जो नहीं जाना, वह था—सुख। मैं भी तो जानना चाहती थी कि कैसा वह पुरुष है जो घर से भागता है ? नारी से भागता है ? और वह बेचारा भी तो सोचा करता था कि यह 'घर' आखिर है क्या ? ऋष्यशृंग की तरह वह भौंचक आँखों से हमारी ओर देखता कि वह कौन प्राणी है जिसे नारी कहते हैं—जो पुरुष के आस-पास स्नेह-अभिव्यक्ति, रहस्य-वलय की तरह मँडराया करता है। उसे जीतकर, उसके चरणों पर निछावर हो जाता है। जाने कैसे गूढ़ रेशों से उसके तन-मन के ताने-बाने बुने हैं ? उसने अपने आपको देश के लिए समर्पित कर दिया था—जाने कब से अपने 'घर' और नारी से नाता तोड़ लिया था। इस प्रकार हम दोनों एक-दूसरे के प्रति अजब-अजब जिज्ञासाएँ लेकर सामने आए—बीच में थे श्रीकान्त। वे 'घर' और 'बाहर' से अलग करनेवाली दीवार थे—ऐसी दीवार जिसे श्वेतकेतु के पुत्र उद्दालक ने खींचा था, जिसे मनु ने खड़ा किया था और राम से लेकर

आज तक न जाने कितने श्रीकान्त जाने-अनजाने उसकी मर्यादा को निबाहते आए थे। लेकिन औरों के लिए वह दीवार चाहे जैसी लक्ष्मण-रेखा रही हो, मेरे लिए तो ऐसा सेतु थी जो 'घर' को 'बाहर' से मिलाता है, जो 'बाहर' को खींचकर 'घर' लाता है। आपने मेरे लिए श्रीकान्त के रूप में जिस पति को दिया, वे ऐसे सरल और निष्कपट थे कि मुझे हरिप्रसन्न को बाँधने का आदेश देकर स्वयं हट गए। उन्होंने ही तो मुझसे कहा था : 'तुमको मालूम होना चाहिए कि तुम्हारी ही राह से मैं उसे दुनिया में लाने की सोचता हूँ।' और उन्होंने ही तो मुझे लाहौर में लिखा था : 'तो भी तुमसे कहता हूँ, कि तुम इन दिनों के लिए अपने को उसकी इच्छा के नीचे छोड़ देना। यह समझना, कि मैं नहीं हूँ, तुम हो और तुम्हारे लिए काम्य-कर्म कोई नहीं है। इस भाँति निषिद्ध कर्म कोई नहीं रहेगा।'

मुझे आपकी शह थी, पति की आज्ञा थी, इसलिए 'पत्नी' सुनीता ने 'नारी' सुनीता को हरिप्रसन्न के हवाले कर दिया। हरिप्रसन्न ने जब यह कहा 'सुनीता मैं अब तुम्हें भाभी नहीं कहता। जिन्हें भाई कहता हूँ उनकी ही मार्फत तुम तक पहुँचूँ, अब ऐसा नहीं है। मैं तुम्हें सुनीता 'कहूँगा' हम सीधे एक-दूसरे के सामने हैं—' तो इसे मैंने स्वीकार कर लिया। मैं जानती थी कि खूब चतुर, खूब कर्ममय, खूब सप्राण और एकदम अज्ञेय, बाहर से झटके से और निरुपद्रवी हरिप्रसन्न के भीतर एक 'कस्तूरी की गाँठ' है जो मेरे 'मायास्तूप' के क्रास पर अपने आपको लटका देने को व्याकुल है, किसी रहस्यमय को पा लेने की अदम्य, अजानी आकांक्षा 'एक प्रकार की भयंकर प्रतीक्षा' बनकर चित्र के माध्यम से 'फूट-फूटकर मेरे कलेजे में लगती है। सब मिलाकर हरिप्रसन्न पुरुष था और मेरे भीतर की नारी जानती थी कि यह भटकन क्या है ? पुरुष के इस निमन्त्रण से मेरा तन-मन झनझना उठा था। मैं अपने को समझाती : 'मीरा पतिव्रता हुए बिना भी अरे क्यों, मेरी श्रद्धा-भाजन बनी है ?' फिर मुझे आपका कथन याद आता : 'सुनीता स्त्री है, हरिप्रसन्न पुरुष है। उन नामों के बहुत नीचे जाकर उन दोनों में केवल एक स्त्री रह जाती है, दूसरा पुरुष रह जाता है।' और 'वे तो स्त्री-पुरुष के मध्य परस्पर योगायोग के मार्ग से बने नाना सम्बन्धों के लिए हमारे नियोजित नामकरण हैं...एक में दूसरे पर विजय की भूख है, किन्तु एक को दूसरे के हाथों पराजय की भी चाहना है ही।'

लेकिन आपके द्वारा प्रस्तुत इतनी सुदृढ़ भूमि पर खड़े होकर जब मैंने पुरुष से कहा कि 'लो, मुझे प्राप्त करो।' तो जैसे इस झटके से आपके संस्कार खुद आपके मनोविज्ञान पर हावी हो गए। मैंने जब अपने सारे बाह्य आवरणों को उतार फेंका तो हरिप्रसन्न की आँख मुँद गई, आप स्वयं बिल्कुल स्तब्ध रह गए और पाठक हक्का-बक्का हो उठा। मानो सब एक साथ बोल उठना चाहते थे : 'हैं, हैं, सुनीता यह क्या करती हो ?'—जैसे किसी में सामर्थ्य नहीं थी कि इस प्रचंड-सत्य की प्रखर-ज्योति से आँखें मिला पाता। इसलिए अपनी आँखों पर हथेलियाँ रख लीं। फिर पागल कुत्ते की तरह मुझे पकड़कर, मेरे पति के घर पहुँचा दिया गया और भोंडे शब्दों में कहूँ तो जैसे-तैसे

बात दबा दी गई। बात, मगर दबी कहाँ ? एक सिरे से सभी ने कहा—'नग्न होकर पर-पुरुष को आमन्त्रित करनेवाली सुनीता दुश्चरित्रा है, पुंश्चली है।' और मुझे बहाना बनाकर तुम्हें खुद क्या कुछ नहीं कहा गया ? भरसक मैंने चाहा कि उस लांछना के विष को अकेली ही पी जाऊँ और किसी से कुछ न कहूँ। लेकिन अपने इन बच्चों के सामने, इस नई पीढ़ी के सामने मजबूर हो गई हूँ कि रग-रग में ऐंठते उस जहर को प्रश्न का रूप देकर अपने को मुक्ति दूँ।

मैं पूछती हूँ कि आपने क्यों मुझे ऐसी दृढ़ता दी, ऐसा ओज दिया, ऐसे प्राकृत-नारीत्व से अभिमन्त्रित किया, कि मेरे आस-पास का सारा पुरुष-वर्ग सहसा ही हत-तेज होकर नपुंसक हो उठा ? मैं पूछती हूँ कि तब आपके संस्कार ऐसे ही थे, तो क्यों आपने आदिम नारी को वे गीत सुनाए कि वह मुक्त-वसना, दिगम्बरी जब चुटीली सर्पिणी-सी तड़पकर फुँफकारती उठी तो स्वयं आपके हाथ-पाँव फूल गए। मैं साफ कहती हूँ कि मेरे अनावृत रूप को देखकर आँखें बन्द करके जो मैदान छोड़कर भाग खड़ा हुआ था, वह हरिप्रसन्न नहीं, खुद मेरा स्रष्टा, यानी आप थे—जो मुझे सह नहीं पाए। और इसीलिए तो हारकर आपने मुझे फिर श्रीकान्त के घर की चहारदीवारी में ला पटका। मानो उसे सौंपते हुए कहा : 'लो सँभालो बाबा; अपनी इस अमानत को। यह तो बड़ी खतरनाक है। ताल्सतोय ने भी तो अन्ना को मार दिया था, तुम भी घोंट देते मेरा गला। कम-से-कम वह अपमान तो न करते कि मुझे उसी श्रीकान्त का सामना करना पड़ता जो खुद मुझे झेल नहीं पाता था। जब तुममें से किसी में वह सामर्थ्य नहीं थी कि नारी सुनीता के तेज को स्वीकार करे, तो बताओ, क्यों मेरे सिर व्यर्थ चरित्रहीनता का यह अभिशाप मढ़ा ? क्यों बाहर निकालकर मुझे सारे संसार के सामने जलील कराया ? घर के 'बन्धनों में बँधी, बन्धनों की स्वामिनी' ही क्यों नहीं रहने दिया ? क्यों मन की अतल-गुफाओं से, कोंच-कोंचकर मेरी सिंहनी-नारी को बाहर निकाला ? और क्यों फिर मेरी आग के चारों ओर आपने शील, नैतिकता, निस्पृह, निष्काम तटस्थता और आस्तिक जड़ता की बर्फीली चट्टानें खड़ी कर दीं कि लोग कहें : 'सुनीता का मन अचंचल था। वह मन से कतई नहीं डिगी, पर-पुरुष के सामने निर्वस्त्रा होकर भी वह पति के प्रति विश्वासघातिनी नहीं थी—क्योंकि हरिप्रसन्न भोक्ता नहीं, जिज्ञासु था। वह बाल सुलभ 'क्यों' और 'क्या' लेकर आया था। सुनीता ने अपनी देह का 'प्रदर्शन' नहीं, 'दर्शन' दिया था। फिर वह मन में कैसा भी संकोच क्यों करे ? क्यों उस स्थिति को अश्लील या अनैतिक माने ?'—नहीं जैनेन्द्रजी, यह दुहरी विडम्बना सहने को मुझे मजबूर न कीजिए।

बताइए, यह सारा ढोंग मेरे ऊपर क्यों लादा गया ? क्यों श्रीकान्त पर, हरिप्रसन्न पर, मुझ पर और सब मिलाकर अपने आप पर सदाशयता का, एक तटस्थ उच्चता का खोल चढ़ाया गया ? क्यों नहीं आपने हरिप्रसन्न को ब्रांस्की[1] का वह तेज दिया कि

1. ताल्सतोय के 'अन्ना कैरेनिना' का नायक।

मैं उससे सम्मोहित, मुग्ध, घर छोड़कर चल देती--सारी नावें जलाकर, कि पति और पुत्र किसी की ममता मुझे बाँध न पाती ? क्यों नहीं आपने उसे मेलर्स[1] की तरह वह बलिष्ठ-पौरुष दिया, कि मैं कोनी की तरह उसके आस-पास मुग्ध-मयूरी-सी मँडराने लगती ? आप कहेंगे, कैरेनिन अलैक्जंड्रोव्स्की, अन्ना के लिए और चार्ल्स बोवारी, एम्मा के लिए 'घर' और 'बाहर' के बीच दीवार बनकर आए थे। वे भोंदू थे, सीधे थे, लेकिन थे--दीवार। श्रीकान्त तो यहाँ मेरे और हरि के बीच सेतु था। मैं कहती हूँ, तब आप में इतना साहस क्यों नहीं था कि सर क्लिफ़र्ड चैटर्ली की तरह उसके भी निचले धड़ को बेकार कर देते ? आप पूछेंगे क्या पाया अन्ना ने पति की मर्यादा और बच्चे का मोह तोड़कर ब्रांस्की के साथ भागने से ? मृत्यु ही न ? क्या मिला एम्मा को चार्ल्स बोवारी अर्थात परम्परागत पति को ठुकराकर ? झूठ, फरेब, मक्कारी और एक कलंकित मृत्यु। क्या हाथ आया कौनी के, सर क्लिफ़र्ड चैटर्ली को छोड़कर, मेलर्स का तलाक और दाने-दाने की मोहताजी--आप पूछेंगे, परम्परागत घर को, पति को त्यागकर तुम वही सब पाना चाहती हो ? क्योंकि मर्यादा टूट जाएँगी तो हम टूट जाएँगे। शायद आप यह भी बताएँगे कि ताल्सतोय, फ्लाबेयर और लारेंस की इसी समस्या को आपसे पहले रवीन्द्र ने भी तो, 'घरे-बाहिरे' में परखा था और पाया कि 'मक्खीरानी' क्रान्तिकारियों की प्रेरणा बनने के लिए नहीं, घर की परिचारिका बनने के लिए है !

सच मानिए, मैं सब-कुछ भूल चुकी थी। आप लोगों ने जो फैसला दिया, मैं तो उसी से बँधी रहती, लेकिन इधर मृणाल-बुआ की मौत ने मुझे झकझोर डाला है। उनके भाँजे ने 'त्यागपत्र' दे दिया। लेकिन मुझे लगा मृणाल के रूप में मैं मर गई--मुझे ही आपने मार डाला। वह तो हरिप्रसन्न था जो आँखों पर हाथ रखकर भाग गया, वर्ना हो सकता है मुझे भी किसी अँधेरी गली की घुटी कोठरी में यक्ष्मा पालते हुए किसी कोयलेवाले से पिट-पिटकर या ग्राहक निहारते हुए जिन्दगी की आखिरी घड़ियाँ गिननी होतीं। मैं पूछूँ, क्यों मार दिया आपने मृणाल को यों कुचलकर ? वह पढ़ी-लिखी, समझदार और साहसी थी--चाहती तो आत्मनिर्भर होकर सम्मान से जी सकती थी, जीवन को दुबारा प्रारम्भ कर सकती थी। क्यों आप हमारे ऊपर यह लादते रहे कि 'मैं इस घर से टूट जाऊँगी तो जिऊँगी नहीं। मैं इस योग्य नहीं हूँ ?' जब घूम-फिरकर घर ही हमारी नियति है, वह परम्परागत पति ही हमारी गति, या हमारा श्रेय और प्रेय है, तो फिर मन में भीतर पैठकर 'स्वतन्त्र इच्छा' और 'नारीत्व' की खोज की विडम्बना आखिर क्यों है ? क्यों यह सारी शिक्षा-दीक्षा है, कला और साहित्य है, देश और विदेश है, ज्ञान और विज्ञान है, परिचर्या और सेवा है, प्रेम और त्याग है--जिन सबका पाठ हमें रात-दिन पढ़ाया जाता है ? क्यों आखिर हमारे विवेक और इच्छा-शक्ति को इतना सशक्त और प्रबुद्ध बनाया जाता है, कि हम पसन्द और ना-पसन्द कर सकें, चुन और छोड़ सकें और अपने किए की जिम्मेदारी स्वयं समझकर जीवन्त-प्राणी

1. डी.एच. लारेंस के 'लेडी चैटर्ली'ज लवर' का नायक

की तरह नए प्रयोग और नए प्रारम्भ कर सकें ? 'संस्कृत' और 'शिक्षित' बनाने के लिए क्यों हमें, 'बाहर' तक ले जाया जाता है या 'बाहर' को हमारे सम्पर्क में लाया जाता है ?

मैं सोचती थी कि आपने शायद हमारी वेदना को समझा है—आप उसे सिर्फ अभिव्यक्ति ही नहीं, उससे मुक्ति भी देंगे। लेकिन आपकी नवीनतम रचनाओं में मैं देख रही हूँ कि एक ओर तो आप हमारी व्यथा बताकर सहानुभूति लूटते हैं, दूसरी ओर रूढ़ियों और परम्पराओं के प्रति सच्चे होने की आस्तिकता निबाहते हैं। हमारी वास्तविकता, हमारी पीड़ा की एक-एक पर्त को अपनी कुशल उँगलियों से हटाकर आप हमारी हमदर्दी, हमारी श्रद्धा और हमारा विश्वास लेते हैं, लेकिन इसलिए नहीं कि उस पीड़ा को, उस व्यथा को समझकर, दूर करेंगे, बल्कि इस बहाने आप स्वयं हमारे व्यक्तिगत कक्षों और पक्षों तक पहुँचते हैं। वेदना और व्यथा तो केवल वहाँ तक पहुँचने का माध्यम है। लेकिन कैसा क्रूर साधन है किसी के दुःख से सुख पाने का। पीड़ित पर सान्त्वना का हाथ फेर कर अपनी अतृप्त कामना को तृप्त करने का...मैं पूछती हूँ कब तक आप यह सब करेंगे ? क्षमा करेंगे मुझे, यदि उन्हीं स्पष्ट शब्दों में मैं आपसे भी कह दूँ जिनमें मैंने हरी से कहा था—'हरी, मुझे लो, मुझे पाओ। इस आवरण को भी हटाए देती हूँ। वही मुझे ढँक रहा है। मुझे चाहते हो न ? मैं इनकार नहीं करती।'

सच, मैं इनकार नहीं करती। आप मेरी नारी को जगाकर हरिप्रसन्न को दें या न दें, लेकिन असमर्थ जानते हुए भी श्रीकान्त को न दें। यों उसका गला घोंटकर उसी गड्ढे में धकेलने के लिए उसे क्यों जगाते हैं ?—क्यों, उसकी जागृति को सुषुप्ति जैसा निस्तेज, निरानन्द और जड़ बनाते हैं ? उसमें आध्यात्मिक किस्म की तटस्थ-मर्यादा और वन्ध्या-वात्सल्य ठूँसकर उसकी सार्थकता को व्यर्थ क्यों करते हैं ? मुझे सामने लाते समय प्रस्तावना में आपने अपने को ब्रह्म बताया था। आप मेरे स्रष्टा हैं, आप ब्रह्म हैं। आप निस्संग हैं, आप आसंग है। समर्थ हैं, इसलिए दोष से ऊपर हैं। आदि-स्रष्टा ब्रह्मा ने भी तो अपनी पुत्री के रूप पर रीझकर उसे अपनाया था।

अब तो आप क्षमा कर देंगे कि पिता कहकर मैंने क्यों नहीं सम्बोधन किया आपको ? और अपनी बात को किन शब्दों में कहूँ ? मुझे आपकी मर्यादा और नैतिकता की खादी के ये आवरण सह्य नहीं हैं। एक बार इन वस्त्रों की जीर्णता स्वीकार करके अब इनसे मुक्ति पाने में ही क्या हर्ज है ? जब तक नए वस्त्र न मिलें, तब तक निर्वस्त्र ही सही। आपकी गीता ने ही तो कहा है कि वस्त्र बदलते रहना ही जीवन है। और नहीं, तो क्या यह कहकर मैं बहुत बड़ा अपराध करूँगी कि यदि मुझे यों निर्वस्त्र स्वीकार नहीं कर सकते तो हमारी ओर से आँखें फेर लें—लेकिन भगवान के लिए यह खिलवाड़ बन्द कर दें।

कुछ इन बच्चों की ओर भी तो देखें कि 'घर और बाहर' की समस्या को कैसी सरल-स्वाभाविकता से ये हल किए ले रहे हैं। इनको तो हमारा वह सब, विकृति और कुंठा के सिवा कुछ भी नहीं लगता। ये गिरते हैं, पड़ते हैं, भूलते हैं और भटकते हैं लेकिन

समस्या से भागते नहीं हैं—जी-जान से उसे हल करने में लगे हैं। क्या यह अच्छा नहीं होगा कि अपनी 'आउट ऑफ डेट' रहस्यमयता और उसकी भर्त्सना छोड़कर चुपचाप ही बैठें ?

पत्र बहुत लम्बा हो गया है, क्षमा करें। अब चलूँ। सुजाता ने कुछ लोगों को चाय पर बुला लिया है। शायद आज रिहर्सल यहीं होगा।

आपकी
सुनीता

[*धर्मयुग,* दिसम्बर 1958]

'परती-परिकथा' की ताजमनी : फणीश्वरनाथ 'रेणु'

मैंने कहा : 'माफ कीजिए ताजमनी दीदी, आपसे कुछ बातें पूछनी थीं, इसीलिए तकलीफ दी। पढ़ा तो आपके बारे में बहुत कुछ है, लेकिन बहुत-सी बातें साफ़ नहीं हैं। आप अगर थोड़ी-सी मदद कर देतीं...'

सामने खड़ी ताम्र-मूर्ति जैसी ताजमनी ने पल्ला सिर पर ले लिया—पवित्र, सुन्दरता की साकार प्रतिमा, हूबहू जापानी गुड़िया। जितेन्द्रनाथ को भी तो ताजमनी का पहनावा देखकर जापानी गुड़िया की ही याद हो आती थी। माथे पर सींकी की रंग-बिरंगे फूलों की डाली, गले में तावीज, चम्पई रंग और बालिकासुलभ चेहरा। असली उम्र न पता हो तो सोलह की लगे, लेकिन सोलह से बीस साल बड़ी—मेघवर्ण कुंचित-केश-पाश। सुडौल शरीर और सुघड़ बनावट। आँखों में परिपूर्ण-प्राण की गम्भीर छाया। मेरी बात सुनकर ताम्र-मूर्ति के चेहरे पर वक्र मुस्कराहट अंकित हो गई, ताजू की मुस्कराहट। बोली, 'परानपुर हवेली के बाहर जिससे पूछिए, वही मेरे बारे में बता देगा। और नहीं तो नट्टिन-टोली चले जाइए जहाँ मेरा घर है...गैंदाबाई, हिरिया; सोलकन्ह टोली की सामबत्ती-पीसी...कौन नहीं है जिसके पास ताजमनी की जन्म-पत्री न हो...'

मैंने चतुर पत्रकार की तरह पूछा, 'ताजू दी, देखिए पत्रकारिता में हमें खबर और अफवाह में भेद करना सिखाया जाता है। अफवाहें तो आपके बारे में जितनी हैं, वे छिपी नहीं हैं; लेकिन मैं तो अपनी कुछ शंकाओं का जवाब आपसे ही...'

'माँगो। मैं क्या कहूँ अपने मुँह से ? पढ़ी-लिखी भी ख़ास नहीं हूँ। कोसी-कैम्प की इरावती-दाय से पूछते तो एक बात भी थी।' ताजमनी लजा गई, 'बताने में तो मुझे कोई एतराज नहीं है, लेकिन कभी...'

'यही तो मेरी भी शिकायत है ताजू दी कि आपको बोलने नहीं दिया गया।' मैं जल्दी से बोला, 'आपके साथ न्याय नहीं किया गया। शरद् की अच्छी-से-अच्छी पात्री की स्निग्ध सरलता, मधुर अभिभावकत्व भरा वात्सल्य, नारी-सुलभ गरिमा और मोहनी आपको दी गई; लेकिन आपको कुछ भी बोलने का अवसर नहीं दिया गया। आपके मन की शुभ्र गहराइयों और हिमानी ऊँचाइयों की सूचना-भर है और जहाँ भी इनसे परिचय की बात आई है, आपको फौरन वहाँ से हटा लिया गया...आपके स्रष्टा ने...'

ताजमनी ने बात काट दी, 'ओह, तो आप स्रष्टा की बात में हस्तक्षेप कर रहे

हैं...' सहज व्यंग्य से ताजू दी फिर मुस्कराईं--वही लगाम से कसी मुस्कराहट ! 'अपने अस्तित्व की जवाबदेही मुझ पर क्यों हो ? जैसी हूँ, हूँ।'

उनकी इस बात ने पहले तो मुझे सहसा हतप्रभ कर दिया, लेकिन शीघ्र ही अपने को समेटकर फिर बोला, 'ताजू दी, मैं जानता हूँ आप एक हल्की-सी मुस्कराहट में ही मुझे स्थगित और हतप्रभ कर सकती हैं, लेकिन आपके साथ सचमुच अत्याचार हुआ है, यह आप क्यों नहीं मानतीं ? 'रेणु' ने आपका उपयोग अपनी कहानी में ठीक उसी तरह किया है, जैसे लोग सब्जी में छौंक लगाते हैं। मैं जानता हूँ आप कहेंगी, 'उखड़े हुए लोग'* में पद्मा का भी तो यही उपयोग है। लेकिन पद्मा एक बहुत बड़ी वैयक्तिक और सामाजिक समस्या बनकर आई है। काले पटल पर खींची गई, एक सुनहरी सजल रेखा-भर वह नहीं है। लेकिन आपके हृदय की गुरु-गम्भीर उदारता, आपका पूजा-मंडित व्यक्तित्व, माँ तारा के प्रति आपकी एकान्त भक्ति, आपके सौम्य-शालीन रूप की अलग-अलग कोणों से छवियाँ और यह सब एक नट्टिन में है, इसलिए आपके प्रति एक स्वाभाविक सहानुभूति, महानता के प्रति श्रद्धा; पंच-चक्रों का रहस्य छिपाए आपने मालकिन माँ को कुछ वचन दिए हैं, इससे आपके लिए एक उत्सुक-जिज्ञासा, जित्तन और आपके सम्बन्धों के बीच एक विचित्रताजन्य-कुतूहल, क्या यह सब कुछ इस तरह चित्रित नहीं किया गया, जैसे अलग-अलग कोणों से आपकी तस्वीरें खींचकर यहाँ-वहाँ लगा दी गई हों ? मैं मानता हूँ, छाया-प्रकाश का ऐसा अद्भुत सन्तुलन, प्रतिनिधि कोणों का ऐसा दक्ष चुनाव और मनोभावों के सूक्ष्म-से-सूक्ष्म प्रतिबिम्बों का ऐसा कुशल अंकन--इससे अधिक सधे ढंग से मैंने नहीं देखा। लेकिन चित्र आखिर चित्र हैं। वहाँ तो चेहरे पर आई झलक को ही दिखाया जा सकता है, अन्तर के विभिन्न स्तरों, उतार-चढ़ावों में उतर पाना तो वहाँ सम्भव नहीं है। और इतनी सुन्दर छवियों को देख-देखकर तो आदमी की प्यास और भी बढ़ जाती है कि काश, इनके मन प्रदेश पर भी 'प्रवेश-निषेध' की पट्टियाँ न लगी होतीं।'

ताजमनी चुपचाप सुनती रहीं, और फिर इस तरह मुस्करा दीं, मानो इसमें भी कहीं उनकी सार्थकता हो, 'अपने स्रष्टा की ओर से एक बात कहने की अनुमति देंगे ? इसे आप उपन्यास की इस विशेष शैली की मजबूरी नहीं मानेंगे ? जो शैली रेणुजी ने अपनाई है, उसमें मेरे लिए ही क्या, किसी भी पात्र के मन में उतरने की गुंजाइश नहीं है।'

'मगर यह शैली की कमजोरी है न ? सिनेरियो लेखन और कागज पर फिल्म बनाने की कतर-ब्योंत में अगर रेणुजी न पड़े होते तो सचमुच कितनी सुन्दर चीज हो जाती यह...तब शायद इस शिकायत का भी मौका न आता कि कैमरे का व्यू-फाइंडर कथा-कलक्टर भवेशनाथ की आँख नहीं, फणीश्वरनाथ 'रेणु' की अपनी आँख है, असली आँख है।'

'देखिए, मैं ज्यादा तो नहीं समझती, लेकिन जिसकी बात आप कह रहे हैं वह ठहरे

* राजेन्द्र यादव का उपन्यास।

हुए यथार्थ के चित्रण में तो शायद सम्भव है, लेकिन जहाँ हर चीज रोज बदलती हो वहाँ यह रिपोर्ताज शैली...' बात अधूरी छोड़कर सहसा ताजमनी सचेत हो गईं। उन्हें लगा जैसे वे किसी की रटाई बातें बोल रही हैं। बात बदलकर कहा, 'रही आपकी शिकायत, सो इससे मुक्ति तो शायद ही किसी लेखक को मिले...किसी रचना में क्या नहीं है और अगर वह होता तो कैसा और क्या-क्या होता, इन सवालों को लेकर आप लोग जितनी माथा-पच्ची करते हैं, उसका एक चौथाई भी यदि इस बात पर विचार कर डालते कि रचना में जो है वह कैसा है तो रचनाकारों का कल्याण होता...'

इस बार मैं मुस्कराया। ताजू दी बड़ी वाक्पटु हैं। जैसी कुशलता से जितेन से अपनी बात कहती थीं, ठीक उसी ढंग से मुझे सुझा रही हैं कि इधर-उधर न बहककर मैं जैसी हूँ उस बारे में जो जानना चाहते हो जानो। मैं कागज-पेंसिल लेकर सँभल गया; 'अच्छा तो जो है; उसी सम्बन्ध में दो-एक बातें हों...'

'एक बात पूछूँ ?' ताजमनी ने अप्रतिहत भाव से कहा, 'सुन्नरि नैका और दन्ता राकसवाली रग्घू रामायनी की सारंगी के साथ गूँजती वह चित्रात्मक लोक-कथा, पूर्णमासी की खिलखिलाती रात में वह लोक-संगीत और नृत्य की गंगा-जमुनी हिलोरें, मेरे और मलारी के कंठों का जादू, आनन्दोल्लास में विस्मृत-निर्तित कुमारियों के दलों की प्रतियोगिताएँ, हिमालय के शिखरों से उतरते पक्षियों की किलकारियाँ, पूजा का श्यामा-संकीर्तन और बसन्त-पंचमी का शरदोत्सव...इन सबको आप परती पर बने हुए पंच-चक्रों से अलग करके देखेंगे ? लोक-जीवन पर कुहासे की तरह छाई परती के इन जीवित पंच-चक्रों का रूपक आपको स्वीकार नहीं है ?'

मैं थोड़ी देर ताजमनी के तेज को मुग्ध-भाव से देखता रहा। बिल्कुल वही मुद्रा थी जब उन्होंने जाकर जित्तन से कहा था, 'जिद्दा, तुम्हारी जिमीदारी में क्या होता है तुम्हें क्या मालूम ? ऐसा कुकर्म न मालकिन माँ के समय हुआ न उनसे पहले।'...सहसा सचेत होकर मैं बोला, 'लेकिन ताजमनी दी, आपका और उपन्यास के बड़े कैनवास को दिए गए इस रूपक का ऐसा अभिन्न सम्बन्ध तो नहीं है ?'

ताजमनी के चेहरे पर बड़प्पन की चाँदनी-धुली मुस्कराती गम्भीरता झलक आई। नाक की कील का पत्थर झलमलाया। वे मौन पूजा में उतर गईं : 'हाँ ऽ ऽ, अभिन्न सम्बन्ध तो नहीं है...शायद नहीं ही है...बस एक पिटारी दी थी मालकिन माँ ने, सो बारह साल तक उसे कलेजे से सटाकर अपने जिद्दा की मंगल-कामना करती रही...सपनों में पंडुकी की तरह उसे जगाती रही...उठ जितू... ! सींक की बनी हुई छोटी-सी पिटारी थी...उसके अन्दर भोज-पत्र पर एक मन्त्र लिखा था...दूसरे पत्र पर पाँच चक्र अंकित थे : श्रीचक्र 1, श्रीचक 2... एक गोमुखी रुद्राक्ष का दाना, सिन्दूर की डिबिया में। और चाँदी का एक सिक्का जिस पर टेढ़ी-मेढ़ी अरबी लिपि में लिखा था—अलिफ़...लाम... मीम...मालकिन माँ की पिटारी उसके बेटे को सौंपने गई थी मैं...पहली बार चरण छुए थे अपने जिद्दा के, सत तोड़कर। घुप्प अँधेरा था। तुलसी-चौरा के पास माथा टेके-टेके आँखें बरस पड़ी थीं। झड़ी शुरू हो गई थी...सावन-भादों की। तुलसी-चौरा सूख गया था,

कोई दीपक जलानेवाला नहीं था। लगा, जैसे अपनी कोठरी में बैठी मालकिन माँ रोज की तरह रामायण-महाभारत पढ़ रही हैं। खटके से चौंकीं—कौन ? तू ? तू आई है ताजू ? दे आ पिटारी पहले जित्तन को...फिर आकर मेरे पास बैठना। पिटारी लेकर जित्तन ने अपने सिर से छुआ ली थी—माँ का विश्वास, निर्मल गंगाजल। मन-ही-मन दुर्गे-दुर्गे कहकर मालकिन-माँ के शब्द दुहरा दिए थे मैंने—'कहना, इसे जादू-टोना नहीं समझें। हँसी-खेल में न उड़ावें। बड़े पढ़-लिखकर विद्यासागर हो गए हैं। आप भोज-पत्र पर लिखे पंच-चक्र श्री-चक्रों के पास लिखे मन्त्रों का अर्थ निकालिए, यही कुलगुरु ने कहा है। देख ताजू, दिल को बाँधकर मेरी तरह कहना। समझी... ? बाप ने उसका मतलब नहीं समझा। बड़े-बड़े जतन किए। मुझे भरोसा है, मेरा बेटा इसका कोई सही अर्थ निकाल लेगा...ढूँढ़कर। और उसी दिन मिश्रवंश की पाँच पीढ़ियों के प्यासे पितरों को पहली बार पानी मिलेगा, मेरे बेटे के हाथ से'—सुनकर जिद्दा को लगा जैसे मेरे मुँह से मालकिन माँ ही बोल रही हैं—वही मुद्रा, वही ठुड्डी में गड्ढा...जित्तन की परती में मधवा-जंगल को देखकर नील-अमलतास के पागल डा. रायचौधरी उच्छ्वसित हो उठे थे : तुमी पारबे जित्तन, तुमी पारबे। सचमुच, चक्रों के अर्थ कर रहा था जित्तन...परती साध रहा था मालकिन माँ का बेटा...पिता शिवेन्द्र मिश्र ने ब्रह्मपिशाच को जीतकर डेढ़-डेढ़-सौ एकड़ के पाँच चक्र लिए थे, उसी अधूरी कहानी का सपना देखता, पण्डुकी का, सोया जित्तू उठ गया था...'

ताजमनी ने जरा-सी साँस ली तो मैंने टोका, 'इस सबसे आपकी जित्तन और मिश्र-खानदान के प्रति भक्ति जरूर प्रकट होती है लेकिन...'

'सिर्फ भक्ति ? यह विराट रूपक और परिकल्पना सिर्फ़ एक श्रद्धा-भर है ?' ताजमनी ने सीधे मेरी आँखों में देखकर पूछा; 'जिस दिन इस तिलिस्म की कुंजी, वह पिटारी मैंने जिद्दा को सौंपी थी, उसी दिन तो अपना सत तोड़ा था। अपने जित्तन को शरीर-स्पर्श दिया था, बारह साल बाद...उस दिन क्या रत्नों से भरी परती को ही सार्थकता मिली, ताजमनी का परती जीवन सार्थक नहीं हुआ ?...आपको 'कछुआ-पीठ' परती के एक ओर बहती कोसी, और दूसरी ओर जाती दुलारीदाय दो निर्जीव नदियाँ ही लगती हैं ? लोक-कथा में जीवित नारियों, बहनों की तरह न जाने कब से अनियन्त्रित बहती उपेक्षिता नारीत्व की वन्ध्या धारा नहीं ? अपने मुँह से ही कहूँ ? ऐसा नहीं लगता जैसे उन दो नदियों को मेरे और मोची-कन्या मलारी के रूप में नई दिशा दी गई है...बाँध बाँधे गए हैं...और जन-मानस की 'कछुआ-पीठ' धरती नई-नई वनस्पतियों से लहलहाने को आतुर हो उठी है ? भटकते नए पंखोंवाले पंछियों को सहारा मिला है। सपनों की रानी को पाने के लिए धरती को बदलने की अधूरी कहानी को पूरा करने के लिए दन्ताराकस का बेटा फिर से विज्ञान का सिंघा उठाके फूँक रहा है...'

'ताजू दी' मैंने कुछ अधीरता से कहा, 'मैं रूपक की विराटता से इनकार नहीं करता और न ही जिन अनगिनत महीन लय-पूर्ण रेखाओं से इसे सजीव रंग दिए गए हैं, उनके चुनाव और प्रयोग के महत्त्व को कम कर रहा हूँ; लेकिन इस सारी भावात्मक अरूपता

के अतिरिक्त आपका अपना भी तो कुछ जीवन और व्यक्तित्व है न ? मैं उसी की बात कर...'

'वह जीवन...?' मुझे लगा जैसे ताजमनी अपने उस पक्ष को बचा रही थीं, अब हल्के दर्द से बोलीं; 'एक नट्टिन-पुत्री का जीवन ? आप खुद कल्पना कीजिए न...लोगों से, पास-पड़ोस से क्या-क्या नहीं सुनना पड़ा ? हवेली में आने के बाद मैंने औरों को सलाह दी—मेले में कमाई करने मत जाओ। क्या-क्या नहीं सुनना पड़ा उस पर ? मुहल्ले के सिर पर खड़े होकर गालियाँ सुनाई हैं चुनचुन बाई ने—'बड़ी आई जात की सरदारिन बनने। चुराकर नथिया उतरवाई। नट्टिन-टोली के परेवा-पंखी तक को नहीं मालूम ! हम मेला में कमाकर नहीं खाएँगी तो कहाँ खाएँगी ? डिब्बा की मिठाई और सुडावाटर हमें भी मिले तब तो ! हवेली का डर दिखाती है।' ताजमनी ने फिर कृतज्ञ-भाव से गहरी साँस लेकर कहा, 'अदालत में सुचित-मडर ने ज़िद करके पूछा था—'ताजमनी आपकी कौन लगती हैं; एँ ऽ एँ ऽ ?' वह तो कहिए मेरे जिद्दा ने मुस्कराकर कहा था—'ताजमनी मेरी रक्षिता है। इसकी माँ मेरे पिताजी के गुरुभाई की रक्षिता थी...'

मैंने पूछा, 'जित्तन बाबू, आपको बहुत प्यार करते हैं न ? दंगों के तूफान में बहकर आई हुई इरावती से आपको ईर्ष्या नहीं हुई ?'

'जी हाँ, जब कोसी प्रोजेक्ट की दस नम्बर की पार्टी के साथ जित्तन बाबू की पुरानी परिचिता इरावती आई थी तो शोर हो गया था कि अब हवेली की मालकिन कम्पू की मेम होगी...बेचारी ताजमनी न घर की रही न घाट की; दोनों तरफ से गई। लेकिन आपको पता है, मैं अपने जिद्दा को कब से जानती हूँ ? जब से वह मेरे भाँजे सुघना के बराबर था...रेशमी कुर्ता और लाल धोती पहने सम्पनी गाड़ी पर बैठकर मेरी ओर देख रहा था मेले में। मैं भी बच्ची थी। माँ ने पहली बार रंगीन घाघरीवाला कुर्ता खरीद दिया था...मैं अपनी सम्पनी गाड़ी में गई थी...बैलगाड़ियों की दौड़ में मेरे बैल जीत गए, तो जीत रोने लगा था। मैं हँस पड़ी थी : 'इतना बड़ा होकर रोता है ? बैलों को कुछ खिलाया-पिलाया करो।' फौरन रामपखारन सिंह ने मिठाई लाकर दी तो अपने हाथ से बैलों को खिलाया। फिर मैंने जान-बूझकर अपनी गाड़ी हार जाने दी। गाड़ीवान कारूमियाँ ने कहा था—'दुलहा पसन्द आया ?' मैंने माँ से शिकायत कर दी—'मेले में रोनेवाले लड़के को मेरा दुलहा कहता है कारूमियाँ...' तब से जानती हूँ मैं इन्हें। यह भी जानती हूँ कि कितने जिद्दी हैं ये। कुबेरसिंह ने उन दिनों जादू कर दिया था। शिक्षा पूरी करके आए थे। घर छोड़कर जाने की हठ करने लगे। माँ ने बहुत समझाया, उनके साथ चुपचाप खड़ी थी मैं। जब माँ रोने लगी तो मेरे भी होंठ फड़कने लगे। अँधेरी रात के तीसरे पहर मैंने उनके दरवाजे पर धक्का दिया। उस दिन पहली बार माँ की सौगंध काटकर मिलने पहुँची थी एकान्त में। मैंने माँ के पाँव छूकर सत किया था, जिद्दा से कभी एकान्त में नहीं मिलूँगी, कभी आँखें चार नहीं करूँगी, नजर उठाकर उनको देखूँगी भी नहीं। लेकिन उस दिन सत से बेसत हुई थी। मुझे देखकर जित्तन जल उठे थे। माँ ने इस लड़की की बुद्धि हर ली है। बोले, 'देखो ताजू, माँ को समझाओ। मैं कल ही

जाऊँगा।' नाराज हो जाते हैं आज भी, तो फलाहार करते हैं। मालकिन माँ को देखने वो आखिरी वक्त तक नहीं आ पाए थे, क्योंकि माफी माँगकर छूट आना मंजूर नहीं था। काशी में माँ कहती रही; 'ताजू बेटी, नहीं आया न ? मैं जानती थी। अब क्या देखती है ? चन्द्रवान व्रत का ओरियावन करो...' ' मैंने देखा मालकिन माँ की बातें करते-करते ताजमनी की आँखों से आँसू बहने लगे।

मैं थोड़ी देर चुपचाप सोचता रहा, फिर बोला, 'ताजमनी दीदी, गलत मत समझना। जित्तन बाबू में आपने अपने को जितना समा दिया है, भक्ति का जो समर्पण आपका उनके प्रति है, उसने सचमुच मुझे गहराई तक भिगोया है। बचपन में आप जो माँ-श्यामा के सामने कीर्तन मुग्ध-भाव से गाती थीं, वह आज भी जित्तन बाबू के रोम-रोम में बजता होगा। आपकी गुनगुनाहट के साथ-साथ ढोल और मंजीरा की ध्वनि भी जित्तन के मन में गूँजने लगती है। आपके कंठ की तन्मय-माधुरी में बड़े-बूढ़े डूब जाते हैं, जितेंद्र भीग-भीग उठता है। जितना 'कारन' आप देती हैं, जित्तन उतना ही पीता है, दुश्मनों से घिरकर माँ की याद आती है तो आपकी छाया में ही सांत्वना पाता है वह, लेकिन...'

'यहाँ कोई लेकिन मत लगाइए...' ताजमनी विवश-विनती से करुण होकर बोलीं।

'नहीं ताजू दी, यही 'लेकिन' सबसे बड़ा है।' मैं दृढ़ता से बोला, 'आपने कभी क्यों शंका नहीं की कि आपके स्रष्टा ने आपको क्यों भावुकता और भक्ति ही थोक में दी, क्यों उसने तर्क और विवेक से हर जगह बचाया, सोचा है आपने कभी ? सुनिए, क्योंकि उसने आपकी इतनी सुन्दर प्रतिमा का उपयोग जालसाज, डकैत, चरित्रहीन पतनीदार शिवेन्द्र मिश्र के शराबी-कबाबी, सनकी अधपगले बेटे की चँवर डुलानेवाली दासी के रूप में किया है। आप शायद इसे अपना सौभाग्य मानें, कृतार्थ हों कि जितेन्द्र ने भरी अदालत में आपको अपनी रखैल घोषित कर दिया, नट्टिन-टोले से उठाकर खानदानी हवेली के भण्डारघर की चाबी और तुलसी-चौरे पर दीपक जलाने का काम सौंप दिया। वह कीर्तन सुनता और आपकी गोद में सिर रखकर देवी के निमित्त दी जानेवाली शराब, 'कारन' पीता रहा। ताजू दी, मैं पूछता हूँ कि शरद्चन्द्र की राजलक्ष्मी और चन्द्रमुखी से अलग आप किस अर्थ में हैं ? इसी अर्थ में न कि जित्तन, श्रीकान्त और देवदास की तरह आवारा नहीं ? निकम्मा नहीं है ? मन-ही-मन सब उसको पूजते हैं या उस पर आपकी भावना, माँ-श्यामा की श्रद्धा-भक्ति का मुलम्मा चढ़ा दिया गया है ? लेकिन आपने यह भी कभी सोचा कि बाक़ी सारी जनता को परती और जित्तन को पंखिराज घोड़े पर चढ़कर अमृतघट लानेवाला राजकुमार बनाकर लेखक इतिहास को किधर मोड़ रहा है ? किस वर्ग को प्रतिष्ठित करने के लिए आपको खाद की तरह इस्तेमाल कर रहा है ? आपके इस प्रकार के निर्माण के प्रति उसकी कौन-सी जहनियत है ? और ताजू दी, यह भी मत भूलिए कि एक को सही बताने के लिए उसने हर विचारधारा को खोखला बताया है। वह भगवतीचरण वर्मा के 'टेढ़े-मेढ़े रास्ते' के राजा तिवारीजी से किस प्रकार अलग चरित्र का वारिस है ?...'

ताजमनी विस्फारित नेत्रों से व्यथित-सी देखती रहीं। कठिनाई से बोलीं, 'मेरे जिद्दा

को कुछ मत कहिए...'

मैं उठ खड़ा हुआ--'ताजू दी, मैं जानता हूँ आप यह सब नहीं सुन सकेंगी, क्योंकि आप जित्तन को ही नहीं उसकी हर बुराई को प्यार करती हैं। हर तरह उसे देवता मनवा देना चाहती हैं। दीदी, अंग्रेजी में एक कहावत है--मुझे प्यार करो, मेरे कुत्ते को प्यार करो। सो आप जित्तन को ही नहीं, उसके कुत्ते मीत को उससे ज्यादा प्यार करती थीं। वह तो मर गया, वर्ना इस वक्त सारी हवेली उसकी 'बॉख़-बॉख़' की अंग्रेजी भोंक से गूँजती होती और उसे गोद में बिठाकर आप या तो उसकी कंघी करती होतीं या खीर खिला रही होतीं...'

और अपनी बात अधूरी छोड़कर मैं बाहर चला आया। उस समय ताजमनी दीदी रो रही थीं...पता नहीं, जित्तन के प्रति मेरे प्रहार से घायल होकर, मालकिन माँ को याद करके, मीत की मृत देह का ध्यान करके या अपने स्रष्टा की नीयत और अपनी मजबूर-बेजबानी पर...

[*कल्पना*, मार्च 1959]

अनुभव से अर्थ तक पहुँचने की प्रक्रिया : राजी सेठ

प्रिय राजीजी,

अभी कुछ दिनों पहले आपका कहानी-संग्रह 'अन्धे मोड़ से आगे' पढ़ा है। सब मिलाकर आपकी कहानियों से गुजरना, उनमें होना बहुत अच्छा, नया और ताजा लगा है। कहीं यह प्रतिक्रिया किसी नए से पहले परिचय का मुग्ध या चमत्कृत भाव तो नहीं है, मैं तब से यही सोच रहा हूँ। क्योंकि सब मिलाकर कुछ 'अछूता' तो आपकी कहानियों में है ही। यह नया या अछूता क्या मृणाल पांडेय और किसी हद तक ममता कालिया वाला 'भाषायी' नया है, जहाँ भाषा और संवेदना दोनों के प्रति एक ऐसी तल्ख तटस्थता होती है, जो उसे तोड़-मरोड़कर प्रयोग का नयापन देती है। यह शायद किसी अनुभव से अनेक बार गुजर चुकने पर उसके प्रति विद्वेष से पैदा हुआ तल्ख या मजाक उड़ानेवाला भाव होता है। मृणाल में यह चुहल के स्तर पर है तो ममता में किसी अर्थ खोजने की उत्सुकता से उत्पन्न। चूँकि अर्थ की तलाश कहीं ऐटीट्यूड, दृष्टि, विजन या और भी आगे जाकर किसी अवधारणा या कमिटमेंट से जुड़ी है, इसलिए मृणाल को बहुत रास नहीं आती। वह मूलतः रूपवादी होने के कारण भाषा, लहजे और मुहावरे को ही अपना एकमात्र सरोकार बनाए रखने का आग्रह करती है। मगर उसमें एक अजीब-सी ताजगी और खिलन्दड़ापन है जो संजीदा सभा में किसी निहायत ही जीवन्त व्यक्तित्व से आ जानेवाला 'खुलाव' या खिलाव देता है। बेहद ही पैने और बारीक औजारों से वह कहानी तराशती है, इसलिए उसके भाषा-प्रयोग कभी चकित-चमत्कृत करते हैं, तो कभी मुग्ध। अपनी तात्कालिक प्रतिक्रिया में उर्दू शायरी की तरह दाद देने की चाह जगानेवाले। वह कभी गुदगुदाती है, तो कभी बाकायदा कहानी एक तरफ रखकर हँसने को मजबूर कर देती है। और यही उसकी कमजोरी भी है। आप कहानी या स्थिति को एक तरफ रखकर उसकी भाषा के बिम्बों या शब्दों के विसंगत प्रयोगों में भटक जाते हैं, वर्षों बाद मिले प्रेमी-प्रेमिका की अनुभूति-सघनता से छिटककर, मूल-विषय की तरह 'बगल में डटे लालची कुत्ते की लाल, लटकती-हाँफती जीभ' सामने आ जाती है। ऐसे बारीक और कविता-सिद्ध औजारोंवाले लेखक के सामने अगर उसका कथ्य या लक्ष्य केन्द्र में न हो तो वह सिर्फ धार जाँचने के लिए हर चीज को अपना प्रयोग-बिन्दु बनाने लगता है। मुझे आकस्मिक नहीं लगता है कि मृणाल में इधर का एक खास तरह का नकार या निहिलिज्म पनपता दिखाई दे रहा है—हर 'सुन्दर और

प्रिय' को तोड़ने, चीर डालने का हिंस्र खिलवाड़। मैं बिल्कुल मानता हूँ कि जिसे हम प्रिय या सुन्दर कहकर सहेजे हुए हैं, अपने मूल में अधिकांश या तो आदत है या परम्परा-दत्त मिथ। इनमें 'आस्था' सबसे बड़ा मिथ है। मगर क्या ऐसी अनेक जगहें नहीं हैं, जहाँ मिथ जिन्दगी और सपनों के पर्याय हो गए हैं ? समय के साथ संशोधित-परिवर्धित होते हुए अगर ये मिथ और स्वप्न नहीं रह जाएँगे तो जिन्दगी जीने की मजबूरी कहाँ से आएगी ? वे कौन से विश्वास रह जाएँगे जिन्हें हम बार-बार जिएँगे और झूठा या खोखला सिद्ध करेंगे ? हाँ, अगर सवाल जिन्दगी के ही नकार का है तो मुझे कोई आपत्ति नहीं है। जिन्दगी के इस नकार के लक्षण मृदुला गर्ग में और भी ज्यादा मुखर हैं। यह बता पाना मेरे लिए मुश्किल है कि यह जिन्दगी से निकला हुआ अपना बोध या वे संस्कार हैं जो हमें जाने-अनजाने 'बाहर' से मिलते हैं और कालान्तर में अपने ही लगने लगते हैं। जिन्दगी को आखिरी साँस तक भोगनेवाले लम्बी उमर के दार्शनिकों के वे नतीजे उन्हें शायद ज्यादा अपने लगते हैं जहाँ वे जीवन के नकार या आत्महत्या और अभिनिवेष को ही जीवन का वास्तविक अर्थ या मूल्य मानते और बताते हैं कि हर अर्थ और मूल्य की शुरुआत वहीं से होती है। मगर छोड़िए, यह दार्शनिकों की दुनिया है और हम बात साहित्य की कर रहे हैं।

मगर नहीं, 'छोड़िए' कहते ही मेरे सामने अपने कुछ अति क्रुद्ध मित्रों की तस्वीरें आ रही हैं जो बाँहें चढ़ाए, मोटे-मोटे दार्शनिक पोथे लिए साहित्य पर चढ़े चले आ रहे हैं। उनका खमठोक तर्क है कि बिना दर्शन-शास्त्र के साहित्य या जिन्दगी का क्या मतलब है ? जीवन की मूलभूत अवधारणाओं का नाम ही तो दर्शन है। उसके बिना हम जिन्दगी को समझेंगे कैसे ? सिर्फ सतही स्थितियों या तात्कालिकता में जीना ही तो जिन्दगी नहीं है। बात शत-प्रतिशत सही है, मगर दो सवाल उठाती है : यह श्रेय केवल मात्र दर्शन को ही तो नहीं है, बिना राजनीति, इतिहास, समाजशास्त्र, धर्म, मनोविज्ञान, विज्ञान इत्यादि को गहराई में जाने हम जिन्दगी और उसे परिचालित करनेवाली शक्तियों को कैसे समझेंगे ? अब हम चाहें तो यहाँ उस बौद्धिक चतुराई में फँस सकते हैं कि धर्म-संस्कृति, ज्ञान-विज्ञान अन्ततः हैं तो दार्शनिक अवधारणाएँ हीं, या सारे दर्शन, ज्ञान-विज्ञान, कला-साहित्य के पीछे हमेशा कोई-न-कोई राजनीति रही है, ज्ञान या मनोविज्ञान होता है। ऐसे तर्कों के सहारे हम इतिहास से लेकर तत्त्वज्ञान तक हरेक विचार को जिन्दगी या दूसरे विचारों तक सोच को एक दूसरे की जगह ही नहीं रख सकते, बल्कि उसे जीवन-जगत की एकमात्र धुरी घोषित कर सकते हैं। यह कुछ-कुछ वैसा ही एकपक्षी और एकांगी आग्रह है जैसे कुंडलिनी को ही एकमात्र मानव-चेतना का स्रोत माननेवाले एक माओवादी मित्र ने परमविश्वास से कहा था कि माओ-त्से तुंग इतने महान कार्य इसीलिए कर पाए कि उनकी कुंडलिनी जाग्रत हो गई थी।

मेरे कहने का मतलब इतना ही है कि इनमें से कोई भी एक चीज न जिन्दगी को समझ सकती है न उसका आधार और अवलम्ब हो सकती है। सिर्फ इन्हीं के माध्यम से पैदा हुई समझ हवाई और किताबी होने को अभिशप्त है। इस खतरनाक स्थिति पर,

नक्सली आन्दोलन की विफलता पर बातें करते हुए प्रमुख नक्सली-नेता सौरेन बोस ने बहुत अच्छा उद्धरण दिया है : 'सिद्धान्त किसी भी पड़ताल का प्रारम्भ-बिन्दु नहीं हो सकते, वे तो अन्तिम नतीजे होते हैं। उन्हें प्रकृति और मानव-इतिहास पर लागू नहीं किया जाता, बल्कि उनसे निचोड़ा जाता है। प्रकृति और मानव-जगत का यह जिम्मा नहीं है कि उन सिद्धान्तों को पुष्ट करें, बल्कि वे वहीं तक प्रासंगिक हैं, जहाँ तक वे प्रकृति और इतिहास के साथ अपना तालमेल बिठा सकें।' ये पंक्तियाँ एंगेल्स की हैं और 'एंटीडूयूरिंग' से ली गई हैं। सब मिलाकर सिद्ध यही करती हैं कि दार्शनिक हो या राजनैतिक, दुनिया का हर विचार जिन्दगी से ही निकला है और सब मिलाकर जिन्दगी को समझने में मदद दे सकता है, अन्तिम रूप से समझा नहीं जा सकता। खून आदमी की रग-रग में बहता हो, मगर मुझे आज तक कोई डॉक्टर ऐसा नहीं मिला जो सिर्फ खून की जाँच करके रोग के कारण और निदान बता पाया हो। मुझे साहित्य इसीलिए जिन्दगी के सबसे निकट या उसका पर्याय लगता है कि वह उसी तरह की समग्र दृष्टि की माँग करता है। बड़े-बड़े दैत्याकार ज्ञानी-विज्ञानियों, दार्शनिकों और राजनीतिज्ञों के बीच इसीलिए साहित्यकार अलग और विशिष्ट होता है कि ये सब जिन्दगी को 'समझने' का दावा करते हैं, जबकि साहित्य उससे 'जीने' की समग्रता ग्रहण करता है। इनमें से किसी भी एक से भी उलझेगा तो मार खाएगा। मैं बिल्कुल मानता हूँ कि बहुमंजिली इमारत में सबसे निचली मंजिल ही सारे उठान का आधार है, कि उस ग्राउंड-फ्लोर के न रहने पर इमारत का ही अस्तित्व नहीं रहेगा या अगर वह न होती तो बाकी इमारत भी न होती। लेकिन एक तो इमारत नाम की चीज ही सारी मंजिलों को मिलाकर 'समग्र' इकाई का नाम है। दूसरे आधारभूत मंजिल कहकर आप दूसरे के हिस्से में अतिथि या अधिकारी बनकर भले ही आ-जा सकें, मगर वहीं घुसकर बैठ रहना चाहें तब आप या तो चोर होंगे या 'बुली' और दोनों का परिणाम मालिक से मार खाना या उसे मारना होगा। साहित्य सिर्फ मार खाएगा, क्योंकि उसकी अपनी कोई मंजिल नहीं है। वह तो खुद इमारत है। किसी एक मंजिल में अपने को सीमित करके वह शायद छोटा ही बनेगा।

इसलिए दर्शन, साहित्य नहीं हो सकता। अगर ऐसा होता तो सुकरात से लेकर कीर्केगार्द तक सब साहित्य के इतिहास में होते। हाँ, यह सही है कि बिना दर्शन के साहित्य नहीं समझा जा सकता। मगर सही तर्क पर पिछले तीस वर्षों में साहित्य ने बड़े-बड़े दार्शनिक हमले बर्दाश्त किए हैं। कभी मार्क्स, कभी सार्त्र, कभी नीत्शे—सभी के रजाकार साहित्य पर पिले हैं। मगर जब दूसरा आपके लिए सोचे और आप साहित्य लिखने बैठें तो हालत बिल्कुल वैसी ही लगती है जैसे 'अनुभवी' मित्रों से सूत्र लेकर उन्हें रटते हुए आप सुहागरात मनाने जाएँ।

दर्शन पर मेरा बोलना आपको अवान्तर लग सकता है। मगर यह अचानक नहीं है। आपकी कहानियाँ बताती हैं कि दर्शन के प्रति आपका मोह है। विशेष रूप से जर्मन और कुछ फ्रेंच लेखकों की यह शैली रही है कि वे संवेदनाओं और अनुभूतियों को

दार्शनिक तार्किकता से विकसित करते हैं, वे स्थिति को दार्शनिक गुत्थी की तरह रेशा-रेशा सुलझाते हैं। सूक्तियाँ या स्थिति के निचोड़ की तरह 'उद्धरणीय' सूत्र देने का मोह आप में भी जरूर है, मगर यह सही है कि किसी खूबसूरत दर्शन सूत्र या आइडिया को आपने कहानी का आधार नहीं बनाया है। हाँ, जो रुझान या रुख आपका आज ताजगी लगता है कल बढ़कर शायद खतरा बन जाए।

जैसा मैंने कहा : बिना खून के आदमी की कल्पना हम चाहे न कर पाएँ, मगर किसी के शरीर-सौष्ठव और सौन्दर्य की प्रशंसा करते हुए मैं उसके खून के प्रकार, प्रकृति, रंग, प्रवाह या अन्य दूसरी तकनीकियों में नहीं जाऊँगा। वह क्षेत्र अलग है और विशेषज्ञों का है। हो सकता है, कोई विशेष सिर्फ खून की बारीकियों के बारे में ही बोलता-समझता रहे। समग्र शरीर-सौन्दर्य उसे निहायत अप्रासंगिक लगे और जो खून, हड्डी, मज्जा के बारे में कुछ न जानते हों और केवल शरीर-सौन्दर्य पर ही मुग्ध रहें, उन्हें सिर्फ इसी कारण मैं मूर्ख समझ लूँ, ऐसा भी नहीं है। मैं ये सारी बातें इसलिए कह रहा हूँ कि आपकी कहानियों पर बातें करते हुए बहुत बड़ा खतरा है कि आदमी या तो मनोवैज्ञानिक जटिलताओं में उतर जाए और उनके गलत-सही होने पर बातें करने लगे या दार्शनिक और अस्तित्ववादी प्रपत्तियों में खो जाए। यह तो तय ही है कि आपकी कहानियाँ कई क्षेत्रों में बहक जाने का प्रलोभन-चुनौती सामने रखती हैं।

तो मुझे आपकी ये या इधर-उधर छपी 'अनावृत' जैसी कहानियाँ अच्छी लगी हैं। यहाँ जरूर आप पूछना चाहेंगी कि अच्छी से आपका मतलब ? अच्छी कहानी किसे कहते हैं ? मेरी समझ में आपकी कहानियाँ यह दूसरा मौलिक सवाल उठती हैं।

शास्त्रीय परिभाषा को डालिए भाड़ में। मोटे रूप में मुझे तो यही परिभाषा सबसे सही लगती है कि अच्छी कहानी वह है जो अपने को दुबारा पढ़वा लेने में समर्थ है या जिसे आप ललककर दूसरी—तीसरी बार पढ़ना चाहें। जाहिर है, परिभाषा मेरी अपनी नहीं, मगर पसन्द है। घटना-संयोगों और विचारसूक्ति या नतीजों के आधार पर लिखी गई कहानियों के साथ दिक्कत यही है कि आप उन्हें दूसरी-तीसरी बार नहीं पढ़ सकते। उनका तत्त्व या 'गुर' आप पहली बार में ही जान लेते हैं। घटना-संयोगोंवाली कहानियों के मोड़ और चमत्कार या उत्तर, सूक्ति, नतीजे—प्रधान कहानियों की मूल बात एक बार जानकर आप आसानी से दूसरों को सुना सकते हैं, अच्छी कहानी चूँकि एक सूक्ति या आइडिया पर आधारित नहीं होती, इसलिए आइडिया नतीजे के रूप में सुनाया भी नहीं जा सकता। अपनी बात कहूँ ? मुझे आज तक समझ नहीं आया कि अपनी 'खुशबू', 'पास-फेल', 'कही हुई कहानी' या 'टूटना' जैसी कहानियों को किसी एक सूक्ति, आइडिया या विचार के रूप में कैसे सुनाऊँ ? वे किन्हीं नतीजों पर पहुँचे हुए आदमी का बोध नहीं हैं कि पढ़कर आप भी नतीजे निकाल लें। मेरे पास तो कुछ अनुभव थे, कुछ स्थितियाँ, स्मृतियाँ थीं और कहानी के माध्यम से या उन्हें लिखने की प्रक्रिया में मैं खुद उनके अर्थ निकालना चाहता था। अगर नतीजे पहले ही निकले होते तो निश्चय ही मेरे मन में कमजोरी जागती कि उन्हें किन्हीं दार्शनिक अवधारणाओं

या मनोवैज्ञानिक सिद्धान्तों में सानकर और भी पुष्ट बनाऊँ। अपने भीतर का चोर बताऊँ ? नीत्शे की सूक्तियाँ मुझे इतनी गहरी और विचारोत्तेजक लगती हैं कि बहुत बार मन होता है कि उनमें से कुछ पर बहुत खूबसूरत कहानियाँ लिखी जा सकती हैं या उन्हें केन्द्र में रखकर उनके आसपास अपने अनुभवों को बुना जा सकता है। मगर फिर दूसरी ही साँस में मुझे खुद वह अपनी प्रकृति के खिलाफ लगता है : वे नतीजे या अर्थ मेरे अपने तो नहीं हैं। फिर अपने अनुभवों को मैं उन सूक्तियों या अर्थों के हिसाब से तोड़ूँगा-मरोड़ूँगा, या जोड़-तोड़कर वे अर्थ निकालूँगा। कच्चा माल मेरा होगा, योजना और सोच दूसरे का।

तो मैं कह यह रहा था कि सूक्ति, नतीजों या ट्रिक पर आधारित कहानी को आप सिर्फ एक बार पढ़कर असली मुद्दा पकड़ लेते हैं जबकि अनुभव से अर्थ को पहुँचनेवाली कहानी की प्रक्रिया ही आपको उसे बार-बार पढ़ने को उकसाती है। यह मूर्त-अमूर्त की दिशा में ऐसी उड़ान है जिसमें आप पाठक के साथ अपने को ले जाते हैं—यानी साझे की यात्रा। इसी दृष्टि से शायद किसी ने कहा था कि कहानी फ्रैंक ओ कोनर की 'अकेली कराह' या अँधेरे की चीख नहीं, अनुभव की साझेदारी है, सहयोगी यात्रा या सोशल एक्ट है। वह पाठक के लिए नहीं लिखी जाती, लेकिन पाठक के साथ साझे में जरूर लिखी जा सकती है। इस पाठक का नाम-रूप कुछ भी हो, मगर मुझे लगता है कि बोध को लेखन के धरातल पर लाने का कार्य इस पाठक के सहयोग से ही सम्भव हो पाता है। चाहें तो इस पाठक का नाम बदलकर आप भोक्ता 'मैं' के साथ जुड़े द्रष्टा 'मैं' का नाम दे लें। उसकी अनुपस्थिति असम्भव है क्योंकि आपका कोई भी अनुभव ऐसा इकहरा, इकलौता, अलग-थलग या अनोखा नहीं है जिससे आप और सिर्फ आप ही गुजरे हैं—हाँ, यह यात्रा, यानी अनुभव से अर्थ तक पहुँचने की तड़प या तलाश आपकी अपनी हो सकती है।

मैं पुराने-राजा-महाराजाओं के उस अहंकारी दम्भ से लिखी कहानियों को भी अपना समर्थन नहीं दे पाता जहाँ भरे दरबार में एक पहेली या सवाल फेंक दिया जाता था कि जो इसका मतलब बताएगा, उसे अमुक इनाम मिलेगा या न बता पाने पर अमुक सजा दी जाएगी। शायद ऐसे लेखकों को यही सन्तोष होता होगा कि चलो दुनिया में एक व्यक्ति तो ऐसा है जिसने मेरी पहेली का अर्थ निकाल लिया है। इन लोगों को भवभूति ने सबसे बड़ा नैतिक सहारा दिया है, 'कालोह्य निरविध, विपुला च पृथिवी', और न वे अपने लिए लिखते हैं, न औरों के लिए...वे कभी, किन्हीं आनेवाली पीढ़ियों के धुँधले अवतरण के लिए समर्पित हैं। करोड़ों-अरबों टन 'साहित्य' या न्यूक्लियर बमों के बोझ के नीचे दबे ऐसे लोगों की आशावादिता सचमुच स्पृहणीय है। वे स्थगित लोग हैं—भविष्य और इतिहास में स्थगित, क्राइस्ट की तरह भविष्य में पुनरुज्जीवन के विश्वास की सूली पर खुद को ही टाँगते हुए...

तो मैं कह रहा था कि अनुभव से अर्थ तक पहुँचने की यह प्रक्रिया ही आपकी कहानियों को मेरी दृष्टि में विशिष्ट बनाती है या कहूँ, पूरा कथ्य हृदयंगम कर लेने के

बाद भी फिर-फिर उस प्रक्रिया से गुजरना मुझे अच्छा लगता है। जैसे, उसका आकाश, अमूर्त कुछ, गलत होता पंचतन्त्र, पुनः वही या अस्तित्व से बड़ा। अच्छी कविता या संगीत की तरह उनसे बार-बार जुड़ना चाहूँगा। सच कहूँ, इस यात्रा में संवेदनाओं के महीन रेशे तराशने में अपनी भाषा की जिन शक्तियों-सांकेतिकता, व्यंजना, बिम्बात्मकता इत्यादि—को आपने बारीकी से इस्तेमाल किया है, उससे स्थान-स्थान पर मुझे ईर्ष्या हुई है, इस खूबसूरती से क्या इस शेड को मैं पकड़ पाता हूँ ? 'वह आता था तो मेरे भीतर तक चौकन्नी सतर्कता जाग उठती थी' या 'वह चाय मुझे सन्दिग्ध सोच के बोझ से जूठी लगी' या ऐसे बीसियों स्थल...जैसा कि मैंने शुरू में ही कहा : भाषा की यह अतिरिक्त सजग-सर्तकता मुझे बार-बार मृणाल की याद दिलाती है। अगर सरलीकरण के चालू मुहावरे में कहूँ तो इन दिनों दो-तीन ही ऐसे लेखक हैं जिनके हाथों में भाषा खेलती है। निर्मल वर्मा, रोमानियत और बने-बनाए विशेष मैनेरिज्म में भाषा को धुन्ध-कोहरे में ले जाकर घुला देते हैं तो कृष्ण बलदेव बैद उसके साथ बलात्कार करता है, हिंस्र प्रतिशोध से उसे गूँधता है (विशेष सन्दर्भ, 'एक था विमल') अपने निजी यौन स्वप्नों की प्रयोगशाला में ले जाकर...। मृणाल बाकायदा उसकी सीवन और बुनावट उधेड़ती है। मुझे ऐसा भी लगता है कि अनजाने और अनचाहे वह अपनी माँ से बदला लेती है, क्योंकि शिवानी भाषा का इस्तेमाल नहीं करतीं, सिर्फ उसे सजाती हैं। नतीजे में दोनों का ही मुख्य सरोकार भाषा बनकर रह गई है।

कभी-कभी मुझे आपसे भी यही खतरा महसूस होने लगता है। हाँ, अभी तक अपनी कहानियों में उसका जैसा इस्तेमाल किया है उसे देखते हुए यह कहना जल्दबाजी लगती है कि भाषा आपका मुख्य सरोकार है। बकौल आपके ही, 'त्वचा की तरह हड्डियों और पेशियों पर मढ़ी भाषा,' बात खूबसूरत है, मगर आपके अपने लिए एक चेतावनी भी है। हड्डियाँ और पेशियाँ कमजोर होते ही त्वचा झुर्रियों में लटकने लगती है। आइए, इस सवाल को अब जरा दूसरे कोण से देखें।

जब सामनेवाला 'शिकार' पराजित, स्थिर या मृत हो तो आप आराम और इत्मीनान से बँधे नियम-कायदों में उसके साथ व्यवहार कर सकते हैं। मगर जीवित और शक्तिशाली 'प्रतिद्वन्द्वी' का सामना करने के लिए आपको हर पल अपने कोण, हथियार, पैंतरे या दाँव बदलने पड़ सकते हैं—क्योंकि यह दुतरफा लड़ाई है। यह सही हो सकता है कि इस द्वन्द्व में आपका पिछला प्रशिक्षण ही काम आता है, मगर सबसे बड़ा प्रशिक्षण तो यही है कि परम्परागत या फार्मूलों पर निर्भर न करके आपको अपनी रणनीति सामनेवाले के अनुसार ही तत्काल निर्धारित करनी, बदलनी या छोड़नी है। बहुत गलत न होगा अगर कहूँ कि सामनेवाला ही आपकी वास्तविक रणनीति और तौर-तरीके तय करता है। जीवन्त और सघन अनुभव अपने आप ही आपकी भाषा, टेकनीक या पूरे एप्रोच को तय करते चलते हैं, क्योंकि उसे न केवल आपको स्वरूप, बनावट में पकड़ना है, बल्कि उसकी सम्पूर्ण गत्यात्मकता के साथ भी जोड़ बैठाना है। ऐसे मौकों पर शायद आपको भी मेरी ही तरह एक दिक्कत का सामना करना पड़ता है कि स्थिति और

अनुभव—उन्हें जैसा मैं देख रहा हूँ—इतने फिसलने और चिकने हैं कि अपनी बनावट और बुनावट में एक बिल्कुल ही नई तरह की भाषा, मुहावरे की अपेक्षा करते हैं। मगर जो भाषा उपलब्ध है वह इतनी नाकाफी, परम्परा-बद्ध और घिसी-पिटी है कि अनुभव होती सच्चाई को पकड़ ही नहीं पाती। वैसी तकलीफदेह और झुँझलाहट का क्षण है कि आपकी चिमटी उँगली की फाँस को पकड़ तो लेती है, मगर छिटक जाती है, खींच कर बाहर नहीं निकाल पाती। आप चिमटी की नोक मोड़ते हैं, घिसकर तेज करते हैं कभी-कभी तोड़ डालते हैं। मेरे लिए भाषा या टेकनीक का यही अर्थ है : पल-पल जगह और रूप बदलती इस फाँस को बाहर खींच सकूँ।

मगर इस दुतरफा लड़ाई का मैदान इतना ही नहीं, इससे और गहरा है। यह मूर्त को अमूर्त करने और निराकार को आकार देने की भी लड़ाई है। मेरा खयाल है कि कविता में हम अपने अनुभव को अमूर्त संवेदनों या प्रभाव-बिम्बों में बदलते हैं। यह अनुभव का निचोड़ या अर्क है। कहानी अपने मूल में ठीक इससे उल्टी प्रक्रिया है। कहानी में अमूर्त बिम्ब, संवेदनों या अमूर्त प्रत्ययों को हम अनुभवों और जीवन-खंडों में घटित प्रतिबिम्बित और अनुवादित होते देखते हैं। कहानी का केन्द्र या कथ्य 'मैं' नहीं 'दूसरे' हैं। यानी 'मैं' का द्रष्टा-पक्ष, भोक्ता 'मैं' से जुड़े, उसे बनाने, ढालनेवाले दूसरे तत्त्व हैं क्योंकि यह भोक्ता 'मैं' देश-काल दोनों से बँधा है, द्रष्टा 'मैं' उसे बेधता और वहाँ से अतिक्रमित करता है। कलाकार को पत्थर या लकड़ी के अपने टैक्स्चर (बुनावट) को ही भरपूर सार्थक ढंग से इस्तेमाल नहीं करना होता, उसे अतिक्रमित करके अन्य अमूर्त अर्थों को ध्वनित, प्रतिबिम्बित भी करना होता है। यहाँ उपलब्ध सामग्री का अपना तर्क है और जब तक कलाकार पत्थर या लकड़ी की अपनी बनावट-बुनावट को नहीं समझेगा, तब तक उसके रेशों का, बुनावट में उभरनेवाले आकारों का सही या सार्थक उपयोग नहीं कर पाएगा। कहानी में चूँकि हर अनुभव का सूत्र या स्रोत कहीं-न-कहीं दूसरों से जुड़ा होता है, इसलिए बिना समाज से जुड़े हम उसकी बात भी नहीं सोच सकते। इसलिए अपनी मौलिक प्रकृति में कहानी एक सामाजिक या साझा अनुभव होने को बाध्य है। यहाँ हम व्यक्ति-केन्द्रित हो सकते हैं, व्यक्तिगत नहीं। वैसे भी दूसरों के बिना कोई भी अपने को कहाँ जान पाता है ? अपने 'अस्तित्ववाद' नाम के निबन्ध में सार्त्र ने ही तो कहा है : 'अपने बारे में किसी भी सच्चाई या सत्य को जानने के लिए यह बेहद जरूरी है कि मेरा दूसरे व्यक्ति से सम्पर्क हो। मेरे अपने अस्तित्व के लिए ही नहीं, बल्कि खुद मेरे बारे में मेरी अपनी जानकारी और ज्ञान के लिए दूसरों का होना अपरिहार्य है। इस स्थिति में अपने आंन्तरिक अस्तित्व की खोज के दौरान ही, यानी साथ-साथ ही मैं दूसरे व्यक्ति को भी अन्वेषित करता हूँ।

हाँ, तो अमूर्त बिम्बों को संवेदना-खंडों में बदलने की यह प्रक्रिया कहानी का मूल कथ्य जरूर हो सकती है, मगर इस यात्रा में न जाने कितने स्थल, स्थितियाँ और बिम्ब होते हैं जो मूर्त से अमूर्त में संक्रमित होते जाते हैं। यानी यह सारी अन्तर्क्रिया निहायत बहु-स्तरीय और द्वन्द्वात्मक है। बल्कि मैं कहूँगा कि यह द्वन्द्वात्मक सम्बन्ध ही हमें

कहानी को दुबारा-तिबारा पढ़ने के लिए आमन्त्रित करता है। मुझे मालूम है कि ईवान इलिच की मौत कहानी में अकेला बूढ़ा धीरे-धीरे मरता है, सब लोग उसकी ओर से उदासीन हो गए हैं। मगर मृत्यु तक पहुँचने की, उसे अनुभव करने, झुठलाने या स्वीकार कर लेने की—यानी जिन्दगी से छूटते जाने की तकलीफदेह, द्वन्द्वात्मक यात्रा ही मुझे उसे बार-बार पढ़ने के लिए उकसाती है और हर बार मैं इस अनुभव के किसी नए आयाम को उगते और पल्लवित होते हुए पाता हूँ। सार्त्र की कहानी 'दीवार' या 'अन्तरंगता' के मूल दार्शनिक सूत्र या आइडिया किसे पता नहीं होंगे ? मगर यह क्या चीज है जो मुझे इन्हें बार-बार पढ़ने को खींचती है ? इस बात को टामस मान ने कैसे खूबसूरत ढंग से कहा है : 'सही है कि यह सब घटित आपके साथ हुआ था, मगर उसे अनुभव के धरातल तक उठाने का श्रेय तो मुझे ही है।' यहीं मेरे सामने यह बहुत साफ हो जाता है कि घटित को सार्थक अनुभव के धरातल पर उठा ले जाने का द्वन्द्वात्मक नाटक ही बार-बार मुझे किसी कहानी के साथ जोड़ता है। प्रशंसा न समझें तो कहूँ कि आपकी 'गलत होता हुआ पंचतन्त्र' 'अमूर्त कुछ', 'अस्तित्व से बड़ा', 'पुनः वही' या 'उसका आकाश' जैसी कहानियों में वही 'नाटक' मुझे मिलता है और ये कहानियाँ मेरे आन्तरिक संसार को जगाती-कचोटती चलती हैं—समानान्तर। यानी मेरे अनुभव संसार से निरन्तर संवाद बनाए रखती, वहाँ कुछ जोड़ती-घटाती हैं।

चाहे ईलियट की अपनी धारणा रही है कि 'मैं सामान्य (जनरल) भाषा में बोलता हूँ, क्योंकि विशिष्ट (पर्टीकुलर) की अपनी कोई जुबान नहीं होती।' मगर हमारा सारा द्वन्द्व ही यही है कि कहानी में हम सामान्य को विशिष्ट और विशिष्ट को सामान्य बनाते चलते हैं। मुझे आपके लेखन में यह बेचैनी कुछ ज्यादा ही महसूस होती है कि आप विशिष्ट को विशिष्ट जुबान में ही पकड़ना चाहती हैं और पकड़ से छूटते चले जाने का अहसास या झुँझलाहट, अभिव्यक्ति को उतना सहज या निर्व्याज नहीं रहने देता। यह रास्ता काफी खतरनाक है और इसमें खिन्न होकर लेखक या तो बेहद जटिल, संश्लिष्ट होता जाता है या अपने को जल्दी ही अन्धे सिरे पर पाकर चुप्पी लगा लेता है। यानी मन के आन्तरिक नाटक का मुग्ध-द्रष्टा बने रहना ही ज्यादा पसन्द करता है। मुझे मानने दीजिए कि आप उन लेखकों में नहीं जो अभिव्यक्ति की अस्पष्टता या उलझाव (ऑब्स्क्योरिटी) को ही विचारों या अनुभव की संश्लिष्टता और गहराई का नाम देकर अपने आपको शाबासी देते रहते हैं। अनुभव और अभिव्यक्ति से जूझने की जो तड़प आपकी रचनाओं में आज बहुत साफ है वह इसी बात का प्रमाण है कि ऊपरवाला सन्तोष अभी आप में नहीं आया है। जाहिर है कि इस सारी प्रक्रिया को किसी अर्थ तक ले जाने की बेचैनी का ही यह परिणाम है। जिनके सामने अनुभव को अर्थ तक उठाने का दबाव नहीं होता, वे अनुभव और अभिव्यक्ति के द्वन्द्व को ही नियति मानकर अपने आपको अव्यक्त के अन्धे मोड़ पर पाते हैं, यानी अभिव्यक्ति की असामर्थ्य और परिणामतः व्यर्थता को स्वीकार कर लेते हैं। यह सिद्धावस्था है।

सार्थकता की तलाश ही हमें अपने आपसे खींचकर बाहर लाती है—बाहर से यानी

मुझ जैसों से जोड़ती है और मैं बार-बार उन कहानियों से होकर गुजरना चाहता हूँ।

आप जरूर अपनी कहानियों पर विस्तार से सुनना चाह रही होंगी और मैं हूँ कि पता नहीं कहाँ-कहाँ भटक रहा हूँ। क्या आपकी कहानियों की यह सामर्थ्य कुछ कम है कि उन्होंने मुझ जैसे ठस पाठक को जाने किन-किन सवालों में उछालकर फेंक दिया है और मैं इतने विस्तार या विषयान्तरों की यात्राएँ करके लौट आया हूँ। अच्छा बताइए, कोई भी समर्थ रचना इसके अलावा क्या करती है ? अपने भीतर से गुजरने का अवसर देकर शीघ्र ही अपने आपको और रचना को अतिक्रमित करा पाना ही तो रचना की सार्थकता है। इसलिए मेरे धन्यवाद लें।

आपका,

राजेन्द्र यादव

यथास्थिति में लौटती हुई कद्दावर औरतें

महादेवी वर्मा का युग नारी के 'वस्तु' से 'व्यक्ति' में रूपान्तरण की प्रक्रिया को रेखांकित करता है। वह अपनी अस्तित्व चेतना का युग है। दिए गए संसार की यन्त्रणा और उसे अतिक्रमित न कर पाने के संस्कार नारी के मन में 'पाप-बोध' जगाते हैं। इसी मानसिक अन्तर्द्वन्द्व से सम्भव होता है 'छायावादी' अभिव्यक्तियों का साहित्य, प्रकृति के बिम्बों में अपने को अभिव्यक्ति दे सकने की 'मुक्ति का सुख' यानी सांसारिक और सामाजिक रूप से बंट अपनी लक्ष्मण रेखाओं के भीतर ही सुरक्षा खोजती है, 'बँधनों में बँध बनी मैं बँधनों की स्वामिनी-सी...' मूलतः यह विद्रोह की अस्वीकृति है...अपने शोषण या यन्त्रणाओं के प्रति अस्मिता का समर्पण...

'हंस' में कुछ समय पहले प्रकाशित सुरभि पांडेय की कहानी 'अहल्या' में नायिका इस समर्पण संस्कार या अपनी नियति बदलने की साहसहीनता को एक नया आयाम देने की कोशिश करती है। वह जिद्दी, संकल्पवान और जागरूक नारी है, मगर अपनी सहनशीलता को हथियार की तरह इस्तेमाल करना चाहती है—पति द्वारा पीटे जाने, यातना दिए जाने और यहाँ तक कि जलाए जाने को निर्विरोध सहन करती है और इसे इस तरह 'देखती' है जैसे यह सब किसी और के साथ हो रहा है। गाँधीजी की अहिंसक सहिष्णुता एक उद्देश्य के लिए थी, मगर यहाँ यह यातना में अविचलित रहने की संकल्पशीलता सिर्फ जैसे अपनी दृढ़ता का इम्तहान लेने के लिए है...पुरुष इस बलिदान से न 'मुक्त' होता है न कहीं कोई 'अपराध-बोध' महसूस करता है। मुझे लगता है कि भीतर की संकल्प-दृढ़ता हो या हजारों सालों के अनुकूलन (कंडीशनिंग) द्वारा यातना को सहज नियति मानने की 'नारी-चेतना'—परिणाम तो नारी-यन्त्रणा की प्रतिरोधहीन निर्बाधता और उसकी स्वीकृति ही है। जली हुई औरत की लाश तो आकर बताएगी नहीं कि मृत्यु का यह वरण, संकल्प-सुख का परिणाम है या लाचारी, उसकी मृत्यु स्थिति की असहनीयता के चुनावहीन रास्ते में हुई है या बचाव के अभाव में...जीवन के खतरों के मुकाबले, मृत्यु का जाना-पहचाना रास्ता जब अधिक आश्वस्तिदायक लगे तो उसे क्या कहेंगे ?

'शाल्मली' और 'ठीकरे की मँगनी'—नासिरा शर्मा के दोनों उपन्यासों की प्रबुद्ध, सुशिक्षित विचारवान और व्यक्तित्वसम्पन्न नायिकाएँ उसी परम्परागत बलिदान और त्याग के रास्ते का 'वरण' करती हैं मानो 'नारी मुक्ति' के आन्दोलनों को मुँह चिढ़ाती

हुईं वे उन्हें नकारने के लिए ही ठीक उल्टी दिशा की ओर चल पड़ती हैं—एक 'शहीदी संकल्प-दृढ़ता' के साथ घुटन, यातना और पुराने मूल्यों के इस चुनाव को नासिरा नाम देना चाहती हैं—नई नारी की अपनी चेतना, जो पुरुष द्वारा निर्धारित नहीं, 'अपने निर्णय' से आई है। अपने इस विश्लेषण में मृदुला गर्ग भी लगभग उसी का समर्थन करती हैं—नारी मुक्ति (विमेन-लिब) के आन्दोलन को झूठा और नकली मानते हुए, वे नए दबावों से उत्पन्न इस स्थिति को ज्यादा-से-ज्यादा नाम देना चाहती हैं, 'नारी-चेतना'। पूछने को मन करता है कि अगर चेतना एक जड़ स्थिति नहीं है, तो क्या इसकी गति या परिणति 'कर्म' में नहीं होगी ? और क्या कर्म की दिशा फिर वापस उसी यथास्थिति का 'चुनाव' है। स्थितियों को बदलने की आकांक्षा या प्रयास नहीं है ? अगर यथास्थिति के प्रति शहीदाना समर्पण ही इस चेतना की दिशा है तो सौ-दो सौ सालों की तथाकथित नारी जागरूकता और शिक्षा का क्या अर्थ रह जाता है ? यह 'चुनाव' तो नारी पहले भी कर रही थी—हाँ, तब चुनाव का दम्भ नहीं, संस्कारों की लाचारी या विकल्पहीनता इसका नाम था। हाँ, तब इस सीमा को तोड़नेवाली नारी की सजा सिर्फ हत्या, आत्महत्या और वेश्यावृत्ति ही थी।

'बरगद' संस्था में 'शाल्मली' की गोष्ठी में बोलते हुए मैंने कामू की एक कहानी 'अतिथि' का सार सुनाया—नासिराजी की नाराजगी मोल लेकर—एक गुलाम जेल तोड़कर भागता है और अपना पीछा करनेवालों की आँखों में धूल झोंककर एक घर में शरण लेकर रात गुजारता है। अगले दिन ग़ृहपति उसे दूर ले जाकर एक दुराहे पर छोड़ देता है और बताता है कि एक रास्ता स्वतन्त्र मगर अनजान दुनिया में जाता है और दूसरा जाता है पुरानी परिचित और उसी जेल में ले जाने की दिशा में...लौटकर पहाड़ी से वह देखता है कि गुलाम कुछ देर असमंजस में खड़ा रहा और धीरे-धीरे 'परिचित' रास्ते पर चलने लगा। जाहिर है कि अनजान रास्ते के खतरे उसे ज्यादा भयावह लगे...क्योंकि स्वतन्त्रता के क्षेत्र में वह सिर्फ 'मेहमान' की तरह आ गया था, अपने चुनाव से नहीं।

यहाँ गुलाम चाहे तो उसे अपना 'चुनाव' कह सकता है...

सारी बात को अश्लीलता की बहस बनाकर भटका दिया गया था, मगर मैं आज भी स्वीकार करता हूँ कि बहुत कम उपन्यासों ने मेरे भीतर इतनी दहशत जगाई है जितनी 'स्टोरी ऑफ ओ' ने। उसकी सुन्दर, सुशिक्षित, प्रबुद्ध और नौकरीपेशा नायिका नायक को जी-जान से चाहती है, उसी प्यार के जादू में वह नायक के साथ गुप्त अड्डे पर पहुँच जाती है जहाँ मारक्विस द साद के चेले कुछ ऐयाश लोग अपने खूनी खेल खेलते हैं। साउंड प्रूफ कमरों में नंगी औरतों के साथ बलात्कार, कोड़े मारना या और दूसरे पीड़ादायक सेक्स-विकृतियों के खेल, प्यार-मुग्ध नायिका, नायक द्वारा वहाँ के बॉस को सौंप दी जाती है और फिर शुरू होती है इस प्रबुद्ध 'व्यक्ति' नारी को—पालतू पशु या वस्तु में बदलने की नृशंस प्रक्रिया और इसकी वह रजामन्द भागीदार है—अपने-आपको—'प्यार की खातिर' विसर्जित करते हुए। अन्त में वह सिर्फ एक मांस का लौंदा

रह गई है जिसकी अपनी इच्छा, पहचान समाप्त करने के लिए उसे उल्लू के चेहरेवाला मुखौटा पहना दिया जाता है (पश्चिम में उल्लू पहुँचे हुए परम ज्ञानी का प्रतीक है)। चूँकि अब उसके होने-न होने का कोई अर्थ नहीं है इसलिए नायक की सहमति से सर हेनरी (बॉस) तय करता है कि नायिका को समाप्त कर दिया जाना है। ट्रे में बाकायदा छुरे, कोड़े और दूसरे हथियार लाए जाते हैं कि नायिका खुद अपनी मृत्यु का हथियार 'चुन' ले और इसके लिए वह सहमति में सिर हिला देती है।

जाहिर है कि यह फ्रेंच उपन्यास 'नारी-मुक्ति' के विरोध में लिखा गया है और नारी की नियति के चक्र को वापस घुमाकर वहीं पहुँचा देता है। शायद 'गुलामी चुनने की आजादी' का यह इधर आनेवाला सबसे सशक्त दस्तावेज है। नासिराजी की 'शाल्मली' और 'ठीकरे की मँगनी' की नायिकाएँ वापस उन्हीं घरों में लौटती 'विद्रोहिणियाँ' हैं जिससे भागकर उन्होंने अपने को मुक्त करने की कोशिश की थी।

नासिरा शर्मा के उपन्यासों के सन्दर्भ में मुझे सिर्फ एक बात कहनी है—हम सब जानते हैं कि पुरुष की अपेक्षा सुरक्षा की जरूरत नारी को अधिक है क्योंकि उसे माँ बनना है और परिवार चलाना है। मनुष्य का बच्चा आत्मनिर्भर होने में अन्य प्राणियों के मुकाबले शायद सबसे अधिक समय लेता है, इसलिए नारी को निरन्तर एक सुरक्षा की जरूरत महसूस होती है। बल्कि पुरुषप्रधान समाज ने इस असुरक्षा को ही नारी का ऐसा संस्कार बना दिया है कि अगर उसे शारीरिक-सामाजिक रूप से सुरक्षित रहना है तो पुरुष पर ही निर्भर रहना होगा। इस निर्भरता ने पुरुष को यह छूट दी है कि जैसा चाहे वैसा व्यवहार या दुर्व्यवहार करे और नारी इस शोषण को ही अपनी नियति मान ले। मगर आज जब विवाह संस्था कुछ मूलभूत परिवर्तनों से गुजर रही है तो वह पुरुष-निर्भरता भी नया सोच चाहती है। अगर विवाह-संस्था हजारों साल आजमाया गया सामाजिक अनुबन्ध है तो हर सभ्य-असभ्य समाज में इससे मुक्ति के लिए तलाक का भी प्रावधान है।

इधर शहरी मध्यवर्गीय और लगभग सम्पन्न महिलाएँ 'विमेन-लिब' के खिलाफ ऊलजलूल तर्क देकर एक खास तरह की चालाकी को सैद्धान्तिक या कथात्मक जामा पहना रही हैं। हम सब जानते हैं कि सुरक्षा की आकांक्षावाले या सुरक्षित व्यक्ति/परिवार ही अपने हित में किसी भी परिवर्तन के विरोधी होते हैं। इस परिवर्तन से चाहे लाखों-करोड़ों लोगों का भला होता हो, मगर इनकी अपनी हैसियत और आरामदायक स्थिति में खलल ही पड़ता है। अपने मध्यवर्गीय सोच और सुरक्षा के हित में ये महिलाएँ लगभग नारी शोषण का समर्थन करते हुए दिखाई देती हैं। उन्हें नारी का आत्मनिर्भर होना या स्वतन्त्र होना कहीं अपने लिए खतरनाक दिखाई देता है। चालाकी यहाँ यह कि वे अपनी सुरक्षा और हैसियत भी नहीं खोना चाहतीं, साथ ही विरोधी तेवर या लफ्फाजी भी बनाए रखना चाहती हैं। राजनीति की भाषा में इसे आर्म चेयर 'रिवोल्यूशनरी' कहते हैं। अगर बिना अपने पर आँच आए परिवर्तन और स्वतन्त्रता की बातें ही की जाती रहें तो क्या बुरा है ? तर्कों का आधार कोई भी हो, नासिराजी के उपन्यास इसी

पुरुष-निर्भरता की वकालत हैं। इससे आगे बढ़ना किसी भी मध्यवर्गीय प्रबुद्ध महिला के लिए खतरनाक क्षेत्र में कदम रखना है। शायद इसीलिए कहा जाता है कि मिडिल क्लास मानसिकता के लोग परिवर्तन की बातें चाहे जितनी करें, बदलते कहीं कुछ नहीं हैं, बदलते वही हैं जो असुरक्षित हैं और उनके पास खोने के लिए कुछ नहीं है। नासिराजी के उपन्यासों के लिए किसी को डरने या चिन्तित होने की जरूरत नहीं है। वे पुराने घर में फर्नीचर और पर्दों के स्थान बदल-बदलकर क्रान्ति का आभास देते रहेंगे। इसमें ही इन (रघुवीर सहाय के शब्दों में) 'ऊबे हुए सुखी लोगों' की भलाई है। काश, वह उन हजारों-हजार औरतों के बारे में भी सोचतीं जो जलाई, खदेड़ी, बेची और बलात्कृत होती हैं...

मैं मानती हूँ कि नासिराजी के उपन्यास रोचक हैं, वैचारिक होने का सुख देते हैं और किसी को कोई नुकसान भी नहीं पहुँचाते हैं। जो जहाँ है उसे वहीं बनाए रखने की कला ही इनकी विशेषता है। ज़ेन ऑस्टिन के इन आधुनिक संस्करणों में 'न उनसे घर-परिवार को कोई खतरा है न परम्परागत नैतिकताओं का संकट।'

[*हंस,* सितम्बर 1991]

सदी का औपन्यासिक अन्त

I

पिछले दो तीन-दशकों से हिन्दी में मनोरंजक फतवा-युग चल रहा है। इधर पाँच-छह वर्षों से नखदन्त-विहीन यानी सिर्फ 'अहले-जुबान' हो जाने की नियति-प्राप्ति से पहले हिन्दी के आयतुल्ला खुमैनी थे आचार्य नामवर सिंह—उनके सैक्रेटेरिएट से हर वर्ष फतवा जारी होता था—कभी कथा-युग आ जाता तो कभी आलोचना-युग, कभी नाट्य-क्षण होता था तो कभी कविता की वापसी—और तो और, चन्द्रशेखर के दिल्ली सिंहासन पर बैठते ही डायरी-युग आया जिसमें काफ्का और ग्राम्सी की डायरियों की विरासत चन्द्रशेखर को सौंप दी गई—वह तो गनीमत है कि हरिऔध और मैथिलीशरण के महाकाव्यों के वापसी-आयोजन की खबर देश को नहीं हो पाई—वरना दिल्लीश्वरों की 'सिंह-आसन' नशीनी पर चन्दबरदाई या राम के नायकत्व पर बाल्मीकि के पुनर्जन्म का युग आ ही गया था...प्रतीक्षा सिर्फ एक ही है कि अटलबिहारी वाजपेयी को सरोपास्वरूप 'ब्रह्मज्ञान' का क्षण कब आ रहा है...

बड़े आचार्य के निर्वाक शून्य को भरा दो डिप्टी आचार्यों ने। एक हैं विष्णु खरे और दूसरे सुधीश पचौरी। विष्णु खरे 'विश्व साहित्य में पहली बार ऐसा हुआ है' की भाषा बोलते हैं (सन्दर्भ : 'दीवार में खिड़की रहती थी' जैसा उपन्यास न किसी भारतीय भाषा में कभी लिखा गया, न लिखा जाएगा या जिस गजल-संग्रह का मैं विमोचन कर रहा हूँ वैसी गजलें सिर्फ ग़ालिब ने लिखी हैं), उधर सुधीश पचौरी के हाथ 'उत्तर आधुनिकता' (यूरेका-यूरेका) नाम की त्रिफला क्या लगी वे रातों-रात महाभिषगाचार्य पद प्राप्त कर गए। 'तुम्हारा सुख' से लेकर 'कठगुलाब', 'विश्रामपुर का सन्त' और 'प्रेमी-प्रेमिका संवाद' तक आधा दर्जन उपन्यासों को अद्वितीय, विलक्षण और उत्तर-आधुनिक होने का श्रेय आचार्य सुधीश पचौरी दे चुके हैं। 'एकांकी हिन्दी साहित्य के कपोल पर एक चुम्बन है' (डॉ. रामकुमार वर्मा) की तर्ज पर सुधीश पचौरी ने एक नितान्त निजी और मौलिक कथा-दृष्टि विकसित की है। याद आती है रंजीत सिन्हा नाम के एक समीक्षक की। वे रचनाकारों को नम्बर दिया करते थे और यहाँ यह सूचना देना जरूरी है कि मुझे सुमित्रानन्दन पन्त से अधिक और प्रेमचन्द के (लगभग) बराबर नम्बर मिले थे। अनपढ़ और कुपढ़ हिन्दीवालों की छाती पर उत्तर-आधुनिकता की ए.के. 47 से दनादन पश्चिमी विचारकों की गोलियाँ बरसाते हुए पचौरी जो चाहे 'कन्फैस' करा सकते

हैं—शिश्न-पाठ से लेकर मीडिया ठाठ तक...

बहरहाल, यह आचार्यों का अपना खेल है और हम भौंचक दर्शक इसमें कहीं नहीं आते। मगर यह रोग ससुरा इतना संक्रामक है कि अपुन भी अपने भीतर फतवानुमा भृंगी को फड़फड़ाता अनुभव करने लगे हैं। जैसे तीन-चार साल में आए उपन्यासों को देखकर 'उपन्यास की वापसी' जैसा कुछ कहने को मन कसमसा रहा है...इधर हिन्दी की महान अन्तर्राष्ट्रीय कविताओं की शोकसभाओं में आध्यामिक मर्सिए सुन-सुनकर इच्छा यह घोषणा करने की भी होती है कि अगली सदी शायद कथा-विधा की ही होने जा रही है। कविता का अता-पता तो, हो सकता है, समीक्षाओं में उद्धृत कुछ पंक्तियों से ही लगा करेगा मगर नहीं, सारा उत्तर-आधुनिक विश्व जब हर चीज की मृत्यु घोषित कर रहा है तो कला के उदय की बात कस्बाई गुस्ताखी या अतिरिक्त आशावाद है।

शायद बीसवीं सदी की सबसे बड़ी ट्रेजडी ही यह है कि हमने अपनी वास्तविकताओं के सन्दर्भ में विश्व की विचारधाराओं को नहीं समझा, बाहरी विचारधाराओं की रोशनी में अपने आपको 'पहचानते' रहे !—प्रारम्भिक मानवतावाद, राष्ट्रीयता, लोकतन्त्र, व्यक्ति-स्वातन्त्र्य, मार्क्सवाद, अस्तित्ववाद से लेकर उत्तर-आधुनिकता तक—हर पश्चिमी विचार ने हमारे ऊपर प्रयोग किए और उधर हम उत्तर-उपनिवेशी मानसिकता में सांस्कृतिक सामन्तवाद का नरक भोगते रहे...नतीजे में समाज सौ साल पहले जहाँ था वहीं बना रहा और मध्यवर्गीय बौद्धिक-विमर्श अपनी अलग दुनिया में डूबा रहा। इस भारतीय दुनिया के सारे द्वन्द्व और अन्तर्विरोध यही रहे कि बृहत्तर समाज अपनी जड़ता या अपरिवर्तनशीलता में शान्त-भ्रान्त निर्विकार रहा और मध्य-वर्ग अधिक-से-अधिक पश्चिम को आत्मसात करता गया। सारे स्वाधीनता-संग्राम ने बैठकों, सड़कों में उपनिवेश से लड़ने के इतिहास बनाए, भीतरी समाज अजगर की तरह वहीं का वहीं था। मन्दिरों, धार्मिक मेलों-ठेलों, कुम्भों और यज्ञों-प्रवचनों में जितनी मोक्षकामी भीड़ शताब्दी के प्रारम्भ में होती थी उससे सौ गुनी आज होती है—शायद बढ़ी हुई आबादी और परिवहन सुविधाओं के कारण। मूलतः न परिवार का ढाँचा बदला और न उत्पादन तथा श्रम में किसान मजदूरों की भागीदारी हो पाई। नतीजे में अधिकार और सम्पत्ति वंचित स्त्री, घर में पुरुष-वर्चस्व भोगती शरणागत बनी रही और किसान मजदूर निराश्रित बने सामन्ती दमन-उत्पीड़न के शिकार होते रहे। जहाँ अस्सी प्रतिशत आबादी सिर्फ बीस प्रतिशत की दया और कृपा पर जीवित हो वहाँ कोई भी सामाजिक बदलाव क्यों और कैसे आएगा ? हमेशा असुरक्षा के अस्तित्ववादी भय में जीवित रजामन्द संस्कारी गुलामों को कौन मुक्त करना चाहेगा ? आधुनिक शिक्षा, जागरूकता या सिर्फ मानवीय संवेदना से उद्वेलित जो युवा-वर्ग इस सड़ाँध, घुटन और जड़ता को बर्दाश्त नहीं कर पाया वह 'इस व्यवस्था को बदलना चाहिए' के क्रान्तिकारी नारे लगाता रहा या कुम्भीपाक से छूटकर बाहर भाग आया...कुछ समय तो उसने इस विराट पनचक्की पर तीरों की बौछार की मगर हारकर या तो टूट गया या फिर साधु-सन्त बनकर आत्महत्या की दिशाओं में चला गया। अधिकांश पुरानी व्यवस्था द्वारा क्षमा, प्रलोभन, निमन्त्रण पर वापस वहीं

आ गए। ज्यादा-से-ज्यादा उन्होंने वहीं अपने द्वीप बना लिए जो कालान्तर में उसी व्यवस्था के विस्तार होकर रह गए...आधारभूत व्यवस्था को गाँधीजी ने भी नहीं छुआ, वे ट्रस्टीशिप, छुआछूत उच्छेद या वर्णाश्रम धर्म को कायम रखते हुए दूसरे ऐसे ही आह्वानों द्वारा मनुष्य के भीतर के देवता को ही जगाते रहे...मार्क्सवादी जरूर सामाजिक और आर्थिक शोषण, विषमता मिटाने का आक्रामक विचार लेकर आए, मगर वे इतने किताबी और उद्धरण-आश्रित थे कि बिना इस समाज की मूलभूत बीमारी 'वर्ण' को समझे सिर्फ 'वर्ग' की बात करते रहे—स्थितियों की मनमानी व्याख्याएँ देते अपनी गलतियाँ दुहराते रहे हर सवाल का जवाब अन्तर्राष्ट्रीयता में खोजते वे खूब सवर्ण क्रान्तिकारी थे।

साहित्य को मानव-चेतना का भाषिक रोजनामचा भी कहा जाता है। अगर शताब्दी के दसवें दशक में प्रकाशित हिन्दी के दस-बारह उपन्यासों को साक्ष्य रूप में देखा जाए तो शायद ऊपर की कुछ बातों का खुलासा किया जा सके।

समाज की आधारभूत इकाई व्यक्ति नहीं, परिवार है और परिवार का मूल है—स्त्री-पुरुष का युग्म। स्त्री-पुरुष के सम्बन्ध हमेशा ही साहित्य-समाज के केन्द्रीय कथ्य रहे हैं। चूँकि युगों से समाज की बनावट में पुरुष का वर्चस्व रहा है इसलिए साहित्य में भी पुरुष दृष्टि छाई रही है। शास्त्रों में भी चरम मानवीय उपलब्धि के रूप में पुरुषार्थ—धर्म, अर्थ, काम, मोक्ष का ही गुणगान है। पुरुष ने जब-जब स्त्री-शरीर की उपासना की है तो कलाओं का जन्म हुआ है और जब उससे विरक्त हुआ है तो वैराग्य लिखा है। सामन्ती समाज में स्त्री सिर्फ भोग्या रही है, बुर्जुआ समाज की व्यक्ति-चेतना ने उसे रहस्यमयी, पहेली, आद्याशक्ति और न जाने क्या-क्या नाम दिए हैं—शिक्षा, जागरूकता और मुक्ति-चेतना के चलते, घरों की बन्द दीवारों के बाहर निकली स्त्री और स्वामित्व के अभ्यस्त सामन्ती मानसिकता से ग्रस्त पुरुष के द्वन्द्व ने इधर दूसरी तरह की जटिलताएँ पैदा कर दी हैं। छायावादी रहस्य, आदि-शक्ति की आध्यात्मिकता अब बीते दिनों की बातें हैं। आज उसकी मानवीय उपस्थिति शारीरिक और सामाजिक तनावों की कहानियाँ दे रही हैं। कैसी हास्यास्पद विडम्बना है कि हजारों सालों से पुरुष ने स्त्री को देह से अधिक कुछ भी नहीं माना। शस्त्रों और शास्त्रों से उसे यही समझाया जाता रहा कि वह सिर्फ देह है, और उसकी इस देह के स्वामित्व पर ही उसने संस्कृति का सारा वितान खड़ा कर लिया—लेकिन आज जब स्त्री ने सिर उठाकर यह कहना शुरू कर दिया कि हाँ, वह सबसे पहले देह है और अपनी देह की मालिक वह स्वयं है तो सारे पुरुष समीकरण गड़बड़ा गए।

पुरुष मानसिकता के इन गड़बड़ाए समीकरणों का सबसे प्रामाणिक दस्तावेज है कृष्ण बलदेव वैद का उपन्यास 'नर-नारी'। भाषा के बेहद रचनात्मक प्रयोगों के माध्यम से आत्मालापों के रूप में लिखे गए इस उपन्यास का नायक अपने आपको 'सूअर' (स्त्रीवादियों द्वारा 'मेल शॉवेनिस्टिक पिग' का संक्षिप्त) कहकर अपनी स्थिति का मजाक उड़ाता है तो कभी अपने पर दया करता है। वह आत्मदया और आत्मधिक्कार का

अजीब सम्मिश्रण है। कभी वह शेखचिल्ली है तो कभी दुखियारा निरीह। कभी पत्नी से लड़ने, उसे ध्वस्त करने और शारीरिक स्तर पर उसका कचूमर निकालने के मंसूबे बाँधता है तो कभी घिघियाता हुआ माँ की गोद में आ छुपता है ! हर संकट या आनन्द में 'हाय माँ' कहनेवाले पुरुष का प्रतीक यह 'सूअर' माँ पर इतना अधिक आश्रित है कि उसे देह सम्बन्धों तक का संकेत देता है—माँ और बेटे दोनों की साझा शत्रु है घर में पत्नी बनकर आई स्त्री...यह स्त्री स्वतन्त्र, स्वच्छन्द और स्वैरिणी है—आँख ओट होते ही पता नहीं कहाँ क्या कर आती है। इन्हीं फैंटेसियों में सारा उपन्यास लिखा गया है। यह सूअर न शारीरिक मार-पीट से उसे बस में कर पाता है, न सम्भोग-बलात्कार से। इस औरत ने घर में ही 'गदर' नहीं मचाया हुआ है बल्कि उसकी बहन को भी बिगाड़कर रख दिया है। इस निहायत ही जटिल पुरुष पात्र की लगभग खिल्ली उड़ाता हुआ यह उपन्यास वैद ने अपनी प्रिय चेतना-प्रवाही शैली और खिलन्दड़ी भाषा में लिखा है और इसे सिर्फ भाषा के आनन्द के लिए भी पढ़ा जा सकता है। मैं इसे वैद की कुछ प्रौढ़ रचनाओं में से एक मानता हूँ, हालाँकि यह 'सूअर' उनके पहले के उपन्यासों 'विमल उर्फ जाएँ तो जाएँ कहाँ' या 'गुजरा हुआ जमाना' का ही विस्तार है।

इसके मुकाबले 'हिदायतनामा : बीवी और खाविन्द' की तर्ज पर संवाद शैली में लिखा गया शरद देवड़ा का 'प्रेमी-प्रेमिका संवाद' निहायत बचकाना 'उपन्यास' है और इसमें बाल-बच्चोंवाले स्त्री-पुरुष की बैठकों में, देह (विशेषकर स्त्री देह) सेक्स के अंग-प्रत्यंगों, उनके उपयोग/उपभोग के विवरण ऐसी बाल-सुलभ उत्सुकता से बताए गए हैं मानो दोनों दो अलग नक्षत्रों से आए हैं और पहली बार इनका आविष्कार कर रहे हैं। इसे उपन्यास न कहकर सेक्स की बाल-पोथी कहना ज्यादा सही है। आश्चर्य होता है कि इसी देवड़ा ने कभी 'कॉलेज स्ट्रीट का मसीहा', 'पत्थर का लैम्प पोस्ट,' और यहाँ तक कि 'आकाश : एक आपबीती' जैसे उपन्यास भी लिखे हैं। यहाँ शरीर और सेक्स सम्बन्धी सूचनाएँ भी इतने प्राथमिक स्तर पर हैं कि वे सिर्फ सुधीश पचौरी को ही मुग्ध कर पाती हैं। सूचनाओं के धरातल पर ही जिन्होंने इर्विंग वैलेस की 'सैविन-मिनिट्स' या 'सैलेशियल बैड' जैसे उपन्यास पढ़े हैं उन्हें इस रचना को पढ़कर सिर्फ दया ही आ सकती है क्योंकि हिन्दी में ही, पचास साल पहले द्वारिका प्रसाद ने सेक्स पर ज्यादा प्रौढ़ उपन्यास लिखे हैं। इसी तरह के विमर्शों से बनाए गए हैं राजकिशोर के 'तुम्हारा सुख' और मस्तराम कपूर के 'विषय-पुरुष' उपन्यास। ऐसा लगता है मानो सामाजिक, राजनैतिक समस्याओं के गहरे विचार-मन्थन के बीच भावनाओं के धरातल पर विकसित होने से कुछ छूट जाता है। राजकिशोर और मस्तराम कपूर दोनों ही वरिष्ठ—सुलझे हुए पत्रकार हैं। मगर दोनों के ही उपन्यास लगभग सेक्स मनोविज्ञान पर लिखे गए हैं—घटनाओं, अनुभवों और जीवन स्थितियों के मुकाबले कथ्य को आपसी बहसों में तय किया गया है। नायिकाएँ प्रबुद्ध हैं और सेक्स, शरीर या स्त्री की सामाजिक स्थिति पर खुलकर बहसें करती हैं। मगर उनका बेबाक व्यवहार उपन्यास के नायकों से बर्दाश्त नहीं होता, सुनीता को निर्वस्त्र देखकर भाग खड़े होनेवाले हरिप्रसन्न की तरह राजकिशोर

का नायक भी स्थगित हो जाता है। देह के धरातल पर अधिकार माँगती इस नई औरत ने पुरुष को कितना खोखला बना दिया है इसके उदाहरण हैं इधर के ये कुछ उपन्यास। 'नर नारी' का न्यूरोटिक पुरुष उसे गालियाँ देता है तो 'तुम्हारा सुख' या 'विषय-पुरुष' के पात्र नारी के सामाजिक मनोविज्ञान को समझने की उधेड़-बुन में लगभग नपुंसक हो जाते हैं। उधर 'प्रेमी-प्रेमिका संवाद' में शुद्ध दैहिक-स्तर पर शरीर की जटिल मशीन को साधने की उठापटक है—वहाँ किसी भी सामाजिक स्थिति का कोई हवाला नहीं है। इन सबसे अलग है सुरेन्द्र वर्मा का 'दो मुर्दों के लिए गुलदस्ता'—सम्पन्न फुरसती प्रौढ़-महिलाओं की शारीरिक भूख के लिए फाइव-स्टार होटलों या घरों में सुलभ पुरुष-वेश्या की विजय-गाथा। 'जिगोलो' पर शायद पहली कथा-कृति। वह देह और धन दोनों स्तरों पर स्त्री का 'शोषण' करता है...स्त्री की जागृत होती अस्मिता और उभरते व्यक्तित्व का 'शोषण' अगर 'मुझे चाँद चाहिए' का कथ्य था तो देह-धन का शोषण 'दो मुर्दों...' का...। सामन्ती समाज स्त्री की देह का इस्तेमाल एक तरह से करता है तो पूँजीवादी व्यवस्था उसकी 'जागृति' को भुनाने के लिए दूसरा जाल बिछाए है। 'मैं सुन्दर हूँ और इस सुन्दरता के प्रदर्शन का मुझे पूरा अधिकार है'—स्त्री द्वारा अपने को पहचानने की यह सहज चेतना या तो सौन्दर्य प्रतियोगिताओं, यानी ब्रा-क्रीम बेचने की बाजार व्यवस्था का हिस्सा बन जाती है या फिर बिस्तर के रास्ते शक्ति और सत्ता में हिस्सेदारी के भ्रम में वह माधुरी दीक्षित, ऐश्वर्या राय बने या पॉमेला बोर्डेस, क्रिस्टीन कीलर—पुरुष का जाल हर कहीं उसके शिकार की ताक में है। सामन्ती समाज में स्त्री को वेश्या बनने के लिए बाकायदा मजबूर किया जाता था, परिवारों में वापस जाने के सारे रास्ते बन्द करके उन्हें पुरुषों के मनोरंजन और भोग के लिए प्रशिक्षित किया जाता था। पूँजीवादी समाज स्त्री की मुक्ति-चेतना को—अपने आपको बाजार के लिए सुलभ बनाने की स्वैच्छिक छूट में इस्तेमाल करता है। इसी 'देह मुक्ति' के शोषण की कहानी है 'दो मुर्दों के लिए गुलदस्ता'। उपन्यास के दोनों नायकों में एक अपराध और अंडरवर्ल्ड के माध्यम से पूँजी में अपना हिस्सा छीन रहा है तो दूसरा सेक्स के माध्यम से उसके घरों में सेंध लगाए है। इसी की अगली कड़ी है मनोहरश्याम जोशी का 'हमज़ाद'—वस्तुतः 'नर-नारी' का सूअर ही 'हमजाद' का वह हिंस्र नायक है जो व्यक्तियों में विभाजित हो गया है। उसके लिए न रिश्ते की कोई शुचिता है, न विश्वासघात का पाप-बोध—वह अपने पुरुष-प्रतिशोध में स्त्री मात्र को वेश्या बनाने के पुण्य-कर्म में जुटा है।

ये सारे उपन्यास पहले की उन कथा-रचनाओं से अलग हैं जो स्त्री-केन्द्रित तो होते थे—मगर स्त्री के एक मिथ को ही तोड़ते-जोड़ते थे। कहीं इस मिथ से बाहर निकलती स्त्री का तेज ही तो नहीं है जिसने पुरुष के पाँव तले की जमीन हिला दी है और सारे पुरुष लेखक स्त्री-सम्बन्धों, उसकी सामाजिक स्थितियों का अपनी-अपनी मानसिकता से जायजा लेने में जुट गए हैं ? यह स्त्री-विमर्श, रवीन्द्र-शरत्-जैनेन्द्र के उस स्त्री-विमर्श की याद दिलाता है जब इस समस्या का घनघोर मन्थन होता था कि स्त्री को घर से बाहर निकाला जाए या नहीं, बाहर निकाला जाए तो उसकी मर्यादा क्या हो ?

उसे किस हद तक बाहरी पुरुषों के सम्पर्क में आने दिया जाए ? कृष्णा सोबती, मन्नू भंडारी, मृदुला गर्ग ने स्त्री के लिए जिस वृहत्तर दुनिया के दरवाजे खोले थे वह भी कहीं-न-कहीं पुरुष-क्षेत्र में हस्तक्षेप था और पुरुष के संरक्षण-सम्मोहन के पार जाता था। हालाँकि मृदुला गर्ग का 'कठगुलाब' फिर स्त्रीवादी होने के आरोप से बचता हुआ—उन सम्बन्धों का विश्लेषण तो करता है—मगर शीघ्र ही सारी समस्या का बौद्धिकीकरण उन्हें तर्कों की मरीचिका में भटका देता है। इसके मुकाबले उनका 'अनित्य' ज्यादा विस्तृत परिप्रेक्ष्य में सन्तुलन खोजता है। राजी सेठ की कथा-रचनाएँ पुरुष द्वारा स्थापित नैतिक मान्यताओं और लक्ष्मण रेखाओं को चुनौती देने से प्रायः कतराती हैं और उसी दिए गए स्पेस में अपनी सार्थकता तलाश करती हैं—दार्शनिकीकरण की मुद्रा में। नासिरा शर्मा की नायिकाएँ शुरू में मुठभेड़ के तेवर जरूर अपनाती हैं, मगर बाद में पुरुष निर्मित दुनिया में शहीदी भाव से लौट आती हैं, मानो लौट आना ही उनका विद्रोह हो...असल में उनकी ग्रन्थि धार्मिक है—'दुनिया और समय कोई भी हो, इस्लाम में हर समस्या का समाधान है' का विश्वास उन्हें अन्ततः वहीं खींच लाता है। इसकी भीतरी सच्चाई को तस्लीमा नसरीन ने गहराई से महसूस किया है कि अन्ततः सारे धर्म, विशेषकर इस्लाम मध्ययुगीन सामन्ती और कबीलाई संस्कृति की उपज हैं इसलिए पुरुष-वर्चस्व से निर्धारित हैं। वे औरत को सिर्फ रियायतें देते हैं, स्वतन्त्रता नहीं। यह बौद्धिक मुठभेड़ मृदुला गर्ग में बहस के स्तर पर और ममता कालिया में स्थितियों की पहचान के रूप में, स्त्री की छटपटाहट और दिशा खोजने की बेचैनी बनकर उभरी है। लगभग यही छटपटाहट जया जादवानी में भी है। शशिप्रभा शास्त्री, कृष्णा अग्निहोत्री, कमल कुमार, चन्द्रकान्ता जैसी लेखिकाएँ निश्चय ही स्त्री-जीवन की त्रासदियों की मार्मिक कहानियाँ लेकर आई हैं, मगर कलात्मक संयम और निर्मोह सम्पादन के अभाव में व्यक्तिगत (नारीसुलभ ?) भावुकता से ऊपर नहीं उठ सकी हैं। वे केवल इसी आधार पर मान्यता चाहती हैं कि वे स्त्री हैं और उन्होंने पुरुष के हाथों बहुत सहा है। उनकी इस गुहार का बेहद महत्त्वपूर्ण दस्तावेज है—कृष्णा अग्निहोत्री की आत्मकथा 'लगता नहीं है दिल मेरा' और सबसे शाकाहारी है कुसुम अंसल की 'जो कहा नहीं गया'—यद्यपि मराठी की आत्मकथाओं—विशेषकर माधवी देसाई की 'नाच री घुमा' जैसा सधाव और दिलीप कौर टिवाणा की 'नंगे पैरों का सफर' या अजीत कौर की 'खानाबदोश' जैसा आत्मविश्वास, कृष्णा अग्निहोत्री की आत्मकथा में नहीं है फिर भी मध्यवर्गीय हिन्दी 'छुईमुईपने' से बाहर निकलकर बहुत कुछ स्वीकार करने या बता देने का साहस तो है ही...। चूँकि अधिकांश लेखिकाएँ आर्थिक रूप से आत्मनिर्भर नहीं होतीं इसलिए वे बहुत से असुविधाजनक पक्ष उनके लेखन का हिस्सा नहीं बन पाते जिनसे अस्तित्व का संघर्ष करती स्त्री को गुजरना पड़ता है। जिसे बहुत पहले कभी मीरा महादेवन ने 'सो क्या जाने पीर पराई' उपन्यासिका में दिया था या चित्रा मुद्गल ने 'एक जमीन अपनी' और क्षमा शर्मा ने 'परछाई अन्नपूर्णा' में समझने की कोशिश की है। हालाँकि भीष्म साहनी की 'बसन्ती' की तरह दूर बैठे का दुःख, मंजुल भगत की 'अनारो' भी बयान करती

है और 'कठगुलाब' में भी मृदुला गर्ग अपनी नर्मदा में स्त्री-मुक्ति खोजती हैं। मगर मध्यवर्ग की आत्मनिर्भर स्त्री कैसे पुरुष (पति-पुत्र) के सम्बन्धों को अपनी तरह पुनर्व्यवस्थित करने की मानसिक और कानूनी यातनाओं से गुजर रही है इसका सबसे कलात्मक उपन्यास था 'आपका बंटी' या दूसरा रूप था सूर्यबाला का 'मेरे सन्धिपत्र'। कला के साथ अपने दबंग तेवरवाली कथा-नायिकाओं की अकेली रचनाकार हैं कृष्णा सोबती। इस आत्मनिर्भर स्वतन्त्र स्त्री के अनेक पहलुओं को उन्होंने 'ऐ लड़की' में एक साथ जिस गहराई से उजागर किया है वह उन्हें आज भी स्त्री-अस्मिता की सबसे प्रामाणिक आवाज बनाता है।

पुरुष-जगत में बराबरी का दर्जा माँगती स्त्री-लेखिकाएँ और अधिकांश नामवर समीक्षक मासूस विनोबाई वक्तव्य देकर तालियाँ बटोरते हैं कि लेखन में स्त्री-पुरुष विभेद गलत है : रचना सिर्फ रचना है। ईमानदारी से कहा जाए तो यह समानता निहायत बारीक पुरुष साजिश है जो इन्दिरा गाँधी, बेनजीर भुट्टो, मारग्रेट थैचर इत्यादि को सिर्फ इसलिए मान्यता देती है कि वे ठीक पुरुषों की तरह सत्ता-संचालन कर सकती हैं। 'मनुष्य मात्र एक है' कहनेवाले भी जानते हैं कि सिर्फ वही मनुष्य एक हैं जो हमारे जैसे हैं—अमेरिका में भी नीग्रो और श्वेत एक नहीं हैं—मानवता, समानता, स्वतन्त्रता की सारी परिभाषाएँ यूरो-केन्द्रित रही हैं और अफ्रीका-एशिया या कहें तीसरी दुनिया को उसमें शामिल नहीं करतीं। जिस तरह पुराने यूनानी समाज में गुलाम 'मनुष्य' नहीं होते थे उसी तरह आज के भारतीय समाज में दलित, अल्पसंख्यक स्त्रियाँ भी ठीक वही नहीं हैं जो बाकी दूसरे हैं। जब सामाजिक या व्यक्तिगत रूप से एक शक्तिसम्पन्न व्यक्ति, इन दोनों से वंचित व्यक्ति को अपने बराबर घोषित करता है तो एक तरफ तो वह उसके प्रतिरोध को ठंडा करता है और दूसरी तरफ उसके व्यक्तित्व का अधिग्रहण करता है—बराबर होने का भ्रम देकर उसकी स्थिति को स्थायित्व देता है। वह जब चाहे इस बराबरी के दर्जे को छीनकर उसकी हैसियत बता सकता है। शक्तिशाली द्वारा कमजोर को बराबर बताना अपनी शर्तों को स्वीकार कराना है। जब बिना हैसियत बदले मालिक, अपने नौकर को भाई या बराबर का मनुष्य बताता है तो वह उसका भावनात्मक शोषण कर रहा होता है। दलितों और वंचितों के कुछ विशिष्ट अनुभव, अपमान और दंश ऐसे हैं जो वही और सिर्फ वही अनुभव कर सकते हैं। अपने 'स्व' को पूरी तरह भुलाए या मिटाए बिना दुनिया की कोई औरत न ठीक उसी मानसिकता से मनुस्मृति लिख सकती है, न कामसूत्र। अगर साहित्य सामाजिक अनुभवों की व्यक्तिगत अभिव्यक्ति है तो संसार का सारा साहित्य कभी भी एक नहीं हो सकता। चिनुआ अचेबे, हेमिंग्वे की तरह लिख ही नहीं सकते। साहित्य में स्त्री-पुरुष या दलित-सवर्ण के भेद से इनकार करना मीरा और सूरदास या कबीर और तुलसी को घिस-ठोककर एक कर देना है। दूसरे शब्दों में यह वर्चस्ववादी सवर्ण मानसिकता या पुरुष व्यवस्था में सुर-में-सुर मिलाने का दबाव है। जिस तरह एक दलित को जन्म और जाति के अपमान से निरन्तर गुजरना पड़ता है या अल्पसंख्यक को बाहरी होने के दंश को झेलना पड़ता है उसी तरह न जाने कितनी

यन्त्रणाएँ हैं जिन्हें सिर्फ स्त्री ही भोगती है। मासिक धर्म, प्रजनन, बलात्कार, परनिर्भरता जैसे न जाने कितने अनुभव हैं जिन्हें स्त्री के सिवा कोई नहीं जानता। वे 'शेष समाज' से अलग होने के लिए मजबूर हैं। वस्तुतः मौखिक समानता के आश्वासनों की बजाय अपने 'अलगावों' के साथ ही दलित, स्त्री, पुरुष-समाज में अपनी जगह बनाते रहे हैं—वर्जीनिया वुल्फ के शब्दों में 'घर में अपना एक अलग कमरा'। ध्यान दिया जाना चाहिए कि यह 'रचनाकार के निजी कक्ष' का स्त्री-अनुवाद नहीं है। यह अपने को बचाए रखने का शरण-स्थल है। नई स्थिति यह है कि वे अलग कमरे की सुरक्षा नहीं, सारे घर के ही सुरक्षित होने की माँग करती हैं—आर्थिक, सामाजिक और कानूनी दृष्टियों से।

स्त्री-चेतना का यह नया रूप शहरों के अत्यन्त परिचित या पुनरावृत्ति के उबाऊ क्षेत्रों से बाहर, लगभग अपरिचित हिस्सों या शहरों से हटकर गाँवों-कस्बों में अधिक जुझारू ढंग से उभरकर सामने आ रहा है। उदाहरण के लिए महानगरों में मारवाड़ी समाजों को लें। फिल्मों और कथाओं में मारवाड़ी कंजूस, शोषक, धनपिशाच या विदूषक के रूप में ही जाना जाता रहा है—उनकी औरतें अनपढ़, अन्धविश्वासी, व्रत-भजन में गर्क, अनाकर्षक मादाओं से अधिक नहीं समझी गईं—दरबानों-ड्राइवरों से उनके अवैध सम्बन्धों की कहानियाँ मैंने भी दस वर्ष कलकत्ते में रस ले-लेकर सुनी हैं। हालाँकि धन-वैभव के बीच घुटती-छटपटाती मारवाड़ी औरत की कहानियाँ दिनेशनन्दिनी डालमिया ने अपनी लम्बी उपन्यास-शृंखला में दी हैं—कुछ-कुछ सैल्फ ज़स्टिफिकेशन के साथ—मगर वह सिर्फ एक घराने की भीतरी कथाएँ होकर रह गईं। उन्हें भीतर-बाहर से सही परिप्रेक्ष्य में उभारा प्रभा खेतान ने...इस समाज के भीतरी अन्तर्विरोधों और अन्तर्संघर्षों के बेहद प्रामाणिक और लगभग आत्मकथात्मक चित्र 'आओ पेपे घर चलें', 'छिन्नमस्ता', 'अपने अपने चेहरे' और 'पीली आँधी' जैसे उपन्यासों में आए। राजस्थान की कठिन और जीवन की जानलेवा स्थितियाँ, मनुष्य में जो जिजीविषा, लगन, कुछ बनकर दिखाने की जिद पैदा करती हैं उन्हीं ने बड़े-बड़े औद्योगिक घरानों को जन्म दिया है। 'पीली आँधी' सौ-डेढ़ सौ सालों की यात्रा है। शिक्षा, परिवेश के दबाव, बंगाल की सामाजिक जागरूकता के बीच प्रभा की स्त्री अपने जीवन का चुनाव अपनी तरह करना चाहती है—वह स्वयं अपने आर्थिक स्रोत अर्जित करती है और इस प्रक्रिया में भयंकर मानसिक-भावनात्मक रूपान्तरणों से गुजरती है, इसी की कहानी है 'छिन्नमस्ता' और 'पीली आँधी'—सिर्फ बाहरी नहीं, प्रभा ने साहसपूर्वक औरत की निहायत निजी, गोपनीय परतों को भी तह-दर-तह खोला है जहाँ वह सेक्स विकृतियों का शिकार होती है, बलात्कार और तृप्तिदायक सम्भोगों, वैध-अवैध सम्बन्धों के भूचालों से गुजरती है, राष्ट्रीय-अन्तर्राष्ट्रीय पूँजी बाजारों में जूझती है (अग्निसम्भवा)। प्रभा के यहाँ पुरानी औरत, खुद अपने हाथों से अपना सिर काटनेवाली और फीनिक्स की तरह पुनः-पुनः अपनी ही आग से जन्म लेनेवाली महाशक्ति के मिथक उसे वृहत्तर स्त्रीवादी वैचारिकता से जोड़ते हैं। यहाँ मृदुला गर्ग और मृणाल पांडे की तरह फेमिनिज्म से जुड़ने-बचने की दुविधा नहीं है।

प्रभा खेतान के उपन्यासों की इस पृष्ठभूमि को समझे बिना अलका सरावगी के

चर्चित उपन्यास 'कलिकथा : वाया बाईपास' को समझना मुश्किल है। हालाँकि प्रभा ने भी अपने स्त्री होने को भूलकर 'तालाबन्दी' में औद्योगिक घरानों के भीतरी-द्वन्द्व और ट्रेड-यूनियन की उठापटक को अपना कथ्य बनाया था, मगर अलका लगभग पुरुष लेखकों की कलात्मक (या स्त्री होने के नकार) के साथ कलकत्ता के तीन सौ सालों को अपने कथा-कैप्सूल में बाँधती है। भाषा से लेकर शिल्प तक की प्रयोगशीलता चकित करनेवाली है। मेरी आपत्ति यही है कि इस उपन्यास को कोई भी पुरुष लिख सकता था—अलका सरावगी क्यों अपने नारी होने को इस तरह सायास स्थगित करती रही हैं ? यही नहीं, उन्होंने अपने मारवाड़ी होने को भी बहुत अधिक सामने नहीं आने दिया है। बाईपास सर्जरी से लेकर इतिहास-समाज के विस्तारों को बाईपास करते हुए किशोर बाबू अपनी गर्दन की गुठली को टुकड़ों-टुकड़ों में जीते निहायत गैर-मारवाड़ी व्यक्ति हैं, लगभग सहयात्री बंगालियों की तरह। सिंगर, सॉलबेलो, जेम्स बॉल्डविन के पात्र एक क्षण को भी नहीं भूलते कि वे यहूदी या ब्लैक हैं। बहरहाल, जादुई यथार्थवाद से लेकर तराशी हुई संकेतगर्भी भाषा, प्रतीकात्मक स्थितियाँ और रूपकों-भरे कथा-शिल्प के लिए 'कलिकथा' आजकल काफी चर्चा में है। खतरा यह है कि कलावाद का भोपाली गुरुकुल इसे भाषा, शिल्प, टेकनीक, उपमा, उत्प्रेक्षाओं के कविताई औजारों और समय या इतिहास के सलूक जैसे थोक जुमलों या सौन्दर्यशास्त्र की पेटेंट गोलियों की प्रयोगशाला न बना दे—यानी इसमें समाज, स्वाधीनता-संग्राम, इतिहास, उपभोक्तावाद, संस्कृति के जो सवाल उठाए गए हैं उन्हें बिल्कुल ही नजरअन्दाज न कर दे। कथा सिर्फ कला ही नहीं होती, वह समाज-समीक्षा भी होती है—कलावादियों की सबसे जरखेज चरागाह वही रचनाएँ हैं जो सामाजिक विमर्श में किसी भी दृष्टि से परहेज करती हैं। हिन्दी में, पश्चिम के कुछ प्रचलित मुहावरे लेकर कविता की समीक्षा आसानी से की जा सकती है—कथा-समीक्षा में अपने समय और समाज को अपनी दृष्टि और संवेदना से समझना पड़ता है—और 'पड़ती है इसमें मेहनत जियादा।'

मगर अपनी सारी औपन्यासिक उपलब्धि के बावजूद अलका सरावगी डि-फैमिनाइजेशन के पुरुषतन्त्र की शिकार हैं। इसे ही 'बोउवा' सैकिंड सेक्स या जर्मेन ग्रीयर, 'फीमेल यूनॅक' (जनखी) कहती हैं—यानी वहाँ 'औरत' का अपना वजूद प्रायः कहीं नहीं है—वह पुरुष-उपग्रह बनकर ही वहाँ मौजूद है इसलिए न तो अरुन्धति राय के 'गॉड ऑफ स्मॉल थिंग्स' की तरह राजनैतिक, औपनिवेशिक सवाल उठाती हैं, न मैत्रेयी पुष्पा की तरह साहित्यिक-सामाजिक रूप से परेशान करती हैं। जिस तरह बंगाल के भद्रलोकी नारी लेखन की दुनिया में आदिवासियों की जंगल कथाएँ लेकर महाश्वेता देवी ने लगभग तहलका मचा दिया था—छोटे रूप में यही स्थिति मैत्रेयी के कथा-लेखन की है। निश्चय ही मैत्रेयी के लेखन में बौद्धिक तेजस्विता, राजनैतिक आक्रामकता और न्याय संघर्ष की अति-परिचित पक्षधर घोषणा नहीं है, मगर महानगरों से हटकर खेत-खलिहानों में निरन्तर चलनेवाली लड़ाइयाँ और उनके बीच जागरूक होती नारी के अघोषित विद्रोह की कहानियाँ, हिन्दी के जनाने लेखन और स्त्री के बौद्धिक-विमर्शों के

बीच उसी तरह की ताजगी देती हैं जैसे कभी रेणु ने दी थी। जैसाकि मैंने कहा वे नारी चेतना के व्यक्तित्व-निर्माण की नहीं, सामन्ती अमानवीयताओं और उभरती लोकतान्त्रिक स्थितियों के बीच सहज नारी आकांक्षाओं की ऐसी कहानियाँ हैं जहाँ 'संघर्ष' और 'विद्रोह' शब्द बाहर से थोपे हुए लगते हैं क्योंकि वहाँ वे सिर्फ जीने की जिद और दी गई नियति के अस्वीकार की संकल्प-कथाओं का रूप लेती हैं—सेक्स, बलात्कार भी वहाँ उसी जीवन-प्रणाली का हिस्सा होकर आता है। वे नारी के अपने अस्तित्व से अस्मिता तक पहुँचानेवाली कहानियाँ हैं—बेबाक और बेलाग (अन-इनहिबिटेड) पुरुष मानसिकता में इन्हें 'मित्रो मरजानी', 'सूरजमुखी अँधेरे के', 'यारों के यार' की तरह निर्लज्ज कहानियों की संज्ञा दी गई है। 'गोमा हँसती है', 'मायामृग', 'इदन्नमम', 'चाक' की दुनिया की शायद ही कोई ईमानदार नारी-कथा हो जो अन्ततः सेक्स-कथा न हो। जिस समाज में हजारों सालों से नारी को सिर्फ सेक्स बनाकर रखा गया हो, वहाँ सेक्स-विहीन नारी-कथा या तो हवाई आदर्शवाद है या जान-बूझकर गढ़ा गया झूठ। पुरुष सेक्स की चर्चा उसकी मर्दानगी या पुरुषार्थ की शौर्यगाथा है, स्त्री-सेक्स अश्लीलता-श्लीलता की एकमात्र कसौटी। इसीलिए मैं मृदुला गर्ग के इस वाक्य को एक स्मार्ट फिकरे से ज्यादा महत्त्व नहीं देना चाहता जहाँ वे कहती हैं कि 'स्त्री को सेक्स मुक्ति नहीं, सेक्स से मुक्ति' चाहिए। यह फिर स्त्री को कमर से ऊपर और नीचे बाँट देने की पुरुष साजिश का शिकार होना है—यानी देवी और वेश्या का ध्रुवीकरण। मैत्रेयी की कथा-नारियाँ इस मिथ को तोड़ती हैं और अपनी पूरी शारीरिकता के साथ जीने के संकल्प को ही अपना कथ्य बनाती हैं। उनकी गोमा, शीलो, मन्दा, सारंग नैनी जिजीविषा की ऐसी दबंग अभिव्यक्तियाँ हैं जहाँ श्लील-अश्लील, नैतिक-अनैतिक की धारणाएँ सहज ही कैंचुली की तरह उतर जाती हैं।

मैत्रेयी के अचानक चर्चा में आ जाने को जो महिला-लेखिकाएँ किसी 'गॉड-फादर' का (दूसरे शब्दों में मेरा) कमाल बताती हैं वे न तो आत्मविश्लेषण करती हैं, न इस तथ्य को स्वीकार कर पाती हैं कि मैत्रेयी ने महिला-लेखन को ड्राइंग-बैडरूम-दफ्तरों से निकालकर उन गाँवों-कस्बों में पहुँचा दिया है जो अब तक पिकनिकियों या प्रतिबद्ध समाज-सेविकाओं के माध्यम से ही हम तक पहुँचता था। अनछुई भाषा, अनपहचाने लोग, अपरिचित समाज और वहाँ जीवन की दुरूह स्थितियों में जूझती औरत की कहानियाँ सुशिक्षित शहरी सुवासित महिलाओं में ठीक वही बेचैनी पैदा करती है जो उमा भारती, फूलन देवी के साथ बैठकर वसुन्धरा राजे सिन्धिया या वैजयन्ती माला महसूस करती होंगी। मगर क्या किया जाए, लोकतन्त्र का यह अभिशाप तो झेलना ही होगा ...लेखन में भी। मगर सिर्फ 'आँखिन देखी' का आश्वासन बिना वृहत्तर राजनैतिक दृष्टि के कथाकार को बहुत दूर तक शायद नहीं ले जाता। हाँ, कुछ कथाकृतियाँ जरूर ऐसी होती हैं जो राजनैतिक समझ के लिए आधार बनती हैं।

II

आज हाशिए के लोगों का सामाजिक हस्तक्षेप भले ही खुलकर दिखाई दे रहा हो—मगर साहित्य में उसकी शुरुआत दशकों पहले हो चुकी थी। विशेषकर नारी लेखन और अल्पसंख्यकों की, शानी का 'काला जल', राही मासूम रजा का 'आधा गाँव' आज हिन्दी की क्लासिक रचनाएँ हैं। इधर तो असगर वजाहत, मंजूर एहतेशाम, अब्दुल बिस्मिलाह, मुशर्रफ आलम ज़ौकी जैसे न जाने कितने कथाकार हैं जो अपनी बात अपने ढंग से कह रहे हैं। यहाँ एक विडम्बना भी रेखांकित की जानी चाहिए कि हाशिए के ये लोग अपनी जमीन और जीवन-स्थितियों में जितने जुड़े हुए हैं उतने मुख्यधारावाले हिन्दी लेखक नहीं...सन् 47 का भारत-विभाजन एक ऐसा घाव है जिस पर मुसलमान और पंजाबी लेखकों ने ही लिखा है—पटना, बनारस, इलाहाबाद, लखनऊ केन्द्रित हिन्दी-साहित्य के लिए तो शायद यह घटना ही नहीं हुई। कहने की जरूरत नहीं है कि स्वतन्त्रता से पहले की, लगभग 90 प्रतिशत हिन्दी-साहित्य की मुख्यधारा इन्हीं चार-पाँच शहरों तक सीमित रही है। इस मुख्यधारा के लिए न तो बाबरी-मस्जिद टूटी, न 84 का सिख-संहार हुआ, न मुम्बई-सूरत के दंगे। समय की सनातनता में रहनेवालों की यह कैसी असंवेदनशीलता है कि आस-पास कुछ भी घटित होता रहे—मुख्य-साहित्य दसियों साल उसका नोटिस ही नहीं लेता, अनपढ़ साहित्यकार जिस तरह यह मानते थे कि बहुत पढ़ने से अपनी मौलिकता खत्म हो जाती है उसी तरह शायद ये भी मानते हैं कि समय से जुड़ना साहित्य के शाश्वत मूल्यों को नष्ट करना है। आत्मा अजर-अमर-अविनाशी है। वह देश-काल से असम्पृक्त और अनासक्त रहती है। भौतिकता में रहनेवाले ही समय के सम्मोहक नरक में जीते हैं।

शायद यही कारण है कि अधिकांश हिन्दी-लेखन या तो जीवनहीन है या भयानक रक्ताल्पता का शिकार। अपनी इस कमजोरी को वह बौद्धिक घटाटोप से पूरा करता है। वर्णनों, विवरणों और विश्लेषणों की 'एकरसता' उसे जीवन के अच्छे-बुरे विविध प्रसंगों या चरित्रों के साथ जुड़ने नहीं देती। राजा-नवाबों, जमींदारों के सामन्ती समाज पर हिन्दी में भगवतीचरण वर्मा, रांगेय राघव, अमृतलाल नागर से लेकर गिरिराज किशोर तक सभी ने लिखा है—मगर असगर वजाहत के 'सात आसमान' में जैसे चित्र-विचित्र प्रसंग और पात्र हैं—वे शायद ही पहले कभी हिन्दी में आए हों। किस्सागोई के हरबे-हथियारों से लैस; मगर पूरी तन्मयता से असगर वजाहत ने उन सात पीढ़ियों की गाथा लिखी है जो कभी शासक होने की दाम्भिक कुंठा से बाहर नहीं आ पाए...वहाँ विकृतियाँ भी हैं और भटकाव भी, हास्यास्पद स्थितियाँ भी हैं और गुरु-गम्भीर बुजुर्ग भी। शेखचिल्लियों जैसे पागलपन भी हैं और कैंसर भी—जमींदारियों के टूटने-बिखरने और बिक जाने की इस कहानी को पढ़ना जैसे एक कब्रिस्तान से गुजरना है—कथाकार के सिनिकल-अलगाव के साथ। 'सात आसमान' में न सहानुभूति की कमी है, न पुरानों को समझने में आत्मीयता का अभाव, मगर नई पीढ़ी के दोनों लड़के जिस झटके के

साथ इस सारे अतीत को झाड़कर अलग हो जाते हैं, वही इस उपन्यास की शक्ति है। हाँ, वह अतीत था, बहुत महान और रंगारंग, मगर जैसा भी था वह बीत गया—अब वहाँ हमारा कुछ नहीं है—अतीत-मुक्ति की कहानी को शायद इतनी निर्ममता से पहले कभी नहीं लिखा गया। शानी की सारी चिन्ता, बहुसंख्यक समाज में अल्पसंख्यक की अपनी पहचान को लेकर थी—ज्यादा साफ शब्दों में मुस्लिम आइडैंटिटी को लेकर—मंजूर एहतेशाम का संघर्ष है अपने इस खोए हुए व्यक्तित्व को लेकर। 'दास्ताने लापता' ऐसे व्यक्ति की ही कहानी है जो अपने आपको तलाश रहा है—लगभग यह वही अतीत है जो 'सात आसमान' में अपने अतीत और परिवेश से टूट गया और जिसने सब-कुछ भूलकर 'सूखा बरगद' में अपने आस-पास से जुड़ने की कोशिश की थी। अब वह जीवन की गुमनामियत में खो गया है।

शायद हम लोगों के लिए उस जाति की यन्त्रणा को समझना मुश्किल है जिसका कल तक सब-कुछ अपना था—मगर एक झटके के साथ लगता है कि उसका अपना कुछ भी नहीं है और वह लगभग बेघर है। कृष्णा सोबती ने कहीं कहा है कि 'विभाजन को भूलना मुश्किल है, मगर याद रखना खतरनाक'। मुस्लिम 'साइकी' (अन्तर्मन) इसी एलियनेशन (अलगाव) का शिकार है। ऐतिहासिक, सामाजिक और व्यक्तिगत सभी धरातलों पर या तो वह कभी छतनार रहे बरगद की तरह सूख रही है या फिर लापता होती जा रही है। उसका अतीत, इतिहास, पहचान सभी कुछ उससे छीना, नष्ट किया या हथियाया जा रहा है। इतिहास की पुनर्परिभाषाओं से लेकर बाबरी-मस्जिद ध्वंस तक पाकिस्तान अगर हिन्दू अतीत से छुटकारा पा रहा है तो भारत मुस्लिम अतीत की हिन्दू-व्याख्या कर रहा है। दोनों ही या तो अपने-अपने नॉस्टेल्जिया में कैद हैं या छूट भागना चाहते हैं, पता नहीं कभी इस 'छाको की वापसी' (ख्वाज़ा बदी उज़्ज़मा) होगी भी या नहीं। मगर छाको लौटेगा कहाँ ? उसका 'घर' कहाँ है ? बहुत पहले मीरा महादेवन का उपन्यास आया था 'अपना घर'। अब यहूदियों का अपना देश इज़रायल बना तो सारी दुनिया के यहूदियों के सामने यही द्वन्द्व था—इन्हें अपने आध्यात्मिक देश इजरायल में रहना है या वहाँ जहाँ वे शताब्दियों से पीढ़ी-दर-पीढ़ी रह रहे हैं ? मॉरिशस और फीजी-त्रिनिदाद के हिन्दुओं का घर भारत है या वहाँ, जहाँ वे तीन-चार पीढ़ियों से रहे-बसे हैं ? क्यों वहाँ के राजनेता, बुद्धिजीवी, व्यवसायी और अभिमन्यु अनत, वी.एस. नायपॉल जैसे लेखक बार-बार अपने 'देश' के तीर्थ पर निकलते हैं ? मगर क्या यहाँ सचमुच वे स्वीकार्य हैं ? छाको भी किस 'घर' में लौटेगा ? मानसिक जगत की यह फाँक ऊपर ही नहीं, नीचे भी कितनी गहराई तक पैठ गई है—यह गाँव-गाँव के जुलाहों-मनिहारों की जिन्दगियों पर लिखे गए अब्दुल बिस्मिल्लाह के उपन्यासों 'झीनी-झीनी बीनी चदरिया' और 'मुखड़ा क्या देखे' में देखा जा सकता है। संयोग नहीं है कि दोनों के शीर्षक कबीर से लिए गए हैं—जो न हिन्दू है न मुसलमान—मगर अपनी जमीन नहीं छोड़ता, दिक्कत उनके साथ है जो या तो हिन्दू बने रहना चाहते हैं या मुसलमान, चूँकि स्थितियों के हिसाब से बदलना नहीं चाहते इसलिए सेतु भी नहीं बना पाते, दोनों

अपने-अपने घेटोओं (सुरक्षित बन्द घुटी जगहों) में कैद हैं—द्वीपों या दुर्गों की तरह—सिर्फ जरूरत पड़ने पर ही बाहर आते हैं—आजीविका या आक्रमण के लिए।

हिन्दू-मुसलमान होने से ऊपर उठकर सिर्फ मनुष्य और भारतीय होकर रहना क्या सचमुच इतना आसान है ? 'सभी मनुष्य बराबर हैं' के भोले सपाटवादियों ने शायद ही कभी इस विस्तार में जाने की जहमत उठाई हो—हाँ, इस धर्मनिरपेक्षता की कहानी लिखी है गीतांजलिश्री ने—'अपना शहर उस बरस' में बाबरी मस्जिद के ध्वंस-प्रसंग और दंगों पर जो मुशर्रफ आलम ज़ौकी के 'बयान' में कहा और अनकहा दोनों रूपों में नुमायाँ है। बाबरी-मस्जिद दंगों पर विभूति नारायण राय का 'शहर में कर्फ्यू जल्दबाजी में लिखा गया है फिर भी दहशत, असुरक्षा और कर्फ्यू' में घिरी एक गली के परिवार के आतंक-ग्रस्त पात्रों की मर्मस्पर्शी कहानी अगर विभूति नारायण ने कही है तो गीतांजलि ने ऐसे चार बौद्धिक पात्रों और घर को लिया है, जहाँ हर स्थिति और घटना-सूचना पात्रों के धरातल पर आती है। वे हिन्दू-मुसलमान होने से इतने ऊपर हैं कि एक गुँथे परिवार की तरह खाते-पीते हैं और सिर्फ बौद्धिक बहसें करते हैं। कभी-कभी कॉलेज या बाजार के लिए निकलते हैं तो साम्प्रदायिकता के परिवेश, सामाजिक जहर या शारीरिक हमलों का स्वाद भुगतते हैं। इनमें हनीफ, उसकी पत्नी श्रुति और दोस्त शरद के साथ सिर्फ घर में कैद मकान-मालिक ददूदू और उनका लड़का है। कहानी में बीयर, बहसें, कहकहे और पीजे (पैटी जोक्स) ही छाए हैं। ददूदू दीवान पर गुड्डे की तरह उछलते रहते हैं। सभी बहुत खुले, उन्मुक्त और आत्मीय हैं। जहरीले वातावरण के दबाव में कैसे ये धार्मिक कुंठाओं के ऊपर उठे हुए लोग भी क्रमशः हिन्दू और मुसलमान बनने लगते हैं—यही है गीतांजलिश्री का कथ्य। लड़की को मिलाकर ददूदू के बेटे सहित हिन्दू चार हैं, इसलिए अपने को साधे रखते हैं। सिर्फ हनीफ है जो धीरे-धीरे इस यन्त्रणा में टूटने लगता है। शायद उसके पास सिवा इसके कोई विकल्प भी नहीं है कि वह सुरक्षा के लिए अपनों के बीच चला जाए। तीन-चार वर्ष पहले प्रियंवद का एक उपन्यास आया था, 'वे वहाँ कैद हैं', यह संयोग है कि वहाँ भी दो दोस्त एक लड़की और एक दादू हैं। घर में बैठकर साम्प्रदायिकता, इतिहास, हिन्दुत्व पर धुँआधार बहसें करते हैं और अन्त में अलग-अलग ढंग से साम्प्रदायिकता के शिकार होते हैं। कथानक-पात्र और बौद्धिक विमर्श एक जैसे होते हुए भी शिवमूर्ति के 'त्रिशूल' या 'वे वहाँ कैद हैं' में जीवन की उपस्थिति, परिवेश का आतंक और मृत्यु से मुठभेड़ 'उस शहर' में अधिक है। यहाँ तो सिर्फ बहसों से बनाया गया यह उपन्यास एमर्जेंसी पर लिखे गए निर्मल वर्मा के 'रात का रिपोर्टर' से भी ज्यादा बेजान रचना है। न वहाँ एमर्जेंसी का आतंक था न यहाँ दंगों का। सिर्फ बहसों और बौद्धिक विमर्श में आतंक, साम्प्रदायिकता जैसे शब्द दुहराए गए हैं। एमर्जेंसी की त्रासदी शहर में सामाजिक और व्यक्तिगत सम्बन्धों को किस तरह तोड़ रही थी इसे रवीन्द्र वर्मा ने 'जवाहर नगर' उपन्यास या वल्लभ सिद्धार्थ ने अपनी कहानियों में ज्यादा प्रामाणिकता से पकड़ा है। 'उस शहर' की तरह सूचना या बहस आधारित रचनाओं में सबसे ज्यादा अश्लील है कृष्ण बलदेव वैद का नाटक 'भूख'—जहाँ

कुछ सम्पन्न बुद्धिजीवी भूख से मरनेवालों की घटनाओं और सूचनाओं को बन्द कमरे में बौद्धिक या दार्शनिक 'भूख' बनाकर जी रहे हैं। वहाँ कालाहाँडी, पलामू, इथोपिया—सभी के नाम और आँकड़े हैं, सिर्फ भूख नहीं है।

साम्प्रदायिक आतंक के बीच अल्पसंख्यक होकर जीने या मरने के स्नायविक तनावों में टूटना तस्लीमा नसरीन के 'लज्जा' की तरह संजना कौल के 'पाषाण युग' में ज्यादा ठोस रूप में महसूस किया जा सकता है। संजना ने कश्मीर के आतंकवाद में घिरे हिन्दू अल्पसंख्यकों की यातनाओं को अपना कथ्य बनाया है।

साम्प्रदायिकता के अलावा विकास की प्रक्रिया भी हमें किस तरह अकेला करके मारती है; इस विषय पर मुझे सिर्फ दो उपन्यास याद आ रहे हैं—संजीव का 'सावधान नीचे आग है' जहाँ जमीन के सैकड़ों फीट नीचे कोयला खदानों में कुछ लोग दबकर मर जाते हैं और दूसरा है वीरेन्द्र जैन का 'डूब'—मध्य प्रदेश के एक ऐसे घिरे हुए गाँव की कहानी जिसे नर्मदा बाँध में डूब जाना है। 'टावरिंग इन्फर्नो' और 'टाइटैनिक' जैसे उपन्यास अभी हमारे यहाँ नहीं हैं।

कभी-कभी मैं सोचता हूँ कि 'क्लॉड ईथरली' और दूसरे पायलट...की मानसिक बनावट क्या रही होगी कि नागासाकी और हिरोशिमा पर एटम बम गिराने के बाद एक ने आत्महत्या की तो दूसरा पागलखाने में घिसट-घिसटकर मरा...अगर ये हिन्दू होते तो निश्चय ही हरिद्वार या ऋषिकेश में योग-साधना करते हुए आध्यात्मिक आनन्द प्राप्त कर रहे होते। आखिर यहूदियों के सफाए के लिए गोलवलकर ने हिटलर की तारीफ की थी और एटमबम गिराने को अरविन्दो ने सही बताया था। आचार्य विनोबा भावे वियतनाम ध्वंस में अमरीकी समर्थक थे और 'रथयात्रा' के पीछे होनेवाली साम्प्रदायिक हत्याओं, आगजनी, बलात्कारों में आडवाणी परम सन्त की तरह निरासक्त रहे। क्या सचमुच हम हिन्दुओं की सांस्कृतिक मानसिकता और दार्शनिक संस्कार में ही कुछ ऐसा है जो हमें जीवन से घृणा करना सिखाता है ?—व्यक्तिगत हत्या हो या सामूहिक नर-संहार कुछ भी हमें भीतर से न कहीं उद्वेलित करते हैं, न अपराध-बोध पैदा करते हैं; प्रारब्ध और पिछले कर्मों का फल ऐसे दार्शनिक कवच हैं कि हम हर चीज को सहज स्वीकार कर लेते हैं। 'उनकी मौत आ गई थी' या आत्मा तो अजर-अमर है, शरीर ही मरता है। पुराने कपड़ों की तरह आत्मा शरीर बदलता रहता है। उसे तो न शस्त्र मार सकता है न अग्नि जला सकती है। हम किसी को मारते कहाँ हैं, मारनेवाला तो 'वह' है। हम तो सिर्फ निमित्त-भर हैं। यह मरना-मारना सब माया है। ऐसे न जाने कितने तर्क हैं जो भीतर स्वयं उगकर हमें जीवन, मानवीय यातनाओं, घटना-दुर्घटना, रोग-शोक के ऊपर उठा देते हैं और समाज से जुड़ने नहीं देते। शायद सामाजिक जिम्मेदारी भी महसूस नहीं करने देते। मुझे याद नहीं आ रहा है कि क्रिश्चियन मिशनरियों के अनुकरण पर बने रामकृष्ण मिशन के संन्यासियों और स्वयं-सेवकों से पहले हमारे यहाँ समाज-सेवा की कोई संस्था रही हो जो बाढ़, सूखा, प्लेग, हैजापीड़ित प्रदेशों में जाकर मानव सेवा जैसा कार्य करती रही हो। जैन बौद्ध धर्मों ने लाखों भिक्षु जरूर बनाए, मगर वे समाज निरपेक्ष निर्वाणाकांक्षी

समानान्तर थे। सिर्फ नरेन्द्र कोहली के उपन्यासों से पता चलता है कि राम के भीतर क्रिश्चियन मिशनरियों की आत्मा प्रवेश कर गई थी और वानरों-रीछों, कोल, भीलों की मदद से वे समाज-कल्याण की योजनाएँ चलाते थे। वस्तुतः हर मानवीय यातना और अमानवीय स्थिति हमारे संस्कारगत दार्शनिक रसायन से गुजरकर अमूर्तन की प्रक्रिया में अपनी सघनता और साकारता से मुक्त हो जाती है—उसका न कोई स्वरूप रह जाता है, न प्रभाव—वह सिर्फ मनुष्य मरे या जिए, इससे 'मनुष्यता' के आइडिया में कोई फर्क नहीं पड़ता, यानी 'महान विचार' हवाओं में दुहराए जाते रहते हैं और समाज अपनी जड़ताओं में जीता-मरता रहता है। दोनों कहीं भी न एक दूसरे को प्रभावित करते हैं, न संघर्ष में आते हैं।

दुर्भाग्य से अल्पसंख्यकों और स्त्रियों की तरह हिन्दी में अभी ऐसा दलित लेखन नहीं है जिसकी तरफ ध्यान आकर्षित हो सके। ओमप्रकाश वाल्मीकि की 'जूठन' और मोहनदास नैमिशराय की 'अपने-अपने पिंजरे' जैसी दो-एक आत्मकथाएँ ही सामने हैं। अभी तक साहित्य के अधिकांश दलित-विमर्श मराठी रचनाओं के आधार पर ही होते रहे हैं। वहाँ वे एक मूलगामी सामाजिक आन्दोलन की अभिव्यक्ति हैं; यहाँ शायद इसका न होना उनका असंगठित होना और सामाजिक जड़ता है। स्त्री और मुसलमान, हमारे मध्यवर्गीय समाज का हिस्सा हैं—वे हमारे बीच रहकर भी हाशिए पर हैं। दलित उस तरह समाज के बीच नहीं हैं—वे परिधियों पर फेंक दिए गए लोग हैं। गरीबी, अश्लीलता, गन्दगी, बेरोजगारी के साथ-साथ उनका संघर्ष उस अपमान और तिरस्कार से लड़ना भी है जो हमारे बीच आने पर या रहते हुए उन्हें भुगतना पड़ता है। सिर्फ जिन्दा रहने की लड़ाई इतनी फुर्सत ही नहीं देती कि वे अपने अनुभवों से ऊपर उठकर उन्हें रचना का स्वरूप दे सकें।

कल्पनाशीलता की ऐयाशी उनके भाग्य में नहीं है। वे तो उसी सबको दर्ज कर सकते हैं जिससे हर रोज गुजर रहे हैं। उनकी अन्दरूनी जिन्दगियाँ हमारे लिए इतनी अपरिचित हैं कि उन्हें पढ़कर हम प्रायः निष्क्रिय करुणा से भर उठते हैं—'अच्छा, ये बेचारे इतनी मुश्किल स्थितियों से गुजर रहे हैं'। आत्मकथात्मक लेखन उनकी मजबूरी है। 'मुख्यधारा' में बैठे हिन्दी-लेखकों के लिए आज भी दलित लेखन, बराबरी का सम्मान माँगते प्रार्थना-पत्रों से अधिक महत्त्व नहीं रखता, जिन्हें वे यह कहकर लौटा देते हैं कि एप्लीकेशन साफ कागज पर नहीं है, कि उसकी भाषा और व्याकरण सही नहीं है, कि उसकी ड्राफ्टिंग में अपेक्षित तराश नहीं है। उनका आग्रह है कि—ये दलित जिस बात को कह नहीं पा रहे हैं उसे प्रेमचन्द ने 'कफन', 'पूस की रात', 'ठाकुर का कुआँ' में कितने प्रभावशाली और सार्थक ढंग से कहा है—अमृतलाल नागर ने 'नाच्यो बहुत गोपाल' और गिरिराज किशोर ने 'परिशिष्ट' या 'यथाप्रस्तावित', में कह दिया है, जगदीश चन्द्र ने 'धरती धन न अपना' और 'नरककुंड में वास' में बताया है। उधर दलित लेखकों की जिद है कि नुमाइन्दगी या प्रतिनिधित्व की यह राजनीति बहुत दूर और देर तक उनकी बात नहीं कह सकती। दुनिया का कोई वकील, अपनी सारी निष्ठा

और ईमानदारी या कानूनी पैंतरेबाजी के बावजूद वादी की यातना, तड़प और गुस्से को नहीं बता सकता, जितना वे खुद कर सकते हैं। न हो कलात्मकता की कसौटी पर उतरनेवाले चुस्त-दुरुस्त उपन्यास, वे सिर्फ अनगढ़ आत्मकथाएँ ही हों—मगर वहाँ दलित अपनी बात को, अपने अपमानों और संघर्षमय स्थितियों को अपने ढंग से अपनी भाषा में बयान तो कर रहा है। उन्हें स्वीकार करने के लिए अगर आप अपने कला प्रतिमानों में कोई बदलाव लाने को तैयार नहीं तो हम अपना सौन्दर्यशास्त्र अलग बनाएँगे। हम साहित्य की सारी परिभाषा को ही बदल देंगे। उत्तर-भारत की राजनीति की तरह मराठी साहित्य में वे कुलीन खेलों के सारे नियम तोड़कर अपने नए नियम चला रहे हैं। दया पवार के 'अछूत' से लेकर शरणकुमार लिम्बाले के 'अक्करमाशी' तक उन्होंने आत्मकथात्मक उपन्यासों की नई परम्परा की शुरुआत की है। मध्यकाल के सन्त-काव्य में निर्गुण-भक्ति दलितों की मजबूरी थी—न उन्हें मन्दिरों, मठों में प्रवेश की सुविधा थी न शिक्षा की अनुमति। ऐसे में वे अपनी अनगढ़ भाषा में भगवान के अमूर्त रूप की ही पूजा कर सकते थे। इसी तरह दलित साहित्य की मजबूरी है कि वे सिर्फ अपने निजी अनुभवों को, जमीन पर ही जीने के संघर्षों और स्थितियों का इन्दराज करें...हाँ, सबसे निचली गहराइयों से उछल-उछलकर आनेवाली ये तस्वीरें इतनी खौफनाक हैं कि सारे समाज को दहलाकर रख देती हैं। अपने से ऊपरवालों और वर्ण-व्यवस्था की सामन्ती नृशंसताओं के पूरे तन्त्र को झकझोर देनेवाली ये आत्मकथाएँ पहले के सवर्ण कथाकारों द्वारा लिखी गई 'हरिजन कथाओं' की प्रासंगिकता पर प्रश्न-चिह्न तो लगाती ही हैं, कि वे तो सिर्फ हरिजन कथाएँ और शूद्रों की दयनीय स्थितियों पर भावुक हमदर्दी तक ही सीमित हैं। दलित-कथाएँ उन स्थितियों से प्रतिरोध और उन्हें बदलने के संकल्प और प्रतिशोध की कहानियाँ हैं। इसलिए उनसे यह माँग भी नहीं की जा सकती कि वे निदा फाजली के '—दीवारों के बीच' या धीरेन्द्र अस्थाना के 'गुजर क्यों नहीं जाता' की तरह कलात्मक औपन्यासिक आत्मकथाएँ क्यों नहीं हैं ? या उनमें तथ्य और कल्पना का वैसा सम्मिश्रण क्यों नहीं है कि वे कुलीन साहित्य में एक नई विधा का सूत्रपात कर सकें।

एक स्तर पर एक मज़बूरी या शिकायत दलित लेखन की ही नहीं, स्त्री लेखन की भी है कि वह अपने से ऊपर नहीं उठ पाता और सिर्फ आत्मकथाएँ देता है। यह संयोग नहीं है कि मराठी में दलित लेखन के उभार के साथ-साथ लगभग हर क्षेत्र की महिला ने अपनी कथा लिखी है। जब बाहरी दुनिया, अविश्वसनीय अस्थिर और भयानक सामाजिक-राजनैतिक उथल-पुथल से गुजरने के बावजूद सामाजिक आन्दोलनों की ऐसी कोई शक्ल न ले रही हो जो हमें भीतर तक अपने साथ जोड़ सके। यानी जहाँ परिवर्तन की दिशाएँ साफ न हों और पुराने-नए मूल्य, हमारी आस्थाएँ न बाँध पाते हों तो सहारा सिर्फ अपने आप में ही रह जाता है। अपना ही लंगर होता है जो खौलती-उबलती लहरों के बीच आपको साधे रखता है। शायद ऐसी ही कुछ भीतरी-बाहरी अनिश्चितताओं के बीच नई कहानी के दौरान 'भोगा हुआ यथार्थ' और 'अनुभूति की प्रामाणिकता' के आश्वासन, अभिव्यक्ति को थामे हुए थे। उन्हीं दिनों एक बार फिर

इस सत्य को सिद्धान्त की तरह प्रतिपादित किया गया था कि सारा कथा-लेखन मूलतः, प्रत्यक्ष या अप्रत्यक्ष रूप से आत्मकथा और आत्म-स्वीकृति (कन्फैशन) ही है—कभी यह विचारगत आत्मकथा है तो कभी—अनुभूतिगत। जो मेरे बोध का हिस्सा नहीं है वह सिर्फ सूचना है। उपन्यास में यह बाहरी झूठ, भीतरी सच को कहने का बहाना है। लेखक चाहे काल्पनिक गप (फैंटेसी) लिखे या परीकथा, वह अखबारी विवरण का सहारा ले या ऐतिहासिक तथ्यों का—लिखता वह सिर्फ अपना ही वर्तमान है—हाँ, इस वर्तमान को पाने के लिए आप दूर तक अतीत में जाएँगे तो वहाँ के 'भूत' अनेक सम्मोहक रूपों में आपको अपने जैसा 'नीला चाँद' ही बना लेंगे, अतीत को तो बहुत सँभालकर टुकड़ों-टुकड़ों में अपने वर्तमान का हिस्सा बनाना पड़ता है जैसे अनन्तमूर्ति ने 'संस्कार' में बनाया या सुरेन्द्र वर्मा ने 'मुझे चाँद चाहिए' में कालिदास-भवभूति को साधा।

शायद यही कारण है कि दलितों, अल्पसंख्यकों और महिलाओं का लेखन, हिन्दी के कुलीन लेखन के विपरीत अपने समय और स्थितियों से ज्यादा नाल-बद्ध है। जैसा कि मैंने कहा, उर्दू में खासतौर पर मुसलमान लेखकों की शायद ही कोई रचना हो जो विभाजन, दंगों या साम्प्रदायिक आतंक से मुक्त होकर लिखी गई हो—ये सब लेखक से लेकर पात्रों के चेतन-अवचेतन का अनिवार्य हिस्सा हैं। नए संवैधानिक संशोधनों के चलते स्त्री को जो अधिकार मिले हैं, तलाक से लेकर सामाजिक हिस्सेदारी तक—वही उसकी कहानी की नई थीम बन रही है, ठीक वैसे ही जैसे—न्यूनतम मजदूरी, साक्षरता, फसल के अधिकार, योजनाएँ, खेतों-खलिहानों में नई किसान चेतना और संघर्ष के आधार हैं। परम्परागत सामन्ती वर्चस्व के खिलाफ स्त्री और श्रमिक की अधिकार चेतना भीतर की सारी सामाजिक बनावट को बदल रही है। आज बाकायदा देशव्यापी—बड़े आन्दोलन चाहे न रह गए हों, मगर छोटे-छोटे संगठन और उनके संघर्ष, सरकार-समाज पर दबाव बनाए हैं कि बदलाव की माँगों का ध्यान दिया जाना चाहिए, चाहे आदिवासियों की जागृति और मुख्यधारा में शामिल होने के आग्रहोंवाले 'गगन घटा गहरानी' (मदन मोहन) जैसे उपन्यास हों, या संजीव के 'सावधान नीचे आग है' और 'धार' उपन्यास या 'प्रेतमुक्ति' खोज और 'पूत-पूत' जैसी लम्बी कहानियाँ हों—जहाँ नक्सल प्रभावित क्षेत्र जमीन और किसान के सम्बन्धों को बदल रहे हैं—ये सब इसी सच्चाई को रेखांकित करते हैं कि भीतर कहीं जड़ में कुछ खौल रहा है। इधर सुदूर हाशियों की जिन अपरिचित आदिवासी नारी कथाओं की शुरुआत अपने 'कोरजा' या 'आँखों की दहलीज' उपन्यासों में मेहरुन्निसा परवेज ने की थी, उन्हें बाकायदा संघर्ष-कथाओं तक ले आई है अपने अनगढ़ 'सीता' और 'मौसी' जैसे उपन्यासों में रमणिका गुप्ता। सही है कि ये मैत्रेयी पुष्पा के 'इदन्नमम' और 'चाक' की तरह विस्तृत परिप्रेक्ष्य में प्रौढ़-दृष्टि या कलात्मक संयम से लिखी गई रचनाएँ नहीं हैं, और इन्हें गैर-शहरी औरतों के जीवन-संघर्ष की अखबारी कथाएँ कहकर अनदेखा भी किया जा सकता है, या इनकी नायिकाओं की 'विजयों' को अतिरिक्त आशावादी या फिल्मी बताकर उन पर अविश्वास किया जा सकता है—मगर वे अनपढ़, गँवार औरतों की अपनी आवाज तो हैं ही—दलितों

की तरह। आज भले ही वह नारी-लेखिकाओं की अपनी स्वप्नाकांक्षाओं जैसी लगें, मगर उनके पीछे विजय की सम्भावना और आशा को अनदेखा नहीं किया जा सकता। निश्चय ही यहाँ स्पष्ट विजन नहीं है मगर कम-से-कम भविष्य तो है।

और यह 'विजन' या भविष्य ही हिन्दी की मुख्यधारा में सिरे से नदारद है। वस्तुतः बदलाव की विचारधाराओं के सहसा नेपथ्य में चले जाने से यह विजन या भविष्य उस मध्यवर्गीय शहरी समाज का हिस्सा भी नहीं रह गया है जहाँ मुख्य साहित्य का निर्माण हो रहा है, यानी विद्यार्थियों और प्राध्यापकों की दुनिया में। यथास्थिति के सामने समर्पण की भविष्यहीनता ही है जो हिन्दी उपन्यासकार को वर्तमान से पलायन की छूट देती है। कलात्मक ट्रीटमेंट की माँग उसे वर्तमान और भविष्य दोनों से 'मुक्त' करती है—रह जाता है सिर्फ व्यक्तिगत अतीत। उधर अलका सरावगी अपने 'कलिकथा : वाया बाईपास' में, गैरजरूरी तौर पर ही सही हर्षद मेहता, बाबरी मस्जिद ध्वंस, अयोध्या मन्दिर, एन.आर.आई. लूट और यहाँ तक कि लालू-राबड़ी के सन्दर्भ देती हैं या मैत्रेयी 'चाक' में साम्प्रदायिक दंगों और मंडल-कमंडल संघर्ष को लाती हैं—वरना प्रायः हर हिन्दी कथाकार ने ऐसे वर्तमान सन्दर्भों से परहेज किया है। मैं सचमुच उस गाँठ को समझना चाहता हूँ जहाँ देश की बड़ी-से-बड़ी घटना हिन्दी कथाकार की चेतना को न झकझोर पाती है, न उद्वेलित कर पाती है। पुराने कथाकारों में सिर्फ यशपाल थे जिन्होंने 'दादा कॉमरेड' में स्वाधीनता संग्राम को, 'मेरी तेरी उसकी बात' में सन् 42 के आन्दोलन को और 'झूठा सच' में विभाजन को अपना कथ्य बनाया। बड़ी घटनाओं के नाम पर अमृतलाल नागर तक 'अमृत और विष' में लखनऊ की बाढ़ को लेते हैं—जो प्राकृतिक आपदा है। कभी उन्होंने बंगाल के राज-निर्मित अकाल पर 'भूख' उपन्यास जरूर लिखा था। आश्चर्य ही है कि सौ साल के मुख्य कथा विस्तार में सिर्फ चार लेखक—प्रेमचन्द, यशपाल, रांगेय राघव, किसी हद तक अमृतलाल नागर—(बलवन्त सिंह को मैं नहीं गिन रहा।) वर्ना न कोई बड़ी घटना, न व्यक्तित्व, सिर्फ कालखंड और वहाँ भी कुर्रतुल ऐन हैदर के 'आग का दरिया' जैसी सारे इतिहास को खँगालने की या महाश्वेता देवी जैसी हाशिए के लोगों को केन्द्र में लाने या जनान्दोलन को वाणी देने की बेचैनी एक सिरे से नदारद...

वर्तमान को नकारने और समकालीन बड़ी घटनाओं का नोटिस न लेने के पीछे हिन्दी लेखक का अपना तर्क है—कलात्मक दूरी...उसका कहना है कि जब हम घटित के बहुत निकट होते हैं तो स्थितियों को सम्पूर्णता में नहीं देख पाते। व्यक्तिगत जीवन हो या समाज-इतिहास की कोई घटना, उससे दूर होकर ही हमें पूरा परिप्रेक्ष्य नजर आता है। यह दूरी पचास साल की भी हो सकती है और पाँच सौ साल की भी। यह दूरी हमें यथार्थ को जरूरी ढंग से तोड़ने-छोड़ने या नए कोण से समझने की दृष्टि और टैकनीक देती है। इसके बिना उपन्यास सिर्फ अखबारी विवरण होकर रह जाएगा। सिद्धान्ततः बात सच हो सकती है, मगर मुझे यह हिन्दी-लेखक की दूसरी बचावी दलील ज्यादा लगती है। शायद इसका कारण यह भी है कि हममें से कोई भी न जिन्दगी में

रिस्क ले पाता है, न लेखन में। वह सुरक्षित लेखन का अभ्यस्त है।

क्या आपने हिन्दी में नक्सलवाद पर कोई उपन्यास देखा है ? यह 'खतरा' फिल्मों तक ने उठाया है—संजीव को छोड़कर किसी हिन्दी कथाकार ने नहीं। वस्तुतः जो जहाँ है वह वहीं बैठा सुख से लेखन कर रहा है--पुरानी यादों के सहारे, अपने जिये पर कभी तल्ख होता है, कभी मुग्ध। यशपाल, अमृतलाल नागर, भगवतीचरण वर्मा, रांगेय राघव, रेणु अन्तिम मसिजीवी लेखक थे। इधर तीन-चार दशकों का सारा 'महत्त्वपूर्ण' लेखन सिर्फ प्राध्यापकों और अफसरों द्वारा ही हुआ है। जाहिर है कि ये दोनों ही वर्ग बहुत दूर तक रिस्क नहीं ले सकते। यथास्थिति के संरक्षण के संस्कार उनकी पटरियाँ और गन्तव्य तय कर देते हैं। परिणामतः उनके लेखन में वह विविधता और आग नहीं है जो प्रयोगों को जन्म देती है। जिन्दगी को किसी नए कोण से देख सकने की मौलिकता भी यहाँ दुर्लभ है, जिसे मनोहरश्याम जोशी और पंकज बिष्ट के 'लेकिन दरवाजा' और 'उस चिड़िया का नाम' या मराठी के अरुण साधु जैसों के उपन्यासों में देखा जा सकता है। हिन्दी का शायद ही कोई उपन्यास हो जो इधर के पचास सालों में समाज या सरकार के लिए आपत्तिजनक माना गया हो। हमारा लेखक यथास्थिति के लिए कभी चुनौती नहीं बनता। इधर इनमें भी दसवाँ दशक आते-आते तो प्रायः सभी अवकाश भोगी हो चुके हैं। जिन्दगी-भर दन्द-फन्द, झूठ-सच जीने और सारे मान-मूल्यों की ऐसी-तैसी करते हुए पुराने सम्पर्कों-साधनों से बाल-बच्चों को देश-विदेशों में सही और ऊँची जगह फिट कर चुकने के बाद अब ये पुनः साहित्य में लौटे हैं। वे यथास्थिति की पैदाइश हैं। सबकी एकमात्र पूँजी अतीत और उसका बौद्धिकीकरण है, इसलिए वहाँ जिन्दगी की सफलताओं के समानान्तर आध्यात्मिक मृत्युओं के इतिहास हैं। प्राध्यापक कथावृत्त इस अतीत-यात्रा को सांस्कृतिक खोज के हिन्दुत्ववादी आध्यात्मिक लोकों तक ले जा रहा है तो अफसर आदर्शवाद की सफलताओं के बहाने आत्मशोध के प्रायश्चितों तक। दोनों जिस जमीन पर खड़े होकर जिन्दगी को देख रहे हैं—वह है सत्तावृत्त। नरेन्द्र कोहली और शिवप्रसाद सिंह महान सांस्कृतिक अतीत-सत्ता या सत्ता के अतीत से चिपके हैं तो श्रीलाल शुक्ल या गोविन्द मिश्र सामाजिक-राजनैतिक सत्ता की 'पतनशीलता' से। सत्ता की अपने अन्तर्विरोधों सहित कहानियों को औपन्यासिक विस्तार दिए हैं गिरिराज किशोर ने--चाहे वे 'लोग', 'जुगलबन्दी', 'ढाई घर' के अंग्रेज-परस्त जमींदार हों या आई.टी.आई. जैसे संस्थानों के नौकरशाह (इन्द्र सुनें, तीसरी सत्ता, यथाप्रस्तावित इत्यादि)। सुना है इधर गिरिराज नैतिक और राजनैतिक सत्ता-पुरुष गाँधी पर उपन्यास लिख रहे हैं।

श्रीलाल शुक्ल बड़े कथाकार और सिद्ध कलाकार हैं। वे जानते हैं कि जिस सामाजिक पतनशीलता को वे अपना कथ्य बना रहे हैं उसकी एकमात्र जिम्मेदारी उसी वर्ग की—यानी ब्यूरोक्रैसी की है जिसके वह हिस्से रहे हैं। 'रागदरबारी' में राजनेताओं और अफसरों की मिलीभगत से किए गए कारनामे--यानी समाज के समग्र भ्रष्टीकरण पर वह हँस सकते थे। 'बिश्रामपुर का सन्त' में वह संजीदा हैं, यहाँ वे आत्मदर्शन के मूड में हैं।

स्वतन्त्रता की बागडोर जिन राजनैतिक नेताओं और अफसरों ने सँभाली वे सभी ऊँचे वर्गों से आए थे। उनमें या तो राजा-नवाब, जमींदार, व्यवसायी और बड़े वकील थे या अंग्रेजी राज्य में शक्ति-सम्पत्ति भोगी आई.सी.एस. नुमा अफसर। दोनों के परिवार और समाज लगभग एक थे इसलिए एक ही था उनका वर्ग-चरित्र। स्थिति यह थी कि पाकिस्तानी असेम्बली के अध्यक्ष के रूप में उधर जिन्ना ने, तो इधर जवाहरलाल ने देश की जिस एकमात्र बीमारी को सबसे खतरनाक बताया था वह था भ्रष्टाचार, घूस, बेईमानी और कालाबाजारी। इसी पृष्ठभूमि से आए हैं ठाकुर जयन्ती प्रसाद। बड़े-बड़े पदों पर रहने के बाद अब गवर्नर हैं और कहीं राजदूत बनने की जुगाड़ में हैं। जमींदारी ठसके और ऊँचे-अफसरी अनुशासन के साथ उन्होंने जिन्दगी का हर सुख-वैभव भोगा है—मगर नया नेतृत्व अब उन्हें रास नहीं आ रहा। न मुख्यमन्त्री उनकी बात सुनता है, न प्रधानमन्त्री। महत्त्वपूर्ण पदों पर उनके तिकड़मी साथियों ने कब्जा जमा लिया है, वे हैं कि 'अभी तो मैं जवान हूँ' की डोर नहीं छोड़ना चाहते। हारकर शहीद की तरह भूदानी आश्रम बिश्रामपुर में पहुँच जाते हैं। भूदान गाँधीवादी विनोबा का वह राजनैतिक छद्म था जो उन्होंने वामपन्थियों, विशेषकर नक्सलवादियों की काट के लिए आन्दोलन के रूप में चलाया। बंगाल, बिहार, आन्ध्रप्रदेश और उड़ीसा में बड़े जोतदारों की हत्याएँ की जा रही थीं। जमीन जबर्दस्ती छीनी जा रही थी। विनोबा ने आग्रह किया कि जोतदार और जमींदार स्वेच्छा से कुछ जमीन किसानों को दान कर दें। सारी परती और बंजर जमीनें समारोहपूर्वक दान कर दी गईं—किसानों ने रात-दिन मेहनत करके जब उन जमीनों को उपजाऊ बना लिया तो शुरू हुआ वापस छीनने का सिलसिला। अब या तो किसान फौजदारियों में बेदखल किए गए या मुकदमों में उलझा दिए गए। बिश्रामपुर में जयन्ती प्रसाद का सम्पर्क हुआ गुजरात के सम्पन्न परिवार से आई भूदानी युवती सुन्दरी से...जयश्री से जिस पुराने प्रेम-प्रसंग को जयन्ती प्रसाद भूल चुके थे—वह सुन्दरी को देखकर फिर जाग उठा। उधर जयन्ती प्रसाद का बोहेमियन पुत्र विवेक भी सुन्दरी के प्रति आकर्षित है। विवेक दिल्ली में प्रोफेसर है और पिता के ढोंग को समझता है। वह विद्रोही है। संयोग यह है कि दोनों लगभग एक ही दिन सुन्दरी से विवाह-प्रस्ताव करते हैं और वह दोनों को अस्वीकार कर देती है। गुजरात में जाकर आत्महत्या से पहले वह अपनी सहेली सुशीला को पत्र में इस घटना का उल्लेख करती है—जो जयन्ती प्रसाद को भेज दिया जाता है। इधर आश्रम में भी वे अपने को फालतू समझने लगे हैं। सब तरफ से हताश, निराश और मोह-भंगित जयन्ती प्रसाद नदी में डूबकर आत्महत्या कर लेते हैं।

जयन्ती प्रसाद की इस यातना-कथा को अद्भुत बारीकी, संवेदना और क्लिनिकल परीक्षण की ईमानदारी से लिखा है श्रीलाल शुक्ल ने। मुझे 'बिश्रामपुर का सन्त' स्वतन्त्र भारत के सत्ता खेल का सार्थक रूपक लगता है—लगभग कन्फैशन की उदात्तता लिए हुए...सत्ता के ऊँचे खिलाड़ियों ने अपने नैतिक सरोकारों, आदर्श-प्रेरित कल्याण कामनाओं से जिस राष्ट्रधर्मी चेतना को जगाया उसकी प्रतीक है सुन्दरी। वह देशवासियों की

समस्याओं से जूझने के लिए जब घर-बार छोड़कर समाज-सेविका के रूप में खेतों-गावों, या शहरी कार्यक्षेत्रों में गई तो खुद उसे ही उसका अपना ऊपरी वर्ग सह नहीं पाया। एक तरफ सत्तालोलुप, विलासी बाप (ययाति ?) उसे आत्मसात करना चाहता है तो दूसरी तरफ किताबी-विद्रोही बेटा उस पर अपना हक समझता है। मगर वह दोनों को अस्वीकार करके आत्महत्या कर लेती है। अपने ही वर्ग से उभरी वह कौन-सी नई चेतना है जिसे बाप-बेटे (यानी पुरानी-नई पीढ़ी) अपनाना (हथियाना ?) चाहते हैं। शायद खुद श्रीलाल के लिए इस सुन्दरी को सँभालना मुश्किल हो गया था—वर्ना आत्महत्या की जगह सुन्दरी मेधा पाटकर जैसी दिशा में भी जा सकती थी। बहरहाल, यह सुन्दरी या विवेक की बजाय खुद उपन्यासकार की अपनी कोई मनोवैज्ञानिक गाँठ हो सकती है कि न उससे निम्फोमैनिक जयश्री बर्दाश्त हुई, न आदर्शजीवी सुन्दरी, सुशीला को खा गया एक एन.आर.आई...तीनों ने ही लगभग आत्महत्याएँ कीं—चौथी आत्महत्या की खुद जयन्ती प्रसाद ने। 'बिश्रामपुर का सन्त' मध्यवर्ग की अपनी संस्कृति की आत्महन्ता गाथा है जो अपने ही छद्‌म के बोझ तले दम तोड़ रही है...परम्परागत शिल्प में साफ-सुथरे स्तर से लिखा गया यह एक नगस्क उगन्यास है। यहाँ श्रीलाल की भाषा अपने सर्वश्रेष्ठ रूप में है।

स्वतन्त्रता के तत्काल बाद ही विवेक के साँचे में ढला एक ऐसा निम्न मध्यवर्गीय युवक आया था जो आदर्शों, नैतिकता, क्रान्ति, सामाजिक बदलाव के सपनों से प्रेरित था—वह समाज और प्रशासन की सारी औपनिवेशिक बीमारियों से देश को मुक्त कर देना चाहता था। उस समय प्रतिरोध के सारे आन्दोलन प्रायः समाजवाद और साम्यवाद की विचारधाराओं से जुड़े थे। नेहरू खुद समाजवाद के सबसे बड़े प्रवक्ता थे। साहित्य, संस्कृति, अतीत सभी में जनतान्त्रिक मूल्यों पर जोर दिया जा रहा था। इन जनतान्त्रिक मूल्यों को हथियार बनाकर सब-कुछ पर कब्जा करनेवाले थे बड़े शिकारी यानी समाज में सामन्तवादी पकड़ और प्रशासनिक नौकरशाही में औपनिवेशिक वर्चस्व—इन्हीं के बीच से निकले थे ये युवा क्रान्तिकारी। वे उस व्यवस्था और तन्त्र को तो नहीं तोड़ पाए, मगर खुद पन्द्रह-बीस वर्षों में ही उसी यत्किंचित बदली यथास्थिति के अंग जरूर बन गए—यानी उम्र के पचासवें वर्ष तक आते-आते सरकारी नौकरियों, राजनीति, स्वयंसेवी सामाजिक संस्थाओं या व्यवसाय उद्योगों में पूरी तरह जम ही नहीं गए, मनमाने ढंग से उन्हें निचोड़ने-खाने लगे—बाद में जाकर यही सबसे बड़े घूसखोर, जालसाज, कामचोर और ऐयाश बने। खुद ही अनेक विकास योजनाओं के नाम पर देशी-विदेशी पैसा निकालते थे और खुद ही आपस में बाँट खाते थे—जिनके नाम पर यह सब होता था उन तक रुपए में पन्द्रह पैसा तक नहीं पहुँचता था। अर्धसरकारी उपक्रम और सरकारी महकमे लाखों-करोड़ों की लूट से बजबजाने लगे। दस-दस मकानों और लाखों-करोड़ों के बैंक खातों या शेयरों के मालिक, भाषा अभी भी देश, समाज, नैतिकता और संस्कृति की ही बोलते थे। देश कर्जों में डूबता गया और मध्यवर्ग अश्लील रूप से सम्पन्न होता गया। जो इस मुख्यधारा में नहीं थे वे अपराधों और राजनीति में आकर

अपना हिस्सा वसूलने लगे। बाद में यह भेद भी मिट गया। अलका सरावगी के किशोर बाबू गाँधी, सुभाष, देश की हलचलों और आन्दोलनों के बीच पच्चीस-तीस साल व्यवसाय में भरपूर पैसा बनाते हैं, मगर जब एन.आर.आई. स्रोतों से ऐयाशी करते शान्तनु के वैभव को देखते हैं तो दुखी होते हैं। यह वह वर्ग है जो अपनी आत्मा के पाप को धर्म और संस्कृति के पवित्र गंगा-जल से धोना चाहता है। इस समय तो लगता है जैसे सारा देश अपराध, राजनीति और धर्म की कबड्डियों से गनगना रहा है। इस मध्यवर्ग को सबसे बड़ी चुनौती दे रही है उसकी अपनी ही पैदा हुई मल्टी-नेशनल पीढ़ी। इसने क्रूरता और पूरी गुस्ताखी से पुरानी पीढ़ी की लूट पर कब्जा किया है, इनके आदर्शवादी और नैतिकता के फालतू दिखावटी वक्तव्यों को एक सिरे से कूड़ेदान में फेंककर। आज कौन-सा ऐसा नेता-राजनेता-पुत्र है जो भस्मासुर की तरह इन्हीं के खिलाफ नहीं खड़ा है, या अपने कारनामों के लिए संविधान, सरकार या सत्ता में बैठे अपने पिताओं को अपने बचाव के लिए मजबूर नहीं कर रहा...वस्तुतः यह लड़ाई नए और पुराने मध्यवर्ग की है...पुरानी बेईमान पीढ़ी का सिर्फ एक ही रोना है कि 'हमारे पास कुछ आदर्श, कुछ नैतिकता, कुछ मूल्य तो थे--इनके पास वे भी नहीं हैं।' देश-समाज को अपनी जड़ता, घुटन, पतनशीलता में सड़ता छोड़कर न्यूयार्क-वाशिंगटन की दिशा में भागनेवाली पीढ़ी, पुराने लोगों को सबसे बड़ा विश्वासघात लगती है।

मैं नहीं कहता कि इनमें सभी बेईमान और लुटेरे थे। कुछ थे जो सचमुच आदर्शवादी थे, स्वाधीनता संग्राम के दौरान उन्होंने जिन मूल्यों को आधार बनाया था उनके प्रति निष्ठावान भी थे। मगर बेईमान और ईमानदार दोनों ही अपनी नई पीढ़ी के हाथों मारे गए। हिन्दी का अधिकांश कथा-साहित्य इसी पुरानी पीढ़ी की ओर से लिखा गया है। लगातार व्यर्थ और अप्रासंगिक होते जाने की कचोट के साथ। गनीमत है कि नई पीढ़ी इनकी शारीरिक हत्या नहीं कर रही—हाँ, उन्हें उस स्थिति में जरूर पहुँचा रही है जहाँ या तो वे खुद आत्महत्या कर लें या अपनी मौत मर जाएँ। स्वतन्त्रता के बाद आनेवाली इस पीढ़ी को आदर्शों और विचारधाराओं की मृत्यु के रूप में ही देखा जाना चाहिए—अंग्रेजी शब्दावली में एक लॉस्ट जेनरेशन।

जिस तरह नाग बोडस के उपन्यास 'मैनीफैस्टो' में एक कम्युनिस्ट मजदूर नेता अपनी ही सन्तान की सिद्धान्तहीनता के सच को बर्दाश्त न कर पाने की मौत मरता है--उसी तरह मरते हैं रवीन्द्र वर्मा के 'निन्यानवे' के मास्टर रामदयाल—ईमानदार, नैतिक और आदर्शवादी। रामदयाल के पुरखे कभी झाँसी की रानी की फौज में थे। चाचा था हरि—चन्द्रशेखर आजाद के साथ। उसे ही पुनः पाने के लिए रामदयाल ने बेटे का नाम रखा हरि, मगर बेटे वह बने जो शायद रामदयाल कभी नहीं चाहते थे—सिर्फ बल्लो (कथा-वाचक) है और वही झाँसी के इस खस्ताहाल घर से जुड़ा है जिसकी छतें धसक रही हैं। डंडे के जोर से रातों-रात देश को अगली सदी तक ले जाने के जोम में संजय गाँधी के नेतृत्व में जो गुंडा-तत्त्व समाज से अपनी चौथ वसूल रहा था, हरि उसी का हिस्सा बन जाता है। तीनों बेटे अलग घर बना लेते हैं। एक फ्रांस में आधुनिक चित्रकार

के रूप में, दूसरा लखनऊ में प्रोफेसर बनकर और तीसरा झाँसी के पॉश इलाके में। शादियाँ भी तीनों अलग-अलग वर्ग की लड़कियों से करते हैं। पृष्ठभूमि, देश की स्वतन्त्रता, एमर्जेंसी, साम्प्रदायिक दंगों और बाबरी मस्जिद ध्वंस तक फैली है। छोटी-छोटी बारीक स्थितियों और संवेदनशील विवरणों से बुना गया यह उपन्यास रवीन्द्र वर्मा ने बेहद आत्मीय सधाव और परिनिष्ठित भाषा में लिखा है। साम्प्रदायिक तनाव और घनघोर अविश्वास के माहौल में बल्लो का मुसलमान लड़की उल्फत से शादी कर लेना, और दोनों समुदायों द्वारा उसका अनदेखा किए रहना पाठक के गले शायद मुश्किल से ही उतरेगा—फिर भी झाँसी के ससुरालवाले पुराने घर के अनुभव, अद्‌भुत अन्तर्दृष्टि से लिखे गए हैं। वातावरण का साम्प्रदायिक तनाव किस तरह उल्फत की अन्तर्चेतना में भय—दूसरे शब्दों में भूत—बनकर बैठ गया है, वह प्रेमचन्द के कुछ बहुत अर्थगर्भी भूतों की याद दिलाता है। निम्नमध्यवर्गीय परिवार की आन्तरिकताओं से गुजरते हुए उपन्यास विशेष सावधान पाठ की माँग करता है—छोटे-छोटे प्रसंगों से गुँथी कथा, बहुत अपनी सी मगर एकरस लगती है, लगभग उबाऊ। सभी कुछ स्वीकार लेने की अदा, बड़ी घटनाओं को भी सहज और पात्रों के द्वन्द्व को छोटा कर देती है—जैसे बल्लो की उल्फत से शादी, सिखों और मुसलमानों के साम्प्रदायिक दंगे, बाबरी मस्जिद ध्वंस या ऐसे ही अन्य प्रसंग अनुद्वेग (अंडर-टोन ?) की ठंडी भाषा में लिखे गए हैं। लगभग बौद्धिक तटस्थता से...इस सबके बावजूद 'निन्यानवे' सन्तोष धन में जीते हुए (पट्टेदार जाँघिएवाले) परिवार की शान्त सतह से फूटती महत्त्वाकांक्षाओं की ऐसी कहानी है जो कहीं स्कूटर की सावधानी से चलती है, कभी मारुति के जन्नाटे से और कभी हवाई जहाज से। पीछे छूट जाता है एक खंडहर होता घर, एक पुराना नीम का पेड़, चाँदनी रात। इस विरासत पर घड़ी-भर रो लेने के बाद कहानी को अगले पड़ावों की ओर बढ़ जाना है।

सारी कोशिशों के बावजूद यहाँ मैं कामतानाथ के 'दुमंजिले' और नए उपन्यास 'काल-कथा' को अपनी जिरह में नहीं जोड़ पा रहा हूँ। उन्नाव, फैजाबाद के एक कस्बाई कायस्थ-परिवार के ही माध्यम से कामतानाथ ने प्रथम महायुद्ध के बाद सन् 29 तक की राजनीति और समाज को ईर्ष्याजनक विस्तार से देखा है। भाषा ठेठ निखालिस अवधी (सिर्फ संवादों में), शेष विवरण और विस्तार मुझे खुद अपने उपन्यास 'उखड़े हुए लोग' की याद दिलाते रहे। यशपाल, अमृतलाल नागर के बाद स्वतन्त्र भारत के हिन्दी उपन्यास में कामतानाथ ने चन्दनपुर गाँव के ताने-बाने में पैबस्त मुस्लिम-परिवार को लिया है। अब्दुलगनी के घर में मुस्लिम नामों और छोटे-मोटे रीति-रिवाजों के अलावा ऐसा कुछ भी नहीं है जो मुंशी रामप्रसाद से अलग हो—वही अवधी, वही संस्कृति और वही मुँह-बोली रिश्तेदारियाँ। गंगा-जमुनी शीतल-पाटी। गाँव के उत्सवों के छोटे-छोटे विवरणों को मानवीय रिश्तों की अन्तर्क्रियाओं में विकसित करते जाने की कैमराई आँख। स्वाधीनता संग्राम का यह वह कालखंड है जहाँ चौरी-चौरा, जलियाँवाला बाग, लाजपतराय की मृत्यु, भगतसिंह को फाँसी, साइमन कमीशन, खिलाफत आन्दोलन, रावी के किनारे पूर्ण स्वतन्त्रता की शपथ ही नहीं, गाँधी, जिन्ना, सुभाष, नेहरू, मोहम्मद अली जैसे

जीवन्त पात्र भी हैं और आन्दोलनों में भाग लेनेवालों की सामाजिक जड़ें या मानसिक बनावटें भी हैं। मोटे रूप में यह वही युग है जिसे अलका सरावगी के 'कलिकथा' ने नेहरू, सुभाष के द्वन्द्व के रूप में छुआ है। उपन्यास के सबसे खूबसूरत हिस्से हैं परिवारों की भीतरी पैंतरेबाजियाँ, सम्बन्धों और सम्पर्कों द्वारा स्थितियों को बचाने या बढ़ाने की मध्यवर्गीय चतुराइयाँ और कायर दुस्साहसिकताओं के उपसंहार...और सबसे नीरस हैं ऐतिहासिक घटनाओं के सूचनात्मक विवरण। सवाल यही है कि क्या इन्हीं विवरणों को जानने के लिए हमें बारह-चौदह सौ पृष्ठ पढ़ने चाहिए ? आश्चर्य यह है कि इतने बड़े राष्ट्रीय फलक को उठाने के बावजूद न कहीं कम्युनिस्ट आन्दोलन का कोई हवाला है न राष्ट्रीय स्वयंसेवक संघ जैसे उभार का। आखिर सन् 25 के अक्तूबर में ही दोनों पार्टियों का प्रारम्भ हुआ था। जिस तरह बंगला में दो-तीन सौ सालों के बंगाली इतिहास को उपन्यासों के रूप में प्रस्तुत करने की बाढ़ आई थी, कुछ उसी का हिन्दी-विस्तार मुझे 'काल-कथा' लगता है। उपन्यास प्रामाणिकता से यह जरूर बताता है कि भारतीय स्वतन्त्रता की जो पीढ़ी हमारे रूप में आई उसकी सामाजिक और राजनैतिक बनावट क्या थी—वह किस हद तक समर्पित थी और किस हद तक अवसरवादी...निश्चय ही 'कालकथा' चन्दनपुर और मुख्यतया लखनऊ तक फैले उन खाते-पीते परिवारों की कहानी है जो न तो खेतिहर किसान हैं न बहुत सम्पन्न जमींदार...यह वह मध्यवर्ग है जो नई राजनीति से जुड़ना तो चाहता है मगर हर जोखिम में अपनी खाल बचाता है—आगे चलकर इसी वर्ग से आए हैं चतुर राजनेता और घाघ नौकरशाह।

यानी यह उस सामान्य मध्यवर्ग की कहानी है जो खुद सत्ता नहीं है—मगर सत्ता का हिस्सा बनने की ललक-प्रक्रिया में है। गैर-जरूरी विवरणों और अनावश्यक सूचनात्मक विस्तार में उपन्यास कलेवर-समृद्ध है।

मेरी दिक्कत यह भी है कि मैं इसे स्वतन्त्रता आन्दोलन का सबाल्टर्न पक्ष भी नहीं कह पा रहा। इस लिहाज से उसी क्षेत्र और समय में बाबा रामचन्द्र के नेतृत्व में किसान आन्दोलन ज्यादा सबाल्टर्न है और इस पर कमलाकान्त त्रिपाठी का उल्लेखनीय उपन्यास है 'बेदखल'।

आश्चर्य की बात यह भी है कि एकाध अपवाद को छोड़कर ये सारे उपन्यास उन्नीसवीं सदी की परम्परागत शैली में लिखे गए हैं। विधा के साथ प्रयोग की वह बेचैनी यहाँ बिल्कुल नहीं है, जहाँ कथ्य को धार देने के लिए आप अपने औजार और एंगिल बदलते हैं ! साहित्य में प्रयोग की प्रेरणा उस मुक्त मानसिकता में भी होती है जो अभी तक यथास्थिति का हिस्सा नहीं बनी है। लम्बे वक्त तक एक सी जीवनचर्या के दुहरावों में न जिन्दगी में प्रयोग की गुंजाइश बचती है, न साहित्य में। शायद प्रयोग का यह पाप कवि-कथाकारों के लिए छोड़ दिया गया है—जैसे 'सूरज का सातवाँ घोड़ा' से लेकर विनोद कुमार शुक्ल के 'खिलेगा तो देखेंगे' और 'दीवार में खिड़की रहती थी' में। जब यथार्थ की गतिशीलता से सीधे जूझना होता है तो विधा में प्रयोग प्रायः कम किए जाते हैं। वे किए जाते हैं वहाँ, जहाँ यथार्थ स्थिर और गतिहीन है—आप उसकी आँच से मुक्त

हो चुके हों। वहाँ एक तरफ स्थितियों का सामान्यीकरण होता है तो दूसरी तरफ यथार्थ प्रायः प्रतीक बनने की प्रक्रिया में होता है—न यथार्थ वह होता है जो दिखाई देता है, न पात्र वे होते हैं जो उसका हिस्सा बनकर आते हैं—वे अपने पार, वृहत्तर अर्थ के प्रतिनिधि होते हैं। आप उसे तोड़-मरोड़ सकते हैं, चुन और छाँट सकते हैं। घटित से 'कलात्मक' दूरी के बावजूद कामतानाथ ने 'काल-कथा' में मंडेन (रोजमर्रापन) से ऊपर उठने की कोई कोशिश नहीं की है। दूसरे शब्दों में वहाँ इतिहास का इस्तेमाल नहीं किया गया, खुद इतिहास ने लेखक को चलाया है।

बहरहाल, इतिहास, यथार्थ, विचारधाराओं की टकराहट के बीच विनोद कुमार शुक्ल का उपन्यास 'दीवार में खिड़की रहती थी' ऐसे हरे-भरे द्वीप की तरह है जो एक मधुर रागिनी का प्रभाव छोड़ता है। कहीं दूर गाँव में पड़े एक स्कूल मास्टर दम्पती के सन्तुष्ट क्षणों का विलक्षण उपन्यास है 'खिड़की'—दीवार की यह खिड़की, अपने अन्तरंग क्षणों में उतर जाने का चोर दरवाजा है और टुटहा साइकिल है, जादुई साधु के वरदान की तरह दी गई हाथी की राजसी सवारी। खिड़की के पार एक पगडंडी है जो घने जंगल में झील तक जाती है। रास्ते में चाय देनेवाली वात्सल्यमयी बुढ़िया है। कमलाकान्त त्रिपाठी के 'पाहीघर' और 'बेदखल' के बाद हिन्दी उपन्यास में प्रकृति के इतने लगाव-भरे रूप कहीं और देखने में नहीं आते...अद्भुत संयम और शैली में लिखा गया उपन्यास है 'खिड़की'। पति-पत्नी के छोटे-छोटे प्रेम-प्रसंग, उनकी आकांक्षाएँ, स्वप्न, फैंटेसियाँ सचमुच लम्बी कविता की तरह पढ़ी जा सकती हैं। भाषा का इतना सहज रूप जैनेन्द्र के बाद पहली बार विनोद कुमार शुक्ल ने ही दिया है। जैनेन्द्र की भाषागत सादगी इसलिए सायास लगती है कि पीछे दार्शनिक जटिलताएँ हैं—विनोद कुमार में वैसा कोई हस्तक्षेपीय तनाव नहीं है—न आर्थिक, न दार्शनिक। वह भीतर से बेहद इत्मीनानी (रिलेक्स्ड) लेखक की पारदर्शी भाषा है। 'नौकर की कमीज' के जादू से बँधा मैं 'खिलेगा तो देखेंगे' को इसलिए नहीं समझ पाया कि वहाँ मुझे कहानी की तलाश थी। वह वहाँ नहीं थी, इसलिए पढ़ते हुए विरक्ति होती थी। 'खिड़की' में वह तलाश छोड़ दी। जीवन की आपाधापी, संघर्ष, द्वन्द्व जैसे किसी भी 'बाहरी तत्त्व' से मुक्त, 'खिड़की' को पढ़ना विरल अनुभव है (बशर्ते कि आप अपने को समय-समाज से शुतुर्मुर्गी हद तक स्थगित कर सकें)। पीछे रह जाता है सिर्फ एक चकित भाव कि क्या सचमुच कहानी इस तरह भी लिखी जा सकती है ? एक शिशु की निष्पाप सरलता के साथ ? काश, जिन्दगी इतनी द्वन्द्वरहित, द्वीप जैसी होती। व्यक्तिगत, राष्ट्रीय, अन्तर्राष्ट्रीय धमाचौकड़ी के बीच 'खिड़की' को एक स्वप्निल-विश्रान्ति (रिसॉर्ट) का नाम दिया जा सकता है।

लेकिन 'रिसॉर्ट' या विश्रान्ति-शरण्य स्थायी निवास नहीं होते—दीन-दुनिया से दूर इन ठहरे हुए क्षणों में आप मेहमान की तरह जाकर वापस उसी चौपड़ पर लौट आते हैं जहाँ सिर्फ स्थिति ही नहीं, गति, संघर्ष और स्वप्न हैं। स्वतन्त्रता के पहले की कथाओं के अन्त प्रायः पात्रों के पलायन, गुमनामियत में होते थे 'फिर उसे किसी ने नहीं देखा' जैसी टीप के साथ, या कर्मक्षेत्र में उतरने के सान्निपातिक निर्णयों में। स्वतन्त्रता के

बाद अन्त में आशा और भविष्य के संकेत आने लगे और इसका दायित्व सौंप दिया गया आनेवाली पीढ़ी को। भाव प्रायः यही था कि 'जो कुछ हम नहीं कर पाए, वह आगे आनेवाले नए लोग करेंगे'—'इस देश को बच्चों मेरे रखना सँभाल के' शताब्दी के अन्त में सारे उपन्यासों का स्वर हो गया। ये क्या जगह है दोस्तो, ये कौन-सा दयार है ? एक अपरिचित दुनिया के सामने लाचार और स्तब्ध होते पुराने 'स्वतन्त्रता सेनानी' उपेक्षा और अपमान की जिन्दगी मरते 'आदर्शवादी' और निर्बन्ध, निरंकुश, उद्दाम-वेग से सुविधाएँ, सफलताएँ भकोसती पश्चिम की ओर भागती नई पीढ़ी...यानी सड़क पर साइकिल की बगल से कीचड़ उछालती अस्सी की रफ्तारवाली मारुति...क्या यही उपलब्धि है हमारे गहरे आत्म-मन्थनों और अन्तर्संघर्षों की ? विचार और घटनाओं के तूफानी दौर से गुजरकर सौ साल में क्या हम यहीं आने को अभिशप्त थे ?

इन्हीं कुछ सवालों से बहुत गहराई से जूझता, छोटा-सा खौफनाक उपन्यास है वल्लभ सिद्धार्थ का 'कठघरे'। बेचैन और परेशान करनेवाली लम्बी कहानियों के लिए वल्लभ सिद्धार्थ पहले भी प्रसिद्ध थे और 'महापुरुषों की वापसी', 'ब्लैक आउट' या 'नित्य-प्रलय' उनकी यादगार कहानियाँ हैं, मगर पूरी सदी पर 'कठघरे' जैसी भयानक टिप्पणी मेरी निगाह से नहीं गुजरी। मुश्किल से सौ पन्नों का यह उपन्यास जॉर्ज ऑरवेल के 'एनीमल फार्म' की याद दिलाता है।

कहानी एक नाटक के सैट की तरह बनाई गई है—खिरखिरी ईंटोंवाली चारदीवारी का अधखुला खस्ता बरामदा, और बिना खिड़कियोंवाला कमरा...बाहर गर्मी, लू, उड़ती हुई धूल...बरामदे में अपनी बैसाखियाँ लिये बैठा अधेड़ स्वतन्त्रता सेनानी जो शायद कभी सन् बयालीस के आन्दोलन में था। भीतर अँधेरे में पच्चीस वाट के बल्ब के नीचे पलंग, अधेड़ की परित्यक्ता भतीजी और उसके प्रेम में पड़ा हुआ विवाहित युवक जो प्यार और सम्भोग के रोमानी सिलसिलों के दौरान बाहर बैठे रखवाली करते अधेड़ के साथ देश-समाज पर संवाद बनाए हुए है...घनघोर गरीबी और अभाव का माहौल... बीच-बीच में रोटी-आइसक्रीम-पैसे माँगने आते बच्चे। चुनावी उम्मीदवार। आटाचक्कीवाला और मकान-मालिक, बकाया किराया वसूलने और सबको निकाल बाहर करने की धमकी देता है, मोदी पिछला पैसा मिले बिना उधार न देने की बात करता है—मुहल्ले के गुंडे आतंक की भाषा बोलते हैं। हरेक की लार टपकाती निगाह और संकेत नन्दिनी के युवा शरीर और भीतर मजे मारते युवक को लेकर ही हैं; उधर नन्दिनी के शरीर से खेलता युवक महँगाई के खिलाफ अनाज गोदामों का घिराव करने के जुर्म में चार दिन की सजा काटकर आया है और अपनी प्रेमिका के साथ मन की शान्ति तलाश कर रहा है। भिड़े हुए दरवाजे के बाहर बैठा अधेड़ कल्याणकारी योजना के अन्तर्गत कोऑपरेटिव सोसायटी का ऋण अदा न करने पर कुर्की का नोटिस लिये है—कल उसे अदालत में हाजिर होना है। सारी कहानी कुछ घंटों में सीमित है, मगर पूरी सदी वहाँ से गुजर जाती है। बाहर बरांडे में चौकीदार बना अधेड़ भीतर होते हुए की निगरानी करता, कबीर और दूसरे सन्तों की बानियाँ गाता है, टुकड़े-टुकड़ों में पूरा वह इतिहास बोलता है जो कामतानाथ

ने 'काल-कथा' में कहा है या रवीन्द्र वर्मा 'निन्यानवे' में बताते हैं—वे सारे आदर्श, नैतिक मूल्य, स्वाधीनता के त्याग, समर्पण की सूक्तियाँ। उधर युवक 'वरण की स्वतन्त्रता' की अस्तित्ववादी शब्दावली में अपने वहाँ होने की व्याख्याएँ कर रहा है। नन्दिनी छायावादी प्रेमिका की तरह विस्मृति, विभोर, समर्पण के लच्छेदार मुहावरों में अपनी सार्थकता पाना चाहती है। गर्ज यह कि भारतीय वेदान्त से लेकर कबीर के वैराग्य-सूत्र, गाँधी, नेहरू, विवेकानन्द, समाजवाद के दर्शन-स्वतन्त्रता के बाद विकास के आँकड़े, व्यक्तिवाद से लेकर अस्तित्ववादी चिन्तन—सभी कुछ इस छोटे से उपन्यास में संयत कौशल से पिरो दिया गया है। उधर वास्तविकता यह है कि बच्चों की जरूरत, मकान मालिक की धौंस, मोदी के दबाव और इस छायावादी प्यार की वायवीयता में बिट्टी सिर्फ वेश्या बन गई है क्योंकि हर कोई उसे बनाए रखने की कीमत वसूल करता है। अधेड़ उसकी चौकसी रखने और बाहरी हमलों को सँभालनेवाला दलाल है और युवक जेल से छूटकर अपने परिवार में वापस जानेवाला सुख-भोगी...बच्चे लम्पट और ब्लैक-मेलर...देश के समग्र वर्तमान का अजीब दहला देनेवाला रूपक है 'कठघरे'...सौ सालों तक हम जिन महान सिद्धान्तों, दर्शनों, सांस्कृतिक आदर्शों और नैतिक मूल्यों के झूठ में जीते रहे, संघर्षों और बलिदानों में अपने को झोंकते रहे—क्या उस सबकी असलियत यही थी कि हम यों असुरक्षा, दलाली, वेश्यावृत्ति और कर्जों के कठघरों में डाल दिए गए...सिर्फ बाहरी हमलों और हस्तक्षेपों से अपने आपको बचाए रखने की तिकड़मों में कैद...अस्तित्व की जिन पाशविक सच्चाइयों और जीवन की जिन आदिम गहराइयों में हमें पहुँचा दिया गया है क्या इसके लिए वे सारी 'सत्यम् शिवम् सुन्दरम्' महानताएँ हीं तो जिम्मेदार नहीं हैं जो सिर्फ सौ साल हवाई बौद्धिकता में हमें चकरघिन्नी की तरह घुमाती रहीं ?

सदी के अन्त में 'कठघरे' लगभग वैसे ही दैत्याकार सवालों से हमारा साक्षात्कार कराता है जैसे शुरू में कभी 'गोरा' ने कराया था—सारे औपनिषदिक घटाटोप और सांस्कृतिक राष्ट्रवाद को झटके से रिजैक्ट करके कि असलियत ये विकट बौद्धिक अड्डेबाजियाँ नहीं—गाँव-खेतों में प्लेग-महामारी-गरीबी से जूझते लोग हैं—और ब्रह्मर्षि जैसा तेजस्वी आर्य-पुरुष 'मेरा नगपति मेरा विशाल' देवों की सन्तान नहीं, एक अंग्रेज है। हमारी सारी बौद्धिक-दार्शनिक और सांस्कृतिक महानताएँ जिन औपनिवेशिक उपलब्धियों, जिस भुरभुरी मिट्टी के पैरों पर खड़ी हैं—ओरियेंटलिज्म की क्या उन्हीं धसकनी परिणामों और निष्कर्षों के लिए याद की जाएगी यह सदी...तो क्या सचमुच हम पश्चिमी हवाओं में झूमते, अपने कठघरों से बेखबर बिजूके ही थे और पूरी बीसवीं सदी सिर्फ एक मूर्च्छा (कोमा) में पड़े हुए राष्ट्र का दुःस्वप्न ही थी ? जागकर अब हम पाते हैं कि हम तो वहीं हैं जहाँ उन्नीसवीं सदी के अन्त में थे।

['मेरी तेरी उसकी बात', *हंस*, जुलाई व अगस्त 1998]

उल्टी गिनती : व्यक्ति से शून्य तक

प्रिय जया,

तीन दिन से मानसिक रूप से तुम्हारे उपन्यास 'तत्वमसि'[1] के साथ ही रहा हूँ। कहूँ कि उसी इन्द्रजाल के भीतर। समर्पण, स्मरण, विस्मृति, उच्छ्वास, भाव-स्थितियों की तन्मय-विभोर संगीत-लिपियाँ, कविता में रूपान्तरित होती अनुभूतियाँ, कभी-कभी तो लगता है कि जैसे मानसी के बहाने अपने आपको उँड़ेलने के लिए यह उपन्यास लिखा है। लगता बीच-बीच में यह भी रहा मानो कोई कॉलेज की लड़की अपने 'गुनाहों के देवता' के प्यार में पगलाई पन्ने-दर-पन्ने भरती चली जा रही हो। अक्सर अपने उपन्यास 'शह और मात' में दी गई सुजाता की डायरियों का ध्यान भी आता रहा। यहाँ भी तुमने आध्यात्मिक और परा-नक्षत्रों के विलक्षण क्षेत्रों का अनुसन्धान किया है, तुम देहातीत होकर उदात्त के अन्तरिक्ष में तैरती रहीं—इसमें मेरी सहभागिता कहाँ है, या मेरे और मेरे समाज के लिए उसकी प्रासंगिकता क्या है—जैसा सवाल मैं नहीं करूँगा। कलाकृति की वैसी प्रासंगिकता होती भी नहीं है। कला जीवन को सुन्दर और संवेदनशील बनाती है—यह कहना भी कहीं उसके लिए तर्क या वैधता तलाश करना है। 'तत्वमसि' सुन्दर और उपयोगी से अधिक अन्तरंग और निहायत निजी अनुभव के 'साक्ष्य' का विलक्षण—या शायद दुर्लभ—क्षण-समूह है। उपन्यास दो स्तरों पर चकित करता है : तुम जैसी स्त्री के भीतर ऐसी बेचैनी-भरी आकुल दुनिया इस हद, कहूँ कि अभी तक जीवन्त और स्पन्दित है। दूसरे, पता नहीं क्यों, यह धारणा भी कहीं जमी बैठी है कि सुन्दर स्त्रियाँ मानसिक रूप से किशोरी होती हैं और स्वयं ही देह तक अटकी नहीं रहतीं बल्कि दूसरों को भी देह तक ही रोके रखती हैं—हालाँकि इस तरह के उदाहरण भी कम नहीं हैं जहाँ शरीर-सौन्दर्य की नश्वरता का क्रमशः गहराता बोध, आध्यात्मिक और अधिक स्थायी सौन्दर्य की दिशा में खींचता है। यानी वे आत्मा के शाश्वत सौन्दर्य से एकाकार होने की बात सोचने लगती हैं। अक्सर वे पुरुषों से शिकायत करती हैं कि उन्हें 'सुन्दर गुड़िया' से अधिक कुछ नहीं समझा जा रहा है। अजीब द्वन्द्व है कि सौन्दर्य उनकी ढाल भी है और तलवार भी—एक ओर वह मक्खी पकड़ने का खूबसूरत मकड़ी-जाल है तो दूसरी ओर स्वयं अपनी कैद भी। बहरहाल, 'अच्छा, तो तुम्हारे भीतर भी यह दुनिया

1. वाणी प्रकाशन, दरियागंज, नई दिल्ली से प्रकाशित जया जादवानी का उपन्यास 'तत्वमसि'

है' के विस्मय के साथ उस दुनिया के स्तर-स्तर पर साक्षात्कार ने भी मुझे कम रोमांचित नहीं किया—हालाँकि कुछ दूर जाकर तुम भोक्ता के साथ-साथ साक्षी और सन्देशवाहक जैसी भूमिका में भी दिखाई देने लगती हो। प्रश्न यह भी उठता रहा कि माना तुम्हारे भीतर यह दुनिया है और तुम उसे 'देख' भी रही हो—मगर इस सबको कहोगी कैसे ? पल-पल गहराते, विकसित होते इस गतिशील अनुभव के लिए ऐसी भाषा कहाँ से लाओगी जो न जीने, महसूस करने या देखने में बाधा बने, न शब्दों में ढलने की प्रक्रिया में विकृत सम्पादित हो। उपन्यास से गुजरते हुए यह भी कम विस्मित नहीं करता है कि कैसे अनुभव स्वयं भाषा बन जाता है, या भाषा अनुभव का पर्याय हो जाती है। कहीं वह दार्शनिक विमर्श है तो कहीं कविता का उच्छ्वास...कहीं वेदना तो कहीं आनन्द का विस्तार...दूसरे शब्दों में कहीं 'गीतांजलि' और जरथुस्त्र का गीत है तो कहीं कबीर, सूर, मीरा और सैफो की विस्मृति में लीन लयात्मकता...

अब यहाँ शुरू में ही स्वीकार कर लूँ कि सामाजिक सन्दर्भ और जीवन के सरोकारों का कीड़ा कुछ इस तरह दिमाग में घुसा बैठा है कि व्यक्तिगत दुनिया की ऐसी इकहरी और एकान्तिक यात्राएँ प्रायः ज्यादा देर बाँधे नहीं रख पातीं। फिर भी लगता है कि 'तत्वमसि' एक ट्रांस में लिखा गया उपन्यास है। एक ही भाव-स्थिति में लगातार बने रहना, या पाठक को बनाए रखना निश्चय ही आसान नहीं रहा होगा। इसलिए डर भी लगता है कि उस पर बोलकर मैं एक निहायत खूबसूरत, बारीक रेशों से बने रेशमी जाले को छिन्न-भिन्न तो नहीं कर दूँगा ! यहाँ सिर्फ अपने समझने के लिए ही कहूँ तो कहानी का ग्राफ बहुत सीधा और प्रत्याशित है, वहाँ बहुत मोड़ या नाटकीयताएँ नहीं हैं। शायद इसलिए उसे सँभाले रखना आसान हो पाया है। मानसी अपने बेटे रोमी को घुमाने नैनीताल आई है, बाद में पति विक्रम को आना है। यहाँ वह टकरा जाती है चित्रकारी करते हुए सिद्धार्थ से। सिद्धार्थ इलाहाबाद में दर्शनशास्त्र पढ़ाता है और मानसी अपने नगर में मनोविज्ञान की प्राध्यापिका है। प्रत्याशित रूप से परिचय कुछ ऐसी तेजी से घनिष्ठता में बदलता जाता है मानो वे न जाने कब से एक-दूसरे को जानते हैं और यह संयोग से मिलना उनका प्रारब्ध या पूर्व निर्धारित ही था। फिर उनका प्रकृति और कविताओं के बीच चलनेवाला आकर्षण, निकटता, फिर शरीर, सम्भोग...उपन्यास के साक्ष्य से यह सिर्फ उसी प्रवास में एक या एकाधिक बार ही घटित होता है, मगर दोनों को कुछ इस तरह अभिभूत कर देता है कि रूपान्तरण की कौन प्रक्रिया कहाँ-कैसे शुरू हो गई है—कोई नहीं जान पाता। सिर्फ उसमें डूबे रहने और बाकी सबसे अपरिचित होते जाने को दोनों महसूस करते हैं। शरीर, मन और अहसास के धरातलों पर चलनेवाली यह कविता पहले भावनात्मक, फिर दार्शनिक आधार तलाश करने लगती है। देशी-विदेशी विचारकों, दार्शनिकों के चिन्तन-मनन की उक्तियों, प्रतिपत्तियों में अपने आपको समझने, व्याख्यायित करने की गुत्थमगुत्था, आध्यात्मिक अनुभवों और अतीन्द्रिय विजन का रूप लेने लगती है। यहाँ सिद्धार्थ एक सिद्ध और मानसी एक साधिका है। इलाहाबाद के 'जीरो रोड' (क्या यह शून्य का पर्याय है ?) पर रहनेवाला सिद्धार्थ कभी

पत्रों से, कभी टेलीपैथी और कभी पराशक्ति के माध्यम से निरन्तर मानसी से संवाद बनाए रखता है, फिर एक दिन गायब हो जाता है। साधना और ध्यान के दुस्तर मार्ग पर अकेली रह जाती है मानसी...इलाहाबाद में उसे खोजने भी जाती है, मगर पता चलता है कि वह बिना कुछ कहे-सुने कहीं निकल गया है। उसके कमरों के एकान्त में सिद्धार्थ द्वारा बनाए गए अपने बड़े-बड़े चित्रों को तन्मयता से निहारते हुए जैसे वह अपने ही दृश्य और दर्शनीय के एक नए अशरीरी रूप से साक्षात्कार करती है और अन्ततः अपनी दुर्दमनीय जिज्ञासा से प्रेरित हिमालय के उन रहस्यमय स्थानों पर निकल पड़ती है जहाँ हर आध्यात्मिक साधक जाता रहा है—विराट और सर्वव्यापी के व्यक्तिगत साक्षात्कार की प्यास और स्वाद उसे लगभग एक अमूर्तन में बदल देते हैं...तू ही तो है वह...'तत्वमसि'...यहाँ मानसी है प्रबुद्ध चेतना और सिद्धार्थ है शुद्ध बोध—यह बोध, चेतना को सहारा देकर एक भावस्थिति तक ले जाता है और फिर ऊर्ध्व-यात्राओं के लिए अकेला छोड़ देता है—अन्ततः बोध-सम्पन्न मानसी अकेली है भी कहाँ...वह तो क्षिति, जल, पावक से एकाकार हुई प्रकृति है—पुरुष में लीन—उसकी लीला और माया का समाहार...

जाहिर है कि उपन्यास का कथानक चाहे जितना सरल हो, कहानी न एक-स्तरीय है, न सरल। 'सम्भोग से समाधि' तक की ऊर्ध्वगामी उड़ानें खासी जटिल और संश्लिष्ट हैं। हाँ, जब कथानक रूपक बनाकर प्रस्तुत किया जाता है तो प्रायः सरलीकृत हो जाता है। 'पद्मावत' से लेकर 'कामायनी' तक अगर आप पात्रों के अन्यार्थ समझ लें तो उनकी अवधारणाओं से सीधे आमना-सामना करने का रास्ता खुल जाता है। राजी सेठ के उपन्यास 'तत्सम' के वसुधी, आनन्द, विवेक 'तत्वमसि' में बार-बार याद आते हैं। दोनों ही उपन्यासों के पात्र सीधे, सरल, निष्कपट और ईर्ष्या-द्वेष जैसी तामसिकताओं से ऊपर हैं। सब निहायत ही भले, एक-दूसरे को समझने, सहायता करनेवाले इनसान हैं। 'एवरीबडी लव्स द लवर्स' (प्रेमियों को सब प्यार करते हैं), सभी सुन्दर देव पुरुष हैं। सिद्धार्थ जब-जब मानसी के पास होता है तब-तब विक्रम टूर पर होता है, रोमी सुविधानुसार सोता, खेलता या दृश्य से गायब होता है। शेष संसार कहीं है ही नहीं। बस प्यार है और उसे परवान चढ़ाती 'पल-पल परिवर्तित' प्रकृति है...बिना किसी बाहरी सामाजिक या अन्य अतिरिक्त दबावों के स्त्री-पुरुष के सीधे एकान्त साक्षात्कार का जैसा वैज्ञानिक प्रयोग 'अज्ञेय' ने 'नदी के द्वीप' में किया है, वही बार-बार दुहराया जाता है...'कामाध्यात्म' का यह 'दर्शन' दिनकर ने 'उर्वशी' में भी किया है और धर्मवीर भारती ने भी 'जिस्म' से आत्मा तक की यात्राएँ की हैं 'कनुप्रिया' में। मगर वहाँ पौराणिक एकान्त समाज या दूसरे की उपस्थिति के प्रश्न को स्थगित कर देते हैं। इस दिशा में मुझे केवल दो उपन्यास याद आ रहे हैं : एक चार्ल्स मॉरगन का 'फाउंटेन' और उससे भी ज्यादा आन्द्रे जीद का 'स्ट्रेट इज द गेट' जहाँ शरीर चेतना लगभग धार्मिक अनुभवों में रूपान्तरित होने लगती है। ऐसा ही कुछ अनुभव होता है ग्राहम ग्रीन की नायिका को 'द एंड ऑफ एन अफेयर' उपन्यास में। प्रबोध कुमार सान्याल के बंगला उपन्यास 'आँका-बाँका' का

वह दृश्य भी बार-बार कौंधता है जब नायक-नायिका हिमालय की एकान्त गुफा में (या शायद बाहर खुले में) आदम-हव्वा की तरह निर्वस्त्र, शिव-पार्वती के नृत्य की तन्मयता में डूबे हैं—लगभग 'ऋतुसंहार' की अनुगूँजों के साथ वह कॉस्मिक नृत्य है। शरीर को माध्यम बनाकर इन पार-लौकिक अनुभूतियों को कबीर ने कैसे सुन्दर शब्दों में कहा है : 'सब रग तन्त, रबाब तन, बिरह बजावै नित्त : और न कोई सुनि सकै कै साँई कै चित्त।'

मैंने जे. कृष्णमूर्ति के भाषण भी सुने हैं और रजनीश को भी कुछ सुना-पढ़ा है। इनकी मौलिकता, तेज छुरे की धार जैसी मेधा, तार्किक विश्लेषण, विचार की एक-एक परत का उद्घाटन—इन सबसे मुग्ध और प्रभावित, दोनों हुआ हूँ। मगर जैसा कि मैंने कहा कि वे मेरी दिशा नहीं हैं (नॉट माई कप ऑफ टी), यों जो थोड़ा-बहुत पलटा है वह सिर्फ सूचनाओं के बौद्धिक स्तर पर है—स्वयं अपने आपको प्रयोगशाला बनाने या ध्यान और साधना का परीक्षण करने की प्रेरणा उसने कभी नहीं दी।

इस सबके बावजूद होटल, घर-परिवार के एकान्तों से होता हुआ हिमालय के शिखरों और घाटियों के दैवी सौन्दर्य-दर्शन तक पहुँचनेवाला यह उपन्यास स्वयं भाषा के स्तर पर भी कुछ सवाल उठाता है। कौन-सा प्रबुद्ध मध्यवर्गीय भारतीय होगा जो अपने आस-पास घटित होनेवाली धर्म-दर्शन की इस नित्य-भाषा से अपरिचित हो ? साधु-सन्तों, गुरुओं, भगवानों से हम यही सब तो रात-दिन सुनते रहते हैं। इस अति परिचित भाषा को तुमने निहायत निजी अभिव्यक्ति के रूप में चुना और जिया है—ऐन्द्रिक या गोचर अनुभवों का बोध और चेतना को जानने, देखने, कहने का माध्यम बनाया है। वह एक ही साथ भारती की कनुप्रिया की तरह मांसल और निर्मल वर्मा के गद्य की तरह अमूर्त, अशरीरी खुलाव की भाषा है—वह कभी-कभी बहुत पहले पढ़े गए गीतांजलि के गीतों, दिनेशनन्दिनी चौरड़िया के गद्यगीतों की तन्मयता से साक्षात्कार कराती है। वहाँ हिन्दी, उर्दू, अंग्रेजी के किसी भी शब्द से कोई परहेज नहीं है, बल्कि 'महबूब' जैसे शब्द उस पूरे वितान में हल्के और असंगत लगते हैं। वह अपने सर्वश्रेष्ठ रूप में आत्मालापों की श्रृंखला है। सिद्धार्थ और मानसी की आपसी बातचीत, जो जल्दी ही सिद्ध-साधक संवाद में बदल जाती है, किताबी या बनावटी लगती है। शायद मूलतः 'तत्वमसि' उपन्यास ही आत्मसाक्षात्कार का उपन्यास है जहाँ 'आत्म' और उसे देखने, रियलाइजेशन के गहन विमर्श; ऐन्द्रिक अनुभव को कविता में, कविता को दर्शन और दर्शन को रहस्यानुभूतियों में बदलते जाते हैं। उपनिषदों, देशी-विदेशी दर्शनशास्त्र की बारीकियों की रोशनी में मानसी और सिद्धार्थ अपने आपको और एक-दूसरे को देखने-समझने-पाने की कोशिश करते हैं। कभी-कभी तन्त्र-मन्त्र, परा-मनोविज्ञान, टेलीपैथी के प्रयोग भी हैं ! इस सारी प्रयोग-यात्रा को कॉस्मिक विराटता तक तो जाना ही था : मानसी का पर्यवसान भी हिमालय में ही होता है।

कभी-कभी मैं सोचता हूँ कि हिमालय हमारे और दुनिया के लिए हजारों सालों

से कितने दुर्दमनीय आकर्षण का केन्द्र रहा है। वह हम मैदानवासियों के लिए विराट का सहारा, आधार और माध्यम देता रहा है। हमारी सारी पवित्र नदियाँ और झरने हिमालय से ही निकले हैं—ये नदियाँ हमें मौसम, फसलें और जीवन ही नहीं, हमारे होने का अर्थ भी देती हैं। जहाँ हिमालय नहीं है वहाँ की संस्कृतियों का स्वरूप किन तत्त्वों से निर्धारित होता है ? या स्वयं हिमालयवासी अपने आपको किस तरह देखते हैं ? हिमालय की जितनी भी महानता, रहस्यात्मकता, आध्यात्मिकता या संन्यासी-स्वर्गों की कल्पना है, वह सब हम लोगों की अनुभूतियों और परिकल्पनाओं की निर्मिति (कन्स्ट्रक्ट) है। स्वयं वहाँ के लोग या तो अपने जीवन-संघर्षों में लगे रहे हैं या चंगेज, हलाकुओं की तरह याकों, येत्तियों और हिम-मानवों के रूप में हमारे विश्व में आक्रान्ता और अजूबों के रूप में प्रकट होते हैं। ठीक उसी तरह जैसे विज्ञान-कथाओं में मंगल-बुद्ध नक्षत्रों के प्राणी अपनी उपस्थिति से हमें चकित कर देते हैं। वहाँ से आनेवाले जिन दूसरे लोगों से हम परिचित हैं वे हैं घरेलू नौकर, चौकीदार, हमारे कोठों पर सजाई जानेवाली लड़कियाँ—या फिर पन्त, पांडेय, जोशी, भट्ट जैसे कुलीन सत्ता-भक्त प्रशासक। बहरहाल अपनी इस दुनिया से भागकर हम जिन प्रत्याशाओं-आकांक्षाओं में वहाँ जाते हैं, जिस शान्ति, ब्रह्म और मोक्ष (या कभी-कभी सिर्फ तूश, पश्मीना, शिलाजीत जैसी सिद्धियों) की वहाँ खोज करते हैं, उन सबका वहाँ के लोगों के लिए क्या महत्त्व या रोल है ? महाभारत के शान्तिपर्व से लेकर कालिदास तक न जाने कितने इस हिमानी स्वर्ग के जादू की गिरफ्त में रहे हैं। निकोलस रेरिख जैसे हजारों चित्रकारों ने वहीं डेरा डालकर अपने को धन्य किया है। मुझे याद नहीं आता कि स्वयं पहाड़ों के रहनेवालों, आक्रमणकारियों या सैलानियों ने हिमालय के उस देवात्मा-स्वरूप का गुणगान किया हो—जैसा वहाँ जानेवाले दर्शकों, यात्रियों, तीर्थाटनियों या मोक्षकामियों ने किया है—इनके लिए वहाँ कविता भी है और दर्शन भी, धर्म भी है, गुह्य-साधनाओं की रहस्यमयी घाटियाँ-गुफाएँ भी। सुना है, युवा विवेकानन्द ने भी सिस्टर निवेदिता के साथ इन्हीं शिखरों और घाटियों में ज्ञान प्राप्त किया था।

जैसा कि मैंने कहा, हिमालय हम मैदानियों के लिए दर्शनीय दृश्यावलियों का एक रूपक, मिथक और यूटोपिया है। फोटोग्राफी का सहारा लूँ तो देश-विदेश के लाखों फोटोग्राफरों ने अपने लगभग हर फोटो में हिमालयी चोटियों, घाटियों, सूर्योदयों और सूर्यास्तों के अद्वितीय चित्र खींचकर विलक्षण कैमरामैन होने का यश कमाया है। वह ऐसा रामकाव्य है जिसे कैमरे में कैद करके हर व्यक्ति उसकी महानता का हिस्सेदार हो जाता है। आध्यात्मिक ज्ञान, अकल्पनीय सिद्धियाँ और दुर्लभ जड़ी-बूटियाँ वहाँ हर कहीं बिखरी पड़ी हैं—चाहे आयुर्वेद का क्षेत्र हो या दैवी अनुभूतियों का। हनुमानजी को भी लक्ष्मण के लिए संजीवनी लेने हिमालय के सुमेरु पर्वत पर ही जाना पड़ा था। आप किसी ऐसे सिद्ध की कल्पना नहीं कर सकते जिसने हिमालय की घाटियों और गुफाओं में 'हजारों वर्ष तपस्या' न की हो...वह सिद्धों-साधकों और स्वर्गारोहियों का स्वप्नलोक है। जो हिमालय नहीं गया उसका जन्म ही नहीं हुआ और जो गया उसे जन्म लेने के दुश्चक्र

से मुक्ति मिल गई...

एक तो हिमालय का त्रिशूली मुकुट, फिर वहाँ भी तिब्बत और नेपाल, लद्दाख की पारसमणियाँ। तिलस्मी जाल-जंजालों से घिरा तिब्बत एक ऐसा कोहिनूर है जो लाखों को अपनी ओर खींचता रहा है। एवरेस्ट, कैलाश, मानसरोवर और कश्मीर के अमरनाथ, नेपाल के पशुपतिनाथ के विभिन्न शैवागम रूपों से लेकर बौद्ध-दर्शन की वहाँ ऐसी रहस्य-कन्दराएँ हैं जहाँ न जाने कितने जेम्स हिल्टन भटककर दिक्काल खो चुके हैं—अपने उपन्यास 'लॉस्ट हॉराइजन' में उसने प्लेन क्रैश के बाद अपने को इसी अतीन्द्रिय दुनिया में पाया था और लोबसांग राम्पा नाम का लामा (?) अपनी 'तीसरी आँख' जैसे उपन्यासों में इसी के चमत्कार लिखता रहा। मग़र सुनते हैं, दोनों के ही सीक्रेट मिशन थे। हिल्टन तो चीन के खिलाफ कुछ आणविक यन्त्रों के चक्कर में गया था। ऐसे और भी सैकड़ों रहे होंगे। मगर मेरी जानकारी में राहुल सांकृत्यायन जैसा पहाड़-पागल दूसरा नहीं है। दुनिया जानती है कि हिमालय और तिब्बत उनकी रग-रग में बसे थे, उन्होंने वहाँ की दर्जनों यात्राएँ ही नहीं कीं, वर्षों वहाँ रहे भी। भीतर की न जाने कितनी गहराइयों में घूमे और बीसियों पुस्तकें लिखीं। मगर उनका शायद ही कोई विवरण होगा जहाँ उन्होंने सामान्य कविता से आगे बढ़कर हिमालय के दार्शनिक या धार्मिक महिमामंडन किए हों। वर्ना सैकड़ों हिन्दी-बंगाली लेखक हिमालय कीर्तन द्वारा पाठकों, श्रोताओं को मुग्ध करते रहे। दिनकर जैसे 'मेरे नगपति, मेरे विशाल' गानेवाले तो अनगिनत हैं भारतीय भाषाओं में। कुछ के लिए हिमालय ऐक्जॉटिका (नयनाभिराम रहस्यमंडित दृश्यावलियाँ) है तो कुछ के लिए परम पावन एसॉटेरिका (गुह्यज्ञान से भरा)।

बंगाली लेखक का नाम याद नहीं है, मगर हिमालय-दर्शन पर 'देवात्मा हिमालय' या ऐसे ही नाम वाले यात्रा-विवरण आए थे। शायद उसे ही आधार बनाकर 'यात्रिक' फिल्म बनी। आँखों और आत्मा को सुख देनेवाली लोकप्रिय फिल्म थी। हिमालय हो और अतीन्द्रिय अनुभव न हों, यह असम्भव है। तुम्हारी मानसी भी वहीं जाकर विराम पाती है, इस दिशा में मुझे जिस दूसरे अल्पज्ञात उपन्यास का ध्यान आता रहा वह है प्रमोद त्रिवेदी का 'पूर्ण-विराम'। बबली को जब पता चला कि सारे प्यार-दुलार के बावजूद वह अपने माँ-बाप की असली सन्तान नहीं है तो भटकने लगी अपनी जड़ों की तलाश में। संयोग से वह टकरा गई एक विदेशी लड़की ग्लोरिया से जो खुद एक भग्न-परिवार की भारत-प्रेमी जिज्ञासु है, मगर मूलतः नशीले पदार्थों की तस्करी से जुड़ी है और मुठभेड़ में मारी जाती है। बबली पुलिस लॉकअप में कुछ दिन बिताकर एक सहृदय अफसर द्वारा छोड़ दी जाती है। अपने माता-पिता की खोज उसे बड़े तात्विक प्रश्नों के माध्यम से हिमालय ले जाती है। इसी तरह र.श. केलकर और कृष्णचन्द्र शर्मा भिक्खु के कुछ उपन्यासों का भी ध्यान आता रहा—जहाँ नायक-नायिका आत्मा की शान्ति, दैवी सिद्धियों और विराट के साक्षात्कार, या चमत्कारों, तान्त्रिक और अघोरी साधनाओं की खोज में हिमानी घाटियों, गुफाओं और चोटियों पर भटके हैं। अरुण साधु का उपन्यास 'शोध' भी इसी कड़ी में आता है जहाँ अपनी भरी-पूरी, सफल और समृद्ध दुनिया को

अचानक छोड़कर नायक आत्मा की शान्ति के लिए आश्रमों, अखाड़ों, मठों में भटकता हुआ शिवालिक की घाटियों में जा पहुँचता है। इस दृष्टि से जिन दो रचनाओं का बार-बार खयाल आ रहा है वे हैं गंगा प्रसाद विमल का उपन्यास 'मृगांतक' (सुना है किसी विदेशी, शायद वैरियर ऐलविन की किसी रचना से प्रेरित) और सुरेश उनियाल की लम्बी कहानी 'खोह'। जैसा कि मैंने कहा, यहाँ मैदानियों और पहाड़ियों का दृष्टिकोण मुझे आश्चर्यजनक रूप से अलग लगता है—स्वयं वे सौन्दर्य पर तो आँख भर-भरकर मुग्ध रहे हैं मगर प्रायः दार्शनिकीकरण नहीं करते। सुमित्रानन्दन पन्त से अधिक सौन्दर्य-प्रेमी और कौन होगा—मगर हिमालय जयशंकर प्रसाद के लिए जो कुछ है वह पन्त के यहाँ नहीं है। भारतीय संस्कृति के युयुत्स प्रवक्ता खुद शैलेश मटियानी अपनी रचनाओं में हिमालय के चाक्षुष सौन्दर्य से आगे नहीं गए...शायद इसका कारण मूल निवासियों और सैलानियों की दृष्टियों का अन्तर ही रहा होगा...कभी-कभी मुझे शक होता है कि भारतीय संस्कृति को महिमान्वित करनेवाला हमारा अधिकांश साहित्य इधर अपनी बेचैनी से कम, अनेक स्तरीय टूरिस्ट-गाइड होने के लालच से अधिक पैदा हुआ है।

माफ करना हिमालय ने तुम्हें ही नहीं, मुझे भी भटका दिया। तुम्हारा उपन्यास कहता है कि सिद्धार्थ के सम्पर्क में मानसी ने जिस विभोर सुख और आत्मिक आनन्द के दर्शन किए उसी ने उसे पूर्णता और स्थायित्व की खोज में हिमालय के गहन-प्रान्तरों में पहुँचा दिया और वह अपनी ऊर्ध्वगामी यात्राओं पर निकल पड़ी। बॉडी, माइंड और फिर सोल (शरीर, मन, चित्त, ज्ञान और आत्मा) की एक-एक श्रेणी पार करती हुई निरन्तर नई ऊँचाइयों को छूती जाती इसी उदात्त स्वप्न-मरीचिका का साक्षात्कार है 'तत्वमसि'! यहाँ सिद्धार्थ क्या है ? सिर्फ एक निमित्त या गुरु... (गुरु सुआ जो पन्थ दिखावा) आर. के. नारायण के प्रतीकात्मक उपन्यास 'गाइड' का राजू जो एक बेरोजगार युवक के रूप में नायिका को सौन्दर्य-समृद्धि की दुनिया में सैर कराता हुआ आध्यात्मिक अनुभवों तक ले जाकर खुद दिग्भ्रान्त हो जाता है।

बहरहाल अगली यात्राएँ तो मानसी को अकेले ही करनी थीं और वह उसने कीं...यहीं एक बहुत उद्धत सवाल फिर सिर उठा रहा है—मानसी की यह सारी खोज, उदात्त और उच्चतर अनुभवों की ये सारी यात्राएँ कहाँ से शुरू हुई थीं ? कहीं इसके मूल में वह अवचेतन अपराध-बोध तो नहीं है जो वर्जित फल यानी 'अनैतिक सम्बन्ध' के स्वाद से पैदा होता है ? सिद्धार्थ के साथ सम्भोग के बहाव में उसने कहीं रोमी और विक्रम के विश्वास को तोड़ा है—यह बात तुमने कहीं नहीं कही है, मगर यह वहाँ है दबी आग की तरह और यही आँच मानसी और सिद्धार्थ के बीच देशी-विदेशी दर्शनों या सांस्कृतिक प्रश्नों से होती हुई मानसी को उच्चतर प्रायश्चित-यात्राओं पर ठेल देती है—महाभारत का भयानक बोझ लेकर हिमालय में गलनेवाले युधिष्ठिर की तरह... घबराओ नहीं, अपराध-बोध या प्रायश्चित जैसे शब्दों का इस्तेमाल करके मैं तुम्हारे नाजुक अनुभवों को कुत्सित (वल्गर) नहीं बना रहा हूँ, क्योंकि दोस्तोयेव्स्की की

अधिकांश अद्वितीयता यहीं से आई है और ताल्स्तोय बिना इस बोध के 'पुनर्जन्म जैसा' उपन्यास लिख ही नहीं सकते थे (हिमालय और रूस के साइबेरिया में क्या सिर्फ बर्फ-साम्य ही है ?) मगर तुम कहोगी यह गिल्ट भारतीय नहीं ईसाई अवधारणा है, हालाँकि 'मो सो कौन कुटिल खल-कामी' या 'हौं तौ जनमत ही कौ पापी' जैसी धारणाएँ भी हमारी नवधा-भक्ति का अनिवार्य अंग रही हैं। फिर भी चाहो तो हम यहाँ उस बिल्कुल अलग सवाल की चर्चा भी कर सकते हैं, जिससे तुम्हारे 'साँचे' के लोग प्रायः बचते रहे हैं—व्यक्ति और समाज के द्वन्द्वात्मक सम्बन्ध...जब हम भारतीय दृष्टि से व्यक्ति के सन्दर्भ में मुक्ति की बात करते हैं तो मुक्ति या मोक्ष अपने आप में लक्ष्य या आत्यन्तिक (एब्सोल्यूट) मूल्य हो जाता है और यह सवाल प्रायः पीछे छूट जाता है कि मुक्ति किससे ? सांसारिकता से ? यानी समाज से व्यक्ति की मुक्ति...दूसरे शब्दों में पलायन...चलो 'पलायन' स्वस्थ शब्द नहीं है, इसलिए इसे भी छोड़ देते हैं। पाप-बोध प्रायश्चित जैसे शब्द भी सारी बात को मंडेन (साधारण) स्तर पर ले आते हैं, इसलिए उन्हें भी छोड़ें...और इसके पॉजिटिव (विधेयक) पक्ष पर बात करें...

मानसी को पति समाज ने दिया है और रोमी प्रकृति की देन है। सिद्धार्थ के साथ शरीर सम्बन्धों की अन्तरंगता उसका अपना चुनाव है—बँधी हुई सामाजिक नैतिकता के खिलाफ 'वरण' की स्वतन्त्रता का एसर्शन या इस्तेमाल है। दूसरे शब्दों में एक मर्यादाओं की जकड़न-भरी यथास्थिति से विद्रोह है। स्त्री यह विद्रोह अपनी प्रकृति को हथियार बनाकर भावना में करती है—पुरुष तथाकथित ज्ञान को प्रस्थान-बिन्दु बनाकर। अवैध या असामाजिक कहे जानेवाले सारे सम्बन्ध पुरुष की स्वच्छन्दता और स्त्री की इसी स्वतन्त्रता से उद्भूत होते हैं। दोनों ही स्वतन्त्रता के इस वर्जित फल के दुर्निवार सम्मोहन के सामने विवश हैं। पुरुष ईश्वर के बनाए जन्म-मृत्यु के दुश्चक्र से मोक्ष चाहता है, स्त्री तत्काल सामाजिकता से यानी पुरुष द्वारा बनाए गए नैतिक साँचों से मुक्ति। सामन्ती व्यवस्था में इस 'ब्लासफेमी' (कुफ्र) को कोई समाज बर्दाश्त नहीं करता...प्रतीक या वास्तविक अर्थों में या तो व्यक्ति को मृत्युदंड देता है या शेष सम्बन्धों से काटकर इतना अजनबी, अवांछित और लांछित कर देता है कि उसे अपनी मुक्ति आत्महत्या जैसी अतियों में दिखाई देती है...कामू इसी के आध्यात्मिक रूप को यानी स्वयं अपने लिए चुनी गई इस नियति को मैटाफिजिकल स्यूसाइड का नाम देता है। सन्दर्भों और सम्बन्धों से एलियेनेटेड (तोड़ दिया गया) यह व्यक्ति इतिहास और समाज से बाहर आ जाता है। 'दूसरे ही नरक' हैं का बोध उसे 'स्वतन्त्रता' में कम, अपने भीतर के शून्य में धकेलता जाता है—लगभग नेति-नेति की तरह। अपने यहाँ इस प्रक्रिया के वे दबाव कभी बाहरी होते हैं और कभी यह दंड-विधान अपने ही भीतर आत्मा की कचोट बनकर प्रकट होता है। यह 'आत्मा की कचोट' संस्कार या सामाजिक, नैतिक भयों का आन्तरिकीकरण है, यानी ग्लानि-बोध का दूसरा नाम, जो कभी-कभी विवेक और द्वन्द्व जैसे शब्दों का सहारा भी ले लेता है।

विद्रोही पुरुष ईश्वर की बनाई दुनिया को अस्वीकार करता है। स्त्री पुरुष की

बनाई व्यवस्था से विद्रोह करती है। दोनों ही अपने-अपने मालिकों की शक्तियों का अधिग्रहण करने के बाद स्वयं अपने भाग्य-विधाता बनने के विश्वास को जीना चाहते हैं यानी पुरुष ईश्वर बनना चाहता है और स्त्री होना चाहती है पुरुष...चूँकि स्त्री को अपनी भाषा और अभिव्यक्ति नहीं दी गई है, इसलिए प्रबुद्ध (सवर्ण ?) पुरुष की बनाई भाषा का सहारा लेना उसकी मजबूरी है। वस्तुतः धर्म, अर्थ, मोक्ष की सारी अवधारणाएँ ही पुरुष सत्ता के कंस्ट्रक्ट (निर्मितियाँ) हैं। मगर यहाँ स्त्री अनजाने ही भाषा और अभिव्यक्ति का सारा मुहावरा बदल देती है। भगवान के दरबार में सूर और तुलसी ठीक वही प्रार्थनाएँ नहीं करते जो मीरा और सहजोबाई करती हैं—या उन्हीं की तरह कबीर और रैदास करते हैं। भक्ति और अध्यात्म के क्षेत्रों को समानता का विश्व-विश्रुत क्षेत्र बताया गया है। मगर वहाँ स्त्री और दलित के सन्दर्भ में सामाजिक असमानता की ओर कभी तुम्हारा ध्यान गया है ? सिद्धार्थ के प्यार में पागल मानसी जिस तन्मय विभोरता में कविता जीती और बोलती जाती है, क्या वैसा मानसी के लिए सिद्धार्थ कर सकता था ? हाँ, वह मानसी यानी 'राम की दुल्हनियां' बनकर ही अपने परम पुरुष के लिए तड़पने का नाटक जरूर कर सकता था, या सूफियों की तरह पिया से मिलने की तड़प को संगीत का रूप दे सकता था।

भक्ति के चरम क्षणों में पुरुष की दीनता और अपना कुछ न होना भी शक्ति साधने का दरबारी पैंतरा है—जैसे कोई छोटा सामन्त सम्राट के दरबार में कहे कि 'महाराज मैं तो कुछ भी नहीं हूँ, आपके चरणों की धूल हूँ' तो निश्चय ही वह शक्ति की व्यवस्था (हायरार्की) में अपना स्थान और ऊपर जाने की सम्भावनाएँ सुरक्षित रख रहा होता है। दलित की प्रार्थनाएँ बराबरी की माँग और सामाजिक विषमता के खिलाफ न्याय की पुकार हैं। स्त्री, समर्पिता होकर अपने स्त्री होने के अभिशाप से मुक्ति चाहती है। दलित बराबरी चाहता है, स्त्री पुरुष के व्यक्तित्व में विलयन। पुरुष सत्ता और शक्ति है, पुरुष ब्रह्म है—अपने को विसर्जित करके इसी पुरुष या परमपुरुष की शरण में दोनों को मुक्ति मिलेगी। दलितों और स्त्रियों के लिए भक्ति सामाजिक विद्रोह की भाषा है—अब यह दूसरी बात है कि समाधानों का विकल्प नहीं है, इसलिए अपने होने के सारे असन्तोष उसी वेदान्तिक समाधान की ओर देखते हैं। शक्तिमान राजा अपनी शरण के सिवा कभी कोई विकल्प नहीं छोड़ता—क्षमा या दंड वहीं से मिलेगा। कभी-कभी उसके दरबार तक पहुँचने का साहस भी यथास्थिति से विद्रोह हो जाता है। स्त्री अपना विद्रोह कला रूपों के साथ जुड़कर, सेक्स के माध्यम से करती रही है—वहीं उसे पुरुष और परिवार के दमन (टायरैनी) से मुक्ति मिलती है। वह वेश्या, नर्तकी, गायिका, तान्त्रिक, भक्त, साध्वी, कवि, लेखिका, चुड़ैल—कुछ भी हो सकती है। पुरुष-प्रधान परिवार से मुक्त होकर सार्वजनिक हो जाना उसके विद्रोह का प्रथम चरण है। व्यक्तिगत सम्पत्ति का इस तरह लोक-लाज खोकर सन्तों की जमात में शामिल हो जाना, हिन्दू समाज में प्रायः उसके लौटने के सारे रास्ते बन्द कर देता है।

जैसा कि मैंने कहा, यह दार्शनिक तपस्याएँ और धर्मसंरचनाएँ पुरुष-सत्ता की

मॉनोपॉली (एकाधिकार) हैं—स्त्री यह स्तर या तो उसकी शरण में पाती है, या अपने को स्थगित करके उसके साथ होकर, मगर अनिवार्यतः उसी की भाषा में। भाषा का अर्थ सिर्फ अभिव्यक्ति ही नहीं, सोच या चिन्तन भी होता है। इसके साथ ही इस सारे विमर्श में मैं उस वर्ग-चरित्र को भी नजरअन्दाज नहीं कर पाता कि ये सारी तपस्याएँ और साधनाएँ, सुविधासम्पन्न, विशेष वर्ग के लिए सुलभ हैं—जिन्हें रघुवीर सहाय 'ऊबे हुए सुखी लोगों' के विशेषाधिकार कहते हैं। मेहनतकश, संघर्षरत आदमी को कभी रात-बिरात भूत-प्रेत दिखाई दे जाते हैं तो दूसरी बात है ! दर्शन और उच्चतर दार्शनिक साधनाओं का वह कौन-सा चरित्र है जहाँ ये सारे आध्यात्मिक, बौद्धिक और कलात्मक सुख नए-पुराने दरबारों और ड्राइंगरूमों में ही घटित होते हैं।

बहरहाल मुझे 'तत्वमसि' इसी मुक्तिसंघर्ष का विमर्श लगता है। दूसरे शब्दों में स्वतन्त्रता के निर्बन्ध आनन्द का विस्तार। पहले परिवार-समाज से मुक्ति, फिर स्वयं अपने शरीर की सीमाओं का अतिक्रमण और अन्ततः देश-काल को 'नीचे' छोड़कर अनन्त अज्ञेय से एकाकार। धार्मिक शब्दावली में अमरत्व की उपलब्धि। अच्छा, यह एक मुक्ति तुम्हारी अपनी मुक्ति थी और गह सब तुम्हारे साथ हुआ, मगर मुझे यह सवाल करने का हक तो है ही कि इससे मुझे क्या मिला ? व्यक्ति मुक्त हो गया, शेष समाज तो जहाँ जैसा था, वैसा ही बना रहा। शायद यह व्यक्ति कभी लौटकर नहीं बताएगा कि वह कहाँ-कहाँ गया। उसके साथ क्या-क्या हुआ और जो कुछ उसने पाया वह क्या-कैसा है ? फर्ज कीजिए वह लौट भी आया तो दैवी भव्यता का कुछ ऐसा ज्योतिर्वलय उसके साथ जुड़ा होगा कि पास पहुँचते, छूते हुए डर लगे। या तो वह चमत्कारी पुरुष होगा या गिरा अनयन, नयन बिनु बानी की भावातीत स्थितियों में पहुँचा हुआ सिद्ध। वह मेरे लिए प्रेरणा नहीं, आध्यात्मिक आतंक का स्रोत ज्यादा होगा, विचित्र स्थिति है कि लौटकर वहाँ के बारे में बहुत बतानेवाले अविश्वसनीय और फ्रॉड अधिक लगने लगते हैं। लगता है कि वे भक्त की जिज्ञासाओं का दोहन कर रहे हैं।

मगर इस भारतीय दृष्टि के सन्दर्भ में विवेकानन्द, तिलक और गाँधी के सिवा इस सवाल पर शायद विचार ही नहीं हुआ कि एक से एक सिद्ध, मुक्तात्मा या पहुँचे हुए सन्त-महात्माओं के रहते शेष सारा समाज क्यों एक जड़, निष्क्रिय और अवरुद्ध मानसिकता में बना रहा ? वे किन आत्माओं के उद्धार की बातें करते रहे ? जिस भौतिकता के तिरस्कार की बात वे करते हैं, सारे समाज को तो उसी के दबावों और तनावों में रहना है, वे स्वयं भी न उन भौतिक समृद्धि से मुक्त हैं, न सांसारिक उपलब्धियों से। ये सारे साधन, संसाधन न हों तो उनकी दुकानदारी एक दिन न चले—सोने के सिंहासन, चाँदी की गाड़ियाँ, मीलों फैले आश्रम, जम्बो जहाजों के काफिले—आध्यात्मिक सिद्धियों के नहीं, दुनियादारी की जोड़-तोड़ हैं। भारतीय संस्कृति के नाम पर उन्होंने देश के मनुष्य को भीतर से खंडित करके जिस तरह आध्यात्मिक और सांसारिक निष्क्रिय उपभोक्ता में बदल दिया है उसे आपराधिक षड्यन्त्र ही कहा जा सकता है।

देश और काल के विस्तारों में यात्राएँ राहुल सांकृत्यायन ने भी कीं—हिमालय की गहनतम घाटियों, श्रेणियों से लेकर सुदूर अफ्रीका के घने जंगलों तक—मनुष्य की आदिम सभ्यताओं से लेकर बाईसवीं सदी तक—मगर वे हमें अपने बीच के प्राणी लगते हैं, प्रेरणा देने और दिशा दिखानेवाले शलाका पुरुष के प्रतीक...हो सकता है यह तुलना तुम्हें बहुत संगत न लगे और तुम कहो कि यह देशकाल में बँधी पश्चिमी दृष्टि है जो सिर्फ सभ्यताओं की यात्रा करती है। भारतीय दृष्टि न इतनी स्थूल है, न सीमित। वह दिक्काल से परे संस्कृति-वेक्षण हैं। हालाँकि नई-पुरानी, पूर्वी-पश्चिमी संस्कृतियों और दार्शनिकताओं का क्षेत्र भी राहुल का छोटा नहीं है। वे स्वयं कभी एक बड़े सनातनी मठ के महन्त होनेवाले धर्मगुरु और बौद्ध-दर्शन के अद्वितीय ज्ञाता त्रिपिटकाचार्य रहे हैं जिन्होंने जेल में बैठकर सिर्फ स्मृति से 'दर्शन-दिग्दर्शन' जैसा भारी-भरकम ग्रन्थ लिख डाला। पालि और संस्कृत में किए गए उनके लेखन का जिक्र तुमने भी सुना होगा।

मगर राहुल मोक्षवादी हिमालयी नहीं हैं। वे वास्को-डि-गामा और कोलम्बस जैसे उन घुमक्कड़ों में हैं जिन्होंने इतिहास और भूगोल बदले हैं। अरब, यूरोप और अमेरिका के सारे चिन्तन और साहित्य में अपनी सीमाओं के पार जाने की जो दुर्दमनीय दुस्साहसिकता है वही उन्हें गतिशील और जुझारू बनाती है। सिन्दबाद, हातिम या अलिफलैला जैसी दूसरी दास्तानों और यूरोपीय रोमानों में ऐसे ऐडवेंचरी नायकों की लम्बी कतार है। 'ओल्डमैन एंड द सी' का मछुआरा समुद्र जीतना चाहता है तो रिचर्ड बाख का 'जोनाथन लिविंग-स्टोन सीगल' आसमानों की ऊँचाइयाँ छूने को व्याकुल है। मोटा, भारी और छोटे-छोटे ना-काफी पंखोंवाला सीगल-पक्षी मुश्किल से जमीन पर लुढ़कता हुआ चलता है, हाँ समुद्र उसका घर है—वहाँ वह अपने तन और मन का बादशाह है। जोनाथन नाम के इस सीगल को झख चढ़ती है कि आसमान में उड़ेगा। वह गुरु की तलाश करता है और उड़ने के अभ्यास में जिन्दगी झोंक देता है। आखिर एक दिन चील की तरह उड़ने लगता है। उसकी इस आकांक्षा की कहानी एक योगी की अन्तर्साधना की अनेकस्तरीय अनुसन्धान-प्रक्रिया के रूप में लिखी गई है। मगर अजीब बात है कि अपनी व्यक्तिगत और बाहरी सीमाओं के पार जाकर आसमानों की गहराइयाँ नापने की यह कहानी भारतीय योग-साधना की याद तो दिलाती है मगर वैराग्य और मोक्ष की भावना नहीं। दुनिया जीतने की बेचैन आकांक्षा के मानवीय विद्रोह की यह कथा, उपलब्धियों से अधिक उद्यम और लगन की प्रेरक सूक्ति है। सिद्धार्थ और मानसी की तुम्हारी कहानी दोनों को अनन्त यात्राओं की गुमनामियतों में विराम देती है—सीगल जीने और जीतने की प्रेरक कथा के रूप में हमारे साथ रहती है। वहाँ दृश्य का सौन्दर्य, दर्शन और दार्शनिक गहराइयाँ नहीं, उनके पार जाने का संकल्प ही हमारी प्रेरणा बनता है।

मैं चाहता हूँ कि तुम्हारा अगला उपन्यास इस प्रश्न पर भी विचार करे कि क्या निजी और एकान्तिक मुक्ति जैसी कोई चीज सम्भव है, या क्या उसमें उन सबकी यातनाएँ, आकांक्षाएँ भी शामिल हैं जो रोग-शोक-अभाव से मुक्ति के लिए अपने-अपने

ढंग से संघर्षरत हैं—केवल सद्‌भावी वक्तव्यों और निराकार निष्कर्षों के रूप में नहीं, कर्म के स्तर पर उनकी मुक्ति का हिस्सा बने बिना तुम्हारी मुक्ति का क्या अर्थ है ? शायद ठीक यही तो बुद्ध ने चाहा था जिसे तुमने एक रोमानी सिद्धार्थ बनाकर निर्वासित कर डाला...बाइदवे, मृत्यु या निर्वाण के इन्हीं प्रसंगों को पढ़ना होगा तो मैं निर्मल वर्मा के 'अन्तिम अरण्य' जैसे उपन्यासों को पढ़ना भी पसन्द करूँगा जहाँ इन्हीं पहाड़ी एकान्तों में अपने आप में घुटते बन्द पात्र, परम दार्शनिक भाव से अपने 'अन्त' और हिन्दू-ईसाई अन्त्येष्टियों के कर्मकांडी विस्तार का उत्सवीकरण करते हैं—भाषा और परिवेश के द्रवणशील परम अतीन्द्रिय लोक में।

'सब सुखी हों सब निरोग और अमर हों', 'सारी वसुधा एक कुटुम्ब है' जैसी भव्य, निराकार-अर्थहीन उक्तियों के बावजूद भारतीय दृष्टि निजी मोक्ष से आगे नहीं जाती। वहाँ व्यक्ति-केन्द्रित चिन्तन सिर्फ अपने या अपनी आत्मा के आस-पास ही मँडराता रहता है—सारी ऊर्ध्वगामी यात्राएँ कभी वापस न लौटने की शर्त पर ही होती हैं। इसके बरअक्स जिसे हम पश्चिमी या भौतिक दृष्टि कहते हैं वह सामाजिक आकांक्षाओं की व्यक्तिगत अभिव्यक्तियाँ हैं। वहाँ दर्शन देनेवाले अरविन्दो नहीं, दिशा दिखाने और साथ चलनेवाले गाँधी होते हैं। क्या तुम्हारी मानसी कभी लौटेगी ? लौटकर वह क्या बनेगी ? माँ-आनन्दमयी, श्रद्धामाता या मदर टेरेसा, मेधा पाटकर, महाश्वेता देवी और अरुन्धती राय ?

माफ करना; तुम्हारा उपन्यास मुझे पॉलां रीगे के उपन्यास 'स्टोरी ऑफ ओ' की याद दिलाता है। हालाँकि दोनों की तुलना करना दूर की कौड़ी लाने की बात हो सकती है। 'ओ' की नायिका पढ़ी-लिखी लड़की है, खुद कमाती और स्वयं अपने निर्णय लेती है। वह नायक के प्यार में इतनी दीवानी है कि उसके कहने पर अपने प्यार की परीक्षा देने के लिए स्वेच्छा से वह अपने आपको सर हैनरी के यातनागृह के हवाले कर देती है। यहाँ उस पर बलात्कार, गुदा-मैथुन से लेकर कोड़ेबाजी—सभी का प्रयोग होता है। वह प्यार की खातिर सभी कुछ सहती चली जाती है। धीरे-धीरे उसकी सारी इच्छाशक्ति समाप्त हो जाती है। वह उन यन्त्रणाओं में सुख लेने लगती है, उसे लगता है जैसे वह शरीर से मुक्त हो रही है और इस प्रक्रिया में अन्ततः एक ऐसे पिलपिले कद्दू में बदल जाती है जिसमें जीवन और प्रतिरोध का हर अहसास समाप्त हो चुका है। अब वह सचमुच प्रस्तुत है कि सर हैनरी उसे शरीर से अन्तिम मुक्ति दे दें। यह है स्वेच्छा से व्यक्ति का शून्य में बदलते जाना। मैं जानता हूँ कि बारीक यहाँ भी एक सूत्र निकाल लेंगे। चूँकि हम पुरुष, स्त्री को देह के अलावा कुछ भी मानने को तैयार नहीं हैं, इसलिए मानसी की तरह स्त्री जब 'देहातीत' होती है तो वह उसका विद्रोह है। उसका आध्यात्मिक होना पुरुष की बनाई दुनिया का अस्वीकार है...अब क्या यहाँ मैं पूछूँ कि हजारों सालों से क्यों स्त्री के पास विद्रोह का यही रास्ता बचा है ? हो सकता है आत्महत्या भी एक विद्रोह ही हो, मगर कब तक वह इसी एक रास्ते पर चलती रहेगी ?

यह सब सुनकर तुम चाहो तो राजी सेठ की तरह चिन्तन की ऊँचाइयों से वक्र मुस्कराहट के साथ कह सकती हो कि 'हम 'दर्शनशास्त्र' के 'पहुँचे हुए' लोग हैं, इसलिए 'समाज', 'इतिहास' और यथार्थ, जैसे 'रोजमर्रापन' के मारे ये लोग, हमारी इन गहरी कथा-रचनाओं तक कहाँ पहुँच पाएँगे ?'

तो ?

सस्नेह,

राजेन्द्र यादव

[*हंस,* मई 2000]

इस्मत चुग़ताई के दो लघु-उपन्यास

दिल की दुनिया (The Heart Breaks Free), जिद्‌दी (The Wild One)

'काली फॉर विमेन' महिलाओं की आवाज को मंच देनेवाली अंग्रेजी प्रकाशन संस्था है। उसने इस्मत जैसी दबंग भारतीय कथाकार की ये दो निहायत रोमांटिक कहानियाँ क्यों ली हैं, समझना मुश्किल है। मुझे लगता है आज की स्थिति में रोमांटिक या भावुक होना, यथार्थ से पलायन है। इस्मत के समय में जरूर विद्रोह था क्योंकि तब वह यथार्थ का अस्वीकार (rejection) था। जिन्दगी की वास्तविक जद्‌दोजहद को छोड़कर या घबराकर आप स्वप्नों की दुनिया में छलाँग लगाते हैं तो एक निहायत सेंटीमेंटल कहानी का जन्म होता है—काश ऐसा हो जाता। हमेशा यह विशफुल थिंकिंग (इच्छास्वप्न) सुखद और सपनों की तरह रंगीन ही नहीं होती, विकृति और कुंठाओं से भरी भी होती है—काश, हम मर जाते, काश, इस समाज को आग लग जाती। जिन्दगी की हर पराजय के बाद सपनों में उनका बदला लेना या भरपाई कर लेना मूलतः किशोर भावुकता का लक्षण है। अमृता प्रीतम आज तक इस मानसिक दुनिया से बाहर नहीं आ पाईं—उनकी कोई कहानी ऐसी नहीं है जो चौदह-सोलह वर्ष की लड़की की मानसिकता को तोड़ती हो। अवरुद्ध विकास या अरेस्टेड ग्रोथ का वह क्लासिक उदाहरण है। अस्वाभाविक नहीं है कि रोमांटिक हवाई सपनों ने आज अमृता के यहाँ अध्यात्म और रहस्यानुभूतियों का 'आधार' ले लिया है। महादेवी वर्मा, कृष्णा सोबती, महाश्वेता देवी, कुर्रतुल-ऐन-हैदर और मन्नू भंडारी के बाद अमृता प्रीतम को पढ़ना लगभग एनिड ब्लाइटन को पढ़ना है—जो कभी-कभी भारी कॉरोली होने की कोशिश करती हो...रहस्यानुभूति की ऊँचाइयों का भ्रम देती हुई।

'बन्धनों में बँध बनी मैं बन्धनों की स्वामिनी-सी' लगभग सत्तर साल पहले की महिला रचनाकार के सामने मुक्ति का कोई रास्ता नहीं था, वह कैद को ही अपनी नियति मानने की मजबूरी को वाणी देती थी—यही उसका सबसे बड़ा प्रतिरोध था। चार सौ साल पहले की मीरा की तरह भक्ति और भगवान के माध्यम से ही वह स्वतन्त्र होने की घोषणा करती थी—समाज-सम्बन्धों और समय-सन्दर्भों से ऊपर उठना, अध्यात्म की दुनिया में खो जाना ही उसका विद्रोह था। इस्मत शायद पहली भारतीय कथाकार

है जिसकी कथा-नारियाँ न आत्महत्याएँ करती हैं, न अध्यात्म में जाती हैं, न स्थितियों को स्वीकार करके आँसू बहाती हैं। वे अपनी देह और मन की बात को साहस से कहती हैं और समाज के पुरुष-निर्धारित फैसलों में लगभग शहीद की तरह उभरती हैं। उनसे पहले महादेवी वर्मा ने 'श्रृंखला की कड़ियाँ' में नारी की जिन स्थितियों का बौद्धिक विश्लेषण किया है, इस्मत ने उन्हीं अनुभवों को कहानियों के रूप में अभिव्यक्ति दी है—शायद एक-दूसरे से अनजान होकर। उन्होंने बीसवीं सदी के प्रारम्भ की रुकैया सखावत हुसैन या आज की महिलावादी लेखिकाओं की तरह अपनी अलग समानान्तर दुनिया बनाने का सपना नहीं देखा बल्कि पुरुष वर्चस्व के भीतर रहकर ही अपनी पहचान के मुहावरे को साहस और भयानक जोखिम के साथ उठाया है। आज इस्मत होतीं तो उनका लेखन उन्हें निश्चय ही तस्लीमा नसरीन के साथ खड़ा कर देता।

मूलतः इस्मत रोमैंटिक विद्रोही हैं, जो पुरुष वर्चस्ववादी रामाज की वर्जनाओं के दबावों को सहज संवेदना और ऐन्द्रिक बोध के स्तर पर महसूस करतीं और तोड़ती हैं। इसी बात को दिलीप कौर टिवाणा ने अपनी आत्मकथा के शुरू में बेहद खूबसूरत ढंग से कहा था : 'इतिहास कागज पर आने से पहले कुछ लोगों के शरीरों पर लिखा जाता है'—शरीरों और जिन्दगियों में लिखे जानेवाले नारी-दमन के इसी इतिहास की कथाकार हैं इस्मत चुग़ताई—'जो शरीफ और भले घर की औरतों को न महसूस करना चाहिए न देखना या कहना चाहिए'—वही सब बेबाकी से कह डालना ही उन्हें अपने समय का सबसे आपत्तिजनक कथाकार बनाता है। वे 'लिहाफ' के भीतर घटित होते हुए को देखती और कहती ही नहीं हैं, पुरुष की दुनिया को चुनौती देती ताँगेवाली बनकर भी खड़ी होती हैं। औरत वेश्या बनकर शरीर बेचे, या घर बैठी-बैठी कुछ करती रहे यह तो पुरुष को बर्दाश्त है, मगर उसकी दुनिया में घुसपैठ करके ताँगा हाँके, और आत्मनिर्भर हो, यह आदमी कैसे सहेगा ? उनकी अधिकांश कहानियाँ उन स्थितियों और अनुभवों की आत्मस्वीकृतियाँ हैं जिन्हें भले घर की मध्यवर्गीय महिलाएँ जबान पर लाने का साहस नहीं करतीं। इसलिए इस्मत 'खतरनाक' लेखिका हैं।

इस दृष्टि से मुझे सारे भारतीय कथा-साहित्य में दूसरी महत्त्वपूर्ण लेखिका कृष्णा सोबती ही लगती हैं जिनका इस्मत के साथ तुलनात्मक अध्ययन किया जाना चाहिए। 'डार से बिछुड़ी' से लेकर 'जिन्दगीनामा' तक उनका कथा-विकास नारी-चेतना की टेढ़ी-मेढ़ी पगडंडियों का इतिहास है। ('टेढ़ी लकीर' इस्मत की आत्मकथात्मक कहानी का नाम भी है)। 'डार से बिछुड़ी' में वह खरीदी-बेची, लूटी-भगाई जानेवाली चीज है, जो अपने हर 'मालिक' को सुखी रखने की कोशिश करती है, उनके सुख-दुःख को अपना मानकर जिन्दगी सार्थक करती है और कुत्ते या गाय की तरह वफादार है। (चेखव की डार्लिंग ?) 'बादलों के घेरे' या 'तिन पहाड़' में वह प्यार और रोमांस में घुलती-समर्पित होती प्रेमिका है, तो 'मित्रो मरजानी' में शरीर की भाषा समझती, समझाती दबंग मित्रो है जो घर-परिवार की किसी मर्यादा से नहीं बँधी। 'सूरजमुखी अँधेरे के' में वह व्यक्ति से व्यक्तित्व बनती ऐसी नारी है जो भारतीय समाज के सबसे विस्फोटक क्षेत्र यानी

सेक्स में अपने चुनाव और प्रयोग करती है। आगे 'जिन्दगीनामा' में वह व्यापक और विराट जिन्दगी का पर्याय बनकर भूगोल और इतिहास की सरहदों से जूझती है। निश्चय ही इस्मत की नारी-चेतना का विकास भी इन्हीं 'टेढ़ी लकीरों' से हुआ है मगर वे कृष्णाजी के तीस साल पहले से लिखनेवाली लेखिका हैं। इस्मत मुस्लिम बुर्जुआ वर्ग से निकली हैं। इस्मत और कृष्णाजी का अगला बौद्धिक विकास कुर्रतुल-ऐन-हैदर में देखा जा सकता है।

इस संक्षिप्त पृष्ठभूमि के साथ 'काली' का यह चुनाव इस्मत के लेखन के साथ बिल्कुल भी न्याय नहीं करता। दूसरी लम्बी कहानी 'जिद्दी' (The Wild One) तो शुद्ध फिल्म के लिए लिखी गई है और दुनिया-भर की अविश्वसनीय नाटकीयताओं से भरी है। आँधी, तूफान, मौत, संयोग, घटना-दुर्घटना सभी कुछ तो इसमें हैं और अन्त में है नायक-नायिका की एक साथ मृत्यु। पूरी कहानी में अन्त ही ऐसा स्थान है जहाँ इस्मत की आग दिखाई देती है, यानी आशा उस सारे माहौल में आग लगा देती है जो प्रेमी-प्रेमिका को मिलने नहीं देता और अन्ततः बेहद सुख-सन्तोष के साथ पूरन को लेकर जल मरती है। यहाँ इस्मत के दिमाग में सती होने का दृश्य जरूर रहा होगा।

दूसरी लम्बी कहानी 'दिल की दुनिया' (हार्ट ब्रेक्स फ्री) इस्मत की अपनी परिचित दुनिया है, निम्न मध्यवर्गीय मुस्लिम परिवार की बन्द और घुटी जिन्दगी—चाची, ताई, फूफी, दादी के आपसी संवाद, विवाद और मरती-जीती जिन्दगियाँ। अति परिचय से उगी हुई बदगुमानियाँ, हसद और सेक्स कुंठाएँ...शादी-ब्याह, उत्सव और गमी इनमें सबसे प्रमुख हैं और कुदसिया का चरित्र वस्तुतः सारी पृष्ठभूमि के साथ...यह कुदसिया की ही कहानी है। पति इंग्लैंड से मेम ले आया है और युवा कुदसिया हिस्टीरिया के दौरों के बीच पिता के परिवार में अपनी जिन्दगी काट रही है। समानान्तर जिन्दगी है इसी परिवार की पठानी बुआ की—ऐसी ही स्थिति में जो पागल हो गई है और अपनी कोठरी या पेड़ के नीचे, मस्जिद की सीढ़ियों पर कहीं भी पड़ी रहती है और पाँच सौ साल पहले के किसी पीर गाज़ी मियाँ से इश्क करती है। यही बालेमियाँ हमेशा उसके साथ रहते हैं, लड़ते हैं और प्यार करते हैं। बुआ हमेशा उनके गीत गाती है—कभी लोकगीत तो कभी मीरा के भजन। बहुत बदनामी के बाद घरवाले बुआ को घर ले जाते हैं और बुआ का एक हकीम से इलाज कराते हैं। हकीमजी के पास हर मर्ज की दवा जमालगोटा है और बुआ को वह पिला दिया जाता है। भयंकर पेट सफाई के बाद बुआ ठंडी हो जाती है और एक दिन बाहर सड़क पर मर जाती है। बुआ की मृत्यु कुदसिया को झटके से रूपान्तरित कर देती है—यही तो उसका भविष्य है और एक दिन वह अंकल साबिर के साथ चुपचाप भाग जाती है। घरवाले उसके कुएँ में कूदने की बात फैला देते हैं।

कहने की जरूरत नहीं है कि इस कहानी में इस्मत अपने असली विद्रोही रूप ही नहीं, एक दक्ष कथाकार के असली फार्म में भी हैं। बेहद आत्मीय, घरेलू वातावरण, जनाने मुहावरों से लहलहाती जुबान, मुस्लिम संस्कृति के सार्थक सन्दर्भ—सभी कुछ कहानी को एक महत्त्वपूर्ण कलाकृति बना देते हैं। मुझे लगता है कि कथाकार इस्मत

के इस हिस्से का अनुवाद किया ही नहीं जा सकता और इसके बिना इस माहौल की रचना भी असम्भव है जो कहानी को विलक्षण प्रामाणिकता देती है।

दरअसल, उर्दू-हिन्दी के इतने घरेलू कथाकार को अंग्रेजी अनुवाद में पढ़ना मेरे लिए खास झुँझला देनेवाला अनुभव रहा है। शायद यह दिक्कत निर्मल वर्मा को लेकर न आए। सच कहूँ तो अंग्रेजी के पीछे मैं उर्दू-हिन्दी के परिचित मुहावरों और शब्दों को ही 'पढ़ता' रहा–एक तरह अनुवाद को अस्वीकार करते हुए। चीनी या काँच के अनेक टुकड़ों में टूटे हुए बंर्तन को जैसे आप वापस टुकड़े-टुकड़े जोड़ने की कोशिश करें–और सही जगह टुकड़ा जोड़कर जैसी उपलब्धि का भाव महसूस करें–ठीक यही अनुभव मेरा भी रहा है–अच्छा तो इस अंग्रेजी शब्द का मूल यह है। एक तरफ तो यह कथा से छिटककर दूरी और तनाव में बने रहना है, दूसरी तरफ अनुवाद के माध्यम से मूल-पाठ को अपने भीतर पुनर्सृजित या पुनराविष्कृत करना है।

पता नहीं, हिन्दी-उर्दू से अपरिचित पाठक अनुवाद के रूप में इसे कैसा पाएँगे...

लोलिता : नाबोकोव

खगोल-मंडल में फेंके गए स्पूत्निकों ने विज्ञान को क्या दिशा दी है, ये तो वे ही जानें; लेकिन उपन्यास के आकाश में दो रूसियों द्वारा फेंके गए स्पूत्निकों ने संसार को जिस तरह झकझोर डाला है, उतने दुर्दान्त रूप से तहलका शायद ही किन्हीं दो उपन्यासों ने मचाया हो। 'डा. जिवागो' के लेखक बोरिस पास्तरनाक की तरह 'लोलिता' (लगता है जैसे 'ललिता' का बंगाली उच्चारण हो) के ब्लादीमीर नाबोकोव, सोवियत रूस में चाहे न रहते हों; लेकिन अपने जन्म, शिक्षा-दीक्षा और लेखन, सभी में वे रूसी हैं। अपना यह आठवाँ उपन्यास उन्होंने अंग्रेज़ी में लिखा है, और हो सकता है उनकी अपनी बात भी सही हो कि 'मेरे किसी भी अमेरिकन मित्र ने मेरी रूसी किताबें नहीं पढ़ीं, इसीलिए अंग्रेजी की किताबों के आधार पर की गई मेरी हर तारीफ ग़लत, सतही और लक्ष्य-भ्रष्ट है।'

सच बात तो यह है कि 'डॉ. जिवागो' और 'लोलिता' दोनों उपन्यासों ने साहित्य के दो मूलभूत प्रश्नों को इतने धमाके के साथ रखा है कि अभी तक हम उन प्रश्नों के वास्तविक स्वरूप को समझ ही नहीं पा रहे। 'दुनिया की सबसे अधिक विवादग्रस्त पुस्तकें' और 'संसार की सबसे ज्यादा बिकनेवाली किताबों' के घटाटोप ने अभी हमें न तो उनका कलात्मक मूल्यांकन करने का अवसर दिया है, न उनके द्वारा उठाए गए प्रश्नों को सही रूप में देखने का सन्तुलन। फिर भी दोनों उपन्यासों में कुछ विस्फोटक अवश्य होगा—तभी तो एक अभी तक अपनी मौलिक भाषा में ही नहीं छप पाया है, और दूसरे को एकाधिक देशों के कस्टम-विभाग में महीनों लंगर डाले राह देखनी पड़ी है। पिछले साल से दोनों ही 'बेस्ट-सेलर' हैं। लेकिन एक शब्द में कहूँ तो 'डॉ. जिवागो' के पीछे वर्तमान शीतयुद्ध के प्रमुख हथियार 'नोबेल-पुरस्कार' का स्टेट, यानी राजनीति और 'लोलिता' पर अश्लीलता का आरोप इस सारी सनसनी के आधार हैं। 'जिवागो' की कवित्वपूर्ण, चित्रात्मक, सूक्ष्म और लचीली जबान और आदि से अंत तक छाई प्रतीकात्मकता, किसी भी राजनैतिक-दर्शन का बोझ सँभालने में तो एकदम असमर्थ है ही, डॉ. यूरी जिवागो जैसे अराजकताप्रेमी, पलायनवादी मनोवृत्ति के कुंठित व्यक्ति के माध्यम से 'राजनीति' को समझना भी ज्यादती ही है। हाँ, उपन्यास के प्रतीकों के अर्थ बताते हुए जो दूर की कौड़ियाँ लाई गई हैं—वे जरूर देखने लायक हैं। दूसरी ओर 'लोलिता' की

'अकृष्ट-पच्य' घुमावदार, ऊबड़-खाबड़, और लम्बे-लम्बे हाँफते वाक्योंवाली निहायत अस्वाभाविक भाषा, खुद नाबोकोव के अनुसार 'हल्के और अश्लील उपन्यासों के पाठकों के लिए खासा सिरदर्द है।' यहाँ नाबोकोव का यह कथन भी उसकी मदद नहीं करता कि 'मुझे अपने स्वाभाविक मुहावरे और बेहद सहज-सरल, समृद्ध और उन्मुक्त रूसी भाषा की जगह निहायत फटीचर जबान, यानी अंग्रेजी का प्रयोग करना पड़ा है...'

'राजनीति' और 'अश्लीलता' उपन्यास के या कहें, साहित्य के दो पुराने 'हौवे' हैं। अर्थात हर यथार्थजीवी साहित्यकार को 'युगधर्म' और 'नैतिकता' के प्रश्नों से जूझना पड़ा है और जिस कथाकार ने अपने मानसिक संघर्ष को जितने ही तीखे प्रश्नों का रूप दिया है उसे उतने ही प्रखर कोप का शिकार भी होना पड़ा है। 'डॉ. जिवागो' और उससे भी अधिक उसके लेखक को अवान्तर विवाद का केन्द्र बनाकर बहुत कुछ लिखा गया है—और 'ठंडे-युद्ध' की यह ट्रम्प-चाल अभी काफी दिनों ठंडी होने को नहीं है। मैं यहाँ सिर्फ 'लोलिता' की बात करूँगा।

यह इसलिए कि पास्तरनाक के दावे उतने बड़े और ऊँचे नहीं हैं, जितने नाबोकोव के। युग के प्रश्नों का सीधा सामना करनेवाले लेखकों से उसे घृणा है और वह संयोग से 'उन लेखकों में है जो किताब लिखना शुरू कर देने पर उसे जैसे-तैसे खत्म करके पीछा छुड़ा लेने' के सिवा अपने सामने कोई 'उद्देश्य' नहीं रखते। 'मैं उद्देश्य-प्रधान साहित्य का न तो पाठक हूँ, न लेखक—मैं किसी भी रचना को उसी हद तक कथा-साहित्य की कृति मानता हूँ जहाँ तक कि वह मुझे, बेलाग होकर कहूँ तो, रागात्मक आनन्द दे पाए...इस तरह की कृतियाँ बहुत नहीं हैं। बाकी या तो चलतू और सामाजिक बाजारू कचरा हैं या वह जिसे 'भावुकता का साहित्य' कहते हैं।' और नाबोकोव के खयाल से 'चलतू-कचरा' एक युग के बाद दूसरे युग को सावधानी से उस समय तक सौंपा जाता रहेगा जब तक 'कोई कुल्हाड़ी लेकर इन बालज़ाक, गोर्की और मॉन की अच्छी तरह खबर नहीं लेता।' काश, शॉ जैसे ये फ़तवे नाबोकोव की मदद कर पाते।

मैं यह सब इसलिए नहीं कह रहा कि 'लोलिता' मुझे 'अश्लील' और 'नग्न साहित्य' की कृति लगता है, बल्कि इसे पढ़कर तो आश्चर्य ही होता है कि वह क्या चीज़ थी जिसके कारण अनेक देशों में इसका प्रवेश वर्जित रहा—'पाइटन प्लेस'[1] के देश में भी; और न ही मुझे उसकी कलात्मक उपलब्धियों से इनकार है। स्थितियों और मनस्थितियों का जैसा सूक्ष्म चित्रण लेखक ने किया है उसे देखकर तो जगह-जगह दंग रह जाना पड़ता है। लेकिन सब मिलाकर 'लोलिता' उपन्यास कम और सुरुचि-घातक मनोवैज्ञानिक-केस अधिक है, जो (भूमिका लेखक और उपन्यास के एक पात्र) जॉन रे, पी-एच.डी. के अनुसार, 'मनोविश्लेषण शास्त्र की दुनिया में निस्सन्देह अमर हो जाएगा।'

उपन्यास पर बात करने के लिए संक्षेप में उसकी कथा जान लेने की परम्परा का पालन आवश्यक है। कहानी हम्बर-हम्बर नाम के चालीस वर्षीय व्यक्ति की मृत्युदंड से

1. ग्रेस मैटेलियस का अमेरिकन बेस्ट-सेलर।

पहले, आत्म-स्वीकृति के रूप में है। बचपन में अन्नाबेल नाम की लड़की के साथ का अधूरा, अतृप्त शरीरधर्मी प्रेम उसके मस्तिष्क में ज़िन्दगी-भर इस तरह छाया रहा कि चालीस वर्ष की उम्र में 'परीजादों' (निम्फेट) के पीछे पागल रहा। इस 'परीजाद-प्रेम' को उसने सिद्धान्त का रूप दिया। उसके अनुसार 'नौ से चौदह साल की लड़की' (शास्त्रों के अनुसार 'गौरी कन्या') ही 'परीजाद' होती है। लेकिन इस उम्र की हर किशोरी 'परीजाद' नहीं होती। इस उम्र की किशोरियों में परीजाद को पहचानने के लिए 'आँख' चाहिए, यानी जरूरी है कि आप, कलाकार हों, विक्षिप्त हों, बेहद गमगीन किस्म के प्राणी हों और आपकी बोटियों में उबलता जहर उफन रहा हो और प्रचंड वासना की अबुझ लपट आपकी सुषुम्ना में निरन्तर जलती-जगमगाती रहती हो...निश्चय ही हम्बर-हम्बर में ये सारे गुण थे। वैलेरिया से उसने इसीलिए शादी की कि पच्चीस साल से ऊपर होने पर भी वह 'छोटी-सी लड़की का भ्रम देती थी।' मगर शीघ्र ही उसे एक टैक्सीवाला रूसी भगा ले गया, और उससे लड़-मरने के स्थान पर 'मि. टैक्सोविच' को याद कर करके हम्बर-हम्बर साहब आनन्द लेते रहे। 'परीजाद' की खोज जारी रही। दो-एक बार पागलखाने भी जाना पड़ा और अंत में वह 'परीजाद' मिली चार्लोट हेज की बारह वर्षीय कन्या 'लोलिता हेज़' के रूप में। लोलिता ने, 'लेखक' यानी प्रमुख-पात्र की निहायत निजी चिरन्तन-वासना को बुरी तरह भड़का दिया, प्राप्ति की तिकड़में शुरू हुईं और इसके लिए हम्बर-हम्बर ने चार्लोट हेज, यानी माँ के प्रेम को तुरन्त स्वीकार कर लिया, और विवाह के बाद वह पुत्री हेज या 'लोलिता' का अभिभावक और 'बाप' बन गया। उसने रास्ते का काँटा साफ करने के लिए चार्लोट को डुबाने का भी असफल प्रयत्न किया, लेकिन फिर उसके सौभाग्य से एक दिन चार्लोट ने उसकी दराज में बन्द, हम्बर-हम्बर की वह डायरी पढ़ ली जिसमें 'बेटी' के बारे में 'बाप' के सारे उद्गार लिखे थे। इससे वह इतनी अव्यवस्थित हो गई कि सड़क पार करते हुए मोटर से टकराकर मर गई। अब 'परीजाद' नायक की थी।

उसे स्कूल से निकालकर अपनी वासना-पूर्ति के लिए वह किस तरह होटल-होटल घुमाता और कार पर सारे अमेरिका के चक्कर लगाता रहा, यह एक लम्बी और रूखी कहानी है। वासनान्ध व्यक्ति के इस विस्तारपूर्वक चित्रण में दो चीजें बहुत ही कलात्मक बन पड़ी हैं। एक, उन्मत्त सावधानी से नायक किस तरह 'लोलिता' को दुनिया की निगाहों से बचाकर रखता है और हर समय उसकी चौकसी करता है; दूसरी, किसी और से बोलते या अपनी ओर ध्यान न देते देखकर कैसी विकट ईर्ष्या उसके मन को भूनने लगती है। वह परियों की कहानी के राक्षस की तरह उसे कैद किए है। लेकिन बीमार होकर एक दिन लोलिता गायब हो जाती है। हम्बर-हम्बर पागल-सा होकर रोता और कविताएँ करता है। फिर रीता से शादी कर डालता है।

एक दिन उसे 'डैडी' के नाम लिखा गया 'लोलिता' का पत्र मिला। उसने डिक से शादी कर ली थी और अब एक बच्चे की माँ होनेवाली थी। उसे रुपयों की आवश्यकता थी। वह चाहती थी कि उसकी चीजों को बेचकर रुपए उसे भेज दिए जाएँ। गैराज से

फिर कन्वर्टिबिल गाड़ी निकली और पता खोजता-खोजता हम्बर-हम्बर उसके घर जा पहुँचा। उसने लोलिता के बहुत हाथ-पाँव जोड़े कि इस टोंटे डिक का साथ छोड़कर उसके साथ चली चले—वह उसे पलकों पर रखेगा। लेकिन लोलिता ने साफ इनकार कर दिया। यहाँ लोलिता के मुँह से उसने उसके गायब होने का रहस्य जाना। हम्बर-हम्बर के 'समान-धर्मा' नाटककार 'क्लू', क्लेयर क्विंटी ने लोलिता को आश्वासन दिया था कि वह उसे हॉलीवुड में अभिनेत्री बना देगा, लेकिन उससे काम कराना चाहा 'ब्लू-फिल्म' में। इनकार करने पर उसे धक्के देकर निकाल दिया। कई जगह टक्करें खाकर लोलिता ने डिक से शादी कर ली। असफल प्रार्थनाओं और अनुरोधों के बाद लोलिता को काफी बड़ी रकम देकर हम्बर-हम्बर वहाँ से चला आया। सबसे पहले उसने 'क्लू' की हत्या की और फिर पागलों की तरह जो सामने आया उसे कुचल डाला।

स्पष्ट ही यह सारी कहानी एक ऐसे पैशाचिक कामान्ध की मनोवैज्ञानिक-विकृति के आधार पर बुनी गई है जिसने एक अबोध बालिका के सारे जीवन को तोड़ दिया (उसके ही शब्दों में—'क्विंटी ने सिर्फ मेरा दिल तोड़ा, तुमने तो मेरे सारे जीवन का सत्यानाश कर डाला') और जो लोलिता का बाप होने लायक ही नहीं, 'बाप' ही था। फिर भी दो-एक स्थलों को छोड़कर उपन्यास में ऐसे स्थल प्रायः नहीं ही हैं, जिन्हें 'अश्लील' या 'नग्न' कहा जा सके—यों उस बालिका पर पहले बलात्कार से लेकर बाद के उन्मत्त सम्भोगों तक सभी का जिक्र है। और शायद अपने इसी लेखन-संयम पर नाबोकोव का सगर्व-आग्रह है कि उसे नग्न या अश्लील साहित्य में न रखा जाए। 'अश्लीलता पिटी-पिटाई लीक पकड़ने को मजबूर है, क्योंकि वहाँ तो कैसे भी रागात्मक आनन्द के स्थान पर उलटे-सीधे, अत्यन्त सामान्य यौन-उद्दीपन रखने पड़ते हैं, और इन यौन-उद्दीपनों का 'मरीज' पर सीधा असर पड़े, इसके लिए घिसे-पिटे परम्पराबद्ध शब्दों के सहारे की आवश्यकता पड़ती है...ऐसे उपन्यासों में एक के बाद एक उत्तेजक यौन-दृश्य आते ही रहने चाहिए...'

नाबोकोव की अश्लीलता की यह परिभाषा, लगभग छब्बीस साल पहले डिस्ट्रिक्ट जज जॉन वूल्सी द्वारा 'यूलिसीज' पर दिए गए फैसले की याद दिलाती है। उनका कहना है कि 'अदालत की क़ानूनी परिभाषा के अनुसार 'अश्लीलता' का अर्थ होता है—यौन-भावनाओं को आंदोलित कर सकनेवाली या कामुक, अपवित्र और वासना-पूर्ण विचारों को बढ़ावा देनेवाली' कृति। चूँकि इस प्रकार की कसौटी पर कसने के लिए पुस्तक को आदि से अन्त तक पढ़ना आवश्यक है, इसलिए सम्पूर्ण यूलिसीज को पढ़ चुकने पर अपने दोस्तों के साथ-साथ जज वूल्सी ने भी पाया कि 'पुस्तक यौन भावनाओं या वासनापूर्ण विचारों को नहीं भड़काती...'।

यह सही है कि उपर्युक्त दोनों परिभाषाओं के अनुसार 'लोलिता' को न तो 'नग्न-साहित्य' में रखा जा सकता है, न 'अश्लील' ही कहा जा सकता है, लेकिन सम्पूर्ण उपन्यास की थीम निश्चित रूप से निहायत विकृत, अस्वस्थ, लिजलिजी और आपत्तिजनक है। और यह भी सही है कि इस सारी कहानी को लेखक ने एक अजब तटस्थ,

व्यंग्यात्मक शैली में लिखा है। मानो खुद उस विकृति का मजाक बना रहा हो (नायक के नाम हम्बर-हम्बर पर ध्यान दीजिए) लेकिन फिर भी स्थिति का बचाव नहीं होता। नायक के ये तर्क भी हमारी मदद नहीं करते कि 'मैंने अपने को उस सभ्यता में पलते और पकते हुए पाया जो बीस साल के पुरुष को सोलह साल की लड़की से तो प्रेम करने की आज्ञा दे देती है, लेकिन बारह साल की लड़की से नहीं देती।' या जेम्स प्रथम के जमाने के विवादग्रस्त लेखक हफ ब्राउटन ने सिद्ध कर दिया है कि 'रहाब दस साल की उम्र में ही वेश्या थी' या 'भारत के अनेक प्रान्तों में किशोरावस्था के पूर्व ही विवाह और सम्भोग आज भी कम नहीं होते' और ये साहित्यिक उदाहरण कि 'अस्सी साल का लेपचा आठ साल की बालिकाओं के साथ सम्भोग करे तो किसी को आपत्ति नहीं होती। दाँते बिएट्रिस के प्यार में जब पागल हुआ था तब वह कुल नौ साल की छोकरी थी...और जब पेट्रार्क ने लॉरीन के पीछे अपने होश खोए थे तब वह बारह वर्ष की खूबसूरत बालोंवाली परीजाद ही तो थी... ।' ये सारे साहित्यिक उदाहरण हम्बर-हम्बर का केस मजबूत करने की अपेक्षा 'पेरिस का कुबड़ा' (ह्यूगो) उपन्यास के उस हिस्से की याद दिलाते हैं जब कवि ग्रिगोयरे गुंडों के चक्कर में फँस जाते हैं। सरदार का हुक्म होता है कि अगर कविजी गुंडे नहीं हैं तो उसके राज्य में आ-जाने पर बच नहीं सकते। कवि फरमाते हैं : 'मेरी समझ में नहीं आता कि कवियों को आवारों और गुंडों की कोटि में क्यों नहीं रखा जाना चाहिए ?—ईसप आवारा था, होमर भिखारी था और मर्करी चोर था...' खैर चाहे दोस्तोयेव्स्की द्वारा छोटी-सी लड़की के साथ बलात्कार करने की गर्वोक्ति हो (सुनते हैं अपने 'पजैस्ड' उपन्यास में उसने उस घटना को लिखा भी था, लेकिन यह अंश निकलवा दिया गया), चाहे 'मुग्ध-शिकारी' होटल में हम्बर-हम्बर और लोलिता के सम्भोग का निहायत ही कलापूर्ण वर्णन हो, ये घटनाएँ स्वस्थ मन में भयानक जुगुप्सा ही पैदा करती हैं।

फिर भी मैं लोलिता की थीम को 'अश्लील' के स्थान पर 'आपत्तिजनक' कहना ज्यादा सही समझता हूँ। यों 'आपत्तिजनक' शब्द को लेकर भी औचित्य-अनौचित्य के नीतिशास्त्रीय सिद्धान्त पर उतनी ही लम्बी बहस की जा सकती है जितनी श्लील-अश्लील पर। पर उसे यहाँ छोड़ ही दें।

इस 'आपत्तिजनक' की कोटि में दो प्रकार की कृतियाँ रखी जा सकती हैं : एक वे जिनकी थीम और कथानक की मूलभूत परिकल्पना बड़ी सशक्त, स्वस्थ, सूक्ष्म और साहसिक है, लेकिन निर्वाह (ट्रीटमेंट) में लेखक ने स्वीकृत सौन्दर्य और सुरुचि की सीमाओं का अतिक्रमण किया है, जैसे लॉरेंस की 'लेडी चैटर्लीज़ लवर' और सार्त्र की 'इंटीमेसी'। दूसरे प्रकार में वे कृतियाँ हैं जिनमें इस तरह के किसी अश्लील अंश को तो शायद ही रेखांकित किया जा सके लेकिन सम्पूर्ण थीम एक विकृत मस्तिष्क का प्रतिफलन अवश्य करती है—इस कोटि में जीद के 'इम्मॉरलिस्ट' और नाबोकोव के 'लोलिता' को रखा जा सकता है (या मार्क्विसन्द-साद की रचनाएँ)।

निश्चय ही जीद, नाबोकोव की अपेक्षा अधिक समर्थ और सशक्त कलाकार है।

वह प्रतीक और सांकेतिकता का अकेला उस्ताद है, जबकि नाबोकोव को, उसके अपने ही शब्दों में रूपकों और प्रतीकबाजी से घृणा है। इसलिए 'इम्मॉरलिस्ट' में कथा के सभी आवश्यक उपादान आ गए हैं जबकि 'लोलिता' मनोवैज्ञानिक ट्रीटाइज या केस-हिस्ट्री की तरह व्यक्ति का अध्ययन-भर बनकर रह गई है।

'इम्मॉरलिस्ट' में माइकेल की लम्बी बीमारी का मृत नैतिकता और रूढ़ियों द्वारा आत्मा पर घातक प्रभाव के रूप में प्रतीकात्मक वर्णन, फिर खेतों की जुताई को नई मान्यताओं के लिए जमीन तैयार करने और गोड़ने का अर्थ देना, अन्त में मार्सलोन का ब्रिस्को में आकर मरना—सभी कुछ उपन्यास के अन्तिम निष्कर्ष के लिए अत्यन्त सशक्त और सावधान, सूक्ष्म भूमिका की तरह काम करते हैं। माइकेल शरीर बेचनेवाली लड़की के भाई के साथ रहता है और उपन्यास के अन्त में कहता है : 'लेकिन जब भी मैं उस लड़की से मिलता हूँ, वह हँसती है। कहती है कि 'मेरी अपेक्षा आपको लड़का (उसका भाई) अधिक पसन्द है।' वह समझती है कि लड़के की ही वजह से मैं यहाँ बँधा हूँ। शायद उसकी बात एकदम झूठ भी नहीं है...'

ऑस्कर वाइल्ड के उस युग में 'इम्मॉरलिस्ट' ने कितना शोर मचाया, मुझे नहीं मालूम, लेकिन आज तो पुरुष-पुरुष के अप्राकृतिक सम्बन्धों पर लिखी रचनाएँ हौवा नहीं मानी जातीं। रॉबर्ट एंडर्सन ने तो अपने प्रसिद्ध नाटक 'टी एंड सिम्पैथी' में इस समस्या को जिस मानवीय और सामाजिक धरातल पर साहस और सहानुभूतिपूर्वक उठाया है वह कम-से-कम हम लोगों के लिए अकल्पनीय है। नाबोकोव को भी सुझाया गया था कि लोलिता को लडका बना दिया जाए। हो सकता है 'लोलिता' की वर्तमान थीम भी आगे जाकर टैबू या हौवा न रह जाए, लेकिन आज तो उसे पचा पाना आसान नहीं है।

और सच पूछा जाए तो नाबोकोव ने अपनी थीम को ज़ीद की तरह साहसपूर्वक रखा भी नहीं है। 'अश्लील' और 'नग्न' तथा 'बूढ़े यूरोप द्वारा युवा अमेरिका को भ्रष्ट करने' या 'युवा अमेरिका द्वारा बूढ़े यूरोप को भ्रष्ट करने' के आरोपों ने उसे और भी बौखला दिया है। शायद यही साहसहीनता या अपराध-भावना है जिसके कारण उसे हम्बर-हम्बर को मानसिक रूप से 'असन्तुलित, कई बार पागलखानों में रहा हुआ, तलाकशुदा' व्यक्ति बनाना पड़ा है—और जो अपनी आत्मा के बोझ को यह कहकर हल्का करना चाहता है कि 'लोलिता के साथ बलात्कार करनेवाला वह पहला व्यक्ति नहीं है।' इससे पहले कैम्प-फायर की रात वह सब कुछ सीख चुकी है—या यों कहें कि उस रात का क़िस्सा सुनाकर वही अपनी ओर से हम्बर-हम्बर को आमन्त्रित करती है।

बहरहाल, इस साहस-हीनता या अपराध-भावना ने ही सारी कहानी को पाप और पश्चात्ताप या (फ्रायडीय-मनोविज्ञान की शब्दावली में 'लिबिडो' और ईगो-सुपर-ईगो) के समानान्तर चलते, एक-दूसरे को उकसाते द्वन्द्व की अद्भुत और रोचक कहानी बना दिया है; और मृत्युदंड से पहले नायक की आत्मस्वीकृति के रूप में यह सारी कहानी 'अपनी जान बचाने के लिए नहीं, बल्कि अपनी आत्मा के उद्धार के लिए' लिखनी पड़ती

है। उसने साफ़ कहा है, 'मैं इन सारी बातों का वर्णन इसलिए नहीं कर रहा कि अपने वर्तमान असीम दुःख में उन सबको फिर से जीना चाहता हूँ, बल्कि इस तरह मैं उस असामान्य कुत्सित, उन्मादक दुनिया, अर्थात् परीजाद-प्रेम के स्वर्ग और नरकवाले हिस्सों को अलग-अलग छाँट लेना चाहता हूँ।'

जहाँ तक लोलिता के प्रति हम्बर-हम्बर के प्रेम, समर्पण, त्याग और पूजा की बात है, वह सचमुच जान तक देने को तैयार है, और मध्यकालीन मजनुओं को भी इस दिशा में मात करता है। वह लोलिता को पाने के लिए इस हद तक पागल है कि सिर्फ़ उसकी ख़ातिर वह उसकी माँ से शादी करके (एक तरह) उसे मार देता है, और अंत में क्विंटी की तो सचमुच ही हत्या कर डालता है। उसे यह सह्य नहीं है कि लोलिता उसके सिवा किसी से बात भी करे, वह भेड़िए की तरह हर वक्त उसे घेरे रहता है। यही नहीं, जब लोलिता कहती है कि वह पुलिस में रिपोर्ट कर देगी कि इस नकली डैडी ने उसके साथ बलात्कार किया है तो वह भविष्य के उसके अनाथ जीवन के डरावने चित्र दिखा-दिखाकर उसे मानसिक रूप से पंगु बनाए रखना चाहता है। उसकी अतृप्त वासना तो यहाँ तक चाहती है कि 'सन् 50 के आस-पास जब यह लोलिता 'परीजाद' नहीं रह जाएगी, तब हो सकता है अपने धैर्य और भाग्य के जोर से वह इसके पेट से दूसरी लोलिता पा सके, जो आगे जाकर खुद एक परीजाद हो जाएगी, और उसकी खूबसूरत नसों में मेरा (नायक का) ही खून दौड़ता होगा' उस समय वह केवल पचास साल का ही तो होगा।

लेकिन इस सान्निपातिक आसक्ति के साथ-ही-साथ एक पश्चात्ताप और आत्मग्लानि की आग भी है जो उसे निरन्तर जलाती रहती है कि उसने 'भोली लोलिता के भीतर की किसी अत्यन्त नाजुक चीज को तोड़कर चिथड़े-चिथड़े कर दिया है।' वह देखता है कि लोलिता को 'तैरने से अधिक अभिनय पसन्द था, और टैनिस से अधिक तैरना। लेकिन फिर भी मेरा विश्वास है कि अगर मैंने उसके भीतर की किसी चीज को न तोड़ दिया होता तो वह...सचमुच गर्ल-चैम्पियन हो गई होती।' एक साँस में वह सोचता है कि 'एक परीजाद को गोद में बैठाकर प्यार करने जैसा आनन्द इस धरती पर नहीं है।' फिर साथ ही उसे ध्यान आता है; 'इस स्वर्ग के आसमानों का रंग दोज़ख की लपटों जैसा था।' वह अपने को अनेक तरह से सान्त्वना देने की कोशिश करता है, 'मैंने प्रकृति का अनुसरण भर ही तो किया है। मैं तो माँ प्रकृति का स्वामिभक्त आज्ञाकारी कुत्ता हूँ। फिर यह कैसी दहशत है कि मैं इसे झटककर फेंक नहीं पाता ? क्या मैंने उससे उसकी बहारें नहीं छीन लीं...?' इससे भी पहले चार्लोट के जीवित रहते हुए जब वह सबसे पहले अपनी दबी-ढँकी काम-चेष्टा में असफल हो जाता है तो मन-ही-मन उसे बड़ी मुक्ति मिलती है। वह कहता है, 'मेरी सचमुच नीयत थी कि अपनी सारी दूर-दृष्टि और सम्पूर्ण शक्ति से उस बारह वर्षीय बच्ची की पवित्रता की रक्षा कर सकूँ।'

और शायद यही ग्लानि या पाप-चेतना है कि वह अपने मन और 'मूडों', सूक्ष्म-से-सूक्ष्म स्थितियों का चित्रण इतनी ईमानदारी और तटस्थ व्यंग्यात्मकता से कर सका है। कैसी भी विकट, आवेशपूर्ण या तन्मय स्थिति हो, हम्बर-हम्बर अपने को एकदम तटस्थ

और निरपेक्ष-भाव से देख सकता है, मानो इस सबकी ग़म्भीरता के प्रति उसे कतई विश्वास नहीं है—और दूर खड़ा होकर वह उन बेवकूफियों पर ठहाका लगाकर हँस सकता है। नाजुक और गम्भीर स्थितियों के प्रति यह निरपेक्षता और व्यंग्य मुझे अग्रणी 'एंग्री यंगमैन' किंग्जले एमीस के सिवा कम ही देखने को मिले। अपनी इस चुहल के द्वारा दोनों ही लेखक, मानो पाठक का ध्यान परिस्थिति की गम्भीरता से हटा देना चाहते हैं, हालाँकि परिस्थिति को इतना अ-गम्भीर खुद नहीं मानते।

लेकिन नाबोकोव की भाषा अपनी सारी सफाई और ध्वन्यार्थों के बावजूद ऊपर की स्थितियों में एमीस की तरह उसका साथ नहीं देती। बीच-बीच में आए फ्रेंच इत्यादि के वाक्यांशों के बारे में मैं लोलिता का ही हम्बर-हम्बर के लिए कहा गया एक वाक्य उद्धृत करूँगा : 'लेकिन अपनी इस बहुत ज़्यादा फ्रेंच की टाँग तोड़ने की तरफ भी तो ध्यान दीजिए। इससे सभी को झल्लाहट होती है।'

खैर, लोलिता को लेकर चाहे जितना तहलका और शोर मच रहा हो—फ्रेंच साहित्य की परम्परा में पले हुए नाबोकोव ने तस्वीर का सिर्फ दूसरा पहलू ही रखा है। उसे दोष क्यों दिया जाए ? उसका अपराध यही तो है कि उसने सारा उपन्यास 'हम्बर-हम्बर' को केन्द्र बनाकर लिखा है—अपराध-स्वीकृति के रूप में ? मान लीजिए वह 'लोलिता' को केन्द्र बनाकर उसकी 'हम्बर-हम्बर' के प्रति किशोर-अनुरक्ति की कहानी लिखता तो ? 'दो महाद्वीपों की किशोरी उपन्यास-साम्राज्ञी' फ्रेन्स्वा सागाँ ने अपने 'बेस्ट-सैलरों', 'बांज्योर त्रिस्तेस', 'सर्टेन स्माइल' इत्यादि उपन्यासों में किशोरी 'लोलिता' के हम्बर-हम्बर के प्रति भावों को ही तो वाणी दी है। उसके उपन्यासों की नायिकाएँ किशोरी हैं जो प्रौढ़ नायकों के प्रति अनुरक्त हैं। दोनों मिलकर तस्वीर को पूरा ही तो करते हैं।

वस्तुतः चाहे नाबोकोव द्वारा प्रौढ़ पुरुष की किशोरी कन्या के प्रति आसक्ति का चित्रण हो या फ्रेन्स्वा सागाँ द्वारा दिखाई गई षोडषी की प्रौढ़ पुरुष के प्रति मुग्ध अनुरक्ति, दोनों ही आज के एक विकट मानसिक और आध्यात्मिक संकट की ओर इशारा करते हैं। बूढ़े किशोरियों से प्रेम करें, और किशोरियाँ बूढ़ों की वासना शान्त करें, दूसरी ओर युवक आपस में अप्राकृतिक सम्बन्ध रखें, मौक़े-बेमौक़े छुरे और पिस्तौलें लेकर टूट पड़ें, क्या 'फ्री-वर्ल्ड' की यही नैतिकता रह गई है ?

लुप्त मूल्यों और विघटित आध्यात्मिक शक्तियोंवाले दिशा-हारा समाज के मानस का प्रतिबिम्ब 'लोलिता', सभ्य और संस्कृत मनुष्य के विकसित सौन्दर्य-बोध और सुरुचि के लिए एक चुनौती और प्रश्न-चिह्न दोनों है।

[*ज्ञानोदय,* सितम्बर 1959]

'दाँते ने तुम्हें बियेत्रिस के नाम से पुकारा था'

(दाँते कॉल्ड यू बियेत्रिस)*

'कोरा कैनवस' आबिद की लम्बी कहानी है—एक बीस वर्षीय युवती शीरीन और पचास वर्ष से ऊपर के प्रौढ़ चित्रकार आबिद के बीच चलनेवाला रोचक प्रेम-प्रसंग ही कहानी की थीम है। क्या यह महज संयोग है कि अल्बर्टो मोराविया के सन् 55 के आस-पास प्रकाशित उपन्यास 'एम्प्टी कैनवस' का कथ्य भी यही है—साठ वर्ष का चित्रकार और 24-25 वर्ष की नायिका। सुनते हैं पिकासो की प्रेमिका फ्रैंस्वा जिलों की विवादास्पद 'आत्मकथा' 'लाइफ विद पिकासो' मोराविया के उपन्यास की प्रेरणा है। पिकासो ने साठ वर्ष की उम्र में पच्चीस वर्षीया जिलों से शादी की थी। (फ्रांस में इस पुस्तक पर खासा हंगामा हुआ था। कलाकारों-चित्रकारों को आपत्ति थी कि इस तरह अगर सारी पूर्व-प्रेमिकाएँ लिखने लगेंगी तो हमारी प्रतिष्ठा का क्या होगा ! उससे कुछ पहले ही आया था एल्डस हक्सले का उपन्यास 'गॉडेस एंड द जीनियस' जहाँ विश्व-प्रसिद्ध प्रौढ़ोत्तर वैज्ञानिक एक शोधार्थी युवती से विवाह कर डालता है। सत्तर के ऊपर के टामस हार्डी-प्रसंग पर समरसैट मॉम ने 'केक्स एंड एल' उपन्यास भी लिखा। उम्र के इस अन्तर का सबसे हंगामाखेज उपन्यास था नाबोकोव का 'लोलिता' जहाँ लोलिता तेरह-चौदह वर्ष की है, नायक हम्बर-हम्बर पचास से ऊपर। हिन्दी में रमेश बक्षी और राजकमल चौधरी ने इस बालिका-प्रेम पर अनेक कहानिया लिखीं। नरेश मेहता ने 'दो एकान्त' में प्रौढ़ प्रोफेसर और युवा छात्रा के प्रेम और वैवाहिक सम्बन्ध को लिया तो भगवतीचरण वर्मा ने 'वह फिर नहीं आई' में। नारी-पुरुष के बीच दोगुनी से अधिक उम्र के इस अन्तर पर कथाकारों ने हर युग में लिखा है। सत्तर वर्ष के संगीतकार रविशंकर और पच्चीस वर्षीय संगीत छात्रा के विवाह पर गिरिराज किशोर और संजीव दोनों की कहानियाँ हमारे सामने हैं। निर्मल वर्मा की कहानी 'सूखा' में भी प्रौढ़ प्रोफेसर और युवा प्रशंसिका के सम्बन्धों की गहरी पड़ताल है। लगभग आयु-विषमता का यही

---

* पॉल पौट्स की लिखी और 1960 में प्रकाशित प्रसिद्ध पुस्तक जिसमें कलाकारों-रचनाकारों की प्रेरणाओं के काव्यात्मक भाषा में गहरी संवेदना के साथ कहानियाँ और रोचक प्रसंग हैं। इन्हीं के आधार पर मुक्ता राजे (पुष्पा भारती) ने 'शुभागता' नाम से पुस्तक लिखी।

द्वन्द्व स्वयं मेरी कहानी 'हासिल' में भी है। चकित हूँ कि 'अज्ञेय' के भुवन और गौरा के बीच यह दूरी कभी सवाल बनकर क्यों नहीं आई ? वहाँ तो प्रौढ़ शिव और किशोरी पार्वती जैसी सहज-स्वीकृति है। इसे देखकर अनायास ही याद आता है हेंमिग्वे का छोटा-सा उपन्यास 'एक्रॉस द रिवर' जहाँ प्रौढ़ कर्नल, कमसिन नायिका को चूमते, प्यार करते हुए बार-बार उसे बेटी कहकर पुकारता है। आश्चर्य यह भी है कि अभी तक माधुरी दीक्षित पर फिदा अस्सी वर्षीय हुसैन को कोई कथाकार क्यों नहीं मिला ?

लेकिन कमउम्र लड़की की ओर से प्रौढ़ प्रेमी के प्रति आसक्ति पर लगभग भक्तिभाव से लिखा था सन् 54-55 के आस-पास की तूफानी युवा फ्रेंच लेखिका फ्रेन्स्वा सागाँ ने अपने 'सर्टेन स्माइल' और 'बांजोर त्रिस्ते' नाम के बहुचर्चित अत्यन्त लोकप्रिय उपन्यासों में। इसी कथ्य को अपनी परिचित गम्भीरता से सिमॉन द बोउवा भी 'शी केम टु स्टे' में पहले ही उठा चुकी थीं—प्रेमी में पितृ-छवि देखने की मुग्ध मानसिकता के साथ 'वन्स इज नॉट एनफ' में तो जैकलीन सूजन की नायिका पिता की छवि से इतनी आक्रान्त है कि एक के बाद एक प्रेमी को खारिज करती जाती है। इसी कथ्य पर सत्येन कुमार की एक बहुत सुन्दर कहानी 'खुशबू' मैंने पढ़ी थी, मुम्बई के 'सबरंग' के दीपावली विशेषांक में।

जैसा कि मैंने कहा—आयु-विषमता की प्यार-वासनाओं और कामनाओं की ये कहानियाँ हमेशा से लेखकों के आकर्षण का केन्द्र रही हैं। ब्रह्मा-सरस्वती से लेकर दाँते-गेटे तक। शायद इसके पीछे उद्दाम यौवन की गतिशीलता के लिए कलाकार का वह दुर्निवार आकर्षण है जो यशपाल की 'मक्रील' कहानी में कवि को आत्म-विसर्जन तक पहुँचा देता है। सम्बन्धों के इस समीकरण में समाज और व्यक्ति का संघर्ष नैतिक द्वन्द्व बनकर अपने चरम पर होता है—जो कभी अत्यन्त मानवीय है तो कभी नितान्त अमानुषिक। नारी-पुरुष के बीच की भावनात्मक और दैहिक चुनौतियाँ संवाद भी होती हैं और विवाद भी। बेटी की उम्र की स्त्री के प्रति दैहिक लालसा धिक्कार और दुलार का नाटक बन जाती है जिसमें लेखक को नायक और खलनायक की भूमिका एक साथ निभानी पड़ती है। चकित वह इस पर भी होता है कि कामनाओं का वह कौन-सा विस्फोट है जो न उम्र देखता है, न सामाजिक-नैतिक वर्जनाएँ...

मगर सन् 50 से 60 के बीच तो इन रचनाओं का जैसे सहसा विस्फोट हुआ। अभी तक जो रूमानी काव्य में लिपटा हुआ था, वह देह की भाषा में खुलकर सामने आया। वह वर्जनाहीन सृजन, बोल्ड लेखन के रूप में सारे विश्व का ध्यान खींच रहा था। क्या इसके पीछे साहित्य में पुरानी नैतिक वर्जनाओं का टूटना और दुनिया का विश्व-ग्राम हो जाना था या कोई गहरे सामाजिक मनोवैज्ञानिक कारण ? हो सकता है युद्ध के बाद और औपनिवेशिक साम्राज्यों के विघटन के साथ नई और पुरानी पीढ़ी के बीच का द्वन्द्व और भी उग्र हो गया हो, सम्भव है विक्टोरियन युग के पुराने आदर्शों, लक्ष्यों और नैतिकताओं के व्यर्थ और असमर्थ होने का यह दंश बहुत गहरे और अप्रत्यक्ष तरीकों से साहित्य में अभिव्यक्ति पाने लगा हो। कुछ मूल्यों और आदर्शों से चिपकी

एक बूढ़ी पीढ़ी थी जो अपनी भव्यता और दिव्यता में नयों अर्थात किशोरियों को सम्मोहित करती थी मगर शीघ्र ही यह महसूस करने लगती थी कि वह सब-कुछ व्यर्थ और अर्थहीन है। यह मोहभंग दुहरा था। स्वयं अपने अप्रासंगिक हो जाने का दंश और उधर नई पीढ़ी द्वारा सारी ईमानदारी और श्रद्धा के बावजूद मरते हुए पुराने के प्रति करुणा और क्षोभ। यही सब उम्रों का अन्तराल बनकर आ रहा था जिसकी परिणति इंग्लैंड की 'ऐंग्री यंग मैन' वाली पीढ़ी के रूप में हो रही थी—जहाँ बूढ़ों की खोखली उपलब्धियों, महत्त्वाकांक्षाओं और अतीत गरिमा में रहने की मानसिकता पर नए लोग थूक रहे थे, उसे घृणा और गुस्से से देख रहे थे। 'लुक बैक इन एंगर'—वाली ही मानसिकता सामाजिक रूप से 'अकहानी' वाली पीढ़ी की नस-नस में थी जहाँ हर पुराना घृणास्पद, तिरस्करणीय और अस्वीकार योग्य था, इसी सबकी राजनैतिक अभिव्यक्ति है—ज्यादा आधारभूत यानी जमीन और श्रम के पुराने मूल्यों को ध्वस्त करने का आत्महन्ता नक्सली उभार।

युवा-सौन्दर्य से ऊर्जा और जीवन लेकर 'पुनर्नवा' होने की वृद्ध आकांक्षा, और फिर-फिर अपनी अक्षमता का अहसास, दूसरे शब्दों में 'ययाति ग्रन्थि' कहानी का बेहद आकर्षक विषय रहा है। शील और नैतिकता के नाम पर इसे पिछवाड़े की कोठरियों में नहीं फेंका जा सकता। मैं यहाँ जान-बूझकर बाल-विवाह, दुहाजू वर या पुरुष मनोविज्ञान की उस ग्रन्थि के जिक्र से बचना चाहता हूँ जहाँ अक्षत-योनि, अनखिली कली का भोग मर्दानगी का सबूत भी है और चरक-सुश्रुत-वात्स्यायन के हिसाब से पुनर्यौवन दाता भी। भारतीय समाज के निरपवाद रूप से सामन्ती पुरुष का यह जन्मसिद्ध अधिकार रहा है। पुरुष मानसिकता में शायद सबसे गहरा धँसा स्वप्न या गाँठ यही है कि वह 'पहले व्यक्ति' के रूप में गौरी नायिका की नथ उतारे। 'नहिं पराग नहिं मधुर-मधु, नहिं विकास एहि काल, अली कली ही सौ विन्ध्यौ, आगे कौन हवाल'—मगर जैसा कि मैंने कहा इन सबका जिक्र इसलिए नहीं करूँगा कि वहाँ दूसरे पक्ष की रजामन्दी नहीं, स्थिति की विवश-स्वीकृति या बलात्कार जैसा है। ऊपरवाली जिन रचनाओं का जिक्र मैंने किया है वहाँ दूसरा पक्ष भी किन्हीं अन्य लोभ-लाभ या दबाव से मुक्त, सिर्फ़ भावनात्मक और शारीरिक स्तर पर बराबर का हिस्सेदार है।

चलते-चलते यहाँ एक शायराना तर्क की बात भी कर लें। देशी-विदेशी 'छायावादी' युग में यह विश्वास रहा है कि नारी ईश्वर की सुन्दरतम कलाकृति है। रचनाकार जब इस 'कृति' पर मुग्ध होता है तो यह एक कलाकार द्वारा दूसरे कलाकार का अभिनन्दन है—यहाँ न उम्र आड़े आती है, न वर्ग-वर्ण की दीवारें। दूसरे शब्दों में अछूते, निश्चल और निष्कलुष सौंदर्य को प्यार करना ईश्वर की वन्दना करना है—यानी कृति से कृति तक पहुँचना है। इसे ही शायद छायावाद में रहस्यवाद तक पहुँचना कहते हैं। मनोविज्ञान इसे उदात्तीकरण कहेगा। सूफियों से लेकर वाममार्गियों तक में इस 'उदात्तीकरण' की दार्शनिकताएँ भरी पड़ी हैं। यानी 'सम्भोग से समाधि तक' का दर्शन। मगर सवाल उठता है कि स्पष्ट ही यह सारा सौन्दर्य-दर्शन पुरुष की ओर से है—स्त्रियों ने भी जहाँ ऐसा

कहा है वहाँ पुरुषों की वासनाओं, कामनाओं को ही वाणी दी है—वह प्रायः ऑब्जैक्ट या 'वस्तु' ही रही है। उन्होंने अपनी असुरक्षा, पुरुष-निर्भरता को कभी पूजा का भाव देकर तो कभी अपने को पुरुष के लिए प्रलोभनीय, काम्या और रमणीया बनाकर परोसने में ही अपनी सार्थकता देखी है। लेकिन जहाँ और जब भी स्त्री अपना निर्णय लेती है कहानी वहीं ट्रेजिक होने लगती है। काश, पुरुष-वर्चस्व से मुक्त स्त्रियों द्वारा भी कुछ 'साहसी' कहानियाँ हमारे सामने होतीं जैसी पिछले दिनों 'हंस' में सुशीला टाकभौरे की कहानी 'वह नजर' (हंस-मार्च 99) में एक झलक के रूप में आई थी।

बहरहाल मैं बहुत देर तक भटक गया। आबिद सुरती के 'कोरा कैनवस' ने कुछ इतना उकसा दिया है कि खुद दो-चार ब्रश मारने से अपने आपको रोक नहीं पाया।

[*हंस,* जून 2000]

गुलामी का आनन्द और स्वतन्त्रता के खतरे

('ओ' की कहानी)

'ओ की कहानी' किसी पॉलाँ रीगे (Pauline Reage) का लिखा फ्रेंच उपन्यास है। प्रकाशकीय और दूसरी सूचनाओं के अनुसार यह नाम असली नहीं है। या तो किसी और बड़े लेखक-लेखिका ने लिखा है या फिर किसी बाजारू लेखक ने। बहरहाल शुरू की सारी भूमिकाएँ यही आग्रह करती हैं कि यह किसी लेखिका का ही दूसरा नाम है।

दस-पन्द्रह वर्षों से सुना था इस उपन्यास ने फ्रांस में तहलका मचा दिया था। 'ओ' को नारी-शरीर का प्रतीक माना गया है, कहा गया है कि सेक्स-हिंसा की जो धारा मार्क्विस द साद ने स्थापित की थी, उसकी यहाँ पुनर्प्रतिष्ठा की गई है। इतनी बात जरूर है कि उपन्यास अपने ढंग से झकझोर देनेवाली रचना है, और बेहद सावधान सजगता के साथ लिखी गई है—स्त्री के दृष्टिकोण से।

द साद की रचनाएँ ऐसे निरंकुश स्वच्छन्द पुरुषों की दमित और व्यक्त आकांक्षाओं और क्रियाओं की कहानियाँ हैं जो सब सम्पन्न हैं और सेक्स या हिंसा में किसी प्रकार के नैतिक संस्कार से मुक्त हैं। सुनसान जंगलों में अकेली हवेलियाँ, गढ़ियाँ, अँधेरे कमरे, बन्द डरावने तहखाने, यातनाएँ देने के नए-नए तरीके, मुक्त और विकृत सम्भोग के हर सम्भव समीकरण, कोड़ों, छड़ी, तलवारों से लेकर दागने-फाड़ने के सारे उपकरण, औजार, हथकड़ियाँ, बेड़ियाँ, गुलाम और हत्यारे—रोती-चीखती औरतें, नीग्रो किशोरियों की छातियों और गड़रिए लड़कों के नितम्बों के कबाबों का स्वाद बखानते हुए नर-मांसभक्षी और अपने मनोरंजन के लिए सभी कुछ बेझिझक करते निरंकुश नायक। सब मिलाकर यातना, हिंसा और सेक्स, इन्हीं तीन तत्त्वों से द साद ने उपन्यास लिखे हैं। इसलिए वहाँ खून, वीर्य और विष्ठा की 'नदियाँ' बहती हैं। एक तरह हमारे रौरव और कुम्भीपाक की सक्रिय प्रयोगशालाओं से उसकी रचनाओं की दुनिया भरी पड़ी है। शायद यही कारण है कि दो-ढाई सदी तक उसके उपन्यास 'अस्पृश्य', अश्लील और अपठनीय माने जाते रहे। वह तो इधर सिमॉन द बोउवा जैसी लेखिका ने 'फिर क्या हम साद को जला दें ?' जैसा लम्बा लेख लिखकर उसकी रचनाओं की नए सिरे से व्याख्या करने की कोशिश की है।

बोउवा कहती है कि गलत या सही, साद इसी 'दर्शन' में विश्वास करता था और

ऐसा जीवन जीने के कारण ही सोलह वर्ष जेल और पागलखाने में रहा। यह उसका अपना विश्वास और चुनाव था। इसी के माध्यम से वह फ्रांस की तत्कालीन न्याय प्रणाली और नैतिक रूढ़िवादिता को चुनौती देता रहा। 'इसी अडिग और अविचल ईमानदारी के लिए हमें साद को महान नैतिक-बोध सम्पन्न लेखक मानना पड़ेगा—यों न वह धधकता हुआ कलाकार है, न बहुत युक्तिसंगत दार्शनिक—'

बहरहाल, फ्रांसीसी क्रान्ति की उस व्यापक हिंसा और हत्याओं की मानसिकता को ही साद व्यक्तिगत स्तर पर सशक्त ढंग से अपने उपन्यासों में दुहराता है। क्रान्ति की हिंसा का समर्थक 'मॉरॉ' और व्यक्तिगत विकृत क्रूरताओं का पुरोधा या शैतानी मसीहा 'साद' दोनों एक ही युग में रहे हैं और दोनों को जेल में दिन काटने पड़े हैं। इन दोनों के काल्पनिक मिलन और संवाद को आधार बनाकर लिखा गया पीटर वैज का नाटक 'साद मॉरॉ' (Sade-marat) पिछले दिनों अमेरिका में व्यापक चर्चा का विषय रहा है। खुद 'साद' की इसी नाटकीय दुनिया को मूर्तिमान करनेवाले 'मार्क्विस द साद' नाम के साहसिक मंच-प्रदर्शन ने अमरीकन पत्र-पत्रिकाओं में हंगामा मचा दिया था।

इसलिए, हममें से जो सिर्फ यह समझते थे कि 'साद' अंग्रेजी भाषा को 'सैडिज्म' शब्द देकर ही दफा हो गया, वे बहुत बड़े भ्रम में हैं। उसकी परम्परा यूरोप और अमेरिका के साहित्य और जीवन में किसी न किसी रूप में चलती रही है। यानी साद बार-बार विचार और लेखन की दुनिया में अवतार लेता है। इस बार आया है 'ओ' की कहानी बनकर।

ओ की कहानी अश्लील नहीं, आतंकप्रद है, क्योंकि इसके पीछे पुरुष-सत्ता की साजिश है। यों तत्त्व वही 'साद' वाले हैं। इस कहानी से पहले छपी और अपनी 'अश्लीलता के कारण चर्चित फैंटेसी' 'आँख की कहानी' 'स्टोरी ऑफ आई' (लेखक George Bataille) के परिशिष्ट में अश्लील लेखन की विशेषज्ञ सूजन सैटिंग ने अश्लीलता 'फूहड़' या गँवारू शब्दों और सम्भोग क्रियाओं को बार-बार दोहराने में मानी है--या फिर विज्ञान कथाओं की तरह कल्पना के अतिमानवीय विस्तार में (जैसे बुरी तरह कोड़े और हंटरों से लहू-लुहान औरतों का अगले दिन फिर तरोताजा हो जाना, या पुरुषों का दानवीय अतिशयोक्तिपूर्ण पौरुष)। हैनरी मिलर जैसों में यह सिर्फ शब्दों और क्रियाओं के विवरणों तक ही सीमित है, हाँ खून, वीर्य और विष्ठा-प्रेम जरूर साद जैसा ही है। ओ की कहानी में यह दोनों ही नहीं हैं, शरीर के विभिन्न अंगों के नाम भी साद जैसे अहंकारी खुलेपन से नहीं, काफी शिष्ट और सभ्य ढंग से दिए गए हैं। जहाँ तक अप्राकृतिक सम्भोग या विकृत यौन-कृत्यों का सवाल है, उस बारे में कॉलिन विल्सन बहुत पहले लिख चुका है कि जब से सम्भोग को हमने सन्तानोत्पत्ति से हटाकर आनन्द का स्रोत बनाया, अप्राकृतिक दृष्टिकोण का सूत्रपात तभी से हो गया था। जब आनन्द ही लक्ष्य हो तो अप्राकृतिक और विकृत कुछ नहीं होता—न उसकी कोई सीमा होती है। यही वात्स्यायन भी कहते हैं।

बोउवा का मानना है, 'जो व्यक्ति दूसरों की यातना के लिए हृदयहीन हो सकता

है, वह खुद अपनी तकलीफ के लिए पहले ही संवेदनहीन हो चुका होता है' इसलिए वहाँ हमें उत्तेजन नहीं, संवेदनशून्यता ही देखनी चाहिए। 'ओ' की कहानी इसी ठंडेपन और संवेदनशून्यता की कहानी है, बेहद क्रूरता से गुलामी के मिथ को चरम तक ले जाने की वकालत है इसलिए दहशत जगाती है।

रेने, ओ को बहुत प्यार करता है। इसलिए उसे रोस्सी नामक अड्डे पर छोड़ आता है। यह सुनसान जगह परम रहस्यमयी किस्म की बड़ी हवेली है, जहाँ 'ओ' की आँखों पर पट्टी बाँधकर ले जाया जाता है। यहाँ चार-पाँच स्वच्छन्द किस्म के रईस (लिबर्टीन) हैं। नौकर-नौकरानियाँ हैं—यातना के तरह-तरह के औजार और उपकरण हैं। जहाँ सुबह-शाम नियम से ओ के सारे कपड़े उतारकर हंटरों और कोड़ों से बाकायदा धुनाई होती है, अप्राकृतिक सम्भोग या शरीर के साथ तरह-तरह से नोच-खसोट होती है। उसे पहले बता दिया जाता है कि उसके चीखने-चिल्लाने या दया की गुहारों का कोई असर नहीं होगा। कभी गले, कलाइयों, पाँवों में चमड़े के पट्टे बाँधकर दीवार से लटकाकर पीटा जाता है, तो कभी स्टूल पर लिटाकर। वह सबकी साझी सम्पत्ति है। बीच-बीच में रेने भी आता है और 'मैं तुम्हें बहुत प्यार करता हूँ' या 'मैं तुम्हें बहुत प्यार करती हूँ' के वाक्यों, चुम्बन-आलिंगनों के बाद उसे उन्हीं स्वच्छन्द लोगों को सौंपकर चला जाता है, कभी-कभी शायद उन्हीं के बीच बना भी रहता है, मानो 'ओ' के प्यार की परीक्षा ले रहा हो। हाँ, जब उस पर हंटर बरसाए जाते हैं तो ये लोग चेहरे पर नकाबें पहन लेते हैं। इस तरह पन्द्रह दिनों में उसके भीतर के सारे प्रतिरोध और अलग-अलग व्यक्तियों की पहचान समाप्त कर दी जाती है। उसे स्पष्ट शब्दों में बता दिया जाता है, 'तुम्हारे शरीर का कोई भी भाग तुम्हारा अपना नहीं है। उस पर हमारा और सिर्फ हमारा अधिकार है, हम उसका जैसा चाहें उपयोग करें। और तुम प्रतिरोध नहीं करोगी। तुम हमेशा होंठ खुले और टाँगें चौड़ी रखोगी, अन्दर कोई कपड़ा नहीं पहनोगी। तुम्हें जो अँगूठी पहनाई जा रही है उसका अर्थ है कि जो भी हमारे क्लब का सदस्य तुम्हें मिलेगा तुम उसकी हर वासना पूरी करोगी, आँख-से-आँख मिलाकर नहीं देखोगी।' आज्ञापालन न करने पर दैनिक सजा के अतिरिक्त सजा मिलेगी।

यातनाओं की इस दीक्षा के बाद रेने उसे अपने यहाँ ले आता है। बार-बार दिखाया यही गया है कि ओ, रेने को बहुत प्यार करती है और उसकी खुशी के लिए ये सारी यातनाएँ बर्दाश्त कर रही है, इसके बाद रेने उसे ले जाता है अपने एक रिश्तेदार सर स्टीफेंस के पास। 'आज से तुम इनकी हो, ये तुम्हारा जो चाहें उपयोग करें।' फिर शुरू होता है वही अप्राकृतिक सम्भोगों, कोड़ों और हंटरों का सिलसिला—चमड़े के पट्टे, चीखों और कराहों को रोकने के लिए मुँह में ठूँसे जानेवाले गट्टे, लटकानेवाली जंजीरें। रोस्सी में ओ को 'पालतू' बनाने, बताए गए नियमों का उल्लंघन करने या प्रतिरोध का शब्द मुँह से निकालने के लिए धुनाई होती थी, यहाँ मनोरंजन और उत्तेजना के लिए होती है। बीच में जैकलीन प्रसंग भी है। जैकलीन मॉडेल है, खूबसूरत और लेस्बियन—उसे ओ बेहद प्यार करती है। सर स्टीफेंस की माँग है कि जैकलीन को रेने के प्यार में

डालकर रोस्सी पहुँचाया जाए ताकि उसे भी पालतू बनाया जा सके। ओ का काम है कि जैकलीन को पढ़ाकर रोस्सी जाने को तैयार करे। हाँ, सर स्टीफेंस शुरू में ही ओ को बता देता है कि 'अगर तुम चाहो तो यहाँ से जा सकती है, अगर यहाँ रहोगी तो मैं तुम्हारा चाहे जैसा उपयोग करूँगा।' ओ यहीं रहना पसन्द करती है। रेने सिर्फ ओ को स्टीफेंस के यहाँ लाने-ले-जाने का काम करता है। स्टीफेंस का आदेश है कि 'तुम रेने को नहीं, मुझे प्यार करोगी।' रेने के प्यार की मारी ओ में यह इच्छा भी नहीं है कि विरोध कर सके। अब वह पूरी तरह सर स्टीफेंस की चीज है, रोस्सी वाले लोग भी आते हैं—इन दोनों के सामने ही ओ का उपभोग करते हैं। फिर स्टीफेंस तय करता है कि ओ मेरी है, उस पर बाकायदा मेरा ठप्पा लगना चाहिए। वह उसे अन्ना मेरी के यहाँ छोड़ आता है।

अन्ना मेरी का भी उसी तरह का तामझाम है। (दीवारों-सलाखों से घिरे बड़े बाग में हवेली, दुहरी खिड़कियों और कॉर्क मढ़े कमरे ताकि चीख-पुकारें बाहर न जाएँ।) सुबह शाम कोड़ों और हंटरों से पिटाई, विभिन्न मुद्राओं में बाँधनेवाली टिखटियाँ—मदद के लिए दो लड़कियाँ, नौकर-चाकर। यहाँ दो-चार दिन पिटाई के बाद एक दिन उसके दोनों नितम्बों पर सर स्टीफेंस और उसके अपने नाम के पहले अक्षर ठीक वैसे ही गर्म ठप्पों से दाग दिए जाते हैं जैसे घोड़े या बैलों के। फिर सर स्टीफेंस की उपस्थिति में ओ की योनि में दो छल्ले इस तरह नाथ दिए जाते हैं कि बिना छेनी-हथौड़े के उन्हें निकाल पाना मुश्किल है। इन कड़ियों से दो तमगे (पैंडुलम) लटके हैं और उन पर भी सर स्टीफेंस और ओ के नामों के पहले अक्षर खुदे हैं। अब ओ बाकायदा स्टीफेंस की गुलाम या पालतू पशु है—उसे आदेश दिया जाता है कि इन निशानों को तुम छिपाने की कोशिश नहीं करोगी, सारी दुनिया जान ले कि तुम सर स्टीफेंस की निजी सम्पत्ति हो—

अन्ना मेरी के यहाँ से लौटकर कुछ दिनों बाद (जैकलीन कहीं चली गई है) रोस्सी का कमांडर आता है और ओ को एक रात्रि-पार्टी में ले जाया जाता है। ओ के सिर से लेकर कन्धों तक उल्लू की शक्ल का मुखौटा पहना दिया जाता है, सारा शरीर नंगा है, हाथ पीछे बँधे हैं, और एक लम्बी साँकल उसकी जाँघों के बीच लटकी कड़ियों से बँधी है। इस जंजीर को पकड़कर आगे-आगे चल रही है जैकलीन की छोटी बहन नताली, सर स्टीफेंस के साथ। नताली ओ के 'सौभाग्य' से ईर्ष्या करती है और इसी 'सुख' को अपनाना चाहती है। लेकिन इस समय सिर्फ गवाह और सहायिका की तरह हर यन्त्रणा की दर्शक के रूप में हमेशा ओ के साथ है। इसे बाद में रोस्सी भेजा जाएगा।

खुले आँगन में पार्टी चल रही है। पत्थर की एक बेंच पर ओ बैठी है, उल्लू का चेहरा ओढ़े हुए, मानो वह मूर्ति है। नीचे जंजीरें पकड़े बैठी है नताली। नाचते-गाते जोड़े आते हैं, उसे देखते हैं, जाँघों के बीच लटकते बिल्लों को पढ़ते हैं और फिर अपने में व्यस्त हो जाते हैं। ओ से सीधे कोई कुछ नहीं बोलता। सुबह दिन निकलने तक यही सिलसिला चलता है। एक बहुत खूबसूरत अमेरिकन लड़की ओ के पास बैठकर उसके अंग-प्रत्यंग की जाँच करती है। छातियाँ दबाती है, जंजीरों को कैसे पिरोया गया है, यह

देखती है और जब उसका साथी कहता है कि यही सब-कुछ वह उसके साथ भी करना चाहता है तो लड़की को कोई धक्का नहीं लगता। सुबह ओ की जंजीरें खोल दी जाती हैं, मुखौटा उतार दिया जाता है, आँगन के बीच बड़े पीढ़े पर लिटाकर सर स्टीफेंस और उसके साथी बारी-बारी से अपने मनचाहे ढंग से उसे प्राप्त करते हैं।

कायदे से यह उपन्यास यहीं समाप्त हो जाता है। बाद में इसका एक और अन्त दिया गया है कि सर स्टीफेंस ओ को वापस रोस्सी छोड़ने आता है। स्टीफेंस को जाते देखकर ओ कहती है कि उसका साथ छोड़ने से तो वह मर जाना ज्यादा पसन्द करेगी, इस पर स्टीफेंस सहमति जता देता है—

साद की कहानियाँ निरंकुश लोगों के कोण से लिखी गई हैं, ओ की कहानी ओ की ओर से है। स्त्री का शरीर धारण करने के अपराध में एक जीती-जागती औरत कैसे धीरे-धीरे मांस के बेजान लौंदे में अपनी इच्छा या सहमति से बदल दी जाती है—यह उस प्रक्रिया की खौफनाक कहानी है। ओ को हर पल विश्वास यही है कि वह सब वह रेने के प्यार के लिए, उसकी खुशियों के लिए कर रही है। प्यार के लिए पाई जानेवाली इन निरन्तर यन्त्रणाओं, शारीरिक दुरुपयोगों और क्रमशः अपने आपको 'छोड़ते' चले जाने में समीक्षक ज्याँ पॉल्हेन (Jean Paulhan) एक आध्यात्मिकता देखता है। यह संश्लिष्टता उपन्यास में है कि कभी ओ अपना शरीर इन निरंकुशों के हवाले छोड़कर निरन्तर ऊपर उठती हुई लगती है तो कभी बेजुबान पशु और लोथ बनती हुई। उल्लूवाला मुखौटा पश्चिमी विश्वास के अनुसार ओ के अनासक्त और 'बोधिसत्व' हो जाने का संकेत भी देता है और उसके सिर्फ बेचेहरा पशु में बदल दिए जाने का भी। कहने की जरूरत नहीं है कि ओ के साथ ठीक वही प्रक्रिया इस्तेमाल की जाती है जो वेश्या बनाने के लिए इस्तेमाल होती है यानी शारीरिक यातनाओं से उसके भीतरी प्रतिरोध को तोड़ना और निरन्तर अनेक लोगों द्वारा, बलात्कार द्वारा व्यक्तियों की अलग-अलग पहचान और अपनी इच्छा को समाप्त कर देना—अन्त तक ओ के पास न अपने प्रेमी को चुनने की चेतना है और न शरीर के होने की। यहाँ तक कि जीवन के चुनाव का बोध भी समाप्त हो गया है।

मुझे ओ कहानी भारतीय लड़कियों और औरतों की इस आकांक्षा का विस्तार लगती है जो अक्सर कहती हैं कि जीवन साथी के रूप में उन्हें ऐसा मर्द चाहिए जो उन पर शासन कर सके, उन्हें डॉमिनेट कर सके, जो अपनी इच्छा के अनुसार उन्हें चलाए—यानी जो उन्हें गुलाम बना ले। ओ के भीतर की गुलामी की यह आकांक्षा ही उसे क्रमशः कठपुतली बनाने की प्रक्रिया में डाल देती है। जब मैं अपने व्यक्तित्व को विसर्जित करके खुद को दूसरे के हाथों में सौंपता हूँ तो यह उसकी इच्छा है कि किस सीमा तक वह मेरा क्या करे। नाथे जाने के बाद जब सर स्टीफेंस ओ को एक होटल के अकेले कमरे में ले जाता है तो ट्रे में बाकायदा करीने से रखे कोड़े, हंटर, चाबुक सामने पेश करके उससे पूछा जाता है कि ओ किसका 'स्वाद' लेना पसन्द करेगी और वह इशारे से बताती है। ज्याँ पॉल्हेन ने (लोगों को शक है कि उपन्यास इसी ने छद्म नाम से लिखा है, क्योंकि पॉल्हेन के उपन्यास 'इमेज' की भूमिका लिखने के सिवा पॉलाँ रीगे

को न किसी ने कहीं देखा, न उसका लिखा कुछ पढ़ा) भूमिका का नाम दिया है 'गुलामी का आनन्द'। इसमें 'ओ की कहानी' की तेजस्वी वकालत की गई है।

यह सच है कि इस कथा के पात्र जब कोड़े मारते हैं, गुदा या मुख-मैथुन करते हैं (प्रायः स्वाभाविक मैथुन नहीं करते) तो साद के पात्रों की तरह उसमें आनन्द नहीं लेते–सिर्फ एक कर्त्तव्य-भावना की तरह तटस्थता से सारा काम सर-अंजाम देते हैं। जैसे कोई डॉक्टर ऑप्रेशन कर रहा हो या कोई अघोरी तान्त्रिक अनुष्ठान किया जा रहा हो।

उधर गुलामी और यातनाओं में सुख और आन्तरिक तृप्ति पानेवाली ओ की आकांक्षा है कि 'हिम्मत हो तो मुझे इसी पिंजरे में कैद रखो, चाहो तो कभी-कभी थोड़ा दाना-पानी दे दो–जो कुछ मुझे बीमारी या मौत के करीब ले जाता है, वही मुझे ज्यादा वफादार बनाता है। जब तुम मुझे यातनाएँ देते हो–तभी मैं अपने को अधिक सुरक्षित और संरक्षित महसूस करती हूँ। अगर तुम्हें ईश्वर की तरह अपना कर्त्तव्य-पालन नहीं करना था तो मेरा ईश्वर बनने के लिए तैयार होने की भी कोई जरूरत नहीं थी–'

यहीं वह माँग करती है, 'जब भी मेरे पास आओ तो तुम्हारे हाथ में चाबुक होना चाहिए–मेरी कल्पना, मेरे ये उल्टे-सीधे सपने ही मुझे तुमसे दूर ले जाते हैं, तुम्हारे प्रति बेवफा बनाते हैं। मुझे कुचल डालो, इन सपनों से मेरी जान छुड़ाओ, मुझे मुक्ति दो–मेरे साथ जो भी तुम बन पड़े करो, ताकि तुम्हारे प्रति बेवफा होने की मानसिक फुर्सत ही मुझे न मिल पाए–'

ओ की यह माँग, उस भारतीय भक्त और साधक की माँग है जो अपने शरीर को सिर्फ इसलिए यातनाएँ देता है कि स्वप्न में ईश्वर के अलावा कुछ न सोच सके–'ऐसी जु हों जानता कि जैसे तू विसय के संग, ऐ रे मन मेरे हाथ-पाय तेरे तौरतो–'। भारतीय पत्नी की इसी गुलामी को तो नीतिकारों ने महिमान्वित किया है, 'सपनेहु आन पुरुष मन नाहीं–' भारतीय नारी जब उच्छ्वसित होकर कहती है कि 'तुम्हारे बिना भी मैं कैसे जिन्दा रही, अपने इस अपराध को कभी माफ नहीं कर पाऊँगी–' तो वह ऐसी ही यन्त्रणाओंवाले प्रायश्चित की माँग करती है। आज भी हजारों भारतीय सती-साध्वी पत्नियाँ पतियों द्वारा बाकायदा की जानेवाली पिटाई को उसका अधिकार या प्यार मानकर खुश रहती हैं।

ओ इन यातनाओं के माध्यम से अपने इसी 'स्व' के विसर्जन का 'आनन्द' भोगती है। कहने की जरूरत नहीं है कि नारी-मुक्ति के जवाब में ही शायद ओ की कहानी लिखी गई है–स्वतन्त्र व्यक्तित्व और खुद अपने जीवन का चुनाव करनेवाली औरतों के मुँह पर तमाचे की तरह–

मैं समझ नहीं पा रहा हूँ कि पुरुष के सत्तांध अहंकार की पुनर्स्थापना के रूप में ओ की कहानी को लिया जाए या इस रूप में कि हजारों सालों की गुलामी ने औरत को सचमुच इस हद तक कुचल डाला है कि स्वतन्त्र हो जाने के हर अवसर को वह ठुकरा देती है और अन्त में मुक्ति की अपेक्षा मृत्यु का वरण करती है।

ओ की इस स्थिति की वकालत के लिए ज्याँ पॉल्हेन एक कहानी से अपनी

भूमिका शुरू करता है : 1838 में बार्वाडोज द्वीप में एक बार दो सौ हब्शी मर्द-औरत गुलामों ने विद्रोह किया। ये लोग अभी-अभी एक अध्यादेश के तहत स्वतन्त्र हुए थे। उनकी माँग थी कि उन्हें फिर से गुलाम बना लिया जाए। मालिक ने उनकी यह माँग अस्वीकार कर दी तो गुलामों ने उसे बाल-बच्चों सहित कत्ल कर डाला। उसी शाम उन्होंने अपने दड़बों, कोठरियों, पंचायत-घरों और पुराने 'गुलामी के रीति-रिवाजों' को फिर से चालू कर दिया—यह गुलामी के खून में बस जाने का उदाहरण है जिसे कामू ने अपनी 'अतिथि' नाम की कहानी में और भी शक्तिशाली ढंग से लिखा है। यातनाओं से बचने के लिए किसी तरह छूटकर भागा हुआ गुलाम एक घर में रात बिताता है। सुबह मेजबान उसे आगे भाग जाने की राह बता देता है, 'आगे सड़क दो हिस्सों में फटती है। एक रास्ता तुम्हें मुक्ति की दिशा में ले जाएगा, दूसरा वहीं जहाँ से आए हो—' और गुलाम वापस लौटने का रास्ता चुनता है, क्योंकि मुक्ति को उसने नियति मानकर नहीं, सिर्फ अतिथि की मानसिकता से चुना था। मुक्ति का मार्ग अनजाना है, खतरनाक है और बेहद ऊबड़-खाबड़ है। इसलिए गुलाम अपने परिचित रास्ते में ही अपनी सुरक्षा और सुख खोजता है। वस्तुतः यह चुनाव नहीं, हजारों वर्षों का एक अभ्यास (कंडीशनिंग) है, जो नस-नस (सिस्टम) में समा गया है, रग-रेशे में घुल गया है—जिसे ओ कहती है 'गुलामी का आनन्द'। और ओ के 'सुख' की बात करते हुए ज्याँ पॉल्हेन झुँझलाकर कहता है 'मैं जानता हूँ यहाँ कोई-न-कोई उल्लू का 'पट्ठा' आत्मपीड़न को 'आनन्द' का नाम देने जा रहा है। वस्तुतः यह 'ओ' के अस्तित्व की माँग है, आत्मा की जरूरत है।'

मानो बोउवा के शब्दों में ओ कहना चाहती है : 'शिकार चाहे विद्रोह करे या कन्धे डाल दे, इस विरोध और समर्पण के बीच झूलते इस व्यक्ति से यन्त्रणा देनेवाले की सिर्फ और सिर्फ एक ही माँग होती है कि मेरी खुशी, मेरी मनमानी ही तुम्हारी नियति है। इस स्थिति का बेशर्त स्वीकार ही उसे अपने यन्त्रणादाता के साथ घनिष्ठ रूप से जोड़े रखता है। वे सचमुच आपस में एक आदर्श 'जोड़ा' बन जाते हैं।'

कभी-कभी मैं सोचता हूँ कि फ्रांस—या कहना चाहिए मानव-स्वभाव, अजीब 'अन्तर्विरोधों' की चीज है जहाँ कभी आत्महन्ता दासता की चरम कथा के रूप में 'ओ' की कहानी हमें झकझोरती है तो कभी 'पैपियों' जैसी आत्मकथा दुनिया हिला देती है। हैनरी शैरियर को लगता है कि वह हत्या के झूठे मुकदमे में फँसा दिया गया है और घोषणा करता है कि दुनिया की कोई जेल उसे बाँधकर नहीं रख पाएगी। तेरह साल में नौ बार वह दुनिया की भयंकरतम जेलें तोड़कर भागता है, बड़े-बड़े नाविकों और दुस्साहसियों को स्तब्ध कर देने वाली समुद्री यात्राएँ करता है, हर बार पकड़े जाने पर उसका संकल्प और भी दृढ़ हो जाता है, 'दुनिया की कोई ताकत मेरी स्वतन्त्रता नहीं छीन सकती, मुझे गुलाम नहीं बना सकती।'

सचमुच लोमहर्षक और रोमांचकारी कहानी है 'पैपियों' की—ओ से एकदम विपरीत और विलोम। शैरियर को अपनी वकालत के लिए किसी ज्याँ पॉल्हेन की जरूरत

नहीं है। और स्वतन्त्रता की इसी चेतना का बूँद-बूँद करके मरते चले जाना 'ओ की कहानी' को भयावह और 'अश्लील' बनाता है, यौन विकृतियों और यन्त्रणाओं के विवरण नहीं।

['काँटे की बात', *हंस,* जून 1987]

Women chained as sex slaves

THREE young, partially nude and starving women apparently held for months as sex slaves, were found chained to a sever pipe in a house where, the police said, they also discovered human remains, reports Reuter from Philadelphia.

The police said on Wednesday that they had identified parts of at least two other women in the house owned by Gary Heidnik, 42, a wealthy, self-described minister who drove a Rolls Royce and other expensive cars.

They also said that remains of a third woman were found in a vacant house across the river in Camden, New Jersey.

The police said the three women were found chained in Heidnik's row house in a working-class neighbourhood in the northern part of the city after a fourth woman, out for a ride with him in his Cadillac, escaped on Tuesday night.

She told authorities she had been kidnapped four months ago, held against her will and repeatedly raped.

[FRIDAY, MARCH 27, 1987, THE TIMES OF INDIA, NEW DELHI.]

दुर्ग-द्वार पर दस्तकें
(कात्यायनी से क्षमा सहित)

इतिहास ऐसा निर्बचाव अजगर है कि जो इससे मुक्त नहीं हो पाते वे इसकी चपेट और लपेट में होते हैं। वे अशरीरी भूत और प्रेत बनकर बरगदों-पीपलों, खंडहरों-बावड़ियों के अँधेरों में बैठे रहते हैं और कभी-कभी प्रकट होकर आनेवालों को सन्त्रस्त करते हैं। वे या तो सिद्धों के आह्वान पर हमारे बीच आते हैं या हमारी असावधानियों का फायदा उठाकर छापा मारते हैं। उनका मूल स्थान अतीत के खंडहर हैं। वे तरह-तरह के प्रलोभनों और गौरव-गाथाओं के जादू से हमें वहीं बुलाते हैं; हमारे बीच आते भी हैं तो सिर्फ हमें डरा-धमकाकर वहीं ले जाने के लिए। वर्तमान उनके लिए अतीत-यात्रा का प्रस्थान-बिन्दु है। जो इन रास्तों और यात्राओं से ही इनकार कर देते हैं, इतिहास उनके लिए मुक्ति है। बोझ नहीं, बोध है। यह इतिहास-बोध उन्हें विवेक देता है कि वे दूसरों के अतिरंजित अतीत को अपना भविष्य मानने से इनकार कर दें। भारतीय परिदृश्य पर इन दो विरोधी इतिहास-दृष्टियों का द्वन्द्व अधिक खुलकर सामने आने को है। सांस्कृतिक राष्ट्रवादियों के लिए अतीत और इतिहास स्वर्ग है, दलितों और स्त्रियों के लिए नरक...एक लौट-लौटकर वहाँ जाना चाहता है, दूसरा उन यातना-गृहों की याद से काँप उठता है। वे महिमा-मंडित वध-मंडप उन्हें ही मुबारक हों...वहाँ हमारे लिए गर्व करने और गौरवान्वित होने के लिए है क्या ?—वही सवर्णों, पुरुषार्थियों और समर्थों की सेवा में जीवन झोंक देनेवाली त्याग-बलिदान की मन-गढ़न्त कहानियाँ और हत्याएँ, पुराने पापों के फलस्वरूप पतित या नारी-जीवन पाने की मजबूरियाँ, बेगार यानी निष्काम कर्म की महिमाएँ और जहाँ हैं वहीं बने रहने का सन्तोष...अपने भाग्य और भविष्य को न बदलने के दर्शन...हाशियों और तहखानों में फेंक दिए गए लोगों की गुमनाम गाथाएँ...

कुछ वर्ष पहले *हंस* में अश्वेत अमेरिकन लेखक रिचर्ड राइट की एक कहानी आई थी...'सुरंगों में घूमता आदमी'। इसका फरार अश्वेत नायक पुलिस की निगाहों से बचने के लिए सीवेज का ढक्कन उठाकर सड़कों के नीचे गन्दगी बहानेवाली सुरंगों में उतर जाता है—जहाँ कीचड़-बदबूभरा पानी इधर-से-उधर बह रहा है। वह आश्चर्य से पाता है कि सारे शहर के नीचे बड़े-बड़े पाइपों की बनाई गई सुरंगों का जाल बिछा है—कहीं-

कहीं हवा और रोशनी के लिए झरोखे बने हैं, कहीं ऊपर के लिए लोहे की नसैनियाँ हैं तो कहीं दो तरफ से आनेवाले पाइपों के पानी के कुंड। इन्हीं भूल-भुलैयों में भटकने की लोमहर्षक यात्रा का वर्णन इस कहानी में है। कुछ ही ऊपर सड़कों पर चलते यातायात का शोर है, सैकड़ों मंजिलोंवाली इमारतें हैं, लोगों की आवाजाही है, ऊपर-नीचे जाती लिफ्टें हैं या सीवेज के ढक्कन खोलकर उतरते, गन्दगी साफ करते लोग हैं, एक गहमागहमी-भरी जिन्दगी अपनी सहज-स्वाभाविक गति से चल रही है और इसी के नीचे एक आदमी है जो गन्दी-अँधेरी सुरंगों में भटक रहा है—सबकी निगाहों से बचता, अपने आपको छिपाता मगर मुक्ति की तलाश में बेचैन...

सिर्फ अमेरिकी जीवन का नहीं, सम्पूर्ण भारतीय समाज का यह एक रूपक है...करोड़ों लोगों का एक समुदाय है जो हजारों सालों से न जाने किन सुरंगों में भटकता, दम तोड़ता रहता है—वह न कहीं हमारे साहित्य में आ पाता है, न संस्कृति और इतिहास में। बस्तियों से बाहर, जंगलों-पहाड़ों में, खेतों-खदानों में लाखों लोग अदृश्य जिन्दगी जीते रहते हैं। हमारे लिए अपने श्रम और सेवा समर्पित करते रहते हैं—मगर हम उन्हें कहीं नहीं देखते। घर-घर में पर्दों के पीछे अनाम प्राणियों की कतार हमारी सेवा करती और वंश चलाती रहती है, मगर उनका होना हमारी अपनी बड़ी दुनिया में कोई मायने नहीं रखता। वे छायाएँ जन्म-मरण के उत्सवों, व्रत-त्योहारों या पूजा-कीर्तनों में सिर्फ सुनाई और दिखाई देती हैं—ये सारे अवसर भी मूलतः हमारे यानी पुरुषों के योग-क्षेम के लिए होते हैं। इनके सारे फैसले हम लेते हैं, इन सबका जीना-मरना हमारी इच्छा पर है। हम सत्ता के बड़े खेल के खिलाड़ी हैं, हम खुद सत्ता हैं—स्त्रियों और दलितों के करोड़ों अदृश्य हाथ हमारे सिंहासन उठाए हुए हैं।

बीसवीं शताब्दी की सबसे बड़ी उपलब्धि जनतन्त्र इसीलिए है कि इसके माध्यम से हाशियों में पड़ी गुमनाम मानवता केन्द्र में आई है। उन्होंने सालों से चले आते सामाजिक सोच को बदला है, सत्ता-समीकरणों को उलट-पुलट दिया है और गैर-बराबरी के सारे दर्शनों को प्रश्नांकित कर दिया है। वह सामाजिक न्याय-चेतना की सदी भी है। शायद पिछली शताब्दियों में कोई सोच भी नहीं सकता था कि राष्ट्रपति से लेकर मन्त्री-मुख्यमन्त्री तक वे लोग होंगे जिनकी छाया हमारे सारे पुण्यकर्मी जीवन को नष्ट करने के लिए काफी है। देश की प्रधानमन्त्री एक (विधर्मी) औरत बनेगी—वह भी विधवा। सब मिलाकर सम्पत्ति, श्रम और सेक्स को लेकर जो व्यापक पुनर्विचार हुए उन्होंने सारी सामन्ती यानी सांस्कृतिक राष्ट्रवादी व्यवस्था की चूलें हिला दीं। करोड़ों लोगों को भविष्य दिखाई देने लगा तो कुछ घिघियाकर अतीत से और अधिक जा चिपके। इसे इतिहास-ग्रस्तता और इतिहास-मुक्ति का द्वन्द्व भी कह सकते हैं। इतिहास-ग्रस्तों की जिद, आग्रह और चालाकी है कि जैसे भी हो हमारे इस गौरवमय अतीत को बचा लो : देखो, उसमें बहुत कुछ है जो तुम्हारे लिए और तुम्हारे पक्ष में है, नहीं है तो हम तोड़-मरोड़कर, जोड़-घटा देंगे, उसे तुम्हारे पक्ष में कर देंगे। मगर जैसे भी हो उसे बचाना है। वह नहीं रहेगा तो हम नहीं रहेंगे। उधर दलितों और स्त्रियों को किसी भी तरह नहीं

लगता कि वह इतिहास, संस्कृति, दार्शनिकता उनकी अपनी है। वह मूलतः उनका अपना है भी नहीं। वह ब्राह्मणवादी वर्चस्व का रोजनामचा है। इसलिए दलितों और स्त्रियों के पास सिर्फ वर्तमान है और भविष्य की ओर जाने की मजबूरी है क्योंकि पीछे जो भी है वह शर्मनाक है, हत्याओं और यातनाओं का महिमान्वीकरण है, अपने इतिहास को ही बहु-संख्यकों का इतिहास बनाने के आतंक का दूसरा नाम 'सांस्कृतिक राष्ट्रवाद' है।

कहते हैं, हर व्यवस्था के अन्तर्विरोध स्वयं उसी के भीतर होते हैं। हमारे साहित्य में भी वे शुरू से रहे हैं—तुलसीदास यथास्थितिवादी हैं तो कबीर परिवर्तनकामी। उन्नीसवीं शताब्दी में भी राजा शिवप्रसाद 'सितारे हिन्द' सत्ता और व्यवस्था दोनों के समर्थक हैं--तो भारतेन्दु लोकोन्मुख असहमतियों के वैतालिक। प्रसाद सांस्कृतिक और ऐतिहासिक हैं, तो निराला उसी सांस्कृतिक दार्शनिकता से मुक्ति के प्रतीक। प्रसाद *तितली* और *कंकाल* में हिन्दुत्व के भव्य और विराट से मोहभंग तक आकर रुक जाते हैं, तो राम की शक्ति-साधना से होते हुए निराला सीधे 'चतुरी चमार' तक पहुँचते हैं। रामचन्द्र शुक्ल, अभिजात बौद्धिक वितान में बैठे रस और काव्य-शास्त्र की बात जरूर करते हैं, मगर उनके लोकमंगल में वह लोक नहीं है जो हजारीप्रसाद द्विवेदी को बार-बार अपने साथ जोड़ने का आमन्त्रण देता है। शेखर के धुले-पुँछे सुदर्शन व्यक्तित्व के सामने होरी गँवार, फूहड़ और भदेस किसान है, मगर अपनी सारी बौद्धिक तेजस्विता के बावजूद *शेखर* इतिहास है, होरी भविष्य। चला भले ही हमेशा से आता रहा हो, मगर शास्त्र और लोक का यह द्वन्द्व स्वतन्त्रता के बाद जिस निर्णायक दौर से गुजर रहा है वैसा साहित्य में कभी नहीं हुआ। शास्त्र अतीतगामी और यथास्थितिवादी है, लोक भविष्यवादी और परिवर्तनकामी। वह हाशियों पर फेंके गए अदृश्य मनुष्य को केन्द्र में लाता है...यानी वह हमें इतिहास से मुक्त करता है। संयोग नहीं है कि देश में जनतान्त्रिक संविधान के बाद हिन्दी कथा-साहित्य में इतिहास-ग्रस्त रचनाएँ एकदम अनुपस्थित हैं।

निश्चय ही हमारी मध्यवर्गीय सौन्दर्याभिरुचि के अभ्यास की रोशनी में *शेखर* उत्कृष्ट और कलात्मक उपन्यास है, उसके मुकाबले *गोदान* अनगढ़ और कलाहीन...होने को शेखर जेल में है और उसे फाँसी की सजा होनी है—मगर यह सब उसकी सीमा नहीं है। वह इस यथार्थ के पार जाता है और रियलाइज करता है कि विचार और दर्शन की अस्तित्ववादी समस्याएँ ही वास्तविक हैं। वह अपने होने और बनने की गुत्थियों से जूझती चेतना है। संसार उसके लिए इस चिन्तन-मनन की सामग्री या रॉ-मैटीरियल है। उधर होरी के लिए उसका यथार्थ ही उसकी वास्तविकता है, उसी से जूझते हुए उसे अपनी निष्कृति तलाश करनी है। उसका अस्तित्व, जीवन-जगत की दार्शनिकताओं में उतरने का प्रस्थान-बिन्दु नहीं है। होरी अपने होने में ही कैद है, व्यवस्था बदले बिना जिसे निजात नहीं है। उसके पास संघर्ष के सिवा कोई विकल्प भी नहीं है। जाहिर है वह सारा रोजमर्रापन *गोदान* को *शेखर* के मुकाबले फूहड़, अनगढ़ और गैर-कलात्मक उपन्यास बनाता है। *शेखर* की कलात्मक उत्कृष्टता, गठन की भव्यता, भाषायी तराश

और वैचारिक बारीकियों की दिव्यता—हम मध्यवर्गीय पाठकों के लिए अपनी है और अपनों के बीच का बौद्धिक विमर्श है। होरी हमारे बीच ऐसा घुसपैठिया है जिसे बार-बार हमने अपनी कुलीन महफिलों से धकेल बाहर किया है, मगर वह है कि हर बार हमारे बीच आ बैठता है—वह अकेला नहीं है, उसके पीछे उन सबकी लाइन लगी है जो अभी तक पता नहीं कहाँ छिपे थे—पिछले पचास सालों में वे हमारी हर रक्षा-पंक्ति को तोड़कर भीतर घुसे चले आ रहे हैं—अब क्या होगा, हमारे खूबसूरत कालीनों और झाड़-फानूसों का, चमचमाती क्रॉकरी और गुलदानों का—इतना ही नहीं वे हमारे करीने से तैयार किए गए लॉनों-क्यारियों को रौंदे डाल रहे हैं। सिर्फ अपनी जिन्दगियों और संघर्षों का रोना रोते इन भुच्च, गँवारों को हम कहाँ उठाएँ, कहाँ बैठाएँ ? यह भी तो नहीं कि अपना रोना रो-धोकर वे वापस चले जाएँगे। लगता है कि वे तो यहाँ जमने के लिए ही आए हैं। अभी तक तो वे इक्के-दुक्के आते थे और सारी नापसन्दगी के बावजूद हम इन्हें ऊपर-नीचे या बहुत हुआ तो बराबर बैठाकर इनके अहं और स्वीकृत होने की आकांक्षा को सन्तुष्ट कर देते थे। अब इन झुंड के झुंडों का क्या करें। कोढ़ में खाज यह कि इनके साथ औरतें भी लगी हैं। इतना होता तो भी गनीमत थी, मगर हमारे अन्तःपुरों में सुख से साड़ी-गहने पलोटती हमारी अपनी औरतें निकल-निकलकर इनसे आ मिली हैं। कहती हैं कि हमारा दुःख एक है। हम दोनों को ही जन्म के आधार पर गुलाम बनाया गया है, हमारी तरफ से हमारी जिन्दगी, श्रम और देह के फैसले लिए गए हैं। तब क्या अब हमारे हिस्से सिर्फ मृत्यु-चिन्तन ही बचा है ? क्या हम जैसे *बिश्रामपुर* के सन्तों[1] का यही *अन्तिम अरण्य*[2] है ?

हिन्दी के कथा-साहित्य में केन्द्र और हाशियों का यह द्वन्द्व पिछले दो दशकों में कुछ ज्यादा ही उग्र होता दिखाई दे रहा है। केन्द्र सिमटता चला जा रहा है, हाशिए अपने फैलाव में केन्द्र को लगातार अप्रासंगिक बना रहे हैं। शेखर जब जवान हो रहा था तो होरी आ चुका था। सिर्फ अतीत में जीता शेखर आज अन्तिम साँसें ले रहा है, उसके बच्चे विदेशों में जा बसे हैं या कम्प्यूटरों और दूरदर्शनों में घुसे बैठे हैं। उधर रक्त-बीज बनकर होरी और गोबर सारे फलक पर कब्जा कर लेने को आतुर हैं। अतीत शेखर का सुख और होरी की यातना है। शेखर का जीवन भव्य और दिव्य की स्मृतिमाला है। हम उसी भव्य और दिव्य को बचा लेना चाहते हैं। हम सुनीता और शशि के दुख से निश्चय ही उद्वेलित और उद्विग्न हैं, और यह जरूर चाहते हैं कि शिखरों, शृंगों पर विचरण करती रेखा के सॉफिस्टिकेशन को कछौटा-मार धनिया या *मैला आँचल* सँभालती कमली गँदला न कर डालें...हमारी जायज चिन्ता अपने समय के सरगम[3] को बचा लेने की है। हाशियों से उमड़-उमड़कर आते दलितों और आदिवासियों से भी ज्यादा हमारे

---

1. बिश्रामपुर का संत—श्रीलाल शुक्ल का उपन्यास
2. अन्तिम अरण्य—निर्मलवर्मा का उपन्यास
3. समय सरगम—कृष्णा सोबती का उपन्यास

सारे समीकरण गड़बड़ा दिए हैं हमारे ही अपने बीच से निकल-निकलकर आनेवाली इन औरतों ने...दलितों से हमें अपनी उत्कृष्टता और भव्यता बचानी है तो इन औरतों से अपना सम्पूर्ण सांस्कृतिक अतीत...

निश्चय ही स्वतन्त्रता के बाद विशेषकर पिछले दशक में साहित्य-मंच पर उभरनेवाली स्त्रियाँ वे नहीं हैं जो पहले हुआ करती थीं। कहाँ गई आँचल में दूध और आँखों में पानीवाली वे करुणा और त्यागमयी काव्यांगनाएँ ? अपने उच्छ्वासों और आत्महत्याओं से हमारे अपराध-बोध को घने अवसाद का रूप देती वे अपरूप त्रासदियाँ...? पिछले दो दशकों के उपन्यासों में स्त्री की भूमिका लगभग वही नहीं रह गई है जो पहले हुआ करती थी। पहले के कुलीन उपन्यासों में घर और बाहर के द्वन्द्व में फँसी वह व्यक्तिगत और भावनात्मक उपस्थिति थी। समाज में उसकी भूमिका ड्राइंगरूमी बहसों में हिस्सा लेकर वापस रसोइयों या बिस्तर पर लौट जाने तक सीमित थी। शायद यशपाल पहले उपन्यासकार हैं जिन्होंने मध्यवर्गीय स्त्री को सामाजिक संघर्षों से जोड़ा—प्रेमचन्द ने उन्हें सिर्फ असहयोग आन्दोलनों में आने की अनुमति दी थी। कृष्णा सोबती, मन्नू भंडारी और उषा प्रियंवदा ऐसी लेखिकाएँ हैं जिनके यहाँ स्त्री अपने आपको अपनी निगाह से देखती है—वस्तु से व्यक्ति और फिर व्यक्तित्व बनती है। मगर वहाँ भी वही पुराना भाववादी हैंग-ओवर मौजूद है, जिसे पुरुष लेखकों द्वारा गढ़ी गई स्त्री के रूप में उन्हें विरासत में दिया गया है। इनकी रचनाएँ उसी छवि से असहमति और मुक्ति की चेष्टाएँ हैं। यहाँ शेखरवादी पुरुष-छविं उनके भावनात्मक तनावों का स्रोत है। अब बात सिर्फ प्यार, प्रेरणा और व्यक्तित्व के तोड़ने-बनने की नहीं, आगे जाकर विवाह और सन्तान तक जाती है। मन्नू ने *आपका बंटी* में इन तीनों को लिया है—टूटते वैवाहिक सम्बन्धों में सन्तान की मनोवैज्ञानिक स्थिति। स्त्री और कर्म के खुले क्षेत्र में आ ही गई है तो नए समीकरण बनेंगे ही, वैवाहिक सम्बन्ध भी टूटने-जुड़ने की प्रक्रिया से गुजरेंगे और इस असुरक्षित दुनिया में स्त्री अपने मानसिक प्रलय की कथाएँ भी खुलकर बयान करेगी—मगर इस सबकी मनोवैज्ञानिक दहशत (ट्राओमा) भुगतनी होगी 'बंटी' यानी सन्तान को। मन्नू ने पहली बार इस अपरिहार्य आयाम पर फोकस किया था। कृष्णा सोबती ने पुरुष-प्रधान समाज के एक और बेहद जरूरी तत्त्व को रेखांकित किया—*दिलो दानिश* के केन्द्र में है वैवाहिक और विवाहेतर सन्तान और सम्पत्ति की समस्या। चाहे रत्ती के बचपन में हुए 'रेप' का दुःस्वप्न हो या देहभाषा बोलती मित्रो, विवाह की परिधि से बाहर सम्पत्ति और सन्तान से जूझती महकबानो हो या *ए लड़की* की माँ-बेटी, या *समय सरगम* की अरण्या—कृष्णाजी का अनिवार्य सन्दर्भ पुरुष है—यहाँ भी विवाह-तलाक उनके लिए उतना प्रासंगिक नहीं है जितना मन्नू के लिए...सौ साल पहले के *दिलो-दानिश* की दुनिया में चूँकि विवाह निष्प्रश्न नियति है इसलिए सम्पत्ति भी है।

मगर इस सबसे अलग स्त्री की अस्मिता से जुड़ी निजी समस्या है सेक्स और सन्तति। इसे वैज्ञानिक विकास के व्यापक परिप्रेक्ष्य में उठाया है मृदुला गर्ग ने *कठगुलाब*

में। कृत्रिम गर्भाधान से लेकर किराए पर कोख लेने के बौद्धिक विमर्श तक में *कठगुलाब* लगभग 'बहसवादी' उपन्यास हो गया है। पता नहीं, यह समस्या भारतीय समाज में है या नहीं, मगर जो चीज वहाँ सबसे ज्यादा आकर्षित करती है वह है पुरुष और स्त्री का लगभग मशीनी होते जाना। समर्थ पुरुष द्वारा सम्पत्ति के वारिस के लिए किराए की कोख लेने की घटना चित्रा मुद्गल के *आवाँ* में नमिता पांडे और संजय कनोई के बीच भी घटित होती है और वह उपन्यास का सबसे निर्णायक मोड़ है। सेक्स, सम्पत्ति या आर्थिक आत्मनिर्भरता से पुरुष के दिए परिवार की घुटन में जूझती *छिन्नमस्ता* (प्रभा खेतान) की प्रिया हिन्दी कथा-नायिकाओं को सर्वथा नया आयाम देती है। वहाँ भी कृष्णा सोबती की रत्ती की तरह बचपन का सेक्स-दुःस्वप्न है—प्रिया परिवार के भीतर घटित होनेवाले 'इनसैस्ट' (रक्त-सम्बन्धों के बीच यौनाचार) की शिकार है, सम्पत्ति और सामाजिक अंकुशों के जंजाल हैं, मगर प्रभा की नायिकाएँ अपने-आपसे उठकर वृहत्तर पुरुष-समाज में अपनी जगह बनाती हैं। सिर्फ सेक्स और सौन्दर्य का इस्तेमाल करते हुए ऊपर उठती नायिकाएँ चरित्रहीनों, वेश्याओं या अभिनेत्रियों की तरह चित्रलेखाएँ पहले भी आती रही हैं—मगर प्रतिभा और अस्मिता से लैस प्रिया पहली नारी है जो सामाजिक चुनौती की तरह उभरती है। प्रभा स्त्री-विमर्श की सबसे महत्त्वपूर्ण लेखिका है। दिनेशनन्दिनी डालमिया की नायिकाएँ अपने पारिवारिक परिवेश में घुटतीं-छटपटातीं और मानसिक रूप से विवाह, सम्पत्ति और पुरुषवादी परिवार के खिलाफ विद्रोह की चेतना तक पहुँची हुई सम्भ्रान्त नारियाँ थीं। उनसे एक कदम आगे है गीतांजलिश्री की *माई*—मगर वह भी परिवार की दहलीज लाँघकर बाहर नहीं आ पाती; क्योंकि आर्थिक रूप से आत्मनिर्भर नहीं है।

शेखरवादी उपन्यासों, यानी बौद्धिक कुलीन मध्यवर्गीय *परती परिकथा* (फणीश्वरनाथ रेणु) के जित्तन जैसे बुर्जुआ नायकोंवाले उपन्यासों की ताजमनियों को सर्वथा एक अलग मोड़ देता है सुरेन्द्र वर्मा का *मुझे चाँद चाहिए*। मुझे मालूम है कि *मुझे चाँद चाहिए* की भयानक लोकप्रियता के चलते स्नॉब साहित्यिक दुनिया में बहुत स्वीकार-भाव नहीं है, मगर वहाँ वर्षा वशिष्ठ आर्थिक आत्मनिर्भरता अर्जित करती है। प्रिया की तरह वह पहली महत्त्वाकांक्षी स्त्री है जो पुरुषों की बिछाई सारी बाधा दौड़ को पार करती सामाजिक सीढ़ियाँ चढ़ती चली जाती है। छोटे-से कस्बे की निम्न-मध्यवर्गीय यशोदा किस तरह वर्षा वशिष्ठ के रूप में नया जन्म लेती और ऊपर-ऊपर उठती है, इस नाटकीयता को जिन मनोवैज्ञानिक रूपान्तरणों के माध्यम से अपनी तराश-भरी सम्पन्न भाषा में सुरेन्द्र वर्मा ने पठनीयता दी है, वह स्त्री-सामर्थ्य (एमपावरमेंट) की नई रूपरेखा जरूर देता है, इससे पहले वेश्याएँ सिर्फ शरीर के माध्यम से सामाजिक सोपानों का उपयोग करती और सुरक्षा-द्वीप बनाती थीं। यहाँ शेखर, हर्ष के रूप में लगभग हताश और दयनीय है। यह सही है कि 'चाँद' में सामाजिक सन्दर्भ सिर्फ हवाले की तरह हैं और भावनात्मक द्वन्द्व से लेकर देह, कोख सभी कुछ है : मगर वह मूलतः अकेली वर्षा वशिष्ठ की सफल उठानों की कहानी है जहाँ पुरुषों को सिर्फ इस्तेमाल किया गया है।

अत्यन्त विस्तार और अनावश्यक विस्फोटों से गुँथा चित्रा मुद्गल का *आवाँ* बम्बई की चालों और सम्पन्न वर्ग की जिन्दगी, ट्रेड यूनियनों की सूचनात्मक हलचलों से भरा है, मगर शीघ्र ही वह वर्षा वशिष्ठ की 'छोटी बहन' नमिता पांडे की फिल्मी संयोगों से भरी ऊर्ध्व-यात्राओं में बदल जाता है—ग्लैमर और पैसे की दुनिया की सूचियों में। यहाँ आत्महत्या या अवसाद के बीच झूलता हर्ष नहीं, पैसे का जाल बिछाए संजय कनोई है जो नमिता को कोख की तरह इस्तेमाल करता है। धोखे से टूटी यानी स्खलित-गर्भ नमिता के पास दलित परमार की तरफ देखने के सिवा कोई विकल्प नहीं है। काश चित्रा के पास गैर-जरूरी प्रसंगों की समझ, बेलिहाज सम्पादन-विवेक, व्याकरण और भाषा की वह सहज रवानगी होती जो 'चाँद' का सबसे बड़ा प्लस-पाइंट है। और इसे ही कुशलता से साधा है स्त्री-उठान की बारीक रेखाओं से संवेदनशीलता के साथ उषा प्रियवंदा ने नए उपन्यास *अन्तर्वंशी* में। अमेरिका जा बसे शिवेश, वाना और राहुल के आपसी जीवन की कहानी उषा ने बेहद स्वाभाविक स्थितियों से बुनी है। अमेरिका आने से पहले वाना ने राहुल को देखा जरूर है, मगर उसकी शादी होती है शिवेश से। डायस्पोरा यानी आप्रवासी भारतीयों के जीवन-संघर्ष का अनिवार्य हिस्सा व्यक्तिगत सम्बन्धों का बदलते जाना भी है। एक ज्यादा मुक्त और डायनैमिक समाज के बीच सारा भारतीय 'आलस्य' या धीमापान प्रायः स्नायविक तनावों से गुजरता है। बनारस के निम्न-मध्यवर्गीय परिवार की बाँसुरी, वनश्री और फिर वाना के रूप में इसी रूपान्तरण की प्रक्रिया में है। अन्त होता है देवप्रिया से राहुल की शादी टूटने और शिवेश की आत्महत्या में। राहुल से गर्भवती वाना अन्त में उसी के साथ आस्ट्रेलिया जाने का निर्णय लेती है—अपने दोनों बच्चों के साथ।

यह सही है कि वाना कथा-स्थितियों की नियन्ता उसी तरह नहीं है जैसे रूढ़िवादी परिवार की *छिन्नमंस्ता* प्रिया, *चाँद* की वर्षा वशिष्ट या *आवाँ* की नमिता पांडे हैं, वह सिर्फ अपने संस्कारों, पति के प्रति कर्त्तव्यों के द्वन्द्वों में ढलती जाती है, बल्कि कहना चाहिए शिरीष से दूर होती हुई राहुल की तरफ ढुलकती जाती है। इन चारों ही नायिकाओं में जो सबसे आकर्षक तत्त्व है, वह है निजी आकांक्षाओं और स्थितियों के द्वन्द्व या अपने निर्णयों के बीच व्यक्तित्वों का रूपान्तरण। यह रूपान्तरण वर्षा वशिष्ठ की इकहरी महत्त्वाकांक्षाओं के मुकाबले प्रिया के जड़ मारवाड़ी परिवार और नमिता पांडे के व्यापक सामाजिक सन्दर्भों या वाना के अमेरिकन परिवेश के बीच पारिवारिक समीकरणों में कहीं अधिक विश्वसनीय है। चारों ही उस विकसित चेतना तक पहुँच गई हैं जहाँ अपनी जिन्दगी के निर्णय अपने विवेक से ले सकें। चारों के लिए पुरुष जरूरी हैं, मगर ऐसे अनिवार्य नहीं कि अपने होने को सिर्फ उसी के माध्यम से परिभाषित कर दिया जाए। संस्कार, सेक्स, सन्तति या कैरियर किसी के लिए पुरुष की रजामन्दी वहाँ जरूरी नहीं है। चाहें तो इसे स्त्री-मुक्ति का एक निर्णायक पड़ाव कह लें। मृदुला गर्ग जिन स्थितियों को बौद्धिक विमर्श से प्राप्त करना चाहती हैं, वह ये चारों अपने अनुभव-सत्यों से गुजरकर अर्जित करती हैं। नासिरा शर्मा के उपन्यासों की नायिकाएँ

तो अपने तथाकथित विद्रोही फैसलों के नाम पर ही वापस पिंजरों में लौट आती हैं।

लेकिन शहरी मध्यवर्ग ही भारतीय समाज नहीं है। गाँव-देहात में फैला जमीन से जुड़ा वह *मैला आँचल* भी है जहाँ स्त्री इस मुक्ति को अपने परिवेश और मुहावरे में पा रही है। यानी हिन्दी उपन्यास का नायक सिर्फ शेखर ही नहीं, होरी भी है। नायिका सिर्फ रेखा ही नहीं, धनिया भी है। मुझे आश्चर्य नहीं है कि प्रेमचन्द और रेणु के बावजूद हिन्दी का मध्यवर्गीय शहरी समीक्षक होरी और धनिया, या कमली की परम्परा को उस निर्विरोध सहजता से स्वीकार नहीं कर पा रहा जिससे शेखर या 'नदी के द्वीप' की रेखा की कथाओं को कर लेता है। न ही वहाँ वैसे बौद्धिक-विमर्श हैं, न वैसा वैचारिक तेवर। गाँव की इन कहानियों में न दिल्ली, बम्बई, कलकत्ता से लेकर न्यूयार्क तक का भौगोलिक विस्तार है, न रैट-रेस के वैसे स्नायविक तनाव। यहाँ तो गाँव भी चाहिए जो ऐसा धुला-पुँछा कि दीवार में जड़ी खिड़की[1] या तस्वीर लगे और अनायास मुँह से निकल पड़े, 'हाउ ब्यूटिफुल'—वहाँ इतिहास भी चाहिए तो *बाईपास*[2] से गुजरा हुआ ऐसा कटा-छँटा कैप्सूलबद्ध, जहाँ धूल-धक्कड़ और *पीली आँधियों*[3] का कहीं कोई गुजर न हो...घरों, ड्राइंग रूमों में सजाई गई एथूनिक कलाकृतियों की सुरुचि के साथ...

अजीब अन्तर्विरोध है कि हिन्दी समीक्षकों के लिए शेखर-वर्ग की कथा रचनाएँ जैसे बौद्धिक अवसर देती हैं वैसे होरी वर्ग की नहीं। हल्के-फुल्के उलट-फेर से चमकाई गई, न वहाँ बनी-बनाई भाषा की वैसी तराश है, न शब्दों का चमत्कारी प्रयोग। होरी का अपना जीवन, भाषा और स्थितियों से लड़ने का मुहावरा, वहाँ जिस तरह रोज बन-बिगड़ रहा है वह साहित्य के मुकाबले, समाज-शास्त्र और राजनीति-विज्ञान से गहरे जुड़े लोगों को ज्यादा आकर्षित करता है। सामाजिक परिवर्तनों को साहित्य उस आसानी से गले नहीं उतार पाता है जैसे समाज-विज्ञान। वह बदलाव के खुरदुरेपन को स्मृतियों से घिस-माँजकर ही अपने बीच आने देता है। दलित और स्त्री-विमर्श आज भी कला और शुद्धतावादियों के लिए टैबू हैं, क्योंकि वहाँ भविष्योन्मुखी गतिशीलता है। उधर यही दोनों मुद्दे समाज-शास्त्रियों के सबसे बड़े सरोकार बन गए हैं। हिन्दी कथा-साहित्य में तो यह आत्मरक्षा, दयनीय गतिहीनता तक देखी जा सकती है। स्वतन्त्रता के बाद की शायद ही कोई बड़ी घटना-दुर्घटना हिन्दी के प्रबुद्ध लेखकों-समीक्षकों का ध्यान आकर्षित कर पाई हो। चलिए, घटना में तात्कालिकता का खतरा है और साहित्य अखबार-नवीसी नहीं है—वहाँ तो वही आएगा जो शाश्वतवादी छलनी में बचा रहेगा। आश्चर्य है कि व्यक्ति और व्यक्तित्व को साहित्य की केन्द्रीयता में स्थापित करनेवालों को जैसे कभी गाँधी, नेहरू, चन्द्रशेखर आजाद के व्यक्तित्वों ने अपनी ओर खींचा था, वह डायनैमिज्म

---

1. दीवार में एक खिड़की रहती थी—विनोद कुमार शुक्ल का उपन्यास
2. कलिकथा वाया बाईपास—अलका सरावगी का उपन्यास
3. पीली आँधी—प्रभा खेतान का उपन्यास

आज कहीं भी क्यों नहीं खींचता ? महाश्वेता देवी को छोड़कर किसी भी लेखिका ने उन महिलाओं की ओर नहीं देखा जो कभी मदर टैरेसा बनती हैं तो कभी मेधा पाटकर, कहीं वह तीजनबाई और मायावती हैं तो कहीं फूलन देवी और भँवरीबाई...शायद ही किसी लेखिका के मन में यह सवाल आता हो कि सारी कलात्मक और भाषायी उत्कृष्टता की अन्तर्राष्ट्रीयता उपलब्ध कर लेने के बावजूद वह कौन-सा गहरा सरोकार है जो अरुन्धती राय को मेधा पाटकर से जोड़ देता है ? तस्लीमा नसरीन को अपने देश के अल्पसंख्यकों की हिमायत लेने के 'अपराध' में निर्वासन स्वीकार करने के लिए मजबूर करता है ? कहीं इसका एक कारण यह तो नहीं है कि हिन्दी कथा-लेखन अभी इतना वयस्क (मैच्योर) नहीं हुआ कि अपनी मानसिकता के समानान्तर को अपने आपसे बाहर निकलकर देख सके...'दूसरे' से भी वैसी ही एकात्मकता महसूस कर सके जो हजारीप्रसाद द्विवेदी ने *वाणभट्ट* के साथ पाई थी। शायद दलित-साहित्य को आत्मकथाओं और महिला-लेखन को आत्म-प्रसंगों से निकलने में समय लगे। मगर मेरे मन में यह सवाल तो उठता ही है कि क्या कलात्मकता की एकमात्र शर्त सामाजिक गतिहीनता ही है ? जहाँ ज़रा भी एक्शन है, वहाँ क्यों हमारा जड़ीभूत सौन्दर्यशास्त्र डगमगाने लगता है ? रघुवीर सहाय शायद बहुत ग़लत नहीं थे कि "जहाँ बहुत कला होगी वहाँ परिवर्तन नहीं होगा"। न सही कथा-पात्रों के रूप में मगर जीवन में ही कथा (लीजेंड) बन गए व्यक्तित्व भी हमारे कथाकार को वैचारिक रूप से क्यों आकर्षित नहीं कर पाते—आखिर सिमॉन द बोउवा ने क्यों ब्रिजिटि बार्दोत जैसी फिल्मी ग्लैमर-गर्ल पर लिखा और क्यों दार्शनिक विवेचन किया सार्त्र ने ज़ैने जैसे बदनाम अपराधी को लेकर ?

अब मैं उस अपवाद की बात करना चाहता हूँ जो दलित और महिलाओं के मेरे ऑब्सैशन के चलते सामान्य रूप से और मैत्रेयी पुष्पा के साथ विशेष रूप से, लगभग स्कैंडल के धरातल पर जुड़ गया है। हालाँकि एक-दो भूमिकाओं के सिवा मैंने शायद ही कभी मैत्रेयी पर लिखा हो। पता नहीं मित्रों की स्मृति को क्या हो गया है : *हंस* के पुनर्प्रकाशन से पहले मैं मन्नू, उषा प्रियंवदा, मृदुला गर्ग का सबसे बड़ा पैरोकार घोषित किया जाता था। फिर मेरे साथ सृंजय, संजीव, शिवमूर्ति और प्रियंवद का नाम जुड़ा क्योंकि इनकी रचनाएँ मैंने विशेष 'पक्षपात' से छापीं। गीतांजलिश्री, कात्यायनी, सरयू शर्मा, रेखा, नासिरा शर्मा, जया जादवानी, सुरभि पांडेय, प्रभा खेतान, लवलीन, अनामिका, मणिमाला, नमिता सिंह, उर्मिला शिरीष, सुषमा मुनीन्द्र, दूर्वा सहाय; गिरिराज किशोर, शैलेश मटियानी, काशीनाथ सिंह, दूधनाथ, रघुनन्दन त्रिवेदी, रवीन्द्र कालिया, उदय प्रकाश, अरुण प्रकाश, स्वयं प्रकाश, ओमप्रकाश वाल्मीकि, श्योराज सिंह बेचैन, धर्मवीर, चन्द्रकिशोर जायसवाल, अवधेश प्रीत, महेश कटारे, सुकेश साहनी, पंकज बिष्ट, सत्येन कुमार, असगर वजाहत, मंजूर एहतेशाम, शिवकुमार शिव, भवदेव पांडेय, मैनेजर पांडेय, सुधीश पचौरी, राजकिशोर, अमरीक सिंह दीप, संजय सहाय, प्रेमकुमार मणि, महेश दर्पण, अरविन्द जैन और जिनके नाम ध्यान नहीं आ रहे वे निश्चय ही *हंस* के प्रिय लेखक रहे हैं। हो सकता है उनमें से कुछ अपने या मेरे कारणों से चुप हो गए

हों या दूसरी दिशाओं में चले गए हों। यह भी हो सकता है कि आज इनमें कुछ को अफसोस हो कि *हंस* के साथ क्यों उनका नाम जुड़ा ? सम्भव है उनमें से कुछ व्यक्तिगत रूप से मुझसे प्रसन्न या नाराज हों, मगर क्या ये सब सिर्फ बने हुए या बनाए गए रचनाकार हैं ? क्या इनमें अपनी प्रतिभा, लगन और दृष्टि नहीं थी ? उभरती हुई शक्तियों के साथ जुड़ना क्या हमेशा सम्पादकीय पक्षपात और अपराध ही होता है ? इसी सन्दर्भ में अगर मैं कहता हूँ कि स्वतन्त्रता के बाद रांगेय राघव, फणीश्वरनाथ रेणु के साथ मैत्रेयी तीसरा नाम है जो कथा साहित्य में धूमकेतु की तरह आया है तो न किसी पर अहसान कर रहा हूँ, न नए नक्षत्र की खोज का श्रेय लेना चाहता हूँ। सिर्फ उस लेखन से जुड़ना चाहता हूँ जो हिन्दी के संकुचित फलक का विस्तार कर रहा है (यह भी संयोग है कि तीनों शहरी मध्यवर्ग से बाहर हैं)। चाहें तो इसे मेरी साहित्यिक ययाति-ग्रन्थि भी कह लें। मैं जानता हूँ कि मैत्रेयी का नाम लेते ही मैं अपने शुभचिन्तकों को आक्रमण का एक और मुद्दा देता हूँ।

महाश्वेता देवी आज अन्तर्राष्ट्रीय वामपन्थी लेखिका और समाजकर्मी हैं और गायत्री चक्रवर्ती स्पीवाक या मीनाक्षी मुकर्जी जैसी विदुषियों ने उनकी रचनाओं के अनुवादों और उत्तर-आधुनिक विश्लेषणों द्वारा उन्हें स्त्रीवाद की सबसे महत्त्वपूर्ण भारतीय लेखिका के रूप में स्थापित कर दिया है। परम कलावादी समीक्षक उन्हें उनकी प्रतिबद्ध रचनाओं के कारण नहीं, उनके ऊपर हुई बौद्धिक विवेचनाओं और अन्तर्राष्ट्रीयता के आतंक या ज्ञानपीठ पुरस्कार के कारण बड़ी लेखिका मानते हैं। मगर महाश्वेता को ही अपने प्रारम्भिक दिनों में फूहड़, अनगढ़, गँवारू पात्रों और दलितों-आदिवासियों के जीवन पर लिखने के चलते स्नाब आलोचकों और कलात्मक रचनाकारों के जो हमले सहने पड़े हैं, उन्हें नहीं भूलना चाहिए। *झाँसी की रानी* और *हजार चौरासीवें की माँ* के बाद जब वे विरसामुंडा की दुनिया में आईं तो बँगला समीक्षक वर्षों चुप्पी साधे रहे, स्त्री-लेखिकाओं ने उन्हें अछूत घोषित कर दिया। वही इतिहास लगभग उसी तरह मैत्रेयी पुष्पा के साथ हिन्दी में घटित हो रहा है। अगर भवदेव पांडेय की साक्षी लूँ तो रामचन्द्र शुक्ल और बंग-महिला को लेकर जिस तरह के पक्षपात और साहित्येतर दिलचस्पियों या मन्तव्यों के आरोप लगे थे वही सब आज मेरे साथ दुहराया जा रहा है। इस सबके बावजूद मैं सचमुच विश्वास करता हूँ कि मैत्रेयी ने जिस तरह हिन्दी कथा-साहित्य को नगरों, महानगरों की बन्द और दुहराव-पीड़ित दुनिया से निकालकर गाँवों, खेतों में पहुँचा दिया है वैसा पहले कभी किसी हिन्दी-लेखिका ने नहीं किया। निश्चय ही उसने हमारी किताबी जिन्दगी और भाषा, दोनों को नए मुहावरों का विस्तार दिया है—खुली हवा और धूल-धूग से भरा बुन्देलखंड और ब्रज उसकी बेहद पठनीय रचनाओं में साकार हो उठा है। मन्नू के उपन्यासों के बाद *मुझे चाँद चाहिए* सबसे लोकप्रिय उपन्यास था। आज वही पठनीयता मैत्रेयी के उपन्यासों की सबसे बड़ी शक्ति है।

झूला नट, इदन्नमम, चाक और *अल्मा कबूतरी* की ठेठ गँवई नायिकाएँ शायद पहले कभी हिन्दी उपन्यासों में दिखाई नहीं दीं। बीसवीं शताब्दी के अन्त में प्रिया, वर्षा,

नमिता और वाना जिस तरह सजग आत्मचेतना तक पहुँचती हैं वही आत्मनिर्णय अर्जित करती हैं, मन्दा, सारंग शीलो और अल्मा--खूँखार सामन्ती परिवेश को तोड़ती और पुरुष-वर्चस्व से लड़ती हुई। पहली चारों नायिकाएँ पूँजीवादी समाज में संस्कारों और आर्थिक विषमताओं से संघर्ष के दौरान अपने व्यक्तित्व निर्मित करती हैं, मैत्रेयी की नायिकाएँ गाँव के सामन्ती परिवेश में अपने सम्पूर्ण समाज की प्रतिनिधि के रूप में आत्मनिर्णय तक पहुँचती हैं। यह वही अन्तर है जो मध्यवर्गीय व्यक्ति और दलित की आत्मकथाओं में है। *अल्मा कबूतरी* को मैं मैत्रेयी के लेखन का महत्त्वपूर्ण मोड़ मानता हूँ क्योंकि उसने हिन्दी-समीक्षकों को अजीब पसोपेश में डाल दिया है। नैतिक-अनैतिक, सही-गलत, देह और शील से ऊपर अपराधी जनजाति 'कबूतरा' से उठी हुई अल्मा पिछली नायिकाओं की तरह सिर्फ अस्मिता-बोध और आत्मनिर्णयों तक पहुँचती नायिकाओं तक जाकर ही नहीं रुक जाती, कर्म की दुनिया में उतरकर उस राजनीतिक सत्ता में हिस्सा माँगती है जो अभी तक सिर्फ पुरुष-वर्चस्व का गढ़ रही है। जब तक अल्मा, भूरी के नाम से इतिहास-चेतना और कदमबाई के रूप में अस्मिता-बोध है तब तक तो किसी को कोई आपत्ति नहीं है क्योंकि हम सब कथा-नारी को उसी 'यातना-भट्टी में प्राप्त सजगता' तक देखने के अभ्यस्त रहे हैं, लेकिन जैसे ही स्थितियों के थपेड़े अल्मा को सामाजिक गतिशीलता की ओर धकेलते हैं और वह अपनी सारी 'कलुषित' पृष्ठभूमि के साथ सत्ता की राजनीति में प्रवेश करती है तो अब तक की हमारी सहनशीलता जवाब देने लगती है। हिन्दी कथालोचक *झाँसी की रानी* या *विराटा की पद्मिनी* तक तो गतिशीलता बर्दाश्त कर लेता है, इसके बाद घटना-प्रधानता उसका हाजमा खराब कर देती है। जिस समाज में मदर टैरेसा, जयललिता, ममता बनर्जी, लक्ष्मी पार्वती, मायावती, फूलन देवी या बिल्कुल अलग धरातल पर मेधा पाटकर जैसी नायिकाएँ अपनी अलग कर्मठ पृष्ठभूमियों के साथ आ चुकी हों, वहाँ अल्मा की गतिशीलता को सत्ता की राजनीति तक पहुँचते देखना क्यों इतना अविश्वसनीय या फिल्मी लगता है ? इस असमंजस के पीछे कर्म-जगत पर पुरुषों के एकाधिकारी वर्चस्व के संस्कार हैं या अल्मा जैसी दाग-दगीली चादरवाली गँवार का व्यक्तिगत निर्णयों से आगे बढ़कर राजनीतिक-सामाजिक निर्णयों में भागीदारी को पचा न पाना ? अगर जनतान्त्रिक चेतना अब तक के बन्द दुर्गद्वारों को खोलती है तो फूलन भी वहीं पहुँचेगी जहाँ उमा भारती। इस दिशा में मुझे लगता है कि अपनी सारी अतिनाटकीयताओं और फूहड़ ट्रीटमेंट के बावजूद फिल्में जिस सामाजिक सच को ज्यादा अकुंठित भाव से पकड़ पा रही हैं, वहाँ साहित्य अभी भी 'टु बी और नॉट टु बी' के दुराहे पर खड़ा है। शायद ही किसी कथाकार ने साहस दिखाया हो कि *गॉडमदर, बैंडिट क्वीन, फायर* या *वाटर* को अपनी तरह देख सके। जब प्रेमचन्द ने साहित्य को राजनीति के आगे चलनेवाली मशाल कहा था तो शायद उनका आशय इसी परिवर्तनकारी चेतना को पहचानने और पकड़ने से था। बहरहाल, मैत्रेयी ने हमारी कुलीन कथा-बहसों के सामने मुश्किलें तो खड़ी कर ही दी हैं, क्योंकि ऊँचे व्यवसाय-जगत में घुसपैठ करती प्रभा खेतान की (विशेष रूप से

अग्निसम्भवा उपन्यास) नायिकाओं की तरह उन्हें नजरअन्दाज करना मुश्किल है।

बीसवीं शताब्दी के पिछले सत्तर-पिचहत्तर सालों में कितनी बदल गई है हिन्दी की कथा-नारियों की दुनिया। जैनेन्द्र के 'त्यागपत्र' की मृणाल प्रतिरोधहीन असहायता को नियति के रूप में गौरवान्वित करती समाज की निचली गहराइयों में डूबती जाती है और एक दिन समाप्त होकर जज साहब की आत्मा में अपराध-बोध बनकर उभरती है। इसी तरह अज्ञेय की शशि सामाजिक 'गैंग्रीन' की शिकार होती है; मेरी कहानी 'खेल-खिलौने' की 'कमज़ोर लड़की' चुपचाप बेजबान अनकिए अपराधों की सज़ा पाती रहती है, या कैद लक्ष्मी की तरह अनसुनी पुकारों के अँधेरों में ही खो जाती हैं। इनके बरअक्स प्रिया, वर्षा, नमिता, वीना निचली सतहों से उठकर अपना भाग्य अपनी तरह बना रही है। इन शहरी मध्यवर्गीय नायिकाओं के पास लड़ने के लिए बहुत से हथियार हैं : शिक्षा, जागरूकता, संचार माध्यम, सामाजिक आन्दोलन और संस्कारों को तोड़ते आधुनिकता के हमले...भौगोलिक गतिशीलता मगर मैत्रेयी की ग्रामीण नायिकाओं के पास तो वहीं रहते हुए संघर्ष और संकल्प के सिवा कोई विकल्प ही नहीं है। वे ऐसी पिछड़ी सामन्ती दुनिया में अपनी शक्ति अर्जित कर रही हैं जहाँ किसी भी क्षण उनकी हत्या की जा सकती है। मृणाल से लेकर अल्मा तक का यह ऊर्ध्वगामी सफर ख़ासा रोमांचक और विचारोत्तेजक सामाजिक ग्राफ़ बनाता है।

अल्मा इसलिए भी महत्त्वपूर्ण है कि दलितों से आगे जाकर अपराधी जनजाति की दुनिया और विशेषकर स्त्री-समाज को हमारे सामने खोलती है। कबूतरा जाति के लोगों को कज्जा (सम्भ्रान्त) चोर-डाकू की तरह देखते-बचते हैं। वे या तो जेलों में रहते हैं या जंगलों में—उनकी औरतें अफसरों और कज्जाओं के बिस्तरों पर। रांगेय राघव के *कब तक पुकारूँ* के बाद *अल्मा* पहली बार उनसे हमारा परिचय कराती है। शायद इससे पहले *अमीर अली ठग* (कर्नल मीडोज़ टेलर) ही इन अपराधी जनजातियों में से एक पर लिखा गया एकमात्र अध्ययन था—1860 के आसपास।

उपन्यास कहाँ से आया या उसके स्वरूप में क्या-क्या प्रयोग और परिवर्तन हुए—मैं इस बहस को गैर-जरूरी मानता हूँ। आज वह हमारे लिए जीवन की विश्वसनीय तस्वीर और ऐसा समाज-विमर्श है जहाँ से नई सैद्धान्तिकी और शास्त्र निकाले जाएँगे। चाहे उन्हें अपने बीच देखने का हमें अभ्यास हो या न हो, मगर यह भी सच है कि इस तस्वीर में हमें शेखर और वर्षा वशिष्ठों के साथ हाशियों पर फेंके गए अदृश्य होरी और अल्मा को भी शामिल करना होगा। यानी उन्हें भी लेना होगा जो हमारे दिए इतिहास से मुक्त होकर अपना इतिहास यानी भविष्य बनाने की विवशता में सक्रिय हैं। आज इन शक्तियों का नाम है स्त्री और दलित...सांस्कृतिक राष्ट्रवाद की भाषा में मनु महाराज की दुनिया से निष्काषित अ-मानुष...यह प्रक्रिया दोनों पक्षों को अपनी-अपनी कैदों से मुक्त करते हुए ही अधिक मानवीय और संवेदनशील बनाएगी...

[*हंस*, नवम्बर 2000]

अपनी नियति पहचानो, मैत्रेयी...*

दिल्ली
28.05.2006

प्रिय मैत्रेयी,

फ़ोन पर तुम्हारी बातों से लगा कि तुम मुझसे नाराज़ हो। तुमने खुद ही बताया भी। *हंस* मई (2006) के सम्पादकीय में मनोहर श्याम जोशी पर लिखते हुए मैंने तुम्हें 'हिन्दी की मरी गाय' बताया था, जिसे जोशी छेड़ता था। और यही बात तुम्हें बुरी लगी। वैसे तुम्हें 'मरी गाय' कहनेवाला मैं ही पहला व्यक्ति नहीं हूँ। सभी जगह तुम्हारा पहला प्रभाव यही पड़ता है। सच है कि तुम पद्मा सचदेव, चित्रा, मृदुला, कमल कुमार या चन्द्रकान्ता की तरह धाड़-फाड़ नहीं हो और भीड़ में खोई-खाई इस तरह खड़ी हो जाती हो कि कोई पारखी होगा जो आगे बढ़कर तुम्हें इस अकेलेपन से बाहर निकाल लेगा। दूसरी ऐसी ही मरी गाय मन्नू है। और कुछ तत्त्व राजी सेठ में भी हैं। ऐसे व्यक्ति को अंग्रेजी में कहते हैं : 'सैल्फ़ इफ़ेज़िंग' या 'अनएज़्यूमिंग'। ऐसे लोग या तो हीनता-ग्रन्थि के मारे होते हैं कि इन धाँसू लोगों के बीच हम तो कहीं नहीं हैं, या फिर 'ओवर-कांफिडेंस' के। 'कुछ' है तो खुद बोलेगा, ''बात बोलेगी, हम नहीं'' और आज देख ही रही हो कि नन्नू और तुमने बिना बड़बोले वक्तव्यों या पलोथन के अपना जो स्थान बना लिया है उसके लिए आत्म-विज्ञापन की मारी अनेक लेखिकाएँ क्या-क्या कुछ नहीं करतीं?

दरअसल, मेरे मन में तुम्हारा पहलेवाला इम्प्रेशन ही आज तक बना हुआ है। इसे तुमने भी अनेक जगह बताया था कि कैसे जब तुम मुझसे मिलने या कहूँ अपनी कहानी देने *हंस* में आई थीं और दो घंटे संकोच के कारण बीना के पास बैठी रही थीं। फिर बीना ने ही धकेलकर अन्दर भेजा। तुम 'दिखाई' जानेवाली लड़की की तरह मेरे सामने बैठी थीं। तब तो मैंने सचमुच ध्यान नहीं दिया लेकिन तुमने बाद में बताया कि तुम काफ़ी सज-सँवरकर, अपनी सबसे अच्छी साड़ी-वाड़ी पहनकर आई थीं। इस बात पर साधना अग्रवाल ने ऐसा तूफ़ान उठाया कि न जाने किन-किन लेखिकाओं की जली-कुढ़ी प्रतिक्रियाएँ लेकर सैकड़ों पर्चे देश के कोने-कोने में भेज डाले। कुछ छोटी-मोटी

* जयनन्दन की कहानी 'कस्तूरी पहचानो, वत्स' से प्रेरित।

पत्रिकाओं में उसे लेख के रूप में छपा लिया। क्या यह सचमुच कोई ऐसा साहित्यिक मुद्दा था जिसे लेकर इतना हंगामा खड़ा किया जाए? शुद्ध व्यक्तिगत स्कैंडल में जल-कुक्कड़ क़िस्म की महिलाएँ कितना रस लेती हैं। मनोरंजक लगता है कि राजेन्द्र यादव नाम के विश्वामित्र का तप-भंग करने कोई मेनका अपने सारे नारी-सुलभ हरबे-हथियारों के साथ गई थी मगर मुँह की खाकर लौट आई। माई फुट...तुम तो सिर्फ़ बताती हो, किरण अग्रवाल ने तो बाक़ायदा लिख डाला था एक लम्बे-चौड़े काल्पनिक संस्करण में...

मैंने ध्यान नहीं दिया हो, यह दूसरी बात है, मगर तुम संज-सँवरकर आई, मुझे इसमें न कुछ ग़लत लगता है, न अस्वाभाविक। कौन-सी महिला है जो नई जगह, परिवार या रिश्तेदारी, बाज़ार या सेमिनार में अपने सर्वश्रेष्ठ रूप में नहीं जाती? मैंने साधना से पूछा भी था कि तुम क्या फटे कपड़े और चेहरे पर काले-पीले दाग़ पोतकर मुझसे मिलने आई थी? किसी भी जगह मैंने तुम्हें कभी फूहड़ रूप में नहीं देखा। तुम कहती हो मैत्रेयी हर जगह पहुँच जाती है। क्या तुम्हें पता है कि वह बिना बुलाए पहुँची? हाँ, तुम खुद पहले से वहाँ क्यों मौजूद थीं, तभी तो तुमने उसे देखा...तुम जाओ तो सही, दूसरा बुलाया भी जाए तो ग़लत। ख़ैर छोड़ो, मैं भी क्या औरताना बातें ले-बैठा, यह तो हर ग़ैर-बौद्धिक स्त्री का स्थायी शग़ल है और वे कपड़े-लत्ते ओढ़ने-पहनने को लेकर घंटों कतर-ब्योंत करती रह सकती हैं...छोटी जगह से आई बेचारी साधना अग्रवाल...शायद इसी तरह की व्यक्तिगत कीचड़ से लोगों का ध्यान आकर्षित हो...

हाँ, तो मैंने तुम्हें नहीं, तुम्हारी दी हुई कहानी देखी और कहा, 'यह तो नहीं चलेगी,' फिर 'नेहबन्ध', 'मन नाहीं दस बीस' एक के बाद एक पाँच-छह कहानियाँ लौटाई। वे कच्ची, अनगढ़ और छायावादी क़िस्म की थीं, शरच्चन्द्रीय भावुकता के शिकार तुम्हारे आदि-गुरु हिमांशु जोशी के आँसू-निचोड़ प्रभाव में लिखी गई थीं जहाँ नायक-नायिका की 'ज़ालिम ज़माना' छाप लाचारियों को लेकर हाय-हाय की जाती है। नायिका आत्महत्या कर लेती है और नायक "फिर उसे किसी ने नहीं देखा" की गुमनामियत में खो जाता है। ख़ैर, शायद तुम्हें भी ज़िद चढ़ गई थी कि तुम *हंस* में छपकर ही रहोगी।

तुम्हारी लगन, बेहतर लिखने की बेचैनी और परिश्रम से न बचने की विद्यार्थियों जैसी निष्ठा ही रही होगी कि तुमने अपनी लगभग हर रचना को मेरे कहने पर बार-बार लिखा है। मैं टॉल्स्टाय और हैमिंग्वे के उदाहरण देता था कि कैसे 'ओल्डमैन एंड द सी' उसने बीसियों बार लिखा, डेढ़-दो हजार पन्नों को काट-छाँटकर सौ पन्नों में कसा और 'अन्ना' जैसे विराट पोथे का टॉल्स्टाय ने सात बार पुनर्लेखन किया। जब तक मन में यह विश्वास न हो कि जो आप लिख रहे हैं वही अन्तिम रचना है और इसके बाद कभी कुछ लिखने का मौक़ा नहीं मिलेगा, तब तक लेखक अपना सर्वश्रेष्ठ नहीं दे सकता।

कुछ अलग और नया था जो मुझे तुम्हारी तरफ़ खींच रहा था। गाँव-क़स्बों का परिवेश, खेतिहर संस्कृति में बनते-बिगड़ते समीकरण, सम्पत्तियों को लेकर की जानेवाली

फ़ौजदारियाँ, कोर्ट-कचहरियाँ, अकुंठ सेक्स और स्त्री के उभरते व्यक्तित्व की तेजस्विता, चुनावों-पंचायतों में गाँव की बदलती तस्वीर, अपराधी जनजातियों के मुख्य-धारा में शामिल होने की जद्दोजहद, तुम्हारा अपना बिन्दास-जीवन। बताओ, यह सब पहले, इतने विस्तार से किस लेखिका ने दिया था? रेणु के यहाँ रोमानी अन्दाज़ में यह सब था, मगर वहाँ स्त्री-पक्ष कहाँ है?

उषा किरण ख़ान जैसी दो-एक लेखिकाओं ने गाँव की पृष्ठभूमि पर कुछ कहानियाँ लिखीं थीं वरना अधिकांश लेखिकाएँ शहरी मध्यवर्ग का लेखन लेकर साहित्य में आई थीं। हाँ, बहुत पहले मेहरुन्निसा परवेज़ ने बस्तर को अपना क्षेत्र ज़रूर बनाया था। बाद की लेखिकाओं ने शहरी-जीवन तक ही अपने को सीमित रखा। वे आई क़स्बों-गाँवों से ज़रूर थीं, मगर विवाह के बाद पतियों के साथ ऐसी बँधी कि अगला-पिछला सब भूल गईं।

पुराने संयुक्त-परिवारवाले सास-बहू के क़िस्से भी वहाँ बहुत नहीं थे। एकल परिवार में पति अपने कैरियर में व्यस्त था और पत्नी बच्चों में। धीरे-धीरे बच्चे बड़े हो गए और पति बाहर की ज़िन्दगी और ज़िम्मेदारियों में इतना उलझ गया कि अकेली पत्नी को समय बिताना मुश्किल लगने लगा। विद्यार्थी जीवन में जो संगीत-नृत्य-वाद-विवाद या कविता-लेख लिखे गए थे उनकी तस्वीरें और कापियाँ झाड़-पोंछकर निकाली गईं। कुछ किटी-पार्टियों और आध्यात्म में चली गईं, कुछ संगीत-नृत्य में; कुछ कविताएँ, कहानियाँ लिखने लगीं। जाहिर है इनके विषय बहुत सीमित थे, पति से भावनात्मक तनाव, ज़िन्दगी में किसी दूसरी/दूसरे का आना, या घरेलू नौकर-चाकर। गाँव या तो अपनी स्मृतियों में था या घर में काम करनेवाली 'बाई' के रूप में...जो सुबह से शाम तक घर-घर में खटती है, बच्चों को पालती है और उधर निखट्टू पति दारू पीकर पड़ा रहता है, इसके पैसे छीन लेता है और इसकी पिटाई करता है। ज़ाहिर है अपने को उपेक्षा की शिकार समझनेवाली इस नायिका को वह बाई अपनी जैसी लगती है। इसके बहाने वह बाहर की दुनिया के संघर्षों से भी जुड़ जाती है और अपनी अन्तर्वेदना का आइडैंटिफ़िकेशन भी तलाश कर लेती है। बाहर से जुड़ने का दूसरा अवसर बाज़ार या पिकनिक पर मिलनेवाला कोई अनाथ क़िस्म का बच्चा है जिसे लेकर नायिका भावुक होकर उसके लिए कुछ करना चाहती है। इधर सामाजिक या दफ़्तरी जीवन की कुछ कहानियाँ भी दिखाई देने लगी हैं। मुझे लगता है कि अकेली औरत के संघर्ष की कथाएँ उषा प्रियंवदा, कृष्णा सोबती और मन्नू ने लिखीं, जो अपनी भौतिक स्थितियों के साथ भावनात्मक दुनिया से लड़ रही थीं। पुरुष के साथ तालमेल न बैठा सकने के द्वन्द्व में उन्हें 'अपने अलग कमरे' की तलाश थी जहाँ अपने आपसे अपनी व्यथा कह सकें, स्वयं रोकर अपना मन हल्का कर सकें। वे लगभग आत्मनिर्वासन में चली गई थीं। इनमें सबसे ज्यादा 'औरत' कृष्णा सोबती में है। इन सबके पास एक ऐसा भोला सपना था कि काश कोई पुरुष सब तरह से समेटकर इन्हें इस निर्वासन से बाहर निकाल ले। ये समझ नहीं पा रही थीं कि बाहरी और भीतरी दुनिया में पुरुष स्वयं खंडित और त्रस्त था।

आत्म-निर्वासन और उससे निकलने की कोशिशों के सबसे सार्थक उदाहरण कृष्णा सोबती के *बादलों के घेरे* से *सूरजमुखी अँधेरे के* तक और फिर *दिलोदानिश* और *समय सरगम* तक की यात्राएँ हैं। मन्नू का आत्म-संघर्ष बंटी के बहाने अपनी असुरक्षा को परिभाषित करता हुआ राजनीतिक असुरक्षा के *महाभोज* तक जाता है। हाँ, ये व्यक्तिगत लगनेवाली कहानियाँ अनजाने ही देश के राजनीतिक-सामाजिक सन्दर्भों में बदलती स्त्री की यातनाओं के क्लोज़-अप दे रही थीं।

लड़ाई थी, मगर ये महिलाएँ नहीं समझ पा रही थीं कि वे किससे लड़ रही हैं? वस्तुतः वे पुरुष के बहाने पुरुष-सत्ता से बुनी व्यवस्था से लड़ रही थीं। अच्छा, क्या तुमने कभी इस पर विचार किया है कि इस युग की सारी कथा-लेखिकाएँ या निर्मला जैन जैसी आलोचिकाएँ आग्रहपूर्वक किसी भी स्त्री-विमर्श को क्यों अस्वीकार करती हैं? अपने को स्त्री-वादी कहना उन्हें अपना अपमान लगता है। ये विदेह महिलाएँ या वैदेहियाँ थीं। भावना की तरलता देह के पात्रों में सीमित हो जाने को अपना अपमान मानती थीं। देह का अस्वीकार इन्हें विदेह होने की भयहीन उदात्तता देता था। वे ही क्यों, उस समाज में वर्चस्ववादी अपने को मानवतावादी कहकर अपना प्रभुत्व बनाए थे और जो शक्तियाँ उनके खिलाफ लड़ रही थीं, वे भी अपनी पहचान सिर्फ़ वर्ग के रूप में करती थीं, किसी अस्मिता के रूप में नहीं। अंग्रेजों के ज़माने में दोस्त-दुश्मन साफ़ थे। तब लड़ाई तो थी मगर इतने अपनों के बीच थी कि उन्हें दुश्मन या विरोधी कहते डर लगता था। उस समय हम सब एक रोमानी 'सार्वभौमिकतावाद' के सम्मोहन में थे : 'मनुष्य सब कहीं एक है,' उसके संघर्ष और सुख सबके सुख-दुख हैं, वहाँ न स्त्री-पुरुष का भेद है, न ग़रीब-अमीर का। इन महिलाओं के लिए सौ साल के उस पश्चिमी रोमानी-संजाल से बाहर आकर यह देख पाना सम्भव नहीं था कि सामन्तवाद की पहचान-हीन इकाई पहले व्यक्ति में और अब अस्मिताओं में बदल रही है। उसकी पहचान अब उन पहलेवाली कसौटियों से नहीं, नितान्त दूसरे सन्दर्भों से तय हो रही है।

जैसा कभी एडोर्नो ने कहा था कि हिटलर के आउशविट्ज़ जैसे विराट गैस-चैम्बरों की भयानक सचाई जानने के बाद फूल-पत्तियों, पक्षियों-पहाड़ों पर कविता लिख सकना असंभव हो गया है। उसी तरह कहा जा सकता है कि 1984 के सिख-संहार, या गुजरात के विराट वधस्थलों के गवाह बनने की यातना, या रोज़-रोज़ दहेज, डायन, भ्रूण-हत्याओं और बलात्कारों की कहानियाँ जानने के बाद उस रोमानी 'सार्वभौमिकतावाद' में जीना किसी भी जागरूक स्त्री या पुरुष के लिए संभव नहीं है। उसे संघर्ष की बिसात को अपनी निजी देह और परिवार की सीमाओं के साथ ही समझना होगा। क्या यह 'सोच' का अन्तर्विरोध नहीं है कि 'सार्वभौमिकता' में समस्या को समझनेवाली महिलाएँ 'समग्रता' में स्त्री को देखते ही अनैतिकता और अश्लीलता का राग अलापने लगती हैं। अब किसी भी स्त्री के लिए इस सचाई से आँख चुराना मुश्किल है कि वह एक पुरुष-वर्चस्ववादी समाज में रह रही है और बिस्तर से लेकर बस्तर तक शक्ति और

संघर्ष के हज़ारों रणक्षेत्र उसके सामने हैं। अब यह लड़ाई किसी एक स्त्री के कुछ बन जाने या न बन पाने की नहीं रह गई है, समग्र स्त्री जाति के अस्तित्व और अस्मिता की लड़ाई है। अगर इन्दिरा गांधी, मार्गरेट थैचर, गोल्डा मायर, भंडारनायके, बेग़म ज़ियाउल हक या बेनज़ीर भुट्टो अपने-अपने देशों की प्रधानमन्त्री बनीं तो यह स्वयं स्त्री की पराजय और उस पुरुष की विजय थी जिसे आत्मसात करके ये 'महान' बनी थीं, जहाँ वही उठा-पटक थी, वही राजनीतिक दाँव-पेंच थे, वही प्रशासन के स्वरूप थे, उन्हें ही एक समर्थ पुरुष की तरह सँभालना और इस्तेमाल करना या अपना प्रशासनिक कौशल सिद्ध करना था। शायद यही उलझाव रहे होंगे कि उन्होंने स्त्रियों के लिए, उनके सशक्तिकरण और कल्याण के लिए कुछ नहीं किया। न उन्हें इतनी फुरसत थी, न ज़रूरत। सोनिया गांधी के लिए आज भी मेधा पाटकर, अरुणा राय, अरुंधती राय, महाश्वेता देवी और रमणिका गुप्ता की लड़ाइयाँ कहीं कोई अर्थ रखती हैं? लगता है जैसे दोनों दो अलग नक्षत्रों की रहनेवाली हैं।

सार्वभौमिकतावाद की रूमानी अवधारणाओं में साँस लेनेवाली पुरानी पीढ़ी मुझे भक्ति-काल के उस मासूम सन्त की याद दिलाती है जो कहता है 'जात-पात पूछे नहीं कोई, हरि को भजै सो हरि कौ होई' उन बेचारों ने कभी नहीं पूछा कि क्या अभिजात आचार्यों और दर्शनिक भक्तों की 'वार्ताओं' में उनकी खुली आवा-जाही थी या मन्दिरों में उन्हें निस्संकोच प्रवेश मिलता था? क्या कुजात सन्तों की अपनी दुनिया अलग नहीं थी? इन लेखिकाओं के लिए भी कला और साहित्य भले ही भगवान जैसा सफ़ाई करनेवाला, बराबरी का आश्वासन देनेवाला साबुन या डिटर्जेंट हो, मगर क्या आज भी निर्णायक-नीतियों की निर्धारक-समितियों में वे कहीं हैं? क्यों आज भी बीसियों सालों से स्त्री-बिल पार्लियामेंट में धक्के खा रहा है? क्यों किसी भी राजनीतिक पार्टी की सर्वोच्च परिषद में उनका होना ज़रूरी नहीं माना जाता? ये कुछ असुविधाजनक सवाल हैं जिन्हें साहित्य की बुद्धिजीवी महिलाएँ महत्त्व नहीं देती। उनके लिए साहित्य-कला में स्त्री-पुरुष का भेद करना राजनीति है। वही पाँचवें सवार की भोली आश्वस्ति। मानो 'आरक्षण विरोध' के पीछे सत्ता-वर्चस्व की कोई राजनीति नहीं है। सत्ता राजनीति क्या सिर्फ़ शासन बदलने का ही दूसरा नाम है, समाज, परिवार, इतिहास और संस्कृति में वर्चस्व का जो बारीक खेल चल रहा है, वह इन्हें क्यों दिखाई नहीं देता? और कुछ नहीं तो वे प्रभा खेतान के उन लेखों को ही देख लेतीं, जहाँ उसने अनेक स्तरों पर इस 'खेल' की परत-दर-परत उधेड़ी हैं...वस्तुतः इन्हें अपनी स्त्री होने से डर और घृणा दोनों हैं। इन्हें स्त्री को एक अलग और सम्पूर्ण इकाई मानना अपमान लगता है। उनकी नैतिकता के मानदंड भी ठीक वही हैं जो पुरुषों या शास्त्रों के हैं। आख़िर उन्हें इस पुरुष-समाज के सम्मानित नागरिक के रूप में ही तो रहना है। यह उन्हें सुरक्षा देता है। वे दूर बैठकर भँवरी बाई के बलात्कार को धिक्कार सकती हैं, मगर शायद यह सपने में भी नहीं सोच सकती कि भँवरी की जगह स्वयं वे भी हो सकती थीं। खुद हमारे महानगरों में क्या ऐसी घटनाओं की कमी है? और क्या यह वर्ग वही नहीं है जहाँ से स्वयं लेखिकाएँ

आती हैं? जैसिका लाल से लेकर शालिनी भटनागर और मधुमिता शुक्ला तक...

अपने ही जीवन में संघर्ष करके शहरी मध्यवर्ग में शामिल हो चुका कोई भी दलित क्या आज गाँव, क़स्बे में रहते, मैला ढोने या चमड़े का काम करनेवाले अपने ही परिवार के अपमान और ज़लालत से खुलेआम जुड़ना पसन्द करेगा? आज वह दलित नहीं, मध्यवर्गीय 'सम्मानित नागरिक' हो गया है, उसके बच्चे ऊँचे स्कूलों में पढ़ते हैं, अच्छा फ़्लैट है, और पत्नी के रख-रखाव को लेकर उसे शर्मिंदा होने की ज़रूरत नहीं है। मगर क्या सचमुच ऐसा है? पास-पड़ोस, दफ़्तर, पार्टियों की इस दुनिया में भी क्या हर पल उसे महसूस नहीं कराया जाता या वह स्वयं इसे लेकर सचेत नहीं है कि वह उन सम्मानित सवर्णों में नहीं है, कहीं अलग है। वस्तुतः न वह अपने गाँव का है, न इस शहरी मध्यवर्ग का, वह सिर्फ़ अपने को आश्वासन देता है कि वह उन्हीं में से एक है। क्या नहीं था जगजीवनराम के पास? वही कोठी-बँगला, खुशामदियों की भीड़, नौकर, चाकर सभी कुछ तो था। मगर जब जनता सरकार ने उन्हें प्रधानमन्त्री नहीं बनाया तो झल्लाकर वही जगजीवनराम भड़के थे। "ये ब्राह्मण एक चमार को कभी भी प्रधानमन्त्री नहीं बनाएँगे।" ठीक यही स्थिति स्त्रियों की है। सबकुछ के बावजूद न वे स्वयं भूल पाती हैं, न उन्हें भूलने दिया जाता है कि वे स्त्रियाँ हैं। बल्कि यहाँ स्थिति अधिक विडम्बनापूर्ण है : उन्हें स्त्री के रूप में देखा जाए तो वे अपमानित महसूस करती हैं, न देखा जाए तो उपेक्षित...कुछ भी करें, याद उन्हें हमेशा यही दिलाया जाता है कि वे स्त्रियाँ हैं। प्रधानमन्त्री बनने के बाद भी इन्दिरा गाधी का नाम किस-किसके साथ नहीं जोड़ा गया? कभी राजा दिनेश सिंह, कभी शेख अब्दुल्ला, तो कभी धीरेन्द्र ब्रह्मचारी। वस्तुतः अपनी देह के साथ स्त्री का सम्बन्ध ज़्यादा जटिल है। दलित अपनी पहचान छिपाकर रह सकता है, स्त्री तो दूर से दिखाई देती है। वह यह भूल जाती है कि उसे एक घनघोर मर्दवादी सवर्ण संस्कृति के बीच रहना है, जहाँ हर क्षण पुरुष से अपनी रक्षा करते रहना ज़रूरी है। वह 'पुरुष छाते' के नीचे ही पुरुष से रक्षा करने की विडम्बना की शिकार है। इच्छा हो या न हो उसे कहीं भी गर्भवती बनाया जा सकता है, बलात्कार किया जा सकता है। विशिष्ट-समाज में तथाकथित स्वीकृति के लिए दलित और स्त्री को चौगुना अधिक संघर्ष करना पड़ता है, दुगुनी या तिगुनी प्रतिभा प्रमाणित करनी होती है। दलित के मुक़ाबले स्त्री की मुश्किल यह भी है कि उसे उसी पुरुष की भाषा में रात-दिन अपने को परिभाषित करते रहना पड़ता है जो उसकी है ही नहीं, आत्यन्तिक रूप से (एक्सक्लूसिवली) पुरुष की है। वह तो शायद यह भी भूल गई है कि उसकी अपनी कोई निजी भाषा है भी या हो सकती है। किसी दूसरी औरत को जब वह अपमानित करना चाहती है तो उसके पास ठीक वही शब्द हैं जिनका लक्ष्य वह स्वयं स्त्री होने के नाते होती रही है।

अभी मैंने कहा, स्त्री का अपनी देह के साथ सम्बन्ध बेहद जटिल है, वह उसे बेहद प्यार भी करती है और उससे घृणा भी करती है। वस्तुतः हर क्षण यह बोध उसकी चेतना में पैबस्त है कि वह पुरुष की निगाह में कैसी लगेगी। बोउवा ने लिखा है कि

अकेले में स्त्री जब शीशे के सामने अपने आपको विभिन्न कोणों से देख रही होती है तो भी कहीं गहरे अवचेतन में बैठे पुरुष से ही 'वाह' माँग रही होती है। वह कभी तय नहीं कर पाती कि अपने शरीर को कैसे ले? यह सम्बन्ध भी अदृश्य और अशरीरी पुरुष ही तय करता है जिसे वह 'अपना' एटीट्यूड मान रही होती है। वह जानती है कि एक तरफ़ वह प्रकाश है, ज्योति है, प्रेरणा और सौन्दर्य है, दूसरी ही साँस में अँधेरा है, गोपन और शर्म है...ऊपर के शील और नीचे की शर्म का मिलन-बिन्दु कहाँ है, यही स्त्री का द्वन्द्व है। इसे अंग्रेज़ी में कहते है 'एम्बिवैलेंसी।''

इसे सार्वजनिक और व्यक्तिगत का द्वन्द्व भी कह सकते हैं। कमर से ऊपर की स्त्री, पुरुष मालिक के लिए सौन्दर्य, भावना और प्यार का ऐसा सार्वजनिक प्रदर्शन है जिस पर उसे गर्व है; स्त्री स्वयं अपने को इस तरह प्रस्तुत किए रखना चाहती है कि मालिक-मर्द को शर्मिन्दा न होना पड़े। मुझे यह मानने मे कोई आपत्ति नहीं है कि सजना-सँवरना या सुन्दर और प्रसन्न दिखना स्त्री की अपनी प्रवृत्ति है, ज़रूरी नहीं है कि वह 'किसी के लिए' ही सजे-सँवरे। वह सिर्फ अपने लिए भी ऐसा कर सकती है। पर क्या सचमुच? क्या वह किसी से कोई एप्रिसिएशन (प्रशंसा) नहीं चाहती? कहावत है 'जंगल में मोर नाचा किसने देखा?' सौन्दर्य की प्रतिमूर्त्ति इस ख़ूबसूरत 'चीज़' को लेकर स्वयं स्त्री से अधिक पुरुष द्वन्द्व में होता है; एक तरफ तो अपनी इस 'अमूल्य सम्पत्ति' पर उसे गर्व है मगर दूसरी तरफ़ भयानक आशंका। जिस सौन्दर्य पर रीझकर वह पागल हुआ था, कहीं कोई और दूसरा तो इसी तरह 'पागल' नहीं हो रहा? अगर हो रहा है तो वह दुश्मन है, उससे 'अपनी स्त्री' को बचाना है, यहाँ उसे स्त्री पर बिल्कुल विश्वास नहीं है। प्रशंसाओं, शब्दजाल, आकर्षण या जिन दूसरे लटकों से खिंचकर वह मेरे 'चंगुल' में आ गई थी, ठीक उसी तरह कल किसी और के बाहुपाश में भी जा सकती है। उधर स्त्री सोचती है कि वह बेवकूफ मुझ जैसी के पीछे पागल हो सकता है तो कल किसी और के जादू में भी नाचेगा। अजीब विश्वास-अविश्वास का खेल है स्त्री-पुरुष का प्रेम। स्त्री को भी सार्वजनिक प्रशंसा चाहिए। मगर इतनी नहीं कि अपना 'मालिक' आपे से बाहर हो जाए। यह उसके कौशल और सन्तुलन का सबसे नाजुक परीक्षण है...

पुरुष का सबसे निर्णायक-क्षेत्र स्त्री की कमर से नीचे का हिस्सा है, वह उसका निहायत निजी और गोपन शतरंज है। अगर वह अपने पौरुष और काम-कला की दक्षता से उसे जीत लेता है तो संसार का सबसे 'महान' और सबसे सुखी प्राणी है। यह 'विजय' ही उसे इतने आत्मविश्वास और ऊर्जा से भर देती है कि वह जीवन की हर स्थिति का सामना कर सकता है। वरना वह वैद्य-हकीमों से लेकर भस्मों, कुश्तों और वियाग्राओं के लिए कहाँ-कहाँ की टक्करें नहीं मारता? यहाँ फिर स्त्री के कौशल और कला का इम्तहान है : उसे हर बार पुरुष की मर्दानगी, अपने सुखी-सन्तुष्ट और पराजित होने का नाटक करना पड़ता है। उसके 'अहं' को सहलाते रहना होता है... मगर एक गाँठ है जो दोनों को हर समय सालती रहती है। पुरुष ने ऊपर की स्त्री

को जीतकर उसे अपनी सुशासित कॉलोनी बना लिया है, मगर नीचे का क्षेत्र ऐसा है जहाँ वह हर बार हारता है। वहाँ की एकछत्र स्वामिनी स्वयं स्त्री है। यही वह स्वतन्त्र देश है जो पुरुष के उपनिवेशीकरण से किसी हद तक बचा हुआ है। हम जिस क्षेत्र को लाख कोशिश के बाद भी अपने काबू में नहीं ला पाते उसके बारे में झूठी-सच्ची कहानियाँ प्रचारित करते है, उसे भयानक और खूँखार घोषित करते हैं। इसी विजित और अविजित क्षेत्रों के द्वन्द्व से बनते-बिगड़ते हैं दोनों के व्यक्तित्व...आपसी सम्बन्ध।

स्त्री-विमर्श, पुरुष द्वारा किए गए इस सार्वजनिक और निजी के बँटवारे को नहीं मानता। उसे यह 'बाँटो और राज करो' का मालिकाना हथकंडा लगता है। यहाँ स्त्री अपने ढंग से अपने आपको देखे जाने का आग्रह करती है। वह न सिर्फ़ भावना है, न देह। वह दोनों को मिलाकर ही सम्पूर्ण-स्त्री है। और यहीं उसकी लड़ाई के क्षेत्र बदल जाते हैं। स्त्री भावना रहे, सौन्दर्य, मासूमियत या आध्यात्म की प्रतिरूप रहे, वहाँ किसी को क्या आपत्ति है? मगर वह इसी के साथ-साथ अपनी देह को भी क्यों इतना महत्त्व देना चाहती है? वह पुरुष की इसी दुहरी मानसिकता का विरोध करती है। अपने को अखंडित, अविभाज्य और समग्र रूप से देखे जाने का आग्रह ही उसे अशालीन, अश्लील और अनैतिक बनाता है। पुरुष हो या स्त्री, जब-जब देह की बात की जाएगी तब-तब उन पर आपत्तिजनक और बेशर्म होने का ठप्पा लगाया जाएगा। कितना बड़ा छद्म और आडंबर है कि देहाचार के परिणामस्वरूप प्राप्त मातृत्व को स्त्री-जीवन की सबसे बड़ी सार्थकता बतानेवाले, उसे ईश्वर के समकक्ष रखनेवाले ही मातृत्व की इस वैध-अवैध प्रक्रिया को लेकर सबसे ज्यादा हाय-तौबा मचाते हैं। यहाँ शायद मर्दवाद की एक और कुंठा छिपी है। मातृत्व तो सबसे बाद की बात है, स्वयं रतिक्रिया आनन्द का ऐसा अजस्र स्रोत है जिसकी तुलना 'समाधि' और दिव्यानुभूति से की गई है और इस आनन्द को पाने का अधिकार सबको नहीं दिया जा सकता। वह सिर्फ़ मेरा अपना है। मैं उसे कहीं भी प्राप्त करने के लिए स्वतन्त्र हूँ, मगर स्त्री को यह स्वतन्त्रता बिल्कुल नहीं है। यही कारण है कि स्त्री जब स्वयं अपने देह-सौन्दर्य की बात करती है तो सारे पुरुषों को इस दिव्यानन्द के लिए आमन्त्रित कर रही होती है। यह कैसे बर्दाश्त किया जाएगा? यही कुंठा स्त्री की देह को घृणित और अश्लील बनाती है। मगर स्त्री अपने नितान्त और निजी क्षणों में अपनी देह को न घृणित मानती है, न अश्लील। वह उसका हथियार भी है और ढाल भी। पुरुष के दृष्टिकोण से उसकी यह असहमति ही उसे बेशर्म और बाज़ारू बना देती है। यही असहमति, अपने को समग्र और अखंडित रूप में पेश किए जाने का आग्रह ही स्त्री-विमर्श की मूल भावना है जिसे आगे जाकर वह मर्दवादी दर्शन के सामाजिक रूपों में खोजती और खोलती है। उसकी सारी कोशिश मर्दवादी छाते की सुरक्षा से बाहर आकर अपने को स्वतन्त्र-शक्ति की पहचान के रूप में स्थापित करना है। गुलामी सुरक्षा देती है तो सारे निजी स्वाधीनता का अपहरण भी कर लेती है। स्वतन्त्रता और इनिशिएटिव को समाप्त कर देती है, स्वतन्त्रता खुले ख़तरे के मैदान में अपने को झोंक देना है, मगर असुरक्षा का यह ख़तरा ही स्त्री को अधिक कल्पनाशील

और रचनात्मक भी बनाता है। वह अपने को चौकन्नी बुद्धि या अन्य साधनों से सबल बनाने की कोशिश भी है। स्त्री विमर्श ने उसे व्यक्ति से उठाकर अस्मिता से जोड़ा है। अब वह यह भी जान रही है कि उसकी मुक्ति ही सारे समाज की मुक्ति भी है। वह यह सवाल भी पूछना चाहती है कि सारे संस्कृति, धर्म और नैतिकता का बोझ उसी के कन्धों पर या शरीर को लेकर ही क्यों है?

'भावना में भावना का वरण करनेवाली,' महादेवी से लेकर स्वतन्त्रता के बाद तक की नारी-लेखिकाओं का इकहरा सरोकार था अमूर्तन। वे अपने को अभिव्यक्त भी करना चाहती थीं, मगर भावना के आलम्बनों की ठोस पहचान से भी डरती थीं। यहाँ उनका 'पुरुष' ही अमूर्त नहीं था, वे स्वयं अमूर्तन थीं। इसे सामाजिक 'भय' का नाम भी दिया जा सकता है। इसमें शक नहीं है कि हिन्दी की कुछ श्रेष्ठतम कविताएँ और कहानियाँ इन्हीं रचनाकारों की कलम से आई हैं, मगर भावनात्मक द्वन्द्वों और आत्मिक दयनीयता में वे कब तक ठहरी रहतीं? उन्हें ठोस धरातल तक आना ही था और वर्जनाओं के बीच बोल्ड होने का दंड भी भुगतना था। याद है कृष्णाजी की मित्रो सिर्फ़ देह की भाषा बोलती है, और हंगामा मच जाता है, मगर उससे आगे जब वास्तविक देह आती है तो मित्रो लौट आती है। उषा प्रियंवदा सम्भोग का दृश्य नहीं दिखातीं; सिर्फ नायक-नायिका के पलंग पर गिरा दिए जाने तक आकर रुक जाती हैं वहाँ नागिका की चप्पलें फर्श पर टपक पड़ती हैं जैसे उस समय की हिन्दी फ़िल्मों में चुम्बन की जगह दो फूलों को पास लाकर काम चलाया जाता था। मन्नू की यही दुस्साहसिकता चर्चा-कुचर्चा का केन्द्र बनी कि नायिका दो प्रेमियों को समान निष्ठा और गहराई से प्यार करती है। कुछ दिन बिछुड़कर जब पहले प्रेमी से मिलती है तो दोनों आलिंगनबद्ध हो जाते हैं चुम्बित-प्रतिचुम्बित।

संसार का हर परिवर्तन पहले मानसिक स्तर पर घटित होता है। ये लेखिकाएँ भी 'भावना' या मनोजगत में मर्दवादी सामन्ती वर्जनाओं से मुक्त हो रही थीं। दिक़्क़त यह थी कि इन लेखिकाओं के लिए जीवन वहीं आकर रुक गया था। गोपन-सुख की सांकेतिक अभिव्यक्तियों को कला और सुरुचि की स्मरणीय उपलब्धियों के रूप में सराहा जाना ही उनके विकास का अन्त है। उस मानसिकता की लेखिकाएँ इससे अधिक कुछ दिखा भी नहीं सकती थीं। उनका अभिजात शील आड़े आता था। और यही वे लेखिकाएँ भी हैं जो भोले या 'नायेव' विश्वास के साथ घोषित करती हैं कि लेखक सिर्फ़ लेखक होता है, वहाँ स्त्री-पुरुष का भेद करना ग़लत है। आइए, इस 'भोले' विश्वास का भी विखंडन कर लिया जाए...

हवाई जहाज़ की ऊँचाइयों से जब हम नीचे देखते हैं तो वहाँ हरे-भरे जंगल, बस्तियों की छतें, खेतों के चारख़ाने, पानी-भरी तश्तरियों या लकीरों जैसे नदी-ताल दिखाई देते हैं। सब कुछ बड़ा सुन्दर, सुहावना और रोमांचक होता है। मगर जैसे-जैसे नीचे आते हैं जंगल अलग-अलग पेड़ों के समुदाय में बदलने लगते हैं, छतें मकानों में और धारियाँ नदियों का रूप लेने लगती हैं। वास्तविकता के और पास जाकर देखेंगे तो पेड़ों की

क़िस्में, खेतों की फ़सलें और मकानों की बनावटें साफ़ होने लगती हैं। यानी जब हम ज़रा ध्यान से लेखन, भाषा, विषय, कथानकों को देखना शुरू करेंगे तो स्त्री-पुरुष ही अलग-अलग नहीं दिखाई देंगे, बल्कि उनकी बोली-बानी, रहन-सहन, कपड़े-शृंगार में भी भेद उजागर होने लगेंगे। फिर यह कैसे संभव है कि यह भेद उनकी अन्य अभिव्यक्तियों में न आए? या लेखन और दूसरी कलाएँ उनके जैंडर बोध से एकदम अछूती बनी रहें? यह 'भेद' ही दोनों के मनोविज्ञान तय करता है। शुरू में अगर बड़े स्तर पर स्वतन्त्रता के सारे आदर्शवाद खंड-खंड हो रहे थे और देश के नागरिक ठोस वास्तविकताओं के स्वीकार-अस्वीकार के द्वन्द्व में जूझ रहे थे तो यह कैसे संभव होता कि स्त्री-पुरुष दोनों गोल-मोल 'मनुष्य' नाम की संज्ञा में ही बँधे रहते? दूर से दीखते 'मनुष्य' नजदीक आने पर स्त्री-पुरुष की इकाइयों में क्यों नहीं बदलेंगे? विक्टोरियन नैतिकताओं और रोमैंटिक वायवीयताओं के इस तरह ध्वस्त होने से जो बुद्धिजीवी और लेखक हतप्रभ थे, वे सपनीली रूमानियत के राजकुमार/राजकुमारियाँ, स्वप्न-भंग की इस कठोर धरती पर कैसे चलते? साफ़ था कि उन्हें नई वास्तविकताओं से अपने समीकरण तय करने थे। लेकिन तभी हाथ लगे एक शब्द ने इन्हें बचा लिया और वह शब्द था ट्रांसेंडेस या देह से ऊपर उठने की उदात्तता, देह का अतिक्रमण। हाँ, सही है कि हम देह हैं, मगर हम ही हैं जो उदात्त के 'दर्शन' तक उठ सकते हैं। और लीजिए वे फिर उसी ट्रांसेंडेस की डाल पर जा लटके...आँखें बन्द किए उन्होंने रटना शुरू कर दिया कि स्त्री-विमर्श नाम की क्या चीज़ है? यह सब पश्चिम के चोंचले हैं। मानो रोमैंटिसिज़्म ठीक अपनी धरती से ही उपजा था, या शुद्ध देसी अवधारणा थी और उसका पश्चिम के रोमैंटिक आन्दोलन से कोई लेना-देना नहीं था...वस्तुतः यह अनेक स्तरीय 'आइडियलिज़्म' और मैटीरियलिज़्म' का पुराना द्वन्द्व था। यहाँ भी वही पुरानी चालाकी काम आई : प्रत्यक्ष को रूपक प्रतीक और अन्योक्ति बनाकर आध्यात्मिक अर्थ देना जहाँ राधाकृष्ण के संभोग का अर्थ है, ईश्वर और प्राणी का आपस में एकमएक हो जाना : ब्रह्म और आत्मा का मिलन।

अनुभवी शासकों को सूट करता या रास आता है कि वह प्रजाजनों को अमूर्तनों में उलझाकर उन्हें बौद्धिक कसरतों में फँसाए रहें, ताकि उन्हें एकतरफ़ बौद्धिक-श्रेष्ठता का भ्रम बना रहे तो दूसरी तरफ़ शोषण-दमन की वास्तविकताओं का सैद्धान्तिकीकरण किया जाता रहे। मुक्ति-संघर्ष से दूरी बनाए रखने की यह एक बारीक़ रणनीति है, इसका पर्दाफ़ाश फ्रैंज़ फ़ैनान और एडवर्ड सईद दोनों ने किया है।

एक स्तर पर मुझे यह पीढ़ियों का द्वन्द्व भी लगता है। वेदों के युग से पुरानी पीढ़ी नयों को गालियाँ देती रही है कि 'नए' विदेशी प्रभावों में हमारी सारी बहुमूल्य धरोहर का नाश कर देंगे। स्त्री-विमर्श में भी पुरानी पीढ़ी जिस उपनिवेशी रोमैंटिसिज़्म में पली थी वहाँ 'मुक्ति' के सिर्फ़ सपने थे, एक अमूर्त और अव्याख्यायित भविष्य था। मगर जब साक्षात् मुक्ति आई तो उन्हें लगा, "यह वह मुक्ति तो नहीं जिसके सपने हमने देखे थे, जो हमारी कविता-कहानियों में शांग्रीला या अल-डोराडो (स्वप्रदेश) बनकर बसी हुई थी। स्त्री-लेखिकाओं की पुरानी पीढ़ी तो पचास साल में भी नहीं समझ पाई कि

उपनिवेशवाद से मुक्ति उनकी नहीं थी, सिर्फ़ सवर्ण पुरुष-व्यवस्था का स्वतन्त्र होना था और इसमें उनकी हैसियत खुद एक उपनिवेश की थी। स्त्री, स्वयं पुरुष के सपनों में समर्पित भाव से शामिल थी इसलिए अलग से अपनी हैसियत समझने में उसे समय लगा। जबकि दलित बहुत पहले से इसे देख रहे थे कि मिलनेवाली स्वतन्त्रता में वे कहीं नहीं हैं। वस्तुतः इस स्वतन्त्रता से उनका असहयोग था, गांधी और अम्बेडकर का मतभेद इसी बात का गवाह है। इधर प्रबुद्ध स्त्रियों की नई पीढ़ी अब जाकर क्रमशः यह समझ रही है कि भाषा से लेकर मुहावरों तक और भूषा से लेकर भंगिमाओं तक पुरुषों का फैलाया ऐसा पावर-गेम है जहाँ रज़ामन्द कठपुतली बनकर स्वयं नाच रही है। अपने आपको समझने के लिए ज़रूरी है कि वह इस इन्द्रजाल से बाहर निकले। अपने को और अपनी स्थिति को समझना ही मुक्त होने की प्रक्रिया से जुड़ना भी है। कोई आश्चर्य नहीं कि भावनात्मक सार्वभौमिकता में साँस लेनेवाली पुरानी लेखिकाओं के लिए यह सारा परिवर्तन, फूहड़, अशालीन और अश्लील लगे...प्रेमी की उँगली छूते ही सनसनाहट से भर जानेवाली प्रेमिकाएँ, खुलकर एक-दूसरे के गले लग जानेवाली सार्वजनिकता को कैसे बर्दाश्त करेंगी? स्त्री शरीर तो छुप-छुपकर देखने और दिखाने की गुदगुदाहट है। खुले ख़ज़ाने उसका प्रदर्शन दंडनीय अपराध नहीं तो क्या है? बुर्कों और घूँघट में चाँद-सा चेहरा छिपाए ज़िन्दगी गुज़ार देनेवाली सन्नारियों को, थोबड़ा खोलकर ठहाके लगानेवाली, मिनी स्कर्ट पहनकर टैनिस फुटबॉल खेलनेवाली या कम्प्यूटर के सामने सिगरेट पीते हुए दुनिया भर के मर्दों से ऊल-जलूल चैटिंग करनेवाली औरतें बेशर्म रंडियाँ और शी-ड्रैकुला नहीं लगेंगी तो क्या देवी सरस्वती लगेंगी? (भारतीय संस्कृति और ज्ञान की इस देवी सरस्वती की निर्वस्त्र देह पर खूँखार पशु को हमला करते हुए दिखानेवाले चित्रकार (हुसैन) को तो अविलम्ब फाँसी पर लटका दिया जाना चाहिए।)

बहरहाल, भावनाओं की बोल्डनैस तक जीनेवाली पुरानी पीढ़ी की लेखिकाओं-आलोचिकाओं को अब स्वीकार कर लेना मुश्किल ही है कि खेल उनके हाथ से निकल चुका है और अपने को प्रासंगिक बनाए रखने के लिए इस दर्शन के सिवा कोई और सहारा उनके पास नहीं है कि लेखन में न स्त्री-पुरुष का भेद होता है न नई पुरानी पीढ़ी का। कैसा राष्ट्रीय आश्वासन है मानो हम किसी मंच से कह रहे हों कि "हम सब इंसान हैं, भारतीय हैं और विश्व-नागरिक हैं।" जबकि खुद जानते हैं कि यह झूठ है हम जातियों, धर्मों, क्षेत्रों और वर्गों में बँटी हुई वास्तविकताएँ हैं जहाँ हर कोई वर्चस्व के लिए एक-दूसरे को फूटी आँखों नहीं देख पा रहा है...यह नंगी सचाई है और बिना इन विषमताओं को हल किए हम न भारतीय बन सकते हैं, न इंसान... लेखिकाओं की पुरानी पीढ़ी दर्शक-दीर्घाओं में बैठी कुढ़ रही है : यह वह खेल तो नहीं है जिसे हमने ज़िन्दगी भर खेला है। जिसे हम घृणित, अश्लील, बेशर्म कहकर धिक्कारते थे, वही सब खुलकर दिखाया जा रहा है। हमारी भाषा में जो कुछ बहिष्कृत, दमित, फूहड़ और अनुच्चारणीय था, वही इनके मुख्य सरोकार हैं। इसे लेखन कहते हुए भी डूब मरने का मन होता है। इन 'देवियों' के लिए यह समझना मुश्किल है कि लोकतन्त्र ने सिर्फ़

दलितों, वंचितों शोषकों के सामाजिक जीवन को ही मुक्त नहीं किया है, उनके भीतर जो दमित, कुंठित और रिजेक्टेड (अस्वीकृत) था उन क़ैदखानों के ताले भी खोल दिए हैं। यह ऑप्रेशन और रिप्रेशन दोनों से मुक्त होने की समग्रता और एक ही समय घटित होनेवाली प्रक्रिया है।

तो मैत्रेयी, आओ फिर अपने मूल कथ्य पर आते हैं।

दिल्ली में चालीस साल अच्छे-खासे मध्यवर्गीय ढंग से रहने के बावजूद तुम्हारे भीतर अलीगढ़ और झाँसी अंचल के गाँव, वहाँ की दुनिया, रहन-सहन ज़िन्दा ही नहीं है, बल्कि वहाँ आज भी तुम्हारी आवाजाही बनी हुई है। और इन्हें ही केन्द्र बनाकर तुम कहानियाँ, उपन्यास लिखती रही हो। मैं तो केवल एक निमित्त था, प्रतिभा और क्षमता तो तुम्हारी अपनी ही थी। मुझे लगा गाँव तो प्रेमचन्द, रेणु, जगदीश चन्दर, शैलेश सभी में था मगर 'स्त्री का गाँव' तो इतने फैलाव से तुम्हारी ही रचनाओं में पहली बार आ रहा था यह भारतीय राजनीति के उसी परिदृश्य का परिणाम था जहाँ लोकतन्त्र में अनेक माध्यमों से, संसद से सड़क तक गाँव दिखाई देने लगा था। यह ख़ूबसूरत ड्राइंग-रूमों से स्त्री-लेखन को बाहर निकाल लाने का ही लेखन नहीं था, बल्कि वह लेखन भी था जिसे शिष्ट, सुरुचिपूर्ण और कलात्मक दुनिया ने 'गँवारू' कहकर अपनी बिरादरी से बाहर कर रखा था। यह 'बाहर होना' सिर्फ़ पात्रों, कथा-क्षेत्रों या जीवन-स्थितियों तक सीमित न रहकर बोली-बाली, रहन-सहन से लेकर संस्कारों, नैतिक मान्यताओं और भाषिक संरचनाओं में भी प्रतिबिम्बित हो रहा है। तुम स्वयं देख रही हो कि हर टीवी चैनल में से इस गाँव को ग़ायब कर दिया गया है। गाँव चुनावों और अपराधों में ही दिखाई देता है। यह बाज़ार का दबाव ही नहीं, शहरी मध्यवर्ग का आत्म-रक्षात्मक सत्ता-विमर्श भी है। मुझे लगा कि तुम्हारा लेखन सिर्फ शहरी गतिहीनता (स्टैगनेशन) से ही कथा को नहीं निकालेगा, बल्कि साहित्य का भविष्य भी तय करेगा। यह अभिजात और लोक का द्वन्द्व है। जब लोकमंगल की शास्त्रीयता देनेवाले आचार्य शुक्ल कबीर, रैदास की 'फूहड़ता' बर्दाश्त नहीं कर पाए तो इन छोटे-छोटे आचार्यों के गले तुम्हारा गँवारू लेखन कैसे उतरता? वैसे भी इन्हें गीत गाने के लिए मरे हुए मुक्तिबोध और कबीर चाहिए, जीवित और जीवन्त 'फूहड़' तो इनके सारे सौन्दर्यशास्त्रों को ध्वस्त कर देंगे? आग नहीं, आग की स्मृति को ही इनके यहाँ कला कहा जाता है। याद नहीं है, राजकमल चौधरी की इन्होंने कैसी छीछालेदर की थी? तुम्हारा अपराध यह है कि तुम स्त्री के उस निजी स्पेस का अनुसन्धान कर रही हो, जिसे कभी बाहर नहीं आने दिया गया। हर 'सचेतन' स्त्री एक अपने स्वतन्त्र देश की राजदूत है।

शायद तभी मुझे लगा कि तुम्हारे पास कुछ नया और महत्त्वपूर्ण है, और एक स्त्री की कलम से वह पहली बार आ रहा है। पहले, यहाँ तक कि प्रेमचन्द में भी जगह-जगह 'गाँव की स्त्री' ही आई है। तुम पहली बार 'स्त्री के गाँव' का अनुसन्धान कर रही हो। यह उसी तरह है जैसे 'घर की स्त्री' और 'स्त्री का घर' दो अलग संज्ञाएँ हैं। 'गाँव की स्त्री' एक व्यक्ति थी, दमघोटू व्यवस्था की चक्की में पिसती या उसके ख़िलाफ़

बोलकर मृत्यु-दंड को आमन्त्रित करती। हालाँकि गाँव की यह इकाई शहरी स्त्री के मुकाबले ज़्यादा बदली हुई दिखाई देती है। मगर 'स्त्री के गाँव' में, गाँव के साथ स्त्री के सारे समीकरण बदल जाते हैं। यह परम्पराओं को नए सिरे से परिभाषित-अस्वीकृत करती है, गाँव के सामाजिक-जीवन में हस्तक्षेप करती है और जल, जंगल, ज़मीन से अपने सम्बन्धों की पुनर्परीक्षा करती है। स्वयं तुम्हारे 'चाक' की सारंग का 'बारहमासा' क्या वही परम्परागत प्रकृति-चक्र है? अकेली नहीं, गाँव की पहचान है, जो वहाँ के जीवन में हर कहीं उपस्थित है, वह गाँव का स्नायु-तन्त्र है। वह बदलती है तो बदलते हैं गाँव के सारे समीकरण। अपनी चचेरी बहन रेशमा के हत्यारे को सज़ा दिलाने का संकल्प उसे घर से बाहर निकालकर समाज से जोड़ता है, और यही जुड़ाव पंचायत के माध्यम से सत्ता में हिस्सेदारी और अधिकार चेतना की ओर प्रेरित करता है। यह स्त्री-अस्मिता का जागरण है। तुम इसे मेरी कमज़ारी कह सकती हो कि मुझे जहाँ कुछ नया, जड़ता यानी यथास्थिति को तोड़नेवाला और दमित बेचैनी को अभिव्यक्ति देनेवाला दिखाई देता है वहाँ मैं लगभग 'आउट ऑफ़ द वे' जाकर पक्षपाती हो जाता हूँ और गालियाँ खाता हूँ। तुम्हें लेकर ये 'प्रशंसाएँ' मुझे पहली बार नहीं मिल रहीं। बीस साल या उससे भी पहले अक्षर प्रकाशन के समय से सैकड़ों बार ये प्रशस्तियाँ मुझे सुननी पड़ी हैं और बीसियों स्त्री-पुरुष रचनाकारों का चमचा होने का सौभाग्य मुझे मिलता रहा है। मगर क्या यह सच नहीं है कि स्त्री ही नहीं, दलित और मुसलमान विशेषांक भी *हंस* ने ही निकाले हैं। सिर्फ़ स्त्रियों के साथ जोड़कर अपनी दमित आकांक्षाओं का उत्सवीकरण सारे कुंठित पुरुषों का प्रिय शग़ल है, लक्ष्य आज मैं हूँ कल कोई और होगा।

जैसा कि मैंने पहले भी कहा है कि इधर साहित्य के सारे आधार बदल गए हैं, इसे 'पैरेडाइम-शिफ़्ट' का नाम दिया जाता है। निश्चय ही ये साहित्य से कलात्मक आनन्द, आत्मा की मुक्तावस्था के दर्शन की माँग करनेवालों के दुर्दिन हैं अब यहाँ परोपजीवी, श्रमचोर सुखासीनों के 'पास-टाइम' की गुंजाइश कम ही दिखाई देती है। यह साहित्य के सामन्ती-युग का अन्त है। इसे विचार, भविष्य, इतिहास, मनुष्य के किसी भी अन्त का सैद्धान्तिक शोक-प्रस्ताव माना जा सकता है। लोकतन्त्र ने अतीतवादी साहित्य को भविष्योन्मुखी बना दिया है विराट लोकजीवन अब अपनी जड़स्थितियों को तोड़कर बेहतर भविष्य की आकांक्षाओं से आन्दोलित है। यह यातना (सफ़रिंग) संघर्ष और सपनों को वाणी देनेवाला युग है यहाँ पुराने सत्य, शिव, सुन्दर को नए सन्दर्भों में परिभाषित करना होगा।

तुम्हारे ऊपर आरोप है कि न तुम्हारे पास कोई जीवनदृष्टि है न राजनीतिक समझ। सही है कि तुम न वर्जीनिया वुल्फ़ हो, न सिमॉन द बोउवा और न ही प्रभा खेतान...तुम 'नए' और अपरिचित को जानने का सुख तो देती हो, मगर कोई वैचारिक बेचैनी नहीं देती। आरोप लगानेवाले यह क्यों भूल जाते हैं कि 'वह मेरा अपना निजीकक्ष' लिखनेवाली वर्जीनिया वुल्फ़ ही अपनी नितान्त भीतरी और वर्जित दुनिया की

चेतना-प्रवाही (स्ट्रीम ऑफ कांशसनैस) कथाओं की आदि-लेखिका भी है...जेम्स जॉयस से भी पहले...कोई मुझे बताए कि कैथरीन मैन्सफ़ील्ड की जीवन-दृष्टि क्या है? यही क्यों, ओ' हैनरी, मोपासाँ, चेखव से लेकर हैमिंग्वे या हिन्दी में रेणु, मटियानी और श्रीलाल शुक्ल की कथा-रचनाओं की जीवन-दृष्टि क्या है? क्या जरूरी है कि झंडे पर लिखकर ही जीवन-दृष्टि की घोषणा की जाए? वह लेखन की अपनी प्रवृत्ति और प्रकृति में पैबस्त भी हो सकती है। मुझे तो कृष्णा सोबती, मन्नू भंडारी और उषा प्रियंवदा के कथा-लेखन से जीवन-दृष्टियों की माँग करना भी ग़लत लगता है। जीवन-दृष्टि खोजना आलोचक का काम है और कोई ज़रूरी नहीं है कि इसमें रचनाकार ही उसकी मदद करे। ज़ाहिर है मैं यहाँ इन लेखकों के वैचारिक और रचनात्मक लेखन को, जो परस्पर विरोधी भी हो सकते हैं, अलग करके देख रहा हूँ। जिनके पास बहुत स्पष्ट निजी जीवन-दृष्टि होती है वे ऋषि दयानन्द या ओशो बनते हैं और जिनके पास निर्भ्रान्त सामाजिक और राजनीतिक दृष्टि होती है वे राजनीति में चले जाते हैं ये पहुँचे हुए लोग हैं। लेखन सतत खोज और शंकाओं की प्रक्रिया है...जिस गहराई की तुमसे माँग की जाती है उसकी कमी मुझे भी लगती है मगर उसे कोई ऊपर से नहीं लाद सकता...वह अपने पात्रों ओर उनके द्वन्द्वों के साथ जूझते हुए तुम स्वयं ही प्राप्त करोगी...और अगर तुम्हारा संवेदनात्मक साधारणीकरण (आइडेंटिफिकेशन) रुक नहीं गया है तो ज़रूर करोगी...हाँ, स्त्री की मुक्ति क्या अपने आपमें कोई जीवन-दृष्टि नहीं है? इस बात से डरने की भी ज़रूरत नहीं है कि तुम बहुत लिखती हो। पता नहीं कैसे हिन्दी में यह कुंठा पनप गई है कि कम लिखना, उत्कृष्ट लिखना भी है। कभी रवीन्द्र, शरत्, विभूति भूषण के उपन्यासों की गिनती की है? पता है, आशापूर्णा देवी और महाश्वेता ने कितना लिखा है? प्रेमचन्द से लेकर मनोहरश्याम जोशी तक किसने चार उपन्यास लिखकर संन्यास ले लिया था? दुनिया के और लेखकों के नाम गिनाऊँ?

यहाँ एक अमेरिकन कहानी का ज़िक्र करके मैं अपना पत्र समाप्त करूँगा। लेखक का नाम याद नहीं है, कहानी का नाम है "धरती का सबसे महान आदमी"। एक अनपढ़, मेहनती किसान खेती करते हुए हवाई जहाज़ उड़ते देख-देखकर मुग्ध होता रहता है। उसके मन में आता है कि वह कभी हवाई जहाज़ बनाकर आसमान में उड़े और बरसों की मेहनत के बाद उलटे-सीधे कल-पुर्जे जोड़कर वह एक हवाई जहाज़ बना डालता है। यही नहीं, वह उस पर बैठकर उड़ने भी लगता है। अब उसके मन में आता है कि क्यों न धरती का एक चक्कर लगाया जाए। और लीजिए, वह धरती का चक्कर लगाता ही नहीं, सफलतापूर्वक वापस भी आ जाता है। सारे देश में शोर मच गया है : रेडियो, टेलीविज़न, अख़बारवालों का ताँता लग गया है। उसका यश इतना बढ़ गया है कि तय होता है उसे देश की सर्वश्रेष्ठ प्रतिभा का पुरस्कार दिया जाएगा। पुरस्कार अमेरिका के राष्ट्रपति देंगे। तैयारी शुरू होती है और उसे पूरा प्रोटोकोल सिखाया जाता है कि क्या बोलना है, कैसे झुककर पुरस्कार लेना है, फिर उसी तरह वापस आना है। मगर वह जंगली, गँवार कुछ भी सीखने को तैयार नहीं है बोलता है तो अपनी ही

गँवारू फूहड़, अश्लील शब्दावली। हारकर उसे निर्देश दिया जाता है कि मंच पर वह चुपचाप रहेगा, एक भी शब्द नहीं बोलेगा। समारोह में पुरस्कार से पहले उसकी प्रशस्ति सुनाई जाती है तो खचाखच भरा हॉल स्वयं उससे अपने इस 'चमत्कार' पर 'दो शब्द' बोलने की माँग करने लगता है। आयोजकों की सिट्टी-पिट्टी गुम हो जाती है। आखिर वह उठता है और प्रेसिडेंट को सम्बोधित करते हुए शिष्ट समाज की दुनिया में बेहद उजड्ड, अश्लील और अभद्र भाषा में धन्यवाद देने लगता है क्योंकि यही उसकी सहज-स्वाभाविक भाषा है। घबराकर प्रेसिडेंट के अंगरक्षक झटके से उसे घेरकर पीछेवाले कमरे में ले जाते हैं और भरपूर धुनाई कर देते हैं कि जब उससे कुछ भी न बोलने को कहा गया था तो बकवास करने की क्या ज़रूरत थी? किसान को भी गुस्सा आ जाता है और वह भी बिगड़े साँड की तरह फुंकार कर दो-चार के सिर फोड़ देता है। आख़िर जैसे-तैसे उसे पकड़कर वे खिड़की के बाहर फेंक देते हैं बीसवीं या तीसवीं मंज़िल से...अब दृश्य यह है कि पीछे के कमरे में उसकी ठुकाई हो रही है, उधर हॉल में उस महान प्रतिभा के अतिश्योक्तिपूर्ण गुण गाए जा रहे हैं कि किस तरह अपनी विलक्षण उपलब्धि से उसने दुनिया के सामने अमेरिका का सिर ऊँचा किया है, एक नया इतिहास बनाया है।

तो मैत्रेयी, अपनी उपलब्धियों से संसार को चकित कर देनेवालों की नियति यही है क्योंकि वे समाज या साहित्य का प्रोटोकोल नहीं निभा पाते।

कैसी हो? मुझे तुम्हारी नई रचना का इंतज़ार है...

सस्नेह

राजेन्द्र यादव

बेज़ुबानी ज़ुबान हो जाए...

स्त्री का अपना 'घर' नहीं होता। घर बाप का होता है, पति का होता है या बाद में बेटे का होता है--वह वहाँ सिर्फ़ मेहमान या शरणार्थी होकर रहती है। चूँकि वह आर्थिक या भौतिक रूप से पराश्रित है, इसलिए जानती है कि ग़ैर-ज़रूरी या असुविधाजनक होने पर किसी भी दिन उसे यह घर या संसार छोड़ना पड़ सकता है। उसके लिए बेहद ज़रूरी है कि वह दूसरों के इस घर में अधिक से अधिक उपयोगी बनकर रहे। उसकी सारी कोशिश होती है कि इसी पराए घर को अपना मानकर ही अपने जीवन की सार्थकता सिद्ध करती रहे।

दलित जिस मंदिर का एक-एक ईंट रखकर निर्माण करता है, वह मन्दिर ख़ुद उसका नहीं होता। विडम्बना यहाँ भी यही है कि मूल-स्रोत होने के बावजूद, परिवार भी स्त्री का अपना नहीं होता; वह भी बाप, पति या बेटे का ही होता है। हाँ, उसकी मर्यादा और हितों की रक्षा वह जान देकर भी करती है। वह उस परिवार की इज़्ज़त होती है, मगर इस इज़्ज़त की परिभाषा परिवार का केन्द्रीय पुरुष तय करता है--जिसके पीछे धर्म, संस्कृति, वंश और रक्त की परम्पराएँ होती हैं। वह जन्मदात्री है, मगर वंश पिता के नाम पर चलता है और बेटा ही वंशधर कहलाता है। परिवार की बनावट एक सामंती दुर्ग की तर्ज़ पर की जाती है, जिसे हर 'बाहरी' हमले से बचाकर रखना होता है। अगर दुर्ग का हर सदस्य निष्ठावान, समर्पित और चौकस नहीं होगा तो बाहरी हमले या भीतरी विद्रोह उसे नष्ट कर देंगे। वस्तुतः सामंती समाज इन पारिवारिक-दुर्गों की द्वीप-शृंखला से बना होता है। इन दुर्गों के नियंत्रण और सुरक्षा की बागडोर भले ही पुरुषों के हाथों में हो, बोझ सारा स्त्री के कंधों पर ही होता है। उसका कर्तव्य है कि दुर्ग के हर सदस्य के स्वास्थ्य, भोजन और क्षमता को बनाए रखने की व्यवस्था में ढील न आने दे; वंश-परम्परा चलाए रहे। वह अधिकारहीन कर्तव्यों की गौरवशाली प्रतीक है : वह अन्नपूर्णा है। उधार के अधिकारों का वह उसी सीमा तक प्रयोग कर सकती है जितने की अनुमति गढ़-स्वामी उसे सौंपता है--या जो परिवार के लिए असुविधाजनक नहीं होते। उसे कही या अनकही सख़्त हिदायत होती है कि अपना सारा जीवन और संसाधन वह सिर्फ़ परिवार के संवर्धन और संरक्षण में लगाए रखेगी। कर्तव्यों में ज़रा-सी भी ढील उसे न केवल सारे अधिकारों से वंचित कर सकती है; बल्कि उसे फ़ालतू बोझ की तरह

ठिकाने भी लगा सकती है। उसके सम्मान की एकमात्र शर्त है परिवार के प्रति उसकी निष्कम्प वफ़ादारी...वह हर साँस में भगवान से परिवार की कुशल-क्षेम के लिए प्रार्थना करती है, व्रत-उपवास और तपस्या द्वारा अपना होना सिद्ध करती है। उसकी हर पूजा पति-पुत्र के लिएं कृतज्ञता-ज्ञापन है। इन्हीं की सेवा में प्राणोत्सर्ग करने वाली स्त्री, देवी की तरह पूजी जाती है क्योंकि संसार के सारे स्वर्ग उसके चरणों में होते हैं। वह हर भारतीय स्त्री का रोल-मॉडल होती है।

सामंती-परिवार में स्त्री का न नाम होता है, न चेहरा। हो सकता है पिता के घर वह किसी पुरानी देवी या पिता के नाम से पुकारी जाती हो, मगर उसके 'अपने परिवार' में उसका नाम ठीक वैसा ही होता है जैसा जेल में क़ैदी का नम्बर। गाँव, घर या परिवार में उसके स्थान के सन्दर्भ और आसंग ही उसके नाम तय करते हैं। चेहरे की जगह होते हैं, घूँघट, बुर्के या अँधेरी कोठरियों की चलती-फिरती छायाकृतियाँ। उससे उम्मीद की जाती है कि बाहरवालों को न उसका चेहरा दिखाई दे, न आवाज़ सुनाई दे। उसका कार्यक्षेत्र बिस्तर से रसोई तक ही सीमित है।

नाम की तरह स्त्री की कोई जाति भी नहीं होती। वह पति के जातिवाचक नाम से ही पहचानी जाती है। कल तक कुमारी श्रीवास्तव शादी के बाद श्रीमती शुक्ला या सिंह हो जाती है। आश्चर्य यह भी है कि घर-परिवार हो जाने के बाद वह उसी नई जाति के संस्कार और स्वार्थ आत्मसात करने लगती है—यहाँ तक कि वह स्वीकार नहीं करना चाहती कि पहले उसकी जाति श्रीवास्तव थी।

जाति ही नहीं, स्त्री का अपना कोई धर्म भी नहीं होता। धर्म भी पुरुष का होता है। न जाने कितनी स्त्रियाँ, दंगों में या स्वेच्छा से दूसरे धर्म में गई हैं और वे वहीं की होकर रह गई हैं। मुसलमान घर में गई स्त्री दस-बीस साल में खाँटी मुसलमान हो जाती है। गीतांजलि श्री की कहानी 'बेलपत्र' में पति-पत्नी के बीच अपने-अपने धर्म का आग्रह विवाह टूटने तक आ जाता है। मगर ज़्यादातर औरतों को नया धर्म अपनाने में कोई दिक्कत नहीं होती और मोनिका मिश्रा हबीब तनवीर के साथ आकर मोनिका तनवीर हो जाती हैं या इरफ़ाना, शरद जोशी के साथ इरफ़ाना शरद के नाम से जानी जाती है।

कहते हैं भाषा में ही मनुष्य का अस्तित्व है, भाषा अभिव्यक्ति के स्तर पर आने से पहले व्यक्ति का संस्कार, स्वभाव और प्रकृति बन चुकी होती है। यहाँ विडम्बना यह है कि जिस भाषा के साथ स्त्री सबसे अधिक एकाकार होती है और हमेशा 'चबर-चबर' करती है, वह भाषा भी उसकी अपनी नहीं होती। मेरी माँ यवतमाल या अमरावती की थीं और मराठी के सिवा कोई भाषा नहीं बोल पाती थीं। मगर जब आगरा आईं तो दस साल में ही उस भाषा को बिल्कुल भूल गईं जिसमें उन्होंने 16-17 साल साँस ली थी। भरतपुर के वैर क़स्बे में रहनेवाली रांगेय राघव की माँ सिर्फ़ ब्रज भाषा ही बोल पाती थीं—मातृभाषा तमिल वे बिल्कुल ही भूल गई थीं। शायद इसीलिए कहते हैं कि बच्चे और स्त्रियाँ जितनी आसानी से दूसरी भाषाओं में सहज हो जाते हैं, पुरुष नहीं हो पाते। मैं दस साल कलकत्ता में रहकर भी बंगला बोलना नहीं सीख पाया।

वहाँ जो धड़ल्ले से बंगला बोल लेते थे, वे भी अपनी मूल भाषा को सुरक्षित रखे हुए थे।

इसीलिए मुझे लगता है कि अपने निजी मुहावरों के बावजूद स्त्री की अपनी कोई भाषा नहीं होती। वह भी मर्द की ही होती है जो स्त्री को शक्ति सम्पन्न होने का स्थायी भ्रम देती है। चूँकि भाषा में शक्ति-सत्ता के सारे मुहावरे और शब्द मर्दवादी होते हैं और जो स्त्री को दी जाने वाली गालियों या अपमानजनक वक्तव्यों तक जाते हैं, स्त्री उन्हें ही अपनी भी भाषा बना लेती है : वह भी अपने बेटे को डाँटती है "क्या औरतों की तरह रो रहा है? तू क्यों डरेगा, तू क्या लड़की है?" चूड़ियाँ या साड़ी पहनने के ताने देनेवाली औरत जब धड़ल्ले से 'मादरचोद', 'बहनचोद' जैसी गालियों का इस्तेमाल करती है तो उसे सपने में भी ध्यान नहीं होता कि वह अपना ही अपमान कर रही है। सुनते हैं पुलिस-ट्रेनिंग में स्त्रियों को भी मर्दानी गालियाँ देने का अभ्यास कराया जाता है ताकि अपराधी को उसकी हैसियत बताई जा सके...मर्दों जैसी भाषा का इस्तेमाल करके स्त्री अपने 'ज़नानेपन' से मुक्त होकर मर्दों जैसी ताकतवर होने का प्रभाव डालती है—विशेषकर दूसरी औरतों पर...सुनते हैं फूलनदेवी अपने दल के डाकुओं को प्रेरित करती थी कि वे शिकार औरतों के साथ उसके सामने बलात्कार करें। बहरहाल, भाषा के माध्यम से स्त्री अपने-आप से टूटकर 'दूसरी' बनती है—वह स्त्री वेश में पुरुष होती है—यानी हिजड़ा...स्त्री-विमर्श का सबसे जटिल पहलू यह है कि उसे पुरुष-भाषा के वर्चस्व में ही अपनी बात कहनी है, क्योंकि उसकी अपनी कोई भाषा नहीं है। जो है उसे कोई सुनना, समझना नहीं चाहता। इसलिए वह अपने आपसे ही बातें करती है। दूसरे या तो उसे पागल समझते हैं या उस पर हँसते हैं—सिर्फ़ अपनी बात कहने वाली स्त्री आगे जाकर या तो 'चुड़ैल' कहलाती है या डायन...

यह है आदर्श भारतीय नारी की सम्पूर्ण तस्वीर...ऋषि उसका गुणगान करते हैं और देवता उस पर फूल बरसाते हैं, *कल्याण* जैसी पत्रिकाएँ विशेषांक निकालती हैं। ज़ाहिर है अपने पुराण और धार्मिक विश्वास न स्त्री की इस छवि को बदलने देते हैं, न 'परिवार' किसी ऐसी स्थिति या विचार के प्रवेश का जोखिम उठा सकता है जो स्त्री-दमन की चली आती मर्यादाओं में विघ्न डाले। चूँकि स्त्री एक फ़्लोटिंग इकाई है और उसे एक घर से दूसरे घर जाना होता है, इसलिए नए परिवार के अनुसार अपने को ढालने का उसे अभ्यास हो जाता है। वह हर घर में चेख़व की 'डार्लिंग' है। वह हर उस पहचान-हीन पहाड़ी नौकर की तरह है जिसका नाम 'बहादुर' होता है। एक बहादुर गया तो दूसरा आ गया।

इस तरह कह सकते हैं कि स्त्री का न अपना घर है, न परिवार, न नाम है न पहचान, न उसकी कोई जाति है, न धर्म, न उसकी भाषा अपनी है, न भूषा—उसे सबकुछ पुरुष ने ही दिए हैं—अगर वह इस सबको अस्वीकार कर दे तो उसका अपना कहने को कुछ भी नहीं है 'अपना कुछ न होने' की कचोट उसे संचय लिप्त बनाती है। वह सबकुछ को समेटे रखना चाहती है क्योंकि जानती है कि उसका कुछ नहीं है।

मगर यहीं से उसकी शक्ति का अन्वेषण शुरू होता है। वह सच्चे अर्थों में सर्वहारा है, गुलामी के सिवा उसके पास कुछ भी खोने के लिए नहीं है। वह एक निर्विशेष, निरूपाधि नंग-निहंग ऐसी इकाई है जिसे शुद्ध 'मानवी' कहा जा सकता है, इसीलिए वह ऐसी बहती नदी है जिसके पानी को किसी भी पात्र में डाला जाए, वह अपने पात्र के नाम से ही जानी जाती है। यहीं से वह अपनी निजी यात्रा शुरू कर सकती है, और खंड-खंड में करती भी है। क्योंकि उसकी सारी स्वतंत्रता छीनकर ही तो बदले में यह सब दिया गया है। उसके पास कुछ न हो, मगर देह और मन तो उसके अपने हैं। उन्हीं को लेकर अपने फ़ैसले ही उसे मुक्ति की नई राह दिखाएँगे। यह उसके अपने ऊपर है कि इस दिए गए को कितना छोड़ या अपनाकर वह अपनी रणनीतियाँ बनाती हैं।

और सचमुच यह यथास्थिति हज़ारों साल इसी तरह बनी रहती अगर स्त्री के पास बुद्धि और सौन्दर्य न होते...सौन्दर्य स्त्री के लिए वरदान भी है और अभिशाप भी। सुन्दर और स्वतंत्र स्त्री, पुरुष के लिए चुनौती है। लोलुप-पुरुष हर क़ीमत पर उसे पाना ही नहीं चाहता, बल्कि हर सम्भव तरीक़े से उसे जीतकर परिवार की गुमनामियत में डाल देता है। स्त्री उसका 'शिकार' है। जीती गई स्त्री का सौन्दर्य पुरुष की निजी मिल्कियत है, उस पर दूसरों की निगाह किसी भी हालत में बर्दाश्त नहीं की जाएगी। सौन्दर्य स्त्री के व्यक्तित्व को स्वतंत्र पहचान देता है और यह स्वतंत्रता पुरुष की हेठी है। परिवार और पर्दे के पीछे भी यह सौन्दर्य स्त्री की विशेष या निर्विशेष हैसियत का स्रोत है। हर स्त्री अपने सौन्दर्य की शक्ति को पहचानती और कौशल से इसका इस्तेमाल करती है। जो जितने बन्धनों में है, वह उतना ही स्कीमिंग (तिकड़मी) भी है। उसे हर क्षण तलवार की धार पर चलना होता है। चाल ज़रा भी डगमगाई कि गए...पुरुष की तुलना में स्त्री की आर्थिक और शारीरिक कमज़ोरी उसे और भी चौकस-चौकन्ना बनाए रखती है। वह अधिक से अधिक कल्पनाशील होती जाती है। बेवकूफ़ से बेवकूफ़ व्यक्ति भी शेर से अपने को बचाने की तरकीबें जानता है। परिवार की अन्दरूनी राजनीति उसे कुशल रणनीतिकार बनने का प्रशिक्षण देती है, जिनका इस्तेमाल वह अवसर मिलने पर बाहरी दुनिया के दाव-पेंचों के लिए भी करती है। न जाने कितनी स्त्रियाँ रही हैं जिन्होंने पर्दे के पीछे से बाहरी दुनिया पर शासन किए हैं। मगर सच है कि स्त्री की बुद्धि की पहचान तभी हुई है जब भौतिक कारणों से वह पुरुष के अंकुश से मुक्त हुई है। परिवार और देश चलाने वाली स्त्रियाँ वे ही रही हैं जिन्हें अपने कार्यों का हिसाब किसी मालिक को नहीं देना होता या जो अपने फ़ैसले खुद ले पाई हैं।

स्त्री-देह का कोई एक मालिक या संरक्षक नहीं होता तो वह सार्वजनिक सम्पत्ति या सार्वजनिक सुविधाओं का पर्याय हो जाती है—पुंश्चली और वेश्या। हर कोई उसे दाम देकर या मुफ़्त में 'भोग' सकता है। इस तरह अपने आपको बेचना उसकी मजबूरी है। मगर जैसे ही स्त्री की देह को सार्वजनिक किया जाता है, या वह उसे स्वयं सार्वजनिक करती है—वैसे ही सभ्यता और संस्कृति के ठेकेदार हाय-तौबा मचाने लगते हैं। सारी भारतीय संस्कृति, सभ्यता, धर्म और इतिहास स्त्री-देह को ढँकने-उघाड़ने पर ही टिका

है। परिवार हो या देश, दोनों की मर्यादा, सम्मान और गरिमा को स्त्री देह के माध्यम से तोड़ा या बचाये रखा जाता है। दुश्मन बदला लेने के लिए उसके साथ बलात्कार करते हैं। उसे गाली देना प्रतिशोध का सबसे आसान हथियार है। इसके लिए न जाने कितनी जानें ले ली या दे दी गई हैं।

सौन्दर्य यानी अपनी देह से स्त्री का सम्बन्ध बेहद जटिल है; वह उसके प्रभाव को भी जानती है और परिणाम को भी। उसी के लिए वह मारी भी जा सकती है और सिंहासन पर भी बैठाई जा सकती है। भयंकर संकटों से मुक्ति के तरीक़े भी वह उसी के बल पर निकाल सकती है। यातना व्यक्ति को खंडित करती है, स्त्री भी दोस्तोयव्स्की के 'डबल' की तरह द्विखंडिता बन जाती है। वह अपनी देह से बाहर भी है और उसके भीतर भी। वह योगियों की तरह उसे साक्षी भाव से देख सकती है और भोगियों की तरह अंग-अंग में उसे महसूस भी कर सकती है। संस्कृत में स्त्री को 'अंगिनी' या 'रमणी' कहा गया है—यानी वह सिर्फ़ देह में स्थित है। उसकी पहचान भी उसके अंगों के नाम से ही की जाती है—सुभगे, सुमुखि, सुनयना आदि...उसे परिवार या पुरुष बचपन से 'देह-चेतन' बनाते रहते हैं—यह प्रशिक्षण या कंडीशनिंग इतने बारीक और अचूक होते हैं कि वह स्वयं भी अपना संपूर्ण अस्तित्व देह के सन्दर्भों से ही परिभाषित करती है। देह को सजाये-सँवारे रखना हर स्त्री की झख है। वह चौबीसों घंटे उसे ही लीपती-पोतती रहती है। स्त्री के कपड़ों और शृंगार-पटार की सामग्री के लिए करोड़ों-अरबों के उद्योग चलते हैं, करोड़ों को जीविका मिलती है। उसकी एकमात्र योग्यता उसकी देह है; उसी को लेकर भाषा के सारे सौन्दर्य-मूलक शब्द हैं तो उसी के लिए वीभत्सतम गालियाँ भी। सारे कामशास्त्र उसकी देह को अनुशासित करने के हथकंडे बताते हैं—सारे कवि और कविराज स्त्री-देह को लेकर ही ऑब्सैस्ड (आतंकित) रहे हैं। पुरुष की पहली सार्थकता ही स्त्री-देह को जीतना और उसे सिर्फ़ अपनी सम्पत्ति और पुत्र की माँ बनाना है। वह उसे हीरे-जवाहरात की तरह लूटता है। सारे विजेताओं ने हाथी-घोड़ों, धन-दौलत के साथ स्त्री को भी माले-ग़नीमत, यानी लूट का माल मानकर अपने हरम सजाये हैं, उन्होंने ही ज़र, ज़मीन और ज़न को झगड़े की जड़ बताया है।

देह के साथ 'देह की भाषा' स्त्री का दूसरा सबसे बड़ा हथियार है। बंदिशों के बीच संकेतों और प्रतीकों में वह अपनी निजी और अचूक भाषा विकसित कर लेती है। शब्दों का कितना धारदार और प्रभावी इस्तेमाल किया जा सकता है, यह स्त्री से अधिक कोई नहीं जानता। छोटी-सी पारिवारिक दुनिया के ईर्ष्या-द्वेष, स्वार्थ और सरोकार उसे हमेशा आत्मकेंद्रित या युद्ध की मानसिकता में बनाए रखते हैं—और इन्हें वह भाषा से साधती है। क्योंकि परिवार में उसकी हैसियत अपने पुरुष से ही तय होती है, इसलिए उसे बाहरी हमले विफल करने और अपने पुरुष के मन को जीतना होता है। परिवार में वह सिर्फ़ युद्ध कला ही नहीं सीखती, एक गहरा बहनापा भी सीखती है। गुलाम होने का साझा दुख (कॉमन सफ़रिंग) दो स्त्रियों को आपस में जोड़ता है। एक-दूसरे से अपने मन और शरीर की बात कहकर वे जीने का बल अर्जित करती हैं। प्रसूति जैसी स्थितियों

में या दूसरी ज़नानी हारी-बीमारियों में उसे हमेशा दूसरी स्त्री की सहायता की ज़रूरत पड़ती है। द्वेष और दुख की द्वन्द्वात्मकता उन्हें आपस में संवाद-सेतु बनाए रखने की प्रेरणा देती हैं। यहीं वह हमारे लिए यानी समाज के लिए अपनी भाषा का 'आविष्कार' करती है।

दमन और असुरक्षा के भय के बीच अपने मन की बात कहना स्त्री-मनोविज्ञान की एक दूसरी जटिल स्थिति (फ़िनोमिनन) है। अपने गीतों और स्वगत-कथनों में वह निजी बात को भी लगभग सबकी बात के रूप में ही व्यक्त करती है; ताकि वह 'पकड़ी' न जा सके। उसके सारे गीत सिर्फ़ अपनी व्यथा-कथाओं की करुण अभिव्यक्तियाँ हैं। यहाँ उसकी कल्पनाशीलता नए-नए प्रसंगों के आविष्कार के रूप में सक्रिय रहती है। पुरुष की कृपा की भीख माँगती या उससे वंचित स्त्री की दुख गाथाएँ लगभग हर स्त्री के जीवन में इतनी समान हैं कि पुनरावृत्तियों की एकरसता से ग्रस्त हैं : इसे पुरुष ने नाम दिया है—'विधवा-विलाप' या औरत की बड़बड़। हारी हुई स्त्री झगड़ालू और लड़ाकी हो जाती है। यह उसका व्यक्तिगत विद्रोह है।

मगर इस 'विलाप' को शब्द देना स्त्री का पहला विद्रोह है—यथास्थिति की घुटन में छटपटाना ही मुक्ति की प्रेरणा भी बनता है। अधिकारहीन कर्तव्यों की जवाबदेही, स्त्री होकर जन्म लेना, काली-गोरी, लम्बी, ठिगनी, बाँझ या सिर्फ़ पुत्रियों की माँ होना, शुभ-अशुभ के ठप्पे या सुहागिन-विधवा होने जैसे अनेक अनकिए अपराधों की सज़ाओं की निरंतरता उसे हमेशा हीन, लाचार दयनीय और अपराधी होने की मानसिकता में बनाए रखते हैं। वह अपनी भाषा में इसी के दुखड़े रोती है। बोलकर या लिखकर इन आत्मोक्तियों में जब वह अपनी पारिवारिक या सामाजिक दुर्दशाओं के विवरण देती है तो अपनी नियति के ख़िलाफ़ विद्रोह भी कर रही होती है क्योंकि इन सबके पीछे स्थितियों के बदलने की आकांक्षा भी होती है। बाबा साहब अम्बेडकर ने कहा है कि गुलाम का अपनी गुलामी के प्रति अहसास ही प्रतिरोध की पहली शुरुआत है...इन आत्मोक्तियों के बहाने स्त्री अपनी नस-नस में बसे भय को भी जीतना चाहती है...निजी वेदना और भय शब्दों में व्यक्त होकर दूसरों के साथ संवाद बनाते हैं। व्यक्तिगत असंतोष, सामाजिक समस्या के रूप में व्यापकता ग्रहण करता है। स्त्री-चेतना की पहली आत्माभिव्यक्तियाँ उसकी अपनी वेदना के ऐसे प्रार्थना-पत्र हैं जिन्हें वह हिचकते और डरते हुए पुरुष-दरबार में दया की भीख की तरह प्रस्तुत करती है। इस मालिक को वह 'भगवान' का पर्याय भी बना देती है। वही तो उसके भाग्य का नियंता है।

प्रेम और वेदना स्त्री को मुक्त करते हैं। मीरा और महादेवी की तरह पुरुष उसका अदृश्य प्रेमी भी हो सकता है और निराकार भगवान भी। बल्कि कहना चाहिए धर्मान्ध समाज में ईश्वर स्त्री का पहला प्रेमी होता है। प्रारब्ध की तरह दी हुई स्थितियों में परिवार से अलग प्रेमी का 'चुनाव', उसकी अपनी मुक्ति का पहला उद्घोष है। सामाजिक जकड़नों के बीच अनकहे ही अपना प्रेमी चुन लेना स्त्री को अपने होने या स्वतंत्र-अस्तित्व के आदिम-स्वाद से परिचित कराता है। देह-सुख से अधिक मुक्ति के

इस स्वाद के पुरस्कार स्वरूप कभी उसे सामाजिक लाँछन भुगतने पड़ते हैं तो कभी मृत्युदंड...प्यार के लिए अनगिनत प्रेमिकाओं को संगसार होना पड़ता है। उन्हें मार भले ही दिया गया हो, मगर लोक-मानस में वे आज भी अमर प्रेम कहानियों की तरह सुरक्षित हैं।

एक स्थिति में अपने आपसे बातें करना स्त्री का रिलीफ़ है। परिवार और समाज के लोग स्त्री के इन आत्म-प्रलापों पर या तो हँसते हैं या उसकी उपेक्षा करते हैं। लेखन उसके आत्मकथन का उदात्तीकरण करता है। स्त्री की हर आत्मकथा अपनी यातनाओं की ऐसी निजी दास्तान है जो घर-घर में घटित होती है। पुरुषों की आत्मकथाएँ उनके निजी संघर्षों की विजय गाथाएँ हैं। विपरीत और विषम स्थितियों से लड़ता हुआ पुरुष अपना अद्वितीय व्यक्तित्व गढ़ता है—वह किसी दूसरे व्यक्ति की कहानी नहीं हो सकती। हाँ, उसकी संकल्प-शक्ति और जिजीविषा औरों के लिए प्रेरणा बन सकती है। प्रेरणा स्त्री का संघर्ष भी बनता है, मगर उसकी कहानी हर दूसरी स्त्री की कहानी भी है। उसके संघर्षों के स्वरूप, उसके बनने-टूटने के आख्यान भी लगभग एक जैसे हैं, इसीलिए दलितों की आत्मकथाओं की तरह वहाँ अपमानों, संघर्षों और संकल्पों की पुनरावृत्तियाँ होती हैं—मगर स्त्री की आत्मकथा, समाज और परिवार की उन भीतरी सचाइयों से साक्षात्कार है जिनकी चुभन जूते की कील की तरह सिर्फ़ पहननेवाला ही जानता है।

भय स्त्री का स्थायी भाव है : दूसरों द्वारा मूल्यांकन किए जाने का भय, सौन्दर्य के न रहने का भय; पुरुष की निगाहों से उतर जाने का भय, दूसरी स्त्री के अधिक सुंदर होने का भय, अपनी शारीरिक अक्षमता का भय, इज़्ज़त का भय, बलात्कार का भय, सामाजिक सम्मान का भय, बूढ़े होकर फ़ालतू हो जाने का भय...स्त्री के भय के अनगिनत रूप हैं जो उसके खून की एक-एक बूँद में भरे हैं। यह भय या आशंकाएँ उसे ईर्ष्यालु और कुटिल भी बनाते हैं। इस भय और असुरक्षा में वह अधिक से अधिक पज़ैसिव और लालची होती जाती हैं। उसकी कल्पनाशीलता कभी अपने पुरुष को दूसरी स्त्री की बाँहों में देखती है तो कभी अपने बच्चे को सड़क पर ट्रक से कुचला हुआ। उसकी यह कल्पना इतनी जीवन्त होती है कि वह इसे 'देख' कर रो और हँस सकती है। कल्पना, सपनों और स्मृतियों की अनरीयल दुनिया में बने रहकर सुखी या दुखी होते रहना स्त्री का प्रिय शग़ल होता है। कल्पना और स्मृति उसकी दो सबसे बड़ी शक्तियाँ हैं—और यही कला या लेखन के प्राण-तत्त्व हैं। इन दोनों पंखों पर स्त्री दीन-दुनिया की सैर सकती है, मगर जब इस अवास्तविक दुनिया से वापस नहीं लौट पाती तो पुरुष उसे पागल करार देकर पीछा छुड़ाना चाहता है। झक्की और शक्की स्त्री परिवार के लिए समस्या है। असुरक्षा और भय उसे अन्धविश्वासी और धार्मिक बनाते हैं। बाबाओं की भीड़ में स्त्री-भक्तों की संख्या सबसे अधिक होती है—वह उसकी आउटिंग भी है और सुरक्षा की खोज भी।

अपनी बात कहकर स्त्री अपने भीतर के उस भय को जीतती है जिसे परिवार

और समाज ने हज़ारों सालों में उसके असुरक्षित अस्तित्व का पर्याय बना दिया है। हर स्त्री-कथा एक दमन कथा भी है और विद्रोह कथा भी। दमन और विद्रोह उसकी कहानी को विविधता और इनके नए रूपों को जानने का रोमांच देते हैं। स्त्री का दमन उसकी देह और उससे जुड़े मन को लेकर है, इसलिए हर स्त्री-कथा देह-कथा भी है। यह देह-कथा अपने प्रति ग्लानि और गर्व दोनों को मिलाकर बनती और बढ़ती है—कि कैसे देह के बावजूद और देह के साथ उसने अपने व्यक्तित्व के दूसरे पहलुओं का अनुसंधान किया। स्त्री का पहला एकमात्र हथियार और कवच उसकी देह ही है। उसका अतिक्रमण मुक्ति की दूसरी स्टेज है।

हर आत्मकथा हमारे जैसे ही किसी व्यक्ति की कथा हो सकती है, हम उससे जुड़कर अपने संघर्षों के पार जाने की प्रेरणा ग्रहण करते हैं। मगर स्त्री की कथा किसी 'दूसरे' की कथा है—वह हमसे अलग किसी और नक्षत्र का अनुसंधान है। पुरुष के लिए स्त्री-कथा 'वोयूरिज़्म' (गोपनकक्षों में ताक-झाँक) का सुख भी देती है। अपने से अलग स्त्री की यानी 'दूसरे' की देह को देखना पुरुष-मन की दुर्दमनीय आकांक्षा रही है, मगर जब मंच पर स्त्री यह देह दिखाती है तो वहाँ प्रदर्शन की भावना होती है। बाथरूम में वह अपनी देह को अपनी तरह देखती है—इस 'देखने' में भी कहीं पुरुष की अदृश्य लोलुप निगाहों की कल्पना होती है—उसके अनजाने ही उसे 'देखना' पुरुष के अपने होने के अहं को कन्फ़र्म (पुष्ट) करता है। पता नहीं, पुरुष स्त्री को देखता है या देखे जाते हुए अपने आप को देखता है। स्त्री की आत्मकथा कितनी भी निजी हो, वह कहीं आत्मप्रदर्शन भी है ही। प्रदर्शन की चेतना दृश्य को न सहज स्वाभाविक रहने देती है, न निर्व्याज—वहाँ कहीं अतिरंजना का तत्त्व भी स्थितियों को घटाता-बढ़ाता रहता है। बहरहाल, हर आत्माभिव्यक्ति प्रदर्शन है और हर प्रदर्शन अतिरंजना।

लगभग डेढ़-सौ सालों में अंग्रेज़ों ने हमारा एक मध्यवर्ग तैयार किया था। हमने उनके माध्यम से इंग्लैंड और यूरोप के भाषा और साहित्य का परिचय पाया। उन्होंने भाषा के साथ अपने साहित्य, कला की समझ और सौंदर्यशास्त्र भी दिए। यानी उन्होंने वे सारे हथकंडे अपनाये जो उपनिवेश को भीतर और बाहर से गुलाम बनाने के लिए अपनाए जाते हैं। हम गीत भले ही अपनी महान संस्कृति के गाते रहे हों, साहित्य की नई समझ अंग्रेज़ों की ही देन थी। हमने लाख उनकी तरह लिखने की कोशिश की, मगर 'उनमें से एक' नहीं बन पाए। हम उनकी भाषा, कला या काव्यशास्त्र का प्रयोग तो करते थे, मगर उस लेखन की संवेदना, स्थितियाँ, समस्याएँ तो हमारी थीं—हमारी यानी एक गुलाम देश की। हम उन्हीं की भाषा में अपने आपको समझ रहे थे। ठीक यही इतिहास स्त्री-लेखन में दुहराया जा रहा है। वहाँ भाषा हमारी है, मगर कथ्य उनका। वे 'दूसरा' होने की शर्म से नहीं; गर्व से इसे अपनी अस्मिता का नाम देती हैं। मध्यवर्ग के हज़ारों रईस और अफ़सर थे जो ज़िन्दगी-भर दंड पेलते रहे कि अंग्रेज़ उन्हें अपने में से एक मानें, उन्हीं की तरह का खान-पान, रहन-सहन, बोली-बानी के बावजूद वे कभी अंग्रेज़ों के रूप में स्वीकृत नहीं हुए। यहाँ तक कि अपने भारतीय बच्चों को उन्होंने

अलग ही नाम दिया—ऐंग्लोइंडियन। दो पीढ़ियाँ लगीं यह समझने में कि वे जो हैं, सो हैं, और उसी होने से उन्हें समझौता करना पड़ेगा, वहाँ अपनी मुक्ति स्वयं तलाश करनी होगी। इस अर्थ में स्त्री पुरुष का उपनिवेश भी है और उससे मुक्त होने की प्रक्रिया भी। विडम्बना यह है कि पुरुष उस तरह 'बाहरी' उपनिवेशी नहीं है जैसे अंग्रेज़ थे। वह हममें से ही एक है।

दलितों की तरह स्त्रियों की प्रारंभिक रचनाएँ, चाहे वे आत्मकथ्य हों, कविता-कहानी हों या दूसरी अभिव्यक्तियाँ, जेल से भागे हुए क़ैदियों की व्यथा-कथाएँ ही हैं। उनका बोलना ही जेलर की अत्याचार कथाओं के विवरण देना है—पहले डरते-डरते और बचाकर और फिर खुलकर वे अपने नियंत्रकों के चेहरे उजागर करती हैं। कोई स्त्री अपनी पहली अभिव्यक्तियों के समय नहीं जानती कि यह उसका विद्रोह है और कुल मिलाकर एक व्यापक बहस का हिस्सा है। अधिकांश पुरानी लेखिकाएँ अपनी रचनाओं को स्त्री-विमर्श मानने से इनकार करती हैं। शायद वे सोचती हैं कि ऐसा मानकर वे अपनी 'दयनीयता' और 'दूसरा होने' की स्थिति/नियति को स्वीकार ही करेंगी। उनका आग्रह होता है कि उन्हें भी पुरुषों जैसा ही माना जाए। कम से कम लेखन के क्षेत्र में स्त्री-पुरुष का भेद न किया जाए। यह संत कवियों का वह भोला विश्वास है कि भगवान की निगाह में सब बराबर हैं। वे यह भूल जाते थे कि ग़ैर-बराबरी भगवान नहीं, व्यवस्था तय करती है। वही इस नियति को बदल भी सकती है। इसलिए पुरुषों जैसा ही मानने या अपने को पाँचवाँ सवार घोषित करने के उनके इस 'भ्रम' (बैड-फ़ेथ) से उनकी स्थिति में कोई फ़र्क़ नहीं पड़ता। अनगिनत घटनाओं और उदाहरणों के विश्लेषण से ही सिद्धान्त निकाले जाते हैं—हो सकता है ऊपर से देखने में उनमें आपस में कोई समानता न हो। विज्ञान और विचार का विकास इसी तरह हुआ है। मज़दूरों के एकल और सामूहिक विद्रोह न जाने कब से होते रहे हैं, मार्क्स ने उनके आर्थिक और सामाजिक कारणों और परिणामों का विश्लेषण करते हुए उन्हें बदलने की अपनी सैद्धान्तिकी का विकास किया। सेब और दूसरे फल पहले भी गिरते रहे थे, हज़ारों सालों बाद न्यूटन को वहाँ एक सिद्धान्त दिखाई दिया। द्रोपदी, मीरा और आडियाल भी नहीं जानती थीं कि वे स्त्री-विमर्श की नींव तैयार कर रही हैं...स्त्री-विमर्श भी बीसवीं शताब्दी के उत्तरार्ध में ही आया। यह स्त्री-इतिहास और वर्तमान को एक स्वतंत्र 'अस्मिता' देता है। जब तक शोषण, संघर्ष और उनसे मुक्ति के स्वप्न मनुष्य के साथ हैं, तब तक न मार्क्सवाद ख़त्म हो सकता है, न स्त्री-दलित विमर्श—नाम उन्हें कुछ भी दिए जाते रहें। यह भी सही है कि स्त्री-मुक्ति की लड़ाइयाँ ट्रेड-यूनियनें बनाकर नहीं लड़ी जातीं—मगर यह भी सही है कि मुक्ति की यह चेतना परिवार और बेड-रूम तक पहुँच रही है।

स्त्री की मुक्ति पूरे समाज की मुक्ति है क्योंकि मुक्ति कभी अकेले नहीं मिलती...

●●●